人工智能
司法案件分析

人工智能法治
发展专家访谈

AI

人工智能
法律与政策

人工智能法治
发展专题报告

人工智能法治
理论研究

人工智能行业
企业法治专题采访

LAW

人工智能法治
应用

The Blue Book of World Artificial Intelligence Rule of Law

2021

世界人工智能法治蓝皮书

学术顾问 张文显 薛 澜

主 编 崔亚东

副主编 叶 青 刘晓红 王 涛 施伟东

上海市法学会 浙江清华长三角研究院
华东政法大学 上海政法学院 编

编委会（编辑部）

学术顾问：张文显　薛　澜

编委会

主　　任：崔亚东

副 主 任：叶　青　刘晓红　王　涛　施伟东

委　　员（按姓氏笔画排序）：

王　利　白　宁　冯本国　刘学尧　刘宪权　孙长永
孙　莉　杨　华　杨　菲　杨　寅　张飞虎　张晓玲
陈树森　林竹静　周　啸　赵春学　胡　鹏　郝作成
袁地保　曹培雷　董立武　彭诚信

主　　编：崔亚东

副 主 编：叶　青　刘晓红　王　涛　施伟东

编辑部

执行主任：白　宁　林竹静

副 主 任：胡　鹏　郝作成　彭　辉　陈吉栋　赵玉成

主任助理：吴　涛

编辑部成员（按姓氏笔画排序）：

王　健　仇银根　胡荣鑫　秦　堃　徐　晨　詹　可
薛梦白

参与编写人员（按姓氏笔画排序）：

王玉璇　王雨禾　王意天　邓　涵　韦云灏　宁　馨
冯煜哲　乔　闪　刘　浏　刘　茜　向明镜　孙紫轩
汤裕杰　朱翘楚　李　研　李　源　李若莹　张冬歌
周　巡　岳　强　范雨萱　姜怀舒　徐艾敬　黄　倩
黄　钰　黄　璞　龚思涵　戴艺非

前言

在数字时代来临之时，《世界人工智能法治蓝皮书（2021）》（以下简称《蓝皮书（2021）》）与大家见面了。

2021年是中国共产党成立100周年，也是我国“十四五”规划实施的第一年，开启了全面建设社会主义现代化国家新征程。

《中华人民共和国国民经济和社会发展第十四个五年规划和2035年远景目标纲要》把**坚持创新驱动发展**作为全面塑造发展新优势的重要举措，强调坚持创新在我国现代化建设全局中的核心地位，把**科技自立自强**作为国家发展的战略支撑，明确提出实施**科技兴国战略、人才强国战略、创新驱动发展战略**，完善国家创新体系，加快建设**科技强国**；明确提出瞄准人工智能、量子信息、集成电路、生命健康、脑科学、生物育种、空天科技、深地深海等前沿领域，实施一批具有前瞻性、战略性的国家重大科技项目；**加快数字化发展，建设数字中国。**

数字技术、数字经济、数字社会、数字政府建设正在深刻地改变着人们的生产、生活方式和社会治理方式。

数字化转型推动智能社会的快速形成。

人工智能是一把“双刃剑”。人工智能兼具科技属性、社会属性的特点，决定了其在造福人类的同时，也会带来风险与挑战。

2018年9月17日国家主席习近平在致2018世界人工智能大会的贺信中就深刻地指出：“新一代人工智能正在全球范围内蓬勃兴起，为经济社会发展注入了新动能，正在深刻改变人们的生产生活方式。把握好这一发展机遇，处理好人工智能在法律、安全、就业、道德伦理和政府治理等方面提出的新课题，需要各国深化合作、共同探讨。”

如何应对人工智能发展可能带来的风险与挑战、处理好这新课题？

人工智能法治应运而生。

数字时代，智能社会，法律不可缺席，法治将伴随其行。

上海法治工作者积极行动，早在2018世界人工智能大会“人工智能与法治”高端研讨会（上海市法学会主办）即发布了《人工智能与未来法治构建上海倡议》，提出构建人工智能未来法治体系，推动人工智能法治研究及全球治理十四项倡议。运用法治思维、法治方法引领、规范、促进、保障人工智能安全、可靠、可控、健康发展逐步形成共识。

2019年，上海市法学会联合浙江清华长三角研究院、华东政法大学、上海政法学院启动编写《世界人工智能法治蓝皮书（2019）》（以下简称《蓝皮书（2019）》），并于同年8月30日在2019世界人工智能大会法治论坛上发布。这是国内外第一部关于人工智能法治的蓝皮书，引起了社会各界广泛关注，并被列入《关于建设人工智能上海高地构建一流创新生态的行动方案（2019—2021年）》（沪经信智［2019］707号，以下简称《行动方案》）“七大行动”之一。编书人员备受鼓舞，为高质量编写好蓝皮书，上海市法学会会同浙江清华长三角研究院、华东政法大学、上海政法学院加强充实了蓝皮书编委会和编辑部人员。三年来，在法学界、科技界的关心与支持下，蓝皮书编辑部人员秉承共同志向，克服重重困难，不遗余力，自觉奉献，努力编写，使《蓝皮书》质量不断提升，影响力也越来越大。一是蓝皮书被纳入上海打造人工智能高地建设整体战略之中，成为建设人工智能上海高地、构建一流创新生态行动标志性品牌之一。二是为引领、繁荣、推动人工智能法治研究发挥了积极作用。《蓝皮书》每年度出版，汇集了当年度国内外人工智能法治发展的战略、政策、法律、重大理论研究、实际应用项目、典型司法案例等方面的最新资料，为促进人工智能法治理论研究，构建人工智能法治体系，引领、规范、保障人工智能安全、可靠、可控、健康发展提供了重要参考。三是蓝皮书编委会组织专家团队创造性地编制并发布了《人工智能法治发展指数》（世界首创），并对国内人工智能法治发展进行评估，以可量化可视化的形式，反映人工智能法治发展情况。四是《蓝皮书》英文版将出版。德国施普林格（Springer）出版社、上海人民出版社、上海市法学会将签署战略合作协议，筹备出版《世界人工智能法治蓝皮书》英文版。《蓝皮书》得到了国内外法学法律界、科技界专家学者、社会公众的持续关注与高度评价。

当《蓝皮书（2021）》编辑工作启动之时，编委会十分荣幸地请到了著名法学家张文显教授（中国法学会学术委员会主任、教授、博士生导师）、公共管理学专家薛澜教授（国家新一代人工智能治理专业委员会主任、清华大学苏世民书院院长、人工智能国际治理研究院院长、教授、博士生导师）担任本书学术顾问。在他们的指导下，蓝皮书的质量会进一步提升，权威性、影响力会更大。

《蓝皮书（2021）》编写情况

编写过程。《蓝皮书（2021）》编写工作于2020年12月启动，于2021年6月完稿。编辑部先后开了6次专题会议，就编写方案、编写内容、有关专项（如人工智能法治发展指数2.0、专题报告、专家访谈、专项问卷等）进行专门研究，同时书面征求张文显、薛澜、叶青、刘晓红、王涛、施伟东、刘学尧、刘宪权、彭诚信、赵春学、杨寅、白宁、孙莉、杨菲、曹培雷、孙飞虎等专家学者及编委意见，得到了各位专家学者和编委的大力支持，大家提出了许多宝贵意见和建议，为编好此书贡献了自己的智慧。本书的编写同时得到了中驰集团股份有限公司、上海竑鑫电力工程有限公司、重庆尚优科技有限公司、北京卡尔斯通科技有限公司的大力支持。

主要内容。《蓝皮书（2021）》由前言、发布词、人工智能法治发展综述、人工智能法治发展指数2.0、2020中国人工智能法治发展评估报告、2020世界人工智能法治论坛观点精粹、智慧法治学术影响力TOP100、分析报告（计4个部分：第一部分“人工智能法律与政策”、第二部分“人工智能法治理论研究”、第三部分“人工智能法治应用”、第四部分“人工智能司法案件分析”）、专题报告（计5篇：世界数据权利保护发展报告、全球自动驾驶汽车法律问题研究报告、金融领域人工智能算法治理研究报告、人工智能在纪检监察治理领域应用研究报告、长三角区域数字化转型发展报告）、人工智能法治发展专家访谈（5位）、人工智能行业企业法治专题采访以及7个附录组成。

《蓝皮书（2021）》的综述、指数报告、分析报告（第一至第四部分），分别由林竹静、彭辉、郝作成、詹可、陈吉栋、吴涛执笔。

专题报告（第五部分）分别由杨东、田骞、彭诚信、陈吉栋、许端蓉、蔡哲鹏、孙紫轩、吴涛、林竹静、詹可等相关专业领域专家学者撰写。

人工智能法治发展专家访谈、人工智能行业企业法治专题采访（第六、第七部分），由赵玉成组织执笔，分别对薛澜、刘艳红、郎江丽、斯皮罗斯·马尼亚蒂斯（Spyros Maniatis）、菲利波·法罗西尼（Filippo Fabrocini）等专家，以及科大讯飞、重庆尚优、商汤科技、小马智行、仙塔智能科技、乐言科技、地平线、雪湖科技等知名人工智能行业企业进行访谈，并形成访谈报告（专题报告、专家访谈与专题采访基本保留作者、专家原有的观点，因篇幅所限对文字进行了压缩）。

附录部分由李妍、韦云灏、王雨禾、宁馨、邓涵、刘茜、冯煜哲执笔。胡荣鑫、胡鹏、王健、徐艾敬、周巡、朱翘楚、岳强、王玉璇、姜怀舒、范雨萱、王意天、黄钰、龚思涵、李若莹、向明镜、张冬歌、黄璞、黄倩、李源、戴艺非、孙紫轩、刘浏等同志参与了书稿的研究、校对工作。

主要特点。《蓝皮书（2021）》重点聚焦世界人工智能法治发展最新动态，搜集汇总各国有关人工智能法治发展的战略、政策、法律、理论研究、重大项目应用、典型司法案例等方面的最新资料，通过分析、评估，形成了较为客观、公正、准确、全面的分析报告。《蓝皮书（2021）》在保持《世界人工智能法治蓝皮书（2020）》基本结构内容的同时，具有以下新的特点：

一是修订了《人工智能法治发展指数》。根据张文显等专家的意见，新增一项一级指标（“人才培养”），两项二级指标（“学生人数”“课程设置”），形成《人工智能法治发展指数 2.0》（以下简称“指数 2.0”），使指数设定更加完善，主客观指标更加均衡。

二是新增了对国外涉人工智能司法案例的分析与研判。鉴于各国司法制度和司法公开程度不同，以及人工智能发展情况不同，资料收集受限制等方面的困难，本次分析仅限于美国、英国、法国、加拿大、澳大利亚、新加坡、印度等国家部分典型案例，并整理形成人工智能司法案例要素标签体系用于辅助分析。

三是新增人工智能行业企业法治专题采访。聚焦人工智能法治发展的重点热点问题，邀请国内人工智能领域领军企业发表意见、建议。

全书结构更加合理，内容更加丰富，为繁荣、引领人工智能法治研究提供学术储备和制度供给。

数据来源。《蓝皮书（2021）》数据库建设、数据采集与管理工作由浙江清华长三角研究院法治与社会治理研究中心“人工智能法治数据库”提供支持。

“人工智能法律与政策”数据主要源自中国全国人大网站、国务院及其各部门网站、地方人民政府网站，以及美国、欧盟等相关国家与地区的政府部门网站、法律法规数据库及其他公开出版的研究报告。

“人工智能法治理论研究”数据源自当当网、亚马逊网等图书销售网站、中国知网数据库、Web of Science 数据库、中国法学创新网、中国学术会议在线、艾思学术会议、百度搜索、微信搜索，以及国家级国家社科基金项目和省部级（司法部、法学会、教育部等）法学课题立项数据。

“人工智能法治应用”数据源自全国人大、公安部网站、31 个省级人大网站、31 个省级行政区的政府网站、公安厅网站和公安厅微信公众号以及相关调研。

“人工智能司法案件分析”数据源自中国裁判文书网、威科先行法律信息数据库、LexisNexis、Westlaw、相关国家政府网站，以及其他网络公开资料。

本书封面设计由北京高高国际文化传媒有限责任公司承担，上海人民出版社负责出版。

《蓝皮书》编写虽已进行了三年，但人工智能法治是一个新事物，编写工作仍处于探索阶段。经验不足，水平有限，资料有限，书的内容包括对资料的搜集、汇总、分析以及文字等方面都可能有疏漏抑或谬误之处，敬请各位读者批评指正，也欢迎大家对我们今后的编写工作提出更多更好的建议。

崔亚东

2021 年 7 月 1 日

《世界人工智能法治蓝皮书（2021）》发布词

华东政法大学校长
蓝皮书编委会副主任　叶　青

尊敬的各位领导、各位嘉宾、各位专家学者：

在中国共产党建党百年华诞之际，《世界人工智能法治蓝皮书（2021）》出版了。受《世界人工智能法治蓝皮书》编委会主任崔亚东同志的委托，我发布《世界人工智能法治蓝皮书（2021）》（以下简称《蓝皮书（2021）》）。

2019年，上海市法学会联合浙江清华长三角研究院、华东政法大学、上海政法学院启动编写《蓝皮书》。三年来，在法学界、科技界的关心与支持下，蓝皮书编辑部人员克服重重困难，努力编写，《蓝皮书》质量不断提升，影响力也越来越大，为全面推进法治中国建设，构建人工智能法治体系，营造人工智能法治生态，繁荣人工智能法学研究，推动人工智能全球治理，建立与人工智能创新发展相适应的政策体系、规则体系、法律体系和伦理规范，促进国家人工智能发展战略落实，保障人工智能安全、可靠、可控、健康发展发挥了积极作用，成为上海建设人工智能高地、构建一流创新生态的标志性品牌之一。

《蓝皮书（2021）》编写工作于2020年12月启动，在蓝皮书编辑部全体同志的共同努力下，历时6个多月，于2021年6月完稿。

《蓝皮书（2021）》由前言、发布词、人工智能法治发展综述、人工智能法治发展指数2.0、2020中国人工智能法治发展评估报告、2020世界人工智能法治论坛观点精粹、智慧法治学术影响力TOP100、分析报告（计4个部分：第一部分“人工智能法律与政策”、第二部分“人工智能法治理论研究”、第三部分“人工智能法治应用”、第四部分“人工智能司法案件分析”）、专题报告（计5篇：世界数据权利保护发展报告、全球自动驾驶汽车法律问题研究报告、金融领域人工智能算法治理研究报告、人工智能在纪检监察治理领域应用研究报告、长三角区域数字化转型发展报告）、人工智能法治发展专家访谈（5位），人工智能行业企业法治专题采访以及7个附录组成。

世界人工智能法治蓝皮书（2021）

《蓝皮书（2021）》重点聚焦世界人工智能法治发展最新动态，搜集汇总各国有关人工智能法治发展的战略、政策、法律、理论研究、重大项目应用、典型司法案例等方面的最新资料，通过分析、评估，形成了较为客观、公正、准确、全面的分析报告。与《蓝皮书（2020）》相比，《蓝皮书（2021）》结构内容基本保持一致，具有以下新的特点：

一是根据张文显等专家的意见，修订形成了《人工智能法治发展指数 2.0》（具体将专门发布）。

二是增加了对国外涉人工智能司法案例的分析与研判。因收集资料困难、有限，本次只收集分析了美国、英国、法国、加拿大、澳大利亚、新加坡、印度等国 35 例司法案例，初步形成了人工智能司法案例要素标签体系。

三是新增人工智能行业企业法治专题采访。聚焦人工智能法治发展的重点热点问题，邀请国内人工智能领域领军企业发表真知灼见。

全书结构更加合理，内容更加丰富，为繁荣、引领人工智能法治研究提供学术储备和制度供给。

由于受疫情持续影响，加之时间仓促，编者水平有限，《蓝皮书（2021）》中对资料的搜索、分析以及文字等方面难免有疏漏抑或谬误之处，敬请各位读者提出批评指正。

新一代人工智能的发展需要法治引领。让我们携手共进，继续为推进人工智能法治体系建设，推动人工智能全球治理贡献一份力量。谢谢！

上海市法学会

浙江清华长三角研究院

华东政法大学

上海政法学院

2021 年 7 月 9 日

《人工智能法治发展指数2.0》和《2020中国人工智能法治发展评估报告》发布词

上海政法学院校长
蓝皮书编委会副主任　刘晓红

尊敬的各位领导、各位嘉宾、各位专家学者：

受《世界人工智能法治蓝皮书》编委会主任崔亚东同志的委托，我发布《人工智能法治发展指数2.0》和《2020中国人工智能法治发展评估报告》。

关于《人工智能法治发展指数2.0》

为了推动人工智能法治体系建设，客观、准确、全面反映我国人工智能法治发展状况，引领、推进人工智能法治研究，《世界人工智能法治蓝皮书》编委会组建专家组，征求了张文显等43位法学界、科技界权威专家的意见，构建了《人工智能法治发展指数》，并依据该《指数》，对2019年我国人工智能法治发展状况进行了初次评估，获得广泛的认可。

经过一年的实践并随着人工智能法治研究的发展，专家对《人工智能法治发展指数》提出了一些新的修改建议。根据专家们的意见建议，蓝皮书编委会专家组对《人工智能法治发展指数》进行了修订，形成了《人工智能法治发展指数2.0》。《指数2.0》主要有以下特点：

一、注重内涵式发展。调整后的指标体系更加科学、全面、协调，新增一级指标“人才培养（A7）”和二级指标“学生人数（B19）”与“课程设置（B20）”，测评内容得到扩充，全面反映人工智能法治的不同侧面，从而使得对人工智能法治发展现实状况的评价更加科学、更加全面、更加准确，能够较为全面客观地反映人工智能法治发展的实际情况。

二、坚持全面协调。《指数2.0》包含7个一级指标，20个二级指标，二级指标中客观指标10项，主观指标10项，主客观指标更加均衡。一方面关注人工智能发展的“规模、结构、质量、效益”的宏观分析框架，“投入、过程、产出”

的流程分析框架，“人才培养、科学研究、社会服务、文化传承”的功能分析框架，“供给、需求、参与、绩效和产生”的供需分析框架；另一方面也充分彰显以人为本、以人为中心的法治理念和人文情怀。

三、反映未来趋势。随着人工智能在社会各个领域的不断深度融合与快速发展，为了促进人工智能从关注数量跃迁向促进经济高质量发展、助推社会高效能治理、满足人民高品质生活转型的需求，对各项一级指标的权重进行了适当的重新分配，以期实现“以评促建，以评促改，评建并举，重在发展”的高质量发展路径，在科学交叉领域，促进人工智能跨越认知科学、神经科学、数学和计算机科学等学科壁垒；在技术专业领域，增强人工智能的计算机视觉、机器学习、知识工程、自然语言处理等专业性；在产业应用领域，扩大人工智能在智能制造、智慧农业、智慧医疗、智慧城市等深度融合；在法治治理领域，利用人工智能更好实现立法科学化、更好提高执法的效率和科学性、更好实现司法的公平与正义、更好提升公众的法律意识。

修订人工智能法治发展指数，有利于提升人工智能法治建设规划布局的针对性、系统性、权威性，在与时俱进和科学有效的基础上，将人工智能发展应用纳入法治轨道，运用法治引领、规范、保障人工智能安全、可靠、可控、健康发展。

关于《2020中国人工智能法治发展评估报告》

根据《人工智能法治发展指数2.0》所设定的评估指标体系、评估办法，蓝皮书编委会组织专家团队对2020年我国人工智能法治发展进行了评估。在吸收2019年首次评估经验的基础上，进一步优化了评估流程，使数据采集效率与质量均得到了提升。鉴于人工智能法治是一个新领域，在世界范围内的发展状况差别较大，尤其是国外信息检索不便，资料来源极其有限，因此，本次评估仍仅限于中国。

评估工作于2021年2月启动，主要方法：一是调查问卷。评估组对法治研究者、人工智能产品使用者、技术人员、其他类人员四类群体开展问卷调查，共计回收有效问卷6316份，有效数据较上年有了实质性的提升。二是客观测评。围绕人工智能法治评估指标体系，通过搜集汇总多方面（主要是互联网）人工智能法治发展指数相关的客观数据信息进行测评，并进行数据检验，以保证统计材料的客观性和准确性。三是关注时代背景。重点分析了新冠肺炎疫情的影响、算法歧视和反垄断等焦点问题，多场景驱动下人工智能的发展前景与挑战，以及人工智能发展背景下公民个人信息的保护问题。

测评数据显示：2020年中国人工智能法治发展评估总体得分为85.44分，相较于2019年提升1.65分，总体处于“较高”水平。2020年受新冠肺炎疫情影响，国民经济发展总体遭遇阻力，人工智能产业的发展也受到了负面的影响，尤其是相关企业营收能力明显下滑，而指数的整体提升主要得益于政策文件的大量施行，以及理论研究的持续关注。我们更应该看到，人工智能作为引领未来的战略性技术，正在对经济发展、社会进步、法治建设和人类生活产生更加深远的影响。2020年，5G以及IDC等人工智能基础条件臻于完善，人工智能芯片进入高速增长阶段，人工智能应用全方位触及大众的工作生活，展现出可观的商业价值和巨大的发展潜力，同时也引发了法制、伦理等多方面新的社会问题，在对法治建设起到助力作用的同时，也提出了新的要求。我们仍然要立足人工智能发展的时代要求，坚守人工智能发展以人为本的理念，构建新型权利义务关系，推动法律规则秩序的转型及升级，坚持技术发展与理念坚守并重，战略引领与难点突破同行，在更深层次更宽领域上更有力度地推动人工智能法治建设，也进一步推动人工智能科学研究、技术转化、产业融合等全方位的发展。

得益于指数体系的优化与客观数据比例的增加，此次评估的结果，比较客观、真实地反映了2020年我国人工智能法治建设的成效，也凸显了人工智能法治发展亟需解决的问题。我们深感此项工作之责任重大和使命光荣，也希望有关评估结果能够为我国人工智能及法治发展提供鲜活数据与启示。我们也认识到，由于人工智能的新兴性与辐射的广泛性，要进一步客观真实地反映人工智能法治发展状况还需要不断地完善指标体系与数据采集，也非常希望继续得到法学界、科技界专家学者和社会广大公众的参与和支持，共同为推动人工智能法治建设体系建设、为繁荣发展人工智能法治研究作出新的更大贡献。

谢谢！

《世界人工智能法治蓝皮书》专家组

2021年7月9日

目录

第二部分　人工智能法治理论研究

第三部分　人工智能法治应用

目　录

第四部分　人工智能司法案件分析

第五部分　人工智能法治发展专题报告

第六部分　人工智能法治发展专家访谈

第七部分　人工智能行业企业法治专题采访

附　录

人工智能法治发展综述

2021年，人工智能加速成为构建现代化数字经济体系、推动经济社会高质量发展的重要驱动力量。作为“新基建”①的重要组成部分，人工智能与5G、大数据、云计算、区块链、物联网、工业互联网等新技术深度融合，形成新一代信息基础设施的核心能力，成为智能经济发展和产业数字化转型的底层支撑。在刚过去的极不平凡的一年，国家主席习近平指出，要“利用人工智能、大数据等新技术开展流行病学和溯源调查”，“搞清楚病源从哪里来、向哪里去”，“提高精准度和筛查效率”，②借助人工智能在医疗、城市治理、工业、非接触服务等领域的快速响应，中国极大地提升了对新冠肺炎疫情的防控效率和治理能力。在疫情防控进入常态化后，经济恢复与发展成为重点，“新基建”赋予人工智能新的使命，人工智能通过与传统产业的深度融合，不断催生创新业态，助力实体经济向数字化、智能化转型。

2020世界人工智能大会法治论坛发布的“人工智能法治发展指数”显示，人工智能在中国的发展驶入快车道，带来了科技进步的浪潮，掀起了观念革命、技术革命和

---

① 新型基础设施建设（简称“新基建”），主要包括5G基建、特高压、城际高速铁路和城际轨道交通、新能源汽车充电桩、大数据中心、人工智能和工业互联网七大领域。2020年4月20日，国家发改委给出权威解释，“新基建”主要包括三方面内容：信息基础设施、融合基础设施、创新基础设施。参见《新基建，是什么?》，《瞭望东方周刊》，http://www.xinhuanet.com/2020-04/26/c_1125908061.htm。中央经济工作会议于2018年首次提出“新基建”这一概念，指出要发挥投资关键作用，加大制造业技术改造和设备更新，加快5G商用步伐，加强人工智能、工业互联网、物联网等新型基础设施建设。2020年3月4日，中共中央政治局常务委员会召开会议，提出加快5G网络、数据中心等新型基础设施建设进度，引发更大关注。

② 习近平：《为打赢疫情防控阻击战提供强大科技支撑》，《求是》2020年第6期。

商业革命，使得市场规模不断拓展。就人工智能法治发展而言，颁布的相关法律政策规范逐年增加，法学理论研究积极关注和回应人工智能现实发展需求，人工智能法治环境逐步优化。

放眼 2021 年，人工智能产业发展正以更多元、更普惠的样态“泛于大众、惠于大众”。人工智能的快速发展，同样也促进了人工智能法治建设，推动法学法律界加快完善人工智能法治路径，形成更具广泛共识的治理框架和标准规范，创新智慧监管模式，为人工智能发展营造更优环境。

一、人工智能发展（2020—2021）

据有关机构预测，到 2024 年，人工智能市场预计将突破 5000 亿美元大关，五年复合年增长率（CAGR）为 17.5%，总收入将达到 5543 亿美元。① 中美两国占据人工智能领域内的绝对竞争优势地位。其中，2020 年美国人工智能企业有 2257 家，占全球总数的 38.3%；中国人工智能企业数以 1454 家位居第二，占比为 24.66%。中美两国人工智能企业数量占据全球半数以上。全球范围内，中美“双雄并立”构成人工智能第一梯队，日本、英国、以色列和法国等国家构成第二梯队。2020 年，俄罗斯人工智能产业迎来发展热潮，但对人工智能产业整体格局并未产生决定性影响。在顶层设计上，多数国家强化人工智能战略布局，并将人工智能上升至国家战略。

（一）中国人工智能发展

2020—2021 年，随着国家政策的倾斜和 5G 等相关基础技术的发展，中国人工智能产业在各方的共同推动下进入爆发式增长阶段，人工智能产业规模达 434 亿美元，同比增长 13.75%，超过全球增速。其中，北京是中国人工智能“高地”，以 36.93% 的企业数量占比高居榜首，上海紧随其后，以 296 家人工智能企业在全国占比 20.36%，之后是广东和浙江，人工智能企业数量均过百。上海、深圳、济南-青岛等 8 个地区

① IDC. IDC Forecasts Improved Growth for Global AI Market in 2021, https://www.idc.com/getdoc.jsp?containerId=prUS47482321.

已获批创建人工智能创新应用先导区，北京、成都等 14 市获批创新发展试验区，覆盖京津冀、长三角、珠三角、成渝等地区。

1. 人工智能发展进入高速增长期

2020 年，中国加速推进 5G 基站、人工智能、工业互联网等新型基础设施建设，人工智能技术创新踊跃，人工智能技术专利申请数量不断刷新。截至 2020 年 10 月，中国人工智能专利申请量累计已达 69.4 万余件，大大提升了中国在全球人工智能专利布局中的竞争实力地位。①

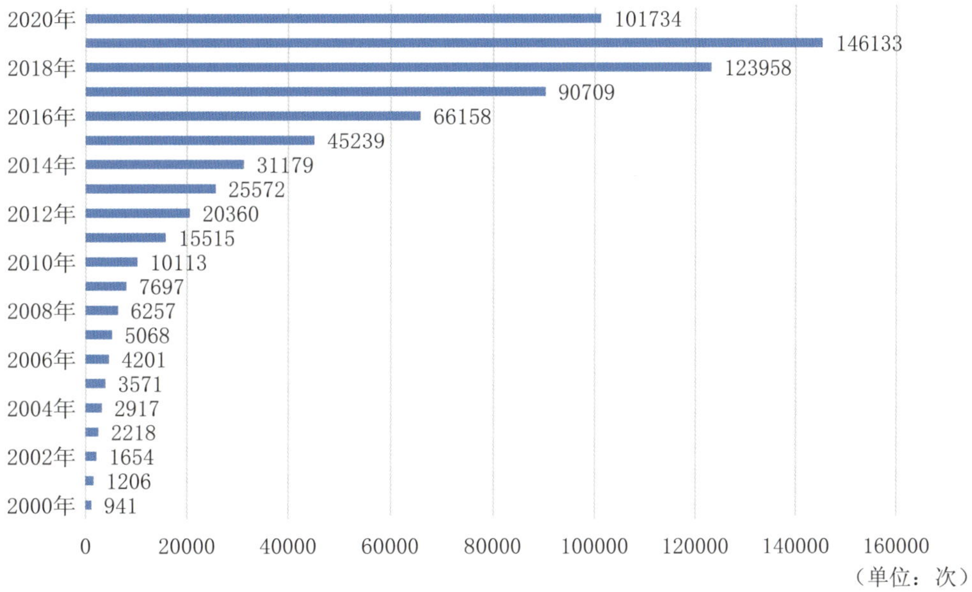

图 1 中国人工智能专利申请量年度变化趋势②

2. 人工智能应用场景范围持续扩大

2020 年，中国人工智能的应用场景范围持续扩大，广泛应用于金融、教育、交通等领域，在新冠肺炎疫情防控和复工复产中更是发挥了重要作用。同时，在细分垂直场景也有更具创新性的人工智能研究成果与应用，引领产业向价值链高端迈进，有效支撑产业实现智能化决策、生产、营销等环节，同时也在改善民生方面发挥了重要作用。

---

① 过去十年全球人工智能专利申请量超 52 万件。中国专利申请量为 389571 件，位居世界第一，占全球总量的 74.7%。清华大学人工智能研究院、清华-中国工程院知识智能联合研究中心：《人工智能发展报告 2011—2020》，http://ai.tsinghua.edu.cn/kirc/。

② 以上数据来源于公开资料统计。2020 年专利数据公开不完整，统计数据截至 2020 年 10 月底。

3. 人工智能赋能数字化转型升级

2020年，人工智能驱动的数字化转型成为中国中央政府、各级地方政府、各行业关注和发展的重点。着眼人工智能健康发展，中国政府正在通过不断完善政策、优化服务，从数据治理、隐私保护、市场准入等多个层面，强化人工智能发展必需的各项制度供给。与此同时，社会各界加快推进在人工智能新技术、新业态、新模式、新人才等方面的探索与发展，为产业转型升级提供强劲发展动力。

（二）世界部分国家与地区人工智能发展

1. 美国：维持人工智能全球领先地位

2021年3月1日，美国国家人工智能安全委员会（NSCAI）投票通过了一份700多页的报告，报告中建议国会给中国芯片制造技术“收紧瓶颈”，以防中国今后在半导体领域超过美国。该委员会建议国会限制中国采购制造先进计算芯片所需设备，此类芯片被用于人脸识别等监控技术。[①] 与此同时，美国白宫向国会提交的2021财年联邦政府预算报告提议将联邦研发支出增加到1422亿美元，比2020年预算增加6%，尤其计划大幅增加人工智能和量子信息科学等未来产业的研发投资，以确保美国在人工智能和量子等关键技术领域继续领先世界。

2. 欧盟：通过“有史以来第一个AI法律框架”

2020年12月，欧盟委员会通过《数字服务法》（Digital Services Act）草案，[②] 新法聚焦风险准则和透明性规则，通过引入人工智能技术的风险准则和透明性规则来限制和监管人工智能技术的使用。2021年4月21日，欧盟委员会通过了一项关于“人工智能系统”（AI系统）的法规提案，这也是“有史以来第一个AI法律框架”。该“AI法规”将与欧盟在数字领域的其他法律规范，如《数据治理法》《数字服务法》，目前尚待通过欧盟立法程序的《数字市场法》，以及即将出台的《数据法案》中的相关条款匹配。“AI法规”还创建了一个新的法规框架，由欧洲人工智能委员会监督和协调执行。

---

① https://m.gmw.cn/2021-03/02/content_1302143191.htm.

② See Proposal for the Digital Markets Act，https://ec.europa.eu/info/sites/default/files/proposal-regulation-single-market-digital-services-digital-services-act_en.pdf.

3. 俄罗斯：大力扶植人工智能发展

2021 年 1 月 17 日，俄罗斯联邦经济发展部（MoED）发布的一项决议草案表明俄罗斯政府计划在 2021 年至 2023 年间在人工智能开发上投资 2.17 亿美元。经济发展部计划将资金分散给几个非营利组织，由这些组织为国家人工智能试点项目构建平台，为小型人工智能企业发展提供资金资助。

4. 英国：发布人工智能路线图

2021 年 1 月 6 日，英国人工智能委员会发布《人工智能路线图》，① 提出英国发展人工智能发展应聚焦的，包括研发、社会工作、硬件与软件基础，以及跨国家、跨部门合作四个方面的 16 条建议。

5. 德国：支持人工智能研究与创新基地建设

2020 年 12 月，德国联邦政府和巴登-符腾堡州宣布了计划显著增加对人工智能研究和创新基地——蒂宾根的支持。② 在未来的几年中，德国将拨出数亿欧元用于人工智能领域的研发，开展大数据、机器学习和交叉领域的尖端科研，从技术、工具和系统方面强化人工智能在科学、经济和社会中的作用。

6. 法国：人工智能产业在疫情中艰难发展

2020 年法国新增 18 家人工智能初创企业，相比 2019 年的 120 家数量急剧下降。③ 法国拥有活跃的人工智能环境，虽然受新冠肺炎疫情的影响，初创企业的发展速度急剧下降，但人工智能仍在持续而有力地渗透从机器人技术到商业、健康、能源、农业和交通运输的所有经济领域。

7. 加拿大：加大对人工智能领域的投资

2020 年加拿大政府加大对人工智能领域的投资，力促加拿大再度成为全球智能计算机、机器人技术中心。加拿大对人工智能领域的投资已持续了数十年，一大批世界领先的人工智能专家最早都在加拿大工作。根据《自然指数》期刊发布的人工智能领

---

① Office for Artificial Intelligence，Independent report AI Roadmap，https://www.gov.uk/government/publications/ai-roadmap.

② A boost for artificial intelligence，https://www.mpg.de/16193056/a-boost-for-artificial-intelligence.

③ Anne-Françoise Pelé，18 New AI Startups in France in 2020 vs. 120 in 2019，https://www.eetimes.eu/18-new-ai-startups-in-france-in-2020-102-in-2019/.

域研究能力排行榜，加拿大位列第四。①

8. 日本：发布《统合创新战略 2020》

2020 年 7 月 17 日，日本政府发布《统合创新战略 2020》，② 阐述了日本开展科技创新的年度路线方针。战略基础技术包括人工智能技术、生物技术、量子技术和材料四大领域。③

9. 韩国：发布人工智能新政

2020 年 6 月，韩国发布人工智能新政，计划投资 76 万亿韩元（约合 4400 亿元人民币）支持就业增长和新兴产业。④ 新政的重点之一是促进跨行业使用第五代无线网络和人工智能技术，同时在韩国最不发达地区推进数字化进程。

二、人工智能法治发展（2020—2021）

（一）人工智能政策法规发展概况

1. 制定完善政策规划，激励人工智能研发应用

2020—2021 年，世界各主要国家和地区相继出台更具针对性的政策举措，完善和落实人工智能战略规划，持续加大人工智能领域的研发投入与推广人工智能的应用范围。

（1）中国。2021 年 3 月 13 日，十三届全国人大四次会议通过的《中华人民共和国国民经济和社会发展第十四个五年规划和 2035 年远景目标纲要》（以下简称《纲要》）提出：在突破核心技术、打造数字经济新优势、营造良好数字生态三个方面布

① 《自然指数》期刊发布的人工智能领域 2020 年研究能力排行榜是基于在人工智能和机器学习领域的国际机器学习大会（ICML）以及国际神经信息处理系统会议（NeurIPS）上发表的人工智能领域论文而计算的。按照该排行榜，2020 年人工智能研究领先的前 10 个国家为：美国、中国、英国、加拿大、法国、德国、瑞士、韩国、日本、以色列。

② See Integrated Innovation Strategy 2020，https://www8.cao.go.jp/cstp/english/index.html.

③ Expert Group on Architecture for AI Principles to be Practiced，AI Governance in Japan Ver. 1.0，https://www.meti.go.jp/press/2020/01/20210115003/20210115003-3.pdf.

④ See 3rd Supplementary Budget Proposal of 2020，https://english.moef.go.kr/pc/selectTbPressCenterDtl.do%3bjsessionid=TFv9fcGwZxOCmMa8cVO8Z23K.node10?boardCd=N0001&seq=4914.

局人工智能发展。推动人工智能基础设施建设、研究和教育发展，通过政策试点，积累经验全面推广。发布人工智能标准体系建设指南和伦理指引规范，并陆续制定具体标准。

（2）世界其他部分国家和地区。截至2020年年底，美国、欧盟的大部分成员国、[①]英国、俄罗斯、日本、韩国等国家，都陆续发布了国家人工智能战略。2020年6月至2021年3月，以上国家都制订了落实计划，推进国家人工智能战略的实施。如2020年8月，美国白宫科技政策办公室公布人工智能发展年度计划（2020—2021），计划增加财政预算15亿美元，专门用于激励人工智能领域的研发应用和理论探索。2021年1月，美国设立了专门的国家人工智能倡议办公室，作为美国整个创新生态系统的国家研究和政策的中心机构，负责协调政府、行业和学术界人工智能研究和政策的制定及实施。2021年4月，欧盟更新了《人工智能协调计划》，重点针对新冠肺炎疫情挑战，提出加快相关人工智能技术研发应用等举措。

2. 加强个人信息保护，防范人工智能滥用

2020—2021年，世界范围内各主要国家和地区相继出台涉及加强个人信息数据安全保护的法律和政策，旨在有效防范人工智能滥用带来的法律风险。

（1）中国。2020年5月28日十三届全国人大三次会议通过《民法典》，首次明确要将个人信息作为受法律保护的民事权益，并在现行法律的基础上，规范个人信息处理的基本规则。2021年4月《个人信息保护法》草案经过二审，2021年6月10日通过了《数据安全法》，进一步细化了个人信息处理规则和数据分级保护制度。为了防止人脸识别技术滥用，《个人信息保护法》草案二审稿明确将生物识别信息纳入受保护的个人信息的范围，并规定了处理个人图像、个人身份特征信息的特别规则。

（2）世界其他部分国家和地区。2020年7月，美国国防部发布《国防部人工智能数据与技术管理保护审计报告》，建议国防部加强对人工智能项目的管理，加强数据安全保障，改善数据共享与开发流程。2021年4月，欧盟发布关于人工智能的统一规则的提案，将人工智能细分为不可接受、高风险、有限风险和最小风险四类并分类

① 这些成员国是保加利亚、塞浦路斯、捷克、丹麦、爱沙尼亚、芬兰、法国、德国、匈牙利、拉脱维亚、立陶宛、卢森堡、马耳他、荷兰、葡萄牙、斯洛伐克、瑞典，以及2020年发布人工智能战略的挪威、西班牙和波兰。

规制。

3. 立法聚焦智能驾驶领域，注重规范与发展并举

2020—2021 年，世界范围内各主要国家和地区相继调整现行法律，以适应智能驾驶技术快速发展与普及应用的需要。

（1）中国。2021 年 2 月，中华人民共和国国务院发布《国家综合立体交通网规划纲要》，提出到 2035 年，要基本建成便捷顺畅、经济高效、绿色集约、智能先进、安全可靠的现代化高质量国家综合立体交通网。加强智能化载运工具和关键专用装备研发，推进智能网联汽车（智能汽车、自动驾驶、车路协同）、智能化通用航空器应用。2021 年 4 月，公安部起草《道路交通安全法（修订建议稿）》，对智能网联汽车及自动驾驶提出了规范意见，为未来自动驾驶的应用提供了法律基础。2021 年 5 月，国家互联网信息办公室会同有关部门起草了《汽车数据安全管理若干规定（征求意见稿）》，对智能网联汽车的数据处理和数据安全作出了具体的规定。

（2）世界其他部分国家和地区。2021 年 1 月，美国交通部（USDOT）发布《自动驾驶汽车综合计划》，确定了实现自动驾驶系统（ADS）愿景的三个目标。2021 年 2 月，欧盟网络安全局（ENISA）发布《在自动驾驶中采用人工智能的安全挑战》报告，就自动驾驶汽车中采用人工智能技术的网络安全挑战提出了解决建议。3 月，欧盟数据保护委员会（EDPB）发布《互联汽车指南》，明确了智联车辆出行处理个人数据的准则，解决高度敏感数据的使用、透明度和用户控制等问题。

（二）人工智能法治研究持续深化

1. 理论研究关注人工智能法治顶层设计

2020—2021 年，人工智能法治研究更加关注人工智能法治顶层设计，统筹人工智能伦理、治理及立法规划和布局。在中国，学界普遍认为应大力开展对人工智能相关前瞻性伦理及治理问题的研究，为人工智能立法提供理论支撑和智力贡献。通过行业标准、自律公约、最佳实践做法、技术指南、伦理框架等非强制性“软法”，不断充实和优化人工智能法治标准体系和管理体系，规范、引导人工智能的发展应用，实现科技向善。在国外，谷歌、微软、脸书（Facebook）、DeepMind 等科技公司及相关科研机构建议通过多举措方式加强人工智能伦理的自律建设，包括发起成立行业组织

（比如 Partnership on AI），成立伦理部门（比如人工智能伦理委员会），提出人工智能伦理和技术相关的原则、准则、指南、最佳实践等。

2. 理论研究聚焦“未来法治”语境下的财产权创新

2020—2021 年，人工智能在“未来法治”语境下的财产权创新研究成为学界研究热点。在中国，学界普遍认为，人工智能改变了传统的法律思维和法律概念的制度基础，改变了财产权制度的“情境逻辑”，对财产权制度特别是宪法财产权制度产生了较大冲击。人工智能引发了学界对财产权诸多问题的思考，有传统财产权理论层面的，也有未来法治层面的，人工智能弱化了传统财产权的界限，事实上引发了财产权基本权利受隐性侵害的风险。人工智能应被限定于财产权的范畴，还是赋予其可能有的人格属性是值得思索的。在国外，相关研究揭示了人工智能发展与数字货币应用之间的正比例关系。《麻省理工科技评论》指出，全球 2020 年十大突破性技术榜单就包括数字货币，随着实体货币使用频率的下降，没有中介的交易自由也随之减少。与此同时，数字货币技术可以用来分裂全球的金融体系。例如，脸书推出了一款名为“Libra”的“全球数字货币”，用以扩大美国的金融领导地位，以及美国在世界范围内对所谓民主价值观的影响和监督能力，数字货币的战争已经打响。

3. 理论研究关注人工智能技术被滥用导致的隐私权风险规制

2020—2021 年，人工智能在新冠肺炎疫情防控中的广泛应用引发了学界关于人工智能技术被滥用及其对公民隐私权侵害的大讨论。在中国，学界普遍认为，在疫情防控中，人工智能具有多重典型应用场景。例如，利用人工智能可以在高密度人流中快速、准确识别体温异常者；对疫情信息进行智能化分析，预测疫情发展趋势，可以提升政府疫情防控效能；利用人工智能远程问诊可以有效降低医护人员近距离接触感染的风险，利用人工智能影像辅助诊断技术可以大幅度提高诊断效率，缓解医护人员紧缺问题；人工智能可以有效减少病毒检测中的重复性工作，人工智能可以有效筛选化合物、生物标志物、预测药物理化性质等促进药物研发，等等。但也应当看到，我国人工智能技术在疫情防控中的应用尚处于初始阶段，仍在诸多方面存在短板和问题。发挥人工智能在疫情防控中的作用，亟需发挥法律的规范保障引领功能。在国外，有研究指出，即便在疫情防控等重大危机治理中，亦应严格防范人工智能滥用可能导致的公民隐私权受侵害风险，并需及时开展与风险相适应的敏捷且有原则的科技治理。

当然，这也同样导致国外在疫情应急处置阶段的人工智能应用案例较少。

4. 理论研究关注人工智能法治与治理的国际对话

2020—2021年，人工智能法治与治理领域的国际学术交流与理论对话进一步加强。在中国，学界普遍认为，应在加快人工智能研发的原则、政策、伦理标准、指导方针等制定的同时，积极开展国际交流，加强人工智能法治与治理的国际对话，探讨人工智能风险的典型类型和发展趋势，从科技赋能治理的角度，研判人工智能时代的安全挑战，探索人工智能安全发展的创新之道，促进人工智能产业的健康发展，加快人工智能监管、隐私保护、算法问责、安全保障及法律责任等方面的前瞻研究，不断更新人工智能治理“中国方案”，确保人工智能发展造福人类未来。在国外，人工智能在产业变革、社会变革等方面的巨大潜力得到了更多国家的广泛认同。美国、日本、德国、韩国和俄罗斯等国结合数字新基建、数据新要素、在线新经济等新背景，聚焦当前人工智能数据安全领域的重大风险和热点问题，构建包括战略法律、标注规范、企业管理、安全能力供给等多维度综合性的人工智能数据安全治理框架，并针对人工智能通用规则和人脸识别、车联网、智能制造等具体行业场景，提出一系列综合性安全解决方案。

（三）人工智能法治应用迈向深度融合

1. 人工智能立法应用程度显著提升

2020—2021年，人工智能技术支持立法工作水平整体提升。受新冠肺炎疫情的影响，各国立法机关增强了对于信息技术的应用，在立法意见征询、立法辅助、立法草案以及立法工作信息化等方面的终端应用和基础数据库开发均有进步。在中国，2021年2月24日，国家法律法规数据库开通上线，免费向社会公众提供法律检索查询服务；北大法宝智能立法支持平台持续扩容，针对立法的不同环节研发相应的辅助平台，尤其是在线起草文件系统。科大讯飞开发了备案审查与行政复议全流程智能化的系统，通过调用人工智能引擎的图文识别和要素抽取能力，建构模型库，实现与相关规范的关联与适用。在国外，互联网信息化技术与线上会议也为民众的参与创造了契机，美国众议院引入了人工智能工具自动化分析辅助立法草案准备，在新冠肺炎疫情蔓延的背景下，虚拟会议、混合会议有效保证立法机关发挥职责；日本运用最新的语音识别技术来匹配议会视频摘要和官方会议记录。然而，自然语言处理、法律知识图谱的构建等均仍未取得实质突破，技术的安全性问题也引起关注。

2. 人工智能司法应用趋于专业化

2020—2021 年，人工智能司法应用领域趋于专门化。区块链等技术辅助类专门化应用研发成为全球人工智能司法应用的发展趋势。在中国，人民法院信息化 3.0 版基本建成，并建立多个利用深度学习算法、区块链和大数据智能分析技术，能够实现具有证据比对、事实认定等突破性功能的智审平台；在全国检察机关统一业务应用系统 2.0 等逐步应用的基础上，检察机关在公益诉讼案件类型中的人工智能司法应用取得较大发展。各级人民法院、检察院开始真正利用司法大数据和算法来推动人工智能司法应用的发展。人工智能司法应用跨区域协作逐步展开。在国外，受新冠肺炎疫情影响，线上审判的“云开庭”模式已成为全球人工智能司法应用发展最突出的形式。2020 年 12 月，欧洲司法效率委员会（CEPEJ）在全体会议上通过人工智能司法应用路线图，将未来工作聚焦于在线争议解决（ODR）应用、区块链在司法领域的使用等领域；美国同样关注区块链的司法应用问题，并开始在电子记录的保存更新、证据运用等方面试行应用区块链技术。

3. 人工智能执法应用向精细化模式发展

2020—2021 年，人工智能执法应用技术发展以业务实践和法律需求为导向，从平面化向纵深化发展，应用平台建设从数据融合共享向跨区域深度合作方向转变。在中国，人工智能在交通执法场域的应用已实现路网可计算、人车可测量的精细化发展模式，人工智能可自主学习以分配路权；情报研判场域的应用则已实现高质量数据清洗、高效率数据分析的导向式研判。与此同时，跨区域的数据共享与合作进一步加深，全国 31 个省级行政区均已建成并在逐步升级其“一网通办”平台；“东北、华东、西北公安大数据技术应用创新中心”等的建设使公安机关内部警务数据平台跨层级、跨业务、跨警种的趋势更加明显。在国外，人工智能执法应用向精确化、精细化进一步发展，如美国研发的优先级视频审核功能，可通过警用摄像机和算法技术捕捉警务人员的不当行为；日本研发的运用人工智能技术的系统，可以预测出长期潜逃的通缉犯现在的模样。

4. 人工智能法律服务应用更加广泛多元

2020—2021年，人工智能法律服务应用功能由个别趋向多元，应用形式由单一化趋向平台化，应用受众由专业群体向大众群体发展。在中国，人工智能各项技术在法律服务领域的应用呈现更为综合的趋势，各项单一功能通过不断组合，为使用者提供多元化、定制化的服务。如“法信”平台将自然语言识别与深度学习相结合，不仅其自身能够快速识别文档内容并整理相关法律文件，同时还能为使用平台功能的用户提供智能化的检索服务，根据用户的模糊检索条件自动推荐相关内容。在国外，法律服务领域涌现出越来越多的平台化服务提供商，平台将技术、资源与业务整合起来，既极大提升了自身的服务水平，也能为用户提供全流程、高质量的法律服务。如美国的法律服务网站DoNotPay最初仅提供帮助人们处理停车罚单的自动咨询服务，而如今已经涵盖反骚扰、霸王条款识别等多项功能，能满足100多种服务需求，成为人工智能法律服务的大型平台。

（四）人工智能司法案例案情复杂、案由多样、领域广泛

1. 涉人工智能司法案例的特征与实践发展人工智能应用息息相关

2020—2021年世界司法案例中，涉人工智能的民事案例占比较大。其中，中国的司法案例主要集中在民事领域的合同、准合同纠纷，此外劳动争议、侵权责任、物权纠纷，知识产权与竞争纠纷的案件占比也相对较重。国外司法案例主要集中在知识产权和人格权纠纷。从世界范围看，由于网络的普及以及现代科技的发展，刑事案件的犯罪手法不断翻新，作案手段更加隐蔽，主要集中于利用人工智能技术实施犯罪，如运用高端科技进行诈骗，窃取大量公民个人信息进行售卖等，此外还出现了全球首例自动驾驶交通事故致人死亡案件。行政案例则主要以人工智能专利申请与驳回为主。

2. 公民权益保护涉及复杂的利益衡量

2020—2021年，劳动者权益、消费者权益、知识产权、个人信息等各类公民权益保护，成为涉人工智能纠纷中司法裁判关注的重点。一是在劳动争议的司法判决中，法院兼顾劳动者权益和科技公司的知识产权保护。相关判决没有过度偏向劳动者或用人单位，而是基于具体案情进行利益衡量，并且认可人工智能领域的信息具有高度专业性，相关知识产权、商业秘密等具有较大市场价值。二是重点保护消费者权益。人

工智能产品或服务具有复杂性、专业性，实践中司法审查重点是产品服务提供方是否具有主观上的欺瞒和客观上的虚假宣传行为（在人工智能侵权责任纠纷和机动车自动驾驶方面的争议较多）。三是人工智能创作物的知识产权保护成为实务争论焦点。国内外法院都关注利用输入的关键词与算法、规则和模板结合形成的创作物，是否可以受到知识产权的保护需要考虑具体的使用场景和行业特性。① 四是加强了对个人信息数据的司法保护力度。司法机关对各行业违法提取公众个人信息的行为给予严厉打击，积极保护个人信息数据。②

3. 风险责任分配依赖于充分的裁判说理

2020—2021 年，涉人工智能司法案例在释法说理中，重点对风险与责任分配方式进行了审查和论证。一是在实体法适用上，人工智能尚无法成为法律关系的主体，如人工智能无法成为专利权等权利的主体，③ 无法独立享有医师等资格，④ 无法直接承担风险责任等。二是在诉讼过程中，法官会注重维持公共利益与个人隐私保护两者的平衡，判断特定背景下两者的交叉情况，合理适用法律框架、强化个案说理、填补法律

---

① 例如在北京菲林律师事务所与北京百度网讯科技有限公司著作权权属、侵权纠纷案中，法院认为应从保护公众知情权、维护社会诚实信用和有利于文化传播的角度出发，在创作物中添加生成软件的标识，标明系软件自动生成。在“纽约市布朗克斯县地方检察院诉 H. K. 性骚扰案的诉辩对抗权动议案”中，现阶段诸如 STRmix、TrueAllele 这样的软件大多是作为自然人的辅助软件，而非完全能进行自主决策的强人工智能，除软件的设计缺陷外，对于有人类参与的弱人工智能软件的风险责任分配，应认定为自然人承担。

② 例如 2021 年 4 月，人脸识别第一案“郭兵诉杭州野生动物世界有限公司服务合同纠纷”迎来终审。一审法院认为被告“收集人脸识别信息，超出了必要原则要求，不具有正当性”，判决其删除郭兵办理指纹年卡时提交的包括照片在内的面部特征信息等；二审法院增判动物世界删除郭兵办理指纹年卡时提交的指纹识别信息。

③ 例如在“Stephen L. Thaler 诉英国知识产权局专利、设计、商标部门专利申请案”中，法院认为如果认定创造型人工智能机器人属于发明者的地位（具备主体性），是在承认人类为机器工作效劳的合理性的同时削弱了专利存在的道德伦理依据。这对于没有或无法被认定的机器来说是不公的；且对其他人类发明者来说，因为这样的做法改变并减少了发明创造的意义，减损、贬低了他们成就的社会评价，同样是不公平的。

④ 例如，在“CJ 诉 MW 案”中，法院在受理专业性较强的科技类案件时，不仅需要对人工智能医疗设备的资质进行审查，同时也要关注医师等操作人员对该设备的熟悉程度，需要兼顾人机因素。

漏洞。[①] 三是通过引入权益保护基金实现司法案件中自然人、法人责任分配方式创新。[②]

总体而言，司法纠纷本质上是利益冲突，践行公平正义理念需要依法协调好各方利益。虽然涉人工智能司法案例呈现出事实复杂、案由多样、领域广泛等新特点，但在考虑人工智能等现代科技是否可形成新的法律评价体系时，需要穿透人工智能外观探求个案案情的本质属性。目前，大多数情况下并不会"改变基本法律及原则的适用范围"。

（五）"人工智能法学"学科建设成效初显

1. 服务国家战略和区域人工智能高地建设

（1）中国。2020 年 7 月，中国国家标准化管理委员会、中共中央网络安全和信息化委员办公室、国家发展和改革委员会、科技部、工业和信息化部联合印发《国家新一代人工智能标准体系建设指南》，明确了人工智能标准体系框架的 8 个组成部分。[③] 北京、上海等中心城市均开始构建以应用驱动、科技引领、产业协同、生态培育、人才集聚为特征的新一代人工智能发展体系，代表国家率先打造人工智能发展高地，积极培养复合型人工智能法治人才。

（2）世界部分国家与地区。美国、英国、德国、法国、日本、韩国、加拿大及欧盟的部分国家和地区的人工智能发展战略规划均将人工智能的基础研究与人才培养作为重点内容，着力加大人工智能研发与人才培养投入。

2. 人工智能法学专业及学科建设成效初显

（1）中国。为实现"人工智能＋法学"的融合，人工智能法学教育建设正积极开

---

① 例如，在 2020 年 12 月"Affaire-Sellami 诉法国案"中，法院认为，原告作为公民有言论自由，作为新闻记者，有其进行独立新闻报道自由的权利与职责，而不受刑事起诉与罚款的威胁。智能合成肖像作为司法信息的一部分，属于国家秘密，记者对于其言论自由、独立新闻报道自由的权利与职责，在新闻报道素材的选取上亦要考量社会影响与相关当事人权益，在秉持社会稳定与良好运行及国家秘密保护的重大原则下，对于相关信息的披露与相关人员的惩治应综合看待、合理处罚。

② 例如，在 2021 年 2 月的"脸书生物识别信息隐私诉讼案"中，原告反对脸书使用面部识别软件从照片中提取人的独特生物识别符来识别他们，指控脸书违反了《伊利诺伊州生物识别信息隐私法》（BIPA），因为脸书没有在保留其生物识别标识之前通知他们并征得他们的同意，也没有制定或公布数据保留时间表。在拒绝批准双方首次提出的诉讼和解方案后，法官于 2020 年 8 月初步批准了一项修订后的和解方案，根据该方案，脸书将设立 6.5 亿美元的非返还性和解基金。

③ 人工智能标准体系框架主要由基础共性、支撑技术与产品、基础软硬件平台、关键通用技术、关键领域技术、产品与服务、行业应用、安全 / 伦理 8 个部分组成。

发人工智能法学专业特色教材体系，探索交叉融合的学科建设和人才培养新模式；建立与人工智能法学专业教学相配套的专业综合实验室；建立覆盖法院、检察院和公安系统，以及律师事务所、相关企业的人工智能法学专业实习基地。2020年1月，全国首个智慧司法联合实验室暨区块链公证研究院落户浙江杭州；2020年4月，北京邮电大学人工智能法律研究中心正式成立；2020年6月，清华大学正式成立人工智能国际治理研究院；2020年7月，上海交通大学人工智能研究院、中国法与社会研究院联合成立“人工智能治理与法律研究中心”；2020年9月，上海政法学院联合上海市法学会、科大讯飞等单位成立了“法律人工智能实验室”。人工智能法学作为新兴学科、特色学科受到高度重视。

（2）世界部分国家与地区。2020年的一项人工智能指数调查显示，教授本科生和研究生构建实用人工智能模型所需技能的课程数量分别增加了102.9%和41.7%。[①]2020年的一项关于人工智能教育报告调查显示，高校开设的人工智能课程数量和招聘的人工智能方向专职教师数量都有所增加。

3. 人工智能法学复合型人才培养模式持续创新

（1）中国。中国在人工智能基础学科建设、高端研发人才、专利及论文发表、创业投资和领军企业等关键环节上持续投入，加大基础学科的人才培养，尤其是算法和算力领域。一方面，加大法科生对信息技术知识的理解与掌握，从理论体系、研究方法和应用发展等多个层面，将传授信息技术知识纳入法学理论和专业技能的培养中。另一方面，培养法科生的数据思维，建立文理相结合的研究视野，对传统法律思维进行数据化革新。人工智能法学复合型人才的培养，为走出中国特色的自主创新法学发展道路作铺垫，打造信息时代的法学教育模式，引领智慧社会法治，不断提供理论指导和人才支撑。

（2）世界部分国家与地区。美国佐治亚州州立大学法学院，开设了名为“法律分析与创新启动”的实践项目，主要吸收法学院、计算机学院和商学院的学生共同参与，赋予了学生组建跨学科团队共同设计新型软件来解决复杂法律问题的机会。同时，也有美国法学院在招生范围上扩大对科技、工程、数学类本科以上学历的学生录取比例，极大地改变了原有的生源结构。

① 参见熊一舟：《人工智能塑造未来全球竞争力》，《社会科学报》2021年4月15日。

三、人工智能法治发展展望

2020年席卷全球的新冠肺炎疫情，考验了各国的执政能力和治理水平，同时也加速了人工智能在全球社会各个领域和场景下的应用落地。在中国，《纲要》提出要将“新一代人工智能”列为科技前沿攻关的七大领域之一，还设立了国家级实验室。世界其他国家也普遍将人工智能视为后疫情时代数字经济的核心驱动力。

进入“十四五”时期，人工智能成为“事关国家安全和发展全局的基础核心领域”，成为推动经济高质量发展，建设创新型国家，实现数字化、信息化、智能化、新型工业化、城镇化和农业现代化的重要技术保障。顺应时代发展趋势，人工智能法治也亟需加强针对性、适用性、可操作性，通过更新完善法律、法规、标准等治理框架适应人工智能发展需要，为人工智能技术进步、产业发展与良性应用提供坚实制度保障。

1. 法治保障激发人工智能核心技术突破

通过法律规范授权人工智能相关试验区、先导区、示范区、创新共同体建设，培育创新土壤。进一步发挥好制度的基础保障作用，聚焦制造、医疗、交通、金融等先行领域，推动先进技术发展应用。

2. 法治服务打造人工智能与数字经济新引擎

通过法治服务保障新业态新模式健康发展，利用政策推进新型基础设施建设，构筑数据经济硬件支撑，引导人工智能赋能传统产业，鼓励新兴领域探索和应用。围绕强化数字转型、智能升级、融合创新支撑，布局建设信息基础设施、大数据中心、超级计算中心，统筹算力智能调度，提升数据经济新动能。

3. 法治引领构建良好人工智能创新生态

定期发布《人工智能法治蓝皮书》《人工智能法治发展指数》和《中国人工智能法治发展评估报告》，不断提出并完善通用的人工智能治理准则，推动形成若干企业标准或行业标准，通过伦理、标准、治理原则的梳理，助力科技与制度的螺旋提升，系统加强人工智能科技创新体系能力建设。

人工智能法治发展指数 2.0

《世界人工智能法治蓝皮书》专家组①

2021 年 7 月 9 日

为推动人工智能法治体系建设，客观、准确、全面反映我国人工智能法治发展状况，引领、推进人工智能法治研究，《世界人工智能法治蓝皮书（2020）》编委会组建专家组构建了《人工智能法治发展指数》，依据该指数，专家组撰写了《2019 中国人工智能法治发展评估报告》，并在 2020 世界人工智能大会上发布，在国内外产生了积极影响。随着人工智能法治研究的发展，尤其是在征求了张文显等法学界著名专家意见之后，专家组对指数体系进行了修改完善，新增一项一级指标“人才培养（A7）”（如图 2 所示），两项二级指标“学生人数（B19）”“课程设置（B20）”，形成了《人工智能法治发展指数 2.0》（以下简称“指数 2.0”）。

① 专家组组长：崔亚东（上海市法学会党组书记、会长，上海市高级人民法院原党组书记、院长，二级大法官）；专家组成员：张文显（中国法学会学术委员会主任、教授、博士生导师）、薛澜（清华大学苏世民学院院长、人工智能国际治理研究院院长、教授、博士生导师）、叶青（华东政法大学校长、教授、博士生导师）、刘晓红（上海政法学院校长、教授、博士生导师）、王涛（浙江清华长三角研究院院长、教授、博士生导师）、刘学尧（上海大学教授）、施伟东（上海市法学会党组副书记、专职副会长）、刘宪权（华东政法大学教授、博士生导师）、彭辉（上海社科院法学所研究员、博士）、林竹静（上海市人民检察院检察官、博士）、赵玉成（上海市教育报刊总社编辑部副主任）。

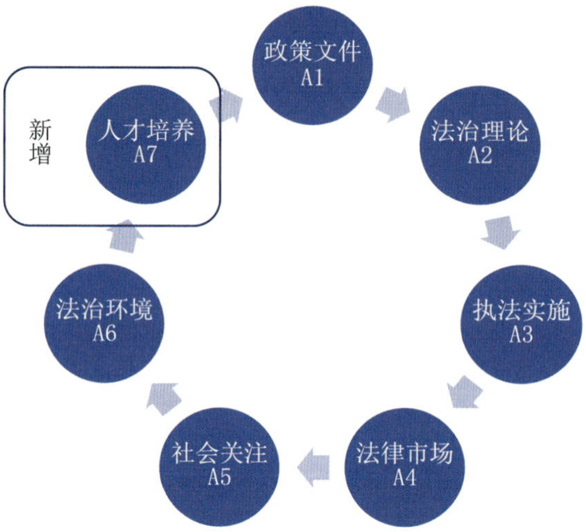

图 2　人工智能法治发展评估指标体系 2.0 图

此次的优化调整主要出于以下考量：

（1）指数 1.0 的 6 项一级指标涉及了政策、理论、执法、市场、社会、环境 6 个层面，虽然覆盖面已经比较完备，但是作为一个新兴领域，其持续发展必然要求优秀的人才培养与供给，因此指数 2.0 的首要变化是新增一级指标“人才培养（A7）”，并以二级指标“学生人数（B19）”与“课程设置（B20）”分别反映人才储备与人才供给情况。

（2）新加入“人才培养”一级指标后，对各项一级指标的权重进行了重新分配（如表 1 所示），总体上基本维持六项指标的相对比例，但考虑到人工智能法治进入高质量发展阶段，为了从动态的角度更好地反映各项指标的发展和变化，鼓励各项指标均衡发展，在征询多方意见的基础上，相对下调了 2019 年得分最高的一级指标以及得分最低的一级指标的权重，指标权重的分配更加合理。

（3）新增一级指标及相应二级指标以客观数据方式呈现，主要统计有关院校在人工智能方面的课程设置情况以及当年相关专业学生人数。一方面使得指标体系更加全面，另一方面也增加了指标体系的客观性，使其能够更加合理地反映人工智能法治发展的现实情况。

表1　人工智能法治发展评估指标体系（2.0）及权重

一级指标	二级指标	主客观	测试点	评分标准
政策文件A1（17.25%）	法规政策B1（49.16%）	客观	法规政策颁布量	以人工智能为主要内容以及内容提及人工智能的法规政策数量增减幅度
	判决裁决B2（50.84%）	客观	涉人工智能司法案件量	涉人工智能司法案件增减幅度
法治理论A2（12.48%）	国家级课题B3（29.54%）	客观	国家级课题数	国家社科基金法学类增减幅度（国家社科基金法学类）
	省部级课题B4（22.23%）	客观	省部级课题项目数	人工智能法治省部级项目增减幅度（司法部、中国法学会和教育部）
	论坛研讨决策咨询B5（21.74%）	客观	论坛数（次数）	人工智能法治论坛增减幅度
	期刊发文B6（26.49%）	客观	期刊发文量（篇）	法学等综合性刊物上人工智能法治论文增减幅度
执法实施A3（16.09%）	政策运用B7（25.12%）	主观	政策文件实施效果	人工智能发展政策性、法律性文件实施效果满意度
	软件运行B8（23.07%）	主观	软件运用实施效果	人工智能法治应用是否经常出现软件运行错误感受度；是否经常出现算法歧视感受度
	智慧司法B9（27.91%）	主观	司法应用水平	人工智能司法应用感受度
	隐私保护B10（23.90%）	主观	隐私保护完备度	人工智能执法过程隐私泄露感受度
法律市场A4（15.09%）	企业数量B11（45.72%）	客观	企业数量增减幅度	以“人工智能＋法治”为核心业务企业数量
	营收能力B12（54.28%）	客观	营收能力增减幅度	以“人工智能＋法治”为核心业务企业营业能力
社会关注A5（15.35%）	立法关注B13（35.14%）	主观	立法先行迫切度	从国家层面出台规制利用人工智能实施违法犯罪活动和针对人工智能系统实施违法犯罪活动的文件
	政策关注B14（33.19%）	主观	政策文件关注度	对人工智能发展的政策性、法律性文件关注度
	论坛关注B15（31.67%）	主观	法治论坛关注度	对在上海举办的“世界人工智能大会法治论坛”为代表的相关论坛关注度
法治环境A6（12.42%）	包容态度B16（33.56%）	主观	人工智能包容度	人工智能发展包容度
	法律规制B17（32.09%）	主观	人工智能包容度	法律对人工智能发展的规制情况
	应用感受B18（34.35%）	主观	人工智能感受度	人工智能应用带来感受度
人才培养A7（11.32%）（新增）	学生人数（B19）（54.27%）	客观	科技类法律学生人数	高校科技、知产法律专业学生人数
	课程设置（B20）（45.73%）	客观	课程开设数量	高校人工智能法律相关专业设置、研究机构、课程开设数量

2020 中国人工智能法治发展评估报告

《世界人工智能法治蓝皮书》专家组评估团队①

2021 年 7 月 9 日

2020 年，《世界人工智能法治蓝皮书》编委会组建专家团队，对 2019 年我国人工智能法治发展情况进行评估。并于 2020 年 7 月 10 日在 2020 世界人工智能大会上发布了《2019 中国人工智能法治发展评估报告》，这是国内外首次对人工智能法治发展情况进行评估，获得了广泛的认可。过去的一年，人工智能继续迅猛发展，新的议题不断涌现，为了持续反映人工智能法治发展的现实状况，推动人工智能法治研究，助力人工智能健康、稳定发展，根据《人工智能法治发展指数 2.0》设定的指标体系、评估办法，专家组评估团队对 2020 年我国人工智能法治发展情况进行了评估。本次评估采用调查问卷和客观测评两种方法进行，评估在总结吸收首次评估经验的基础上，做了以下改进：（1）问卷设计更加关注实际应用中的法治问题。如首次评估时的问卷设计主要关注的是人工智能法治发展的基础问题，对实际运用场景关注不够，此次问卷增加了诸如无人驾驶、健康码等实际应用场景中的法治的调查。（2）加大了问卷传播力度，扩大了问卷调查的广泛度。首次评估回收有效问卷 1444 份，数据积累

① 专家组评估团队执行主任：彭辉（上海社科院法学所研究员、博士）；评估团队成员：叶青（华东政法大学校长、教授、博士生导师）、刘晓红（上海政法学院校长、教授、博士生导师）、刘学尧（上海大学教授）、董立武（上海市法学会秘书长）、杨寅（上海政法学院教授）、林竹静（上海市人民检察院检察官、博士）、赵玉成（上海教育报刊总社编辑部副主任）、上海社科院法学所研究生团队、上海政法学院研究生团队。

略显单薄。本次评估回收有效问卷6316份，回收率和数据质量有显著提升；（3）数据分析不仅重点突出，而且较为全面客观，不仅关注理论，更注重于反映人工智能法治发展的现实状况。

一、测评数据分析

1. 主观数据

主观数据来源。主观数据采集对象主要聚焦于人工智能技术人员、研究者、人工智能法律产品使用者及其他，共四类社会群体。采集方式主要采用问卷调查，2021年年初，上海市法学会向北京、河南、天津、陕西、江苏、山西、吉林、广东、福建、山东、河北、湖北、四川、重庆、黑龙江、甘肃、安徽、贵州、辽宁、云南、内蒙古等省（自治区、直辖市）法学会发出调查问卷协助函，截至2021年5月10日共回收有效问卷6316份。本次问卷调查呈现以下变化和特点：关注度大幅提升，2019年回收有效数据问卷1444份，本次评估回收有效问卷6316份，相比2019年提升337.4%；数据结构趋于客观合理，年龄结构更接近实际情况；① 数据来源更加专业，主要表现为法律从业人员数量显著提升，相同职业内部高级别人员的比例也得到了提高。以法官 / 检察官为例，首次评估为335人，本次评估上升到673人，提升100.89%。

表2　问卷调查样本构成

类　别	基本指标	频数	百分比（%）
年龄	18—25岁	678	10.74
	26—30岁	971	15.37
	31—40岁	2052	32.49
	41—50岁	1618	25.62
	51—60岁	863	13.66
	60岁以上	134	2.12

① 以60岁以上人群为例，首次评估中，60岁以上的被调查者仅占1.04%，此次回收数据中提升到2.12%。

（续表）

<table>
<tr><th>类　别</th><th colspan="2">基本指标</th><th>频数</th><th>百分比（%）</th></tr>
<tr><td rowspan="9">职业或身份</td><td colspan="2">法官 / 检察官（含法官助理、检察官助理）</td><td>673</td><td>10.65</td></tr>
<tr><td colspan="2">警察</td><td>698</td><td>11.05</td></tr>
<tr><td colspan="2">其他行政执法人员</td><td>370</td><td>5.86</td></tr>
<tr><td colspan="2">其他公务员及事业单位人员</td><td>1610</td><td>25.49</td></tr>
<tr><td colspan="2">律师、公司法务</td><td>156</td><td>2.47</td></tr>
<tr><td colspan="2">涉人工智能企事业单位人员</td><td>69</td><td>1.09</td></tr>
<tr><td colspan="2">教师、高校研究人员</td><td>277</td><td>4.39</td></tr>
<tr><td colspan="2">学生</td><td>368</td><td>5.83</td></tr>
<tr><td colspan="2">其他</td><td>2095</td><td>33.17</td></tr>
<tr><td rowspan="4">单位性质（此项有效数据 2018 份）</td><td rowspan="4">法院</td><td>最高人民法院</td><td>8</td><td rowspan="4">15.21</td></tr>
<tr><td>高级人民法院</td><td>6</td></tr>
<tr><td>中级人民法院</td><td>8</td></tr>
<tr><td>基层人民法院</td><td>285</td></tr>
<tr><td rowspan="10">单位性质（此项有效数据 2018 份）</td><td rowspan="4">检察院</td><td>最高人民检察院</td><td>8</td><td rowspan="4">24.28</td></tr>
<tr><td>省级人民检察院</td><td>4</td></tr>
<tr><td>地市级人民检察院</td><td>78</td></tr>
<tr><td>基层人民检察院</td><td>400</td></tr>
<tr><td rowspan="2">公安</td><td>市局</td><td>126</td><td rowspan="2">25.92</td></tr>
<tr><td>派出所</td><td>397</td></tr>
<tr><td rowspan="3">高校</td><td>政法类专业</td><td>153</td><td rowspan="3">11.15</td></tr>
<tr><td>非政法类专业</td><td>34</td></tr>
<tr><td>研究机构</td><td>38</td></tr>
<tr><td colspan="2">其他</td><td>473</td><td>23.44</td></tr>
</table>

2. 客观数据

客观数据来源。本次评估在首次评估数据收集的基础上，对数据来源进行了扩充和优化。一是在数据来源上保持了首次评估的“北大法宝”数据库，中国裁判文书网，天眼查，企业查，国家社科基金、司法部、中国法学会、教育部网站数据库，中国知网外，新增了威科法律数据库，地方政府、各级法院、人工智能企业官网等。威科法律数据库主要作为对北大法宝数据的对比和补充，地方政府网站是为了更加全面地收集有关地方法律法规，主要通过各级法院网站收集有关工作文件和案例研习材料，主要通过人工智能企业官网了解相应企业发展状况。二是在数据的筛选和甄别上，更加关注与现实紧密相关的数据，如人工智能侵犯个人信息案件、疫情中企业除营收外的实际业务发展状况。此外，对于新增一级指标“人才培养（A7）”，增加了院校官网、地方教育部门等来源，并进行了数据检验，以充分保证工作统计材料的客观性和准确性。

二、总体得分

根据测评：2020年中国人工智能法治发展评估总体得分为85.44分，相较于2019年提升1.65分，总体处于“较高”水平。

三、单项得分

（一）一级指标、二级指标

与2019年相比，受经济发展、疫情等环境影响，一级指标指数与二级指标指数，测评得分变化均较大。

1. 一级指标

（1）得分及变化

经综合评估，一级指标指数得分由高到低如下：政策文件A1（96.7）> 法律市场A4（91.5）> 法治理论A2（87.3）> 人才培养A7（86.5）> 法治环境A6（81.9）> 社会关注A5（80.3）> 执法实施A3（72.7）。与2019年相比，在排位上，“政策文件A1”超越“法律市场A2”成为得分最高的一级指标，其余一级指标的排位没有变化。具体变化及原因分析：

① 政策与理论层面的持续关注：从得分来看，“政策文件A1”的提升是最大的，其次是“法治理论A2”，“政策文件A1”的提升来源于各层级法律法规的增加，尤其是省市地方法规的大量施行以及深入到细分领域的法律的制定，司法机关受理有关人工智能的案件也急剧增加。“法治理论A2”的提升主要得益于国家级课题量的显著增加（较2019年增加一倍），以及期刊发文的持续关注。

② 市场活力有待激发："法律市场 A4"的大幅下滑的客观原因是新冠肺炎疫情下整体经济形势的弱势，主观原因是人工智能产业尚未在盈利能力上有实质性的突破，市场活力未被充分激发。

③ 执法仍待加强："法治环境 A6"得分的下降主要是因为随着人工智能技术的广泛使用，对个人信息、隐私等方面造成侵害的情况增多，导致公众感受下滑。"执法实施 A3"与"社会关注 A5"两项得分略微有下滑（均下降 0.2）。

④ 人才培养基本适配：新纳入考量的"人才培养 A7"单项得分超过了平均得分，对总分的提升起到了积极作用，表明目前人才培养层面基本能够支撑人工智能法治的发展。

表 3　人工智能法治评估一级指标得分及占总分比例

一级指标	得分	总分	占总分比例（%）
政策文件 A1	16.78	17.35	96.7
法治理论 A2	10.89	12.48	87.3
执法实施 A3	11.69	16.09	72.7
法律市场 A4	13.80	15.09	91.5
社会关注 A5	12.32	15.35	80.3
法治环境 A6	10.17	12.42	81.9
人才培养 A7	9.79	11.32	86.5

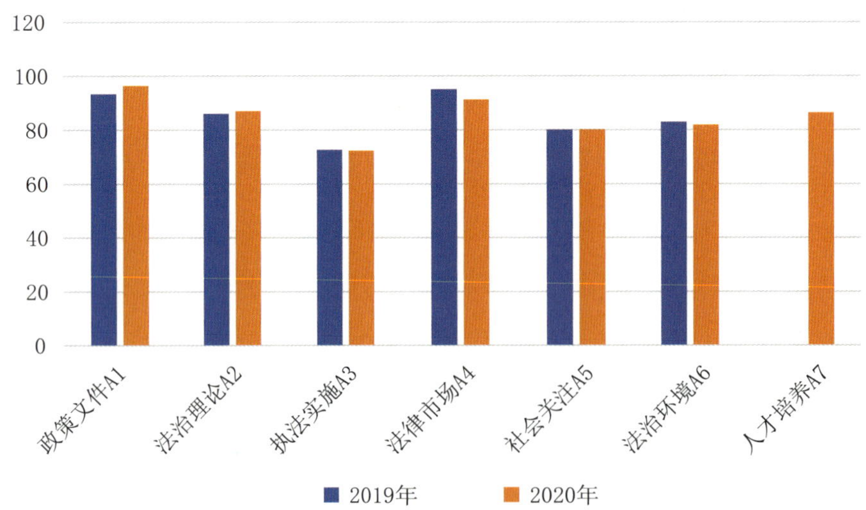

图 3　人工智能法治评估一级指标完成度（2019 年与 2020 年）

（2）总体评价

相较于 2019 年的评估结果，此次得分的最终呈现主要基于以下两个方面的原因：

① 2020 年受新冠肺炎疫情影响，国民经济发展总体遭遇阻力，在这一大环境下，人工智能产业的发展也受到了负面的影响，尤其是相关企业的营收能力明显下滑。[①] ②指数的整体提升主要得益于政策文件的大量施行，以及理论研究的持续关注。我们更应该看到，人工智能作为引领未来的战略性技术，正在对经济发展、社会进步、法治建设和人类生活产生更加深远的影响。

2020 年人工智能法治的发展继续保持较好的发展和进步态势，但执法实施和隐私保护等弱势领域没能实现明显突破，受疫情影响的指标也出现波动。今后的发展应注重“补短板”“促均衡”以及“求稳定”。

根据 2020 年测评的结果分析，目前人工智能法治制度层面的建设基本适配其发展，理论研究也紧随其后，政策和理论为人工智能的进一步发展奠定了坚实基础。需要关注的一是相对薄弱的执法领域（执法实施一项得分仅 72.7）以及公众感受层面（社会关注与法治环境两项得分均在 80 左右）的问题需要得到有效提升。今后的发展一方面要有切实举措来落实相关政策，另一方面还要抓住“以人为本”的核心导向，积极引导人工智能更好为人服务。二是一些人工智能企业的发展在盈利层面目前仍然没能实现突破，虽有疫情的原因，但也应认识到人工智能产业发展普遍面临“盈利难”的问题依然存在。一方面应加大扶持力度，另一方面引导企业良性竞争，使得人工智能产业找到自己的发展路径和成长逻辑。

基于以上分析，我们认为：① 2020 年，5G 以及 IDC 等人工智能基础条件臻于完善，人工智能芯片进入高速增长阶段，人工智能应用全方位触及大众工作生活，展现出可观的商业价值和巨大的发展潜力，同时也引发了法治、伦理等多方面新的社会问题，在对法治建设起到助力作用的同时，也提出了新的要求。②仍然要立足人工智能发展的时代要求，坚守人工智能发展以人为本的理念，构建新型权利义务关系，推动法律规则秩序的转型及升级，在更深层次更宽领域上更有力度地推动人工智能法治建设，也进一步推动人工智能科学研究、技术转化、产业融合等全方位的发展。

---

① 以头部企业头部企业“AI 四小龙”（商汤科技、旷视科技、云从科技、依图科技）为例，有关财报显示，除了商汤科技实现盈利，其余三家仍处于亏损状态，而依图科技在 2020 年上半年就亏损了 3.8 亿元。与此同时，四家公司的上市计划也[illegible]再受阻。

2. 二级指标

（1）二级指标得分情况

经综合评估，二级指标指数得分由高到低如下：法规政策 B1（98.3）=企业数量 B11（98.3）>期刊发文 B6（97.3）>判决裁决 B2（96.2）>论坛研讨决策咨询 B5（90.4）>政策运用 B7（89.6）>课程设置 B20（88.2）>国家级课题 B3（88.1）>营收能力 B12（85.7）=政策关注 B14（85.7）=应用感受 B18（85.7）>学生人数 B19（85.0）>包容态度 B16（84.7）>立法关注 B13（83.1）>法律规制 B17（74.9）>智慧司法 B9（72.2）>论坛关注 B15（71.4）>省部级课题 B4（70.9）>软件运行 B8（65.5）>隐私保护 B10（62.3）。

二级指标得分表明：法规政策层级分明，关注随之提升，企业数量快速增长，理论研究高度聚焦，政策落实更见成效，人才培养体系初步成形，但人才缺口依然不小，包容态度仍有较大提升空间，软件运行仍需注意稳定性及隐私保护，营收能力受大环境影响大幅下滑，需加强技术融合与成果转化。

表 4　人工智能法治评估二级指标得分及占总分比例

二级指标	得分	总分	占总分比例（%）
法规政策 B1	8.34	8.48	98.3
判决裁决 B2	8.44	8.77	96.2
国家级课题 B3	3.25	3.69	88.1
省部级课题 B4	1.97	2.78	70.9
论坛研讨决策咨询 B5	2.45	2.71	90.4
期刊发文 B6	3.22	3.31	97.3
政策运用 B7	3.62	4.04	89.6
软件运行 B8	2.43	3.71	65.5
智慧司法 B9	3.24	4.49	72.2
隐私保护 B10	2.40	3.85	62.3
企业数量 B11	6.78	6.90	98.3
营收能力 B12	7.02	8.19	85.7
立法关注 B13	4.48	5.39	83.1
政策关注 B14	4.37	5.10	85.7
论坛关注 B15	3.47	4.86	71.4
包容态度 B16	3.53	4.17	84.7
法律规制 B17	2.98	3.98	74.9
应用感受 B18	3.66	4.27	85.7
学生人数 B19	5.22	6.14	85.0
课程设置 B20	4.57	5.18	88.2

（2）二级指标得分变化

① 课题“质”与“量”显著提升，政策运用与关注持续升温：与2019年相比，得分显著提升的是（括号内为提升分数）：国家级课题B3（15）、政策运用B7（16.1）、政策关注B14（7.8）三项。其中国家级课题数较2019年提升了一倍，增至28项，一方面源于政策层面对于人工智能的重视，另一方面也反映了有关人工智能的理论研究朝着体系化、深入化的方向发展。政策运用以及政策关注的提升是相辅相成的，主要得益于各级法律法规对人工智能发展的紧密关注与有效应对。互联网普法宣传的加强，以及审判直播等新举措的推行使得公众对于人工智能领域法律法规施行的满意度得到有效提升。

② 政策裁判稳步提升，企业数量持续增长，公众更加包容：与2019年相比，得分稳步提升的有（括号内为提升分数）：法规政策B1（3.1）、判决裁决B2（3.7）、企业数量B11（3）、包容态度B16（4.6）。目前各层级法律法规正在随着人工智能技术的发展而逐步成型，此次评估中法律法规政策一项的提升主要来源于细分领域的立法进步。2020年涉及人工智能领域的主要立法有：2020年5月28日通过的《民法典》，其构建了包括数据财产权、数据采集、数据共享、数据利用、数据安全在内的整体性体系框架。判决裁决一项的提升来自两个方面，一是随着人工智能技术的推广，有关民事侵权乃至刑事犯罪得到了法律惩处，二是因为随着案件的累积，有关审判经验变得丰富，初步形成了一些有关人工智能案件审判的典型案例与裁判共识。企业数量一项在疫情的背景下还能有此提升，主要是由于该领域的巨大潜力和创业者的青睐。我们也观察到一些科技公司，对于人工智能也有较高的关注，尤其是晚近华为、小米等企业纷纷加入到了智能汽车的研发领域。包容态度一项的提升主要是由于人工智能的运用确实在客观上带来了生活工作上的便利，公众开始认识到人工智能发展的必要性，但是我们同时注意到，公众对于人工智能的担忧也有所增加，这就更加凸显了完善人工智能法治体系的必要性与紧迫性。

③ 论坛与发文平稳发展，立法与司法在探索中前行：与2019年相比，得分有所提升但是上升不大的是（括号内为提升分数）：论坛研讨决策咨询B5（1.4）、期刊发文B6（2）、智慧司法B9（0.3）、立法关注B13（2）。受限于疫情，许多大型论坛被迫取消或转移到线上进行，因此论坛研讨决策咨询一项没有显著提升也属正常。期刊

发文总体受期刊发文总量的限制，而且目前有关研究进入到了攻坚期，单独追求数量也没有实质意义，更应该切实推进基础理论的深化以及理论对实践的关照。智慧司法一项的得分根据问卷的情况与总体形势有所出入，应该看到互联网法院、移动微法院等“智慧法院”已见成效，人工智能、区块链相关的法律科技产品应用也在走向深入，然而问卷反映的公众感受不深很大程度上源于这些举措与应用尚未完全铺开，没有触及广泛的社会大众，在这方面还需要紧抓宣传和落实。立法关注一项的得分没有显著提升的一大原因是相当一部分民众对于人工智能领域的立法抱有比较审慎的态度，另外的原因是相比于关注具体问题的政策文件，基础立法相对抽象和概括，引发大量关注的情况不多。

④ 软件运行与隐私保护问题频发，营收能力明显波动，论坛关注下降：与 2019 年相比，得分显著下降的是（括号内为降低分数）：软件运行 B8（8.8）、隐私保护 B10（6.9）、营收能力 B12（2.7）、论坛关注 B5（3.9）。软件运行一项得分下滑是由于人工智能技术目前还处在初步推广的阶段，其对于客户端和设计经验以及用户使用数据的积累还不够，大量的推广与软件体验的不平衡最终导致了软件运行的较差体验。隐私保护是人工智能技术应用从开始到现在一直面临的问题，近来受到广泛关注的有关社会事件导致人们对于人工智能技术侵犯隐私的担忧不断增加，人工智能发展亟需在推动发展和尊重、保护隐私之间找到一个平衡点。对于这一方面，部分企业也注意到了这一问题并且开始主动作为，如商汤科技已成立人工智能伦理委员会，通过制定并实施严格的人工智能技术使用的伦理标准，以确保最大限度地尊重及保护个人隐私，旷视也于 2020 年年初成立“旷视 AI 治理研究院”，探讨 AI 产品研发方向和应用场景落地中的伦理问题。论坛关注一项限于防疫要求，在宣传和规模上都有所限制，因此得分相应降低，但是在人工智能飞速发展的当下，如何提升论坛质量、吸引更多关注仍然是值得思考的问题。

⑤ 省部级课题数量略有下滑，应用感受仍需加强：与 2019 年相比，得分略有降低的是（括号内为降低分数）：省部级课题 B4（1）、应用感受 B18（2）。鉴于国家级课题数量有了质的提升，省部级课题略有下降在总体层面也属正常。而应用感受一项的得分降低主要还是源于软件运行的问题，但是在软件运行得分大幅下滑的情况下，应用感受只出现了小幅度的降低，这说明公众对于人工智能技术带来的便利是充分认

可的，但这也更加提醒有关企业要注重软件的开发与设计。

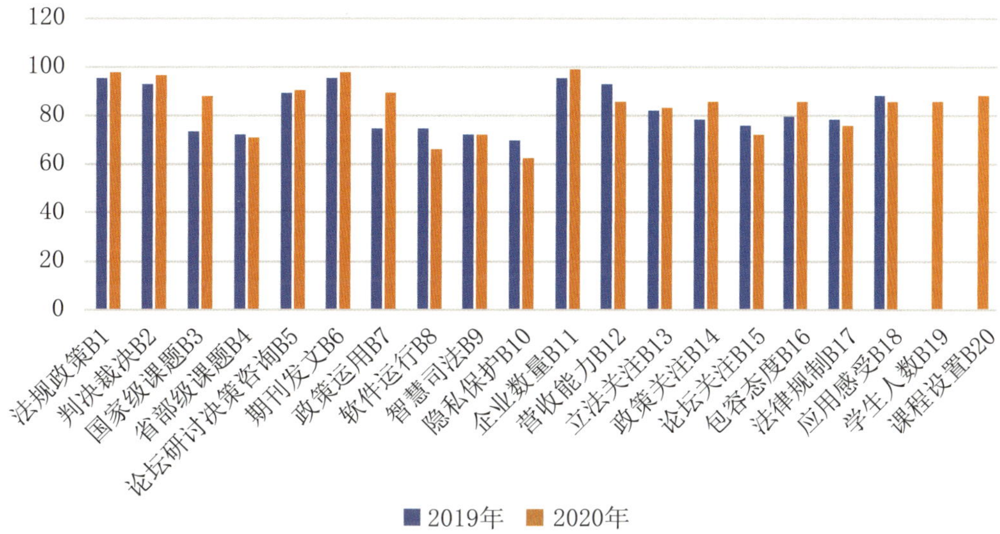

图 4　人工智能法治评估二级指标完成度（2019 年与 2020 年）

（3）二次指标总体评价

首先，总体上，评价指标所形成的闭环圆圈饱满度依旧与对 2019 年的评估结果一样，存在不周延性特点，在二级指标评价中，90 分以上的有 5 项指标，80—90 分的有 9 项指标，70—80 分的有 4 项指标，70 分以下的指标有 2 项。

其次，二级指标暴露了部分相关方面未能实现同步发展的问题。法律法规大量颁布同时伴随着公众满意度的大幅提升（提升 16 分），这是很大的进步。但是，相比之下，虽然人才培养体系初步形成，然而有关的人才依然缺乏（相差 3 分），相应的投入和宣传应适当加大。企业数量虽然快速增加，然而营收能力却未有突破（相差 13 分）。课题数量和期刊发文虽然显著提升，但是对现实的关照依然不够。公众对人工智能的包容度与法律对人工智能的包容度呈现较大差距（相差 10 分），对于这些不平衡、不同步的现象，要高度重视，尽力做到法有所施、文有所用、人堪其用、营有所利。

最后，对于人工智能法治领域长期存在的问题，如法律对人工智能技术的包容度不高（得分仅 74.9）、执法司法运用人工智能技术的场景单一（得分仅 72.2），以及愈趋严重的侵犯隐私问题（得分最低 62.3），必须尽快找到对策，让人工智能的发展没有后顾之忧，让人工智能法治建设造福于民。

（二）主观指标、客观指标

1. 客观指标得分

经综合评估，客观指标指数得分由高到低如下：法规政策 B1（98.3）= 企业数量 B11（98.3）> 期刊发文 B6（97.3）> 判决裁决 B2（96.2）> 论坛研讨决策咨询 B17（90.4）> 课程设置 B20（88.2）> 国家级课题 B3（88.1）> 营收能力 B12（85.7）> 学生人数 B19（85.0）> 省部级课题 B4（70.9）。客观指标指数平均得分为 89.8。

客观指标得分表明，地方层面人工智能法规政策大量出台，相关企业数量持续增长，课题、论坛及期刊发文对人工智能相关话题明显青睐，有关案件数量明显增加，人才培养初见成效。总体上，从雷达图来看，相较于 2019 年，客观指标所形成的闭环圆圈饱满度显著提升，说明客观层面人工智能均衡发展得到了一定程度的实现。

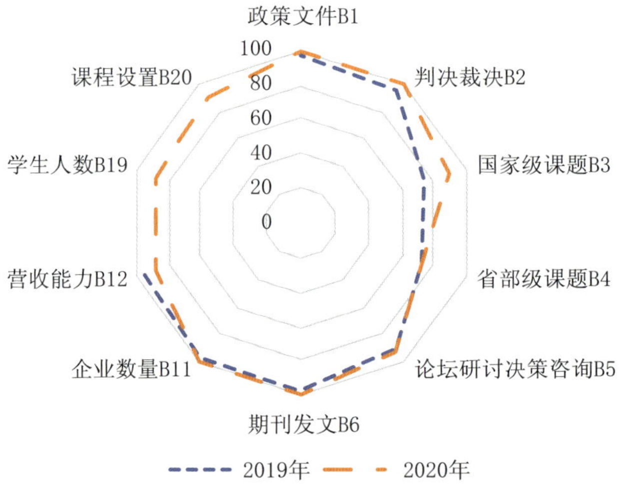

图 5　人工智能法治评估客观指标完成度

2. 主观指标得分

经综合评估，主观指标指数得分由高到低如下：政策运用 B7（87.7）> 应用感受 B18（85.7）= 政策关注 B14（85.7）> 包容态度 B16（84.7）> 立法关注 B13（83.1）> 法律规制 B17（74.9）> 智慧司法 B9（72.2）> 论坛关注 B15（71.4）> 软件运行 B8（65.5）> 隐私保护 B10（62.3）。主观指标（10 项）指数平均得分为 77.5。比较而言，客观指标（10 项）指数平均得分为 89.8，比主观指标指数平均得分要高出 12.3，这一差距继续扩大。造成这一组客观差距的主要原因，在于技术转化过程中对于用户的考虑不足，在软件运行以及隐私保护等领域公众的体验还存在不少问题。人工智能政策、理论、人才培养等目的都在于提升总体的社会福祉，人工智能的发展不能仅仅停留在纸面上，真正为人们生活工作带来便利和幸福感的提升，这是人工智能长远发展必须坚守的目标。

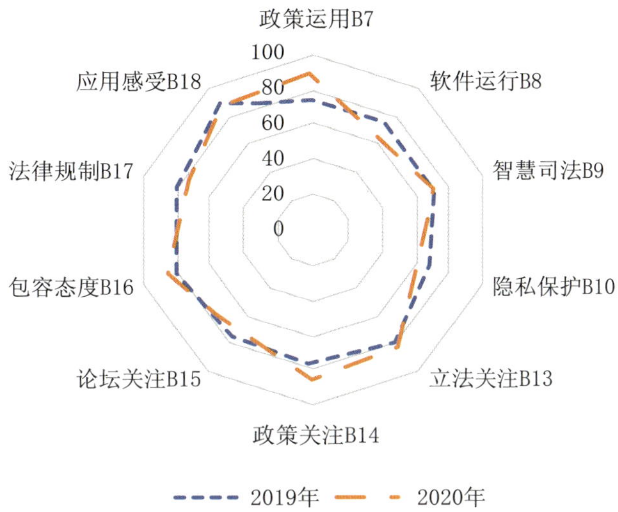

图 6　人工智能法治评估主观指标完成度

四、2020 年人工智能法治发展的特殊议题

1. 新冠肺炎疫情的影响

疫情之下，**人工智能的论坛关注与企业营收能力明显下降，但技术活力在疫情中凸显。**2020 年的新冠肺炎疫情，对于社会、经济乃至法治层面都产生了巨大的影响，从多项指标来看，人工智能法治的发展也明显受到了影响。首先直接导致的就是论坛关注 B15 得分的降低，因防控要求，2020 年度人工智能法治论坛在宣传和规模上都有所降低。其次，疫情对整个社会经济的打击也传导到了人工智能企业上。疫情之下，许多客户项目的立项、执行、汇报、验收全流程处于搁置状态，回款周期延长，企业现金流紧张，融资困难也加大，AI 产品推广过程中的产品试验、现场适配与调整等线下具体工作难以开展，研发效率也因线上工作而受到了负面影响，营收能力 B12 一项得分下降了 2.7。

但同时，我们也应看到，人工智能技术在疫情防控中起到了很大的助益作用。人工智能在疫情监测分析、病毒溯源、防控救治、资源调配方面都作出了显著贡献。也正是由于人工智能在疫情防控中的实际作用，公众对于人工智能有了更多的期待与包容，包容态度 B16 一项得分的显著提升一部分应当源于此。基于此经验，今后还应重视人工智能技术研发和产业布局，提升其在公共卫生安全风险治理中赋能增效的可靠性和效率。强化人工智能技术落地实施的制度保障，促进其与公共卫生安全风险治理深度融合与规范管理。推动人工智能数据共享平台互联互通，加快其在公共卫生安全风险治理中的场景应用。深化人工智能协同创新机制，提升其促进公共卫生安全风险治理的作用效能。

2. 算法歧视与反垄断问题

新老问题交织，立法必须紧密关注，执法需与时俱进。价格歧视是反垄断的老问题，然而在大数据情况下，价格歧视有着更高级和更灵活的表现形式，算法歧视与传统价格歧视也有所区别，同时可能会导致真正的歧视问题，如性别歧视等。法律如何规制大数据、如何使大数据符合法律和道德安排等问题都需要进一步深入探讨和研究。在应对层面，大数据的法律规制还面临取证困难、消费者维权激励不足、买卖双方在消费者交易场景下存在信息不对等的关系等问题，这些问题要求对大数据杀熟持续保持关注。技术的进步促使商业模式进一步发生改变，关于算法涉及的商业伦理和道德等问题受到越来越多的关注，这也必然促使监管规则的进一步发展和演进。在指标体系上，隐私保护 B10 一项得分最低，仅 62.3 分，这充分反映了人工智能引发的隐私保护、算法歧视带来的显性负面影响。

人工智能也对反垄断提出了新的挑战，实践中，算法有可能成为经营者共谋达成垄断协议的工具。随着数据的大量积聚，巨型平台可能滥用市场支配，如阿里巴巴“二选一”现象。此外，现有的经营者集中事先申报标准，也难以覆盖以人工智能技术为标的实施的经营者集中行为。反垄断执法人员今后应当更多从反不正当竞争能力和人工智能等特定工具带来的潜在机会等方面关注市场竞争。人工智能技术的特殊性质也将促使反垄断执法部门重新审视其市场监管方式。此外，我国《反垄断法》修订时，必须对人工智能等新技术给予足够的重视，紧密关注人工智能向反垄断立法与执法提出的新问题。在指标体系上，软件运行 B8 一项得分很低，为 65.5 分，其原因不仅仅是程序设计的不足，也必定包含平台垄断带来的使用不便。

3. 多场景驱动人工智能协同发展

人工智能迎来新窗口期，多场景与技术融合激发活力。随着“人工智能 +”战略的推行，应用场景的丰富为人工智能的发展带来了新的机遇，指数中企业数量 B11 一项较 2019 年提升了 3 分，截至 2020 年 6 月底，我国人工智能核心产业规模达 770 亿元，人工智能企业超过 2600 家。传统上，人工智能的应用场景集中在以下 10 个领域：无人驾驶汽车、人脸识别、机器翻译、声纹识别、智能客服机器人、智能外呼机器人、智能音箱、个性化推荐、医学图像处理、图像搜索，[①]基本集中在技术领域，然而近年来，人工智能技术开始广泛触及社会生活的方方面面，已经初步形成“智慧城市”“智慧生产”“智慧生活”三大类场景布局。智慧城市的建设主要布局在与居民公共需求紧密结合的领域，如交通、教育、医疗和零售等。通过各领域和平台的数据整合，综合方案的设计与优化，将全面提升城市公共服务与管理水平；智慧生产层面，主要是利用人工智能，完成从生产导向向需求导向的转变，提升生产效率与效能；智慧生活层面，目前主要涵盖智慧居住、饮食、健康监护管理、家庭管理等应用场景，切实带来生活上的安全与便利。

随着计算机计算能力的提升和算法的优化，物联网建设进程的加快，大数据的积累，可以想见，人工智能核心技术将向更深更广的方向发展，对人工智能技术和产品的需求将进一步释放，相关智能产品的种类和形态将越来越丰富并呈现出个性化发展态势。进而言之，未来人工智能与大数据、云计算以及区块链技术相互融合、相互促进将会激发出更多潜力，孕育广阔商机。

4. 人工智能发展背景下公民个人信息的保护

公民个人信息保护必须与人工智能同步发展。人工智能的发展与个人信息是密不可分的。防范人工智能技术对公民个人信息权利的侵犯刻不容缓，与此同时，规范人工智能技术对个人信息的利用也是保障技术进一步发展的必要条件。隐私保护 B10 一项的低分已经反映了公众对于人工智能侵犯隐私和个人信息的不满，而包容态度 B16 一项的高分说明公众愿意给予技术发展一定的包容。但是，二者之间的巨大差距不能长期存在，各方必须积极行动，提升公众对人工智能的安全感和满意度。公民个人

① 参见王健宗：《金融智能：AI 如何为银行、保险、证券业赋能》，机械工业出版社 2020 年版。

数据能否得到合理利用和充分保护是评估人工智能法治发展水平的重要因素之一，我国已于2021年6月10日通过了《数据安全法》，初步构建了规范数据处理活动的基本框架，而在人工智能和大数据的背景下，公民个人信息的保护仍然面临着诸多的挑战。

民法领域，对“个人信息”概念和范围的界定需要随时代的发展而完善；信息收集与利用过程的复杂化对传统的“通知－选择”框架提出了革新要求；云计算的应用为个人信息法律保护的管辖与数据跨境流通带来了难题。①

刑法领域，目前最突出的问题是在数据被收集之后对数据主体的权利保护。旨在保障个人信息自决权的侵犯公民个人信息罪，其对信息自决权的保护范围相当之窄，基本上局限于数据收集环节的权利，当前的保护框架并没有对数据主体在数据被收集之后的后续权利提供任何刑法上的保护。在这样的背景下，一味强调对商业利益与其他社会公共利益的优先保护，势必使得对个体权益保障不足的问题变得雪上加霜。

以上的问题有赖于理论研究中的进一步厘清，以及法律法规体系建设中的积极回应。重点是要在深入理解人工智能技术特点的基础上，紧密关注因此对个人信息保护带来的新的挑战，坚持“科技为人服务”的原则，引导人工智能健康发展。

五、总体评价

通过此次的测评，2020年我国人工智能法治发展的状况与展望可概括如下：

（1）新兴性：人工智能各领域蓬勃发展，拥有巨大的潜力，也面临许多亟待澄清的问题。技术层面，人工智能正在从弱人工智能向强人工智能过渡，对于强人工智能的认识和法律规制还处在起步阶段；产业层面，如何实现人工智能技术与社会生活的深度融合以及其与其他领域的技术融合还需要在发展中探索；理念引领层面，人工智能技术如何更好地为大众服务，增加社会福祉，还需要明确“以人为本”的基础导向。法治层面，对于一个新兴领域，制度设计要紧密关注新动态、新局面，起到有效

① 参见丁晓东：《大数据与人工智能时代的个人信息立法——论新科技对信息隐私的挑战》，载《北京航空航天大学学报（社会科学版）》2020年第3期。

的规制与引领作用。

（2）**不均衡性：政策与环境不协调，推广与感受不一致，发展和盈利不同步。**人工智能领域发展的不均衡性是目前最显著的缺陷之一。立法与司法，理论与运用，企业与营收能力等应当同步发展的领域都存在不小的割裂。

（3）**机遇与风险并存：**人工智能客观上为经济发展、生活便利乃至执法高效等层面带来了裨益，但也同时产生了新的问题，伦理体系与法理体系的欠缺、隐私侵犯和算法歧视是实践中人工智能面临的重大挑战，平衡技术发展与私人边界是人工智能法治建设的重点。当今社会正开始由“互联网+”向“人工智能+”过渡，应利用人工智能技术和互联网平台，让人工智能与传统行业、新型行业进行深度融合，创造新的行业发展生态。要实现这一生态构建，必须抓住机遇，同时防范风险。

（4）**技术发展与理念坚守并重：**测评结果的多项数据显示，公众对于人工智能的发展、法律规则等层面都有极高的关注度，技术的推广与应用也确实促进了生活工作的高效便捷，可以说目前人工智能在我国的发展环境是十分良好的，我们应该充分抓住政策支持、态度包容、市场灵活的有利条件，在坚守基本的科学和法治理念的基础上，推动技术发展与应用，坚持“以人为本”，坚守伦理和社会基本道德底线，让人工智能技术服务于民、赋利于民、造福于民。

（5）**战略引领与难点突破同行：**面对人工智能这一新领域、人工智能技术与法治互动的新局面，以及随之而来的新机遇与新问题，不论是人工智能的发展，还是法治层面的同步引领与规制，都需要新思维，以及协调各方的新战略。针对人工智能可能带来的风险、挑战及应对研究，应树立忧患意识、风险意识、危机意识，未雨绸缪、超前布局。同时，为了应对“不平衡”“不协调”等突出问题，首先要有敢于克难攻坚的精神，对于困点难点，要在理论研究的基础上狠抓实干，尽力弥合长短板、优劣势之间的差距，汲取先进经验，在均衡发展中全力激发人工智能的潜力。

2020世界人工智能大会法治论坛观点精粹

2020年7月9日至11日，“2020世界人工智能大会”在上海举行。7月10日，由世界人工智能大会组委会主办，上海市法学会联合中国司法大数据研究院承办的“2020世界人工智能大会法治论坛”在上海世博中心举办（连续三年）。因受新冠肺炎疫情的影响，本次论坛以“现场嘉宾+云观众+线上直播”的方式举行，在沪的法学理论界、实务界、科技界专家学者，以及社会各界人士150余人在现场参加了论坛。本次论坛得到了上海市委及上海市委政法委、最高人民法院、最高人民检察院、中国法学会的高度重视。上海市委副书记、政法委书记廖国勋，最高人民法院副院长张述元，最高人民检察院党组副书记、副检察长童建明，中国法学会党组成员、学术委员会主任张文显，上海市高级人民法院院长刘晓云，上海市人民检察院检察长张本才，上海交通大学校长、中国工程院院士林忠钦等领导出席论坛开幕式（童建明、张述元、张文显、林忠钦云端出席），上海市法学会党组书记、会长崔亚东主持论坛开幕式，廖国勋、张述元、童建明、张文显等领导同志在开幕式上致辞。来自中国、美国、瑞典、日本、韩国的10位法学界、科技界中外专家学者聚焦“人工智能的权利义务与法治实践”主题，围绕“引领人工智能法治研究，推动人工智能法治实践，培养人工智能法治人才，营造人工智能法治生态”等相关话题发表精彩演讲，形成了一批具有战略性、前瞻性、指导性的学术观点。

观点之一：构建智能社会的法律秩序是智能社会行稳致远的根本保障。张文显发表了题为《构建智能社会的法律秩序》的演讲。他认为，以大数据、云计算、互联网、区块链、人工智能为主体的智能科技所催生的“数字化”“网络化”“智能化”革命，对现行秩序造成严重冲击和挑战，同时也为构建新秩序注入了强大动能。构建以科学、人本、公正、包容、共治为核心要素和鲜明标识的法理型法律秩序，是破解智能社会“治理赤字”的当务之急，也是智能社会行稳致远的根本保障。

观点之二：法律既可以促进也可以规范人工智能的发展。促进与监管之间的适当平衡是实现“科技向善”理想的关键。崔亚东认为，人工智能时代的法律人责任至少有两点：第一，AI+ 法治——即主动拥抱新科技。抓住机遇，积极推动 AI 与法治的深度融合，让法治插上科技的翅膀，更好地维护社会公平与正义。第二，AI 法治——即积极推动人工智能法治体系建设，营造人工智能法治生态，运用法治思维、法治方法，应对风险与挑战，促进、规范、保障人工智能安全、可靠、可控、健康持续发展，更好地造福人类。**於兴中认为，**人工智能与法律之间存在着辩证互动的关系。主要体现在两个方面：首先是法律在人工智能发展中的作用；其次是人工智能在法律发展中的作用。

观点之三：人工智能时代机遇与挑战并存，构建人工智能法治体系，保障人工智能有序健康发展。崔亚东认为，人工智能是一把“双刃剑”。人工智能具有技术、社会双重属性。其在赋能社会的同时，也带来了风险与挑战。如何研究应对人工智能发展带来的风险挑战，这是一个新课题，构建人工智能法治体系，营造人工智能法治生态，是应对风险与挑战的正确途径，上海法学法律界积极响应与行动。**於兴中认为，**算法、智能合约、预测分析都构成了一种挑战现有法律理论和实践的新的法律方法。由此引起的法律研究范式的转变对法律教育产生了重大影响。**哈坎·海登**认为，数字技术使技术规范具有越来越强的内在规范性，这些技术有望将商业生态系统重塑为一个以数据为中心，以数据为利益的世界，从而对法律和法律职业造成影响。

观点之四：人工智能与司法的深度融合，是实现司法现代化的必由之路。刘庆峰认为，人工智能在司法领域的应用展望有三个方面：一是提质增效，不断提升审判质量和司法领域各工作环节的质量。二是维护公平正义。三是降低司法成本，增加社会互信，强化社会纠纷的解决能力。**崔亚东认为，**人工智能等新科技，为推进司法改革，破解司法难题提供了重大历史机遇和强大科技支撑。上海政法系统抢抓机遇，敢为人先，积极推动人工智能等新技术与司法实际的深度融合应用，取得了令人瞩目的成效，一些应用世界“领跑”。“推进以审判为中心的诉讼制度改革——上海刑事案件智能辅助办案系统”研发成功及全面应用，实现了人工智能在司法领域深度应用从 0 到 1 的突破，为改革蹚出了一条新路子。

观点之五：制定人工智能法律应以人工智能科技活动及由此引发的特定社会问题作为规范对象。龙卫球认为，人工智能立法需要明确的是其规范对象与规范策略。其中，对于专业科技活动部分，应在鼓励促进资源市场化配置同时，加大政府战略和政策支持力度；对于赋能科技活动部分，应该立足“人工智能 +”框架下赋能与应用场景的叠加关系，注重赋能与应用场景之间的权衡，避免因引入赋能效率而导致被赋权场景的价值功能偏移异化或利益风险关系的严重失衡。

观点之六：充分考虑人工智能对个人隐私和平等原则的影响，有助于更好地理解如何与之构建和谐关系。山本龙彦认为，人类不应该简单地服从人工智能抛出的最优方案。相反，应该为人类和人工智能适当地分配决策角色。对于生活在未来人工智能社会的人，人工智能社会最大的宪政问题可能是如何组建一个将人为决策与人工智能决策适当结合的混合治理体系。

观点之七：人工智能是人类智性的体现，倡导开发能够自觉守法的人工智能系统。於兴中认为，人性包括智性、心性和灵性三个层次。人工智能的概念涵盖逻辑推理、可计算性、规律性、功利主义和经验，体现了人类的智性。人工智能要超越人类，必须具有情感和精神的层面。**秦裕林认为，**开发自觉守法的人工智能系统，可以分成三个层次：一是对应用于规则简单的环境的人工智能系统，直接编码植入相关的法律、法规。二是开发具有学习能力的自主人工智能系统和人工智能监管系统。三是对于直接服务于人的人工智能系统，把人工智能的发展与认知心理学和认知神经科学的发展结合起来，使这种人工智能系统理解他人的心理与行为，从有利于人的动机出发，适时主动配合人类的行动，也能让人理解它的行为意图。**李元馥认为，**在侵权法的设计上，让开发者的责任与其开发的人工智能的可解释性成反比，将激励人工智能开发者努力开发更易于解释和审查的人工智能。

观点之八：当下，我国打造人工智能高地，需要培养人工智能法治复合型人才。崔亚东认为，人才是核心竞争力的核心。人工智能高端人才奇缺，人工智能法治人才更加紧缺。高校在人才培养方面具有独特优势，应发挥高校在建立人工智能与法学交叉学科、加快人工智能法治复合型人才培养的作用。**刘晓红认为，**法学是一门实践性很强的学科，人工智能法学更是如此。培养人工智能法律人才这类跨学科的新型人才，不仅需要得到法律行业的支持，还需要人工智能行业的支持。只有行业企业的深度参与，才能与实践紧密结合，培养适应人工智能快速发展需要的法律人才。

附：演讲嘉宾简介

1. 崔亚东　上海市法学会党组书记、会长，上海市高级人民法院原院长，二级大法官

演讲题目：《人工智能助力司法改革　破解司法难题——智能辅助审讯　程序公正实现实体公正》

2. 张文显　中国法学会学术委员会主任、浙江大学国家制度研究院院长、资深教授

演讲题目：《构建智能社会的法治秩序》

3. [瑞典] 哈坎·海登（Håkan Hydén）　瑞典隆德大学法律社会学教授

演讲题目：《数字技术，特别是人工智能对法治有何影响？》

4. 刘庆峰　科大讯飞股份有限公司董事长

演讲题目：《跨界联合　开放创新　共建共享 AI 法治生态》

5. [日] 山本龙彦　日本庆应义塾大学法学院教授、全球研究所副所长

演讲题目：《人工智能与日本宪法原则》

6. [韩] 李元馥　韩国梨花大学法学院教授

演讲题目：《人工智能的医疗差错和民事责任》

7. [美] 秦裕林　上海交通大学凯原法学院访问特聘教授

演讲题目：《倡导开发能够自觉守法的人工智能系统》

8. 龙卫球　北京航空航天大学法学院院长、教授

演讲题目：《人工智能立法：规范对象和规范策略》

9. [美] 於兴中　美国康奈尔大学法学院王氏中国法讲席教授

演讲题目：《智道：人工智能与法律的辩证互动》

10. 刘晓红　上海政法学院校长、教授

演讲题目：《人工智能法律人才培养的挑战与应对》

第一部分　人工智能法律与政策①

一、概　述

本部分所称“人工智能法律”是指各国家和地区的立法机关、行政机关，以及国际组织制定的有关人工智能的具有普遍约束力或强制力的法律、法案、条例、指令等规范性文件。在中国法域下，“人工智能法律”指广义的法律，其包含中国各级人大和政府制定的具有法定效力的规范。本部分所称“人工智能政策”是指各国中央政府及其各部门、地方政府制定的有关人工智能的具有指导性的发展战略、实施方案等规范性文件，以及国际组织所发布的政策性建议。

本部分所称“法律与政策”是对涉及人工智能的“法律”与“政策”的统称。本部分所称“相关法律与政策”是指非以人工智能为主要内容但涉及人工智能的“法律与政策”。本部分所称“专门法律与政策”是指以人工智能为主要内容的“法律与政策”。

本部分以 2020 年 6 月至 2021 年 6 月为时间区间，分别对中国和国外（部分国家、地区）人工智能法律与政策的发展状况和趋势进行分析。整体情况如下：

1．中国基本情况

法律方面。从国家整体层面看，全国人大常委会加强了重点领域、新兴领域、涉

① 本部分数据来源说明：1.“中国法律与政策”数据主要源自全国人大网站、国务院及其各部门网站、地方人民政府网站、“北大法宝”数据库及其他网络公开资料渠道。2.“国外法律与政策”数据主要源自美国国会和白宫网站、欧盟法律法规数据库、韩国法律法规数据库及政府部门网站、日本法律法规数据库及政府部门网站及其他公开出版的研究报告。

外领域立法。《数据安全法》已经于2021年6月10日通过，在统筹总体国家安全观的同时，为数字经济发展提供必要保障。《个人信息保护法》仍在紧张的制定过程中，出台后有望为个人信息的保护和利用带来明确的指引。国务院及其各部委，主要强调智能化和数字化转型发展，涉及领域众多，且呈现不断拓展之势。从地方层面来看，各地紧抓国家的支持政策，出台对应的执行方案和配套法规规章，涉数字政务、智能汽车、智慧交通、新型基础设施建设、教育、住建、医疗健康等多个领域，助力创新生态、数字经济、开放发展。

政策方面。中国的人工智能政策主要聚焦于推动人工智能有关的技术试点应用，对于试点成功的进一步加大应用范围。并且也在标准、伦理等方面加以指引，构筑人工智能发展制度生态，从而在保障安全的同时，促进人工智能技术的创新发展。国家在政务服务、基础设施建设、科研教育、交通物流、民生服务、卫生健康、传媒等多领域，制定政策专门落实。以人工智能标准体系、伦理安全等为指引，构筑人工智能软法制度屏障，为人工智能技术发展留出弹性空间，促进技术创新应用。进一步扩大创新应用先导区、创新发展试验区、自贸区等试点规模，积累广泛经验、凝聚社会共识，为技术的全国性推广提供经验和智慧支持。

2. 国外基本情况

法律方面。世界各主要国家和地区，密集制定和实施了人工智能专门规范，以促进人工智能技术的研发和广泛应用，获取领先优势和技术红利。欧盟推出《人工智能法》提案，清楚表明了欧盟在人工智能领域积极引领制定新的全球规范的意图。欧盟的法律规范正在针对人工智能领域，积极地探索监管和规制的路径，并且在人工智能战略的引领下，不断增强对不同风险层级的预警和处理，积极明确规制对象与范围。美国则通过《国家人工智能倡议法案》建立了一个框架，其加大了资本投入，以协调联邦政府和国家研究机构网络之间的人工智能研究和政策修正。聚焦重点领域，保障研发与治理并重，推动人工智能在国防、智能驾驶、医疗健康等领域基础研究和深度应用。

政策方面。一部分国家陆续出台国家人工智能战略，指导技术的创新发展和产业化应用。以加大科研投入、提升基础设施建设水平、推动数据开放共享、鼓励国际合作等方式推进人工智能产业的蓬勃发展，以期带动低迷的全球经济复苏，并争取人工智能领域的国际话语权、主动权。2021 年 3 月 1 日，美国人工智能国家安全委员会（NSCAI）投票正式通过了《最终报告》(Final Report)，从制定远期目标、树立正确理念、规避战略风险、加强国际合作、培养技术人才等多个维度提出美国人工智能未来发展的方向和举措。欧盟则是通过一系列政策提升欧洲的数字主权，在数字单一市场中消除人工智能发展和创新障碍，从而提高公共资金、私人投资和数字技能。

二、中国人工智能法律与政策

（一）中国人工智能法治基础背景

1. 法治中国建设持续推进

法治是人类文明进步的重要标志，是现代社会国家治理的重要手段；法治中国是中国共产党和中国人民的不懈追求。党的十九大把法治社会基本建成确立为到 2035 年基本实现社会主义现代化的重要目标之一。为加快推进法治社会、法治中国建设，先后制定了《法治社会建设实施纲要（2020—2025 年）》《法治中国建设规划（2020—2025 年）》，为法治社会建设提供了方向指引，并阐明了具体路线。强调要及时跟进研究数字经济、人工智能等领域相关法律制度，加强规范引导，抓紧补齐短板；同时强调要充分运用人工智能等现代科技手段，全面建设“智慧法治”，推进法治中国建设的数据化、网络化、智能化。

2. 中国特色社会主义法治不断完善

2020 年 5 月 28 日，中国正式通过了《民法典》，从制度上加强对人类的隐私和个人信息的保护。《民法典》创新性地将人格权独立成编，设置专门章节规定了隐私权和个人信息保护制度，在民事领域为隐私权和个人信息保护提供了私法救济的基础，弥补了公法保护的不足，为司法审判活动提供了基本准则，契合新时代社会发展的需求，意义重大。这些制度的设置，也在民事领域为减少人工智能技术发展对人类带来的损害提供了必要的制度保障。2021 年 6 月 10 日，《数据安全法》正式通过，同年 9 月 1 日起施行，标志着中国在数据安全领域有法可依，为各行业数据安全提供监管依据。2021 年 4 月 29 日，全国人大常委会发布了第二次审议的《个人信息保护法》征求意见稿，从个人信息保护的角度，进一步强化了对于人工智能技术的监管，描绘了一个更加清晰的法治框架。

3. 中国坚持以人为本的法治之路

坚持以人民为中心的发展理念，是中国共产党也是中国政府一贯坚持的主张，法治中国的建设始终坚持为了人民、依靠人民。近年来，人工智能发展引发的安全隐患与道德争议，使人类逐步意识到，人工智能的发展之路，需要建立在以人为本、向善发展的初心之上。在人工智能法治建设中，坚持以人为本，依法保障人民权益，增进人民福祉，才能让人工智能技术更好地造福人类。

（二）中国人工智能法治基本情况

本部分据公开资料统计，收录汇总了 2020 年 6 月至 2021 年 6 月中央和地方发布的涉及人工智能相关的法律和政策。其中法律（含草案）4 部，国家层面（不含国务院各部门）政策共 22 部（详见表 1-1），国务院各部门规章 5 部（详见表 1-2），部门政策性文件 137 部（详见表 1-3），地方法规 10 部（详见表 1-4），地方规章及规范性文件 95 部（详见表 1-5）。[①] 本部分所涉时间区间正值中国的“十三五”规划全面收官与“十四五”规划全面开启之际，[②] 规范与政策的制定，在服务“十三五”规划全面建成小康社会的基础上，对“十四五”规划开局起步之时，人工智能的发展有着重要的引领和带动作用，通过本部分法律与政策的分析，希望可以对法治在促进和保障人工智能产业发展、应对人工智能带来的风险与挑战的积极作用，有较为全面的认识。

---

① 部分规范文本尚未正式通过，这里统计最新版的草案或者征求意见稿。

② 五年规划（The Five-Year Plan，原称五年计划），全称为中华人民共和国国民经济和社会发展五年规划纲要，是中国国民经济计划的重要部分，属长期计划。主要是对国家重大建设项目、生产力分布和国民经济重要比例关系等作出规划，为国民经济发展远景规定目标和方向。中国从 1953 年开始制定第一个“五年计划”。从“十一五”起，“五年计划”改为“五年规划”（除 1949 年 10 月到 1952 年底为中国国民经济恢复时期和 1963 年至 1965 年为国民经济调整时期外）。“十三五”，是全面建成小康社会最后冲刺的 5 年，也是全面深化改革取得决定性成果的 5 年。2021 年 3 月 11 日，十三届全国人大四次会议表决通过了关于国民经济和社会发展第十四个五年规划和 2035 年远景目标纲要的决议。2021 年开始实施“十四五”规划，开启全面建设社会主义现代化国家新征程，向第二个百年奋斗目标迈进。

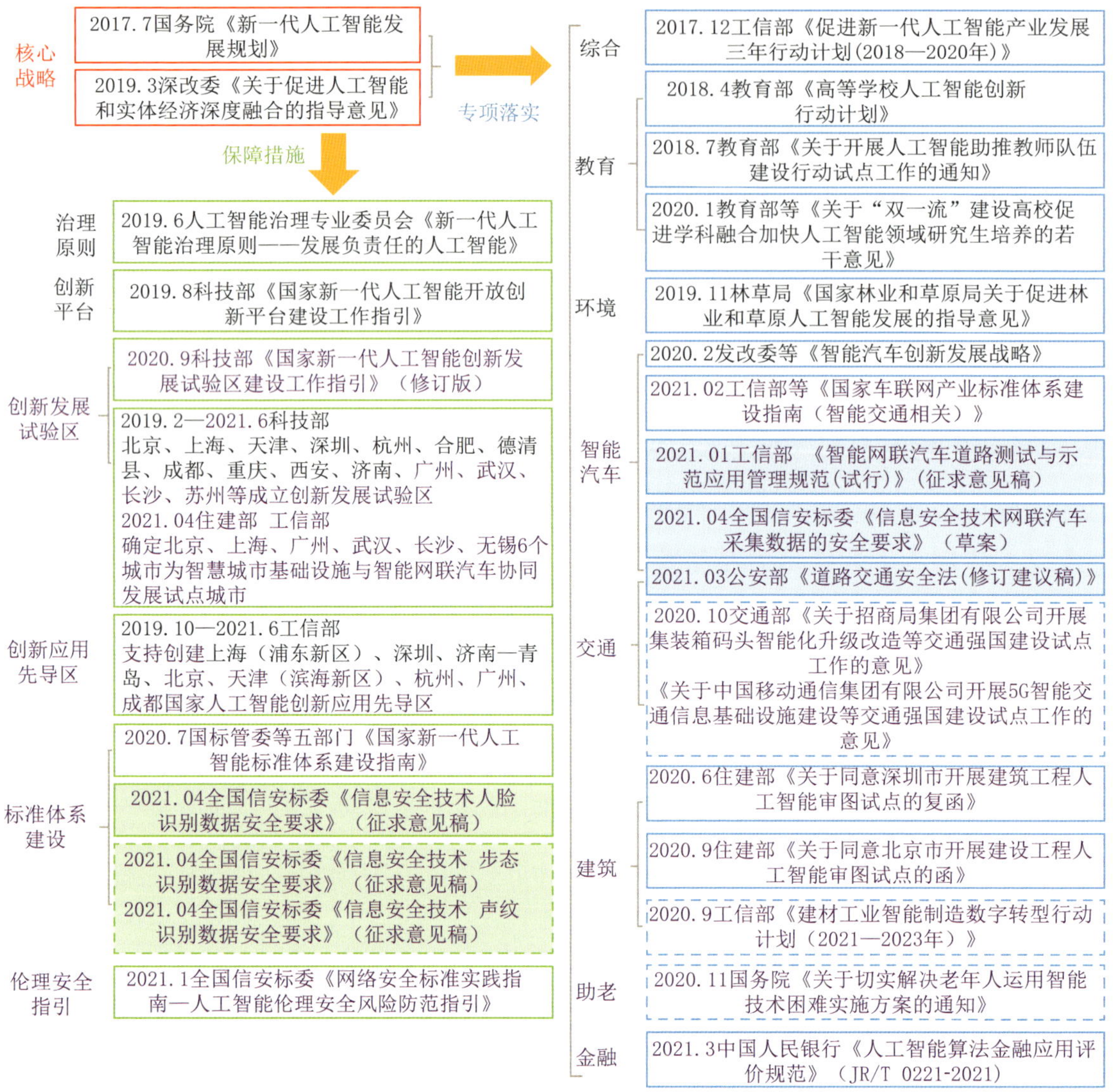

图 1-1　中国人工智能专门政策规范体系①

图 1-1 梳理了中国人工智能专门政策规范体系。总的来说，随着人工智能技术的快速迭代发展和不同行业应用的加深，国家出台的规范一方面在补足和完善顶层设计的空缺与不足，如发布人工智能标准体系建设指南、伦理安全指引等；同时，也在持续扩充人工智能创新发展试验区和应用先导区的数量和功能布局，通过错位发展、技术先行先试积累经验，再进一步推广应用到其他地区和领域，以实现低成本、低风险、高效、高灵活性的创新发展动态循环。

① 图例说明：紫色文字为本次蓝皮书更新内容，虚线框表示推动智能化发展的人工智能辅助性规范。阴影背景框表示该规范处于征求意见或者修订阶段，尚未通过或正式生效。

（三）制度规范框架补充完善

1. 创新实践指引与时俱进

继 2019 年 9 月科技部出台《国家新一代人工智能创新发展试验区建设工作指引》后，随着国内外环境的变化和国内人工智能产业的发展，科技部顺应形势发展，总结创新探索实践经验，及时调整指引任务重点，于 2020 年 9 月推出了《国家新一代人工智能创新发展试验区建设工作指引》（修订版），从而使政策更好地助力人工智能技术的研发和应用。修订后的指引，强调以解决人工智能科技和产业化重大问题为导向，促进科技、产业、金融集聚，探索智能社会建设新路径，支撑国家治理体系和治理能力现代化。

修订版指引，着重助力加大人工智能基础理论、前沿技术和关键核心技术研发力度；促进人工智能与 5G、工业互联网、区块链等的融合应用。同时加强社会实验理论、方法和数据积累，以提升智能时代政府治理的精准化、科学化水平。推进智能化计算中心等基础设施建设，大幅降低算力成本。努力搭建交流平台，通过在人才、资金、项目、基地等方面给予政策支持，促进人才培养和基础、关键领域的研发。

2. 创新先试范围逐步扩大

在已有 11 个创新发展试验区和 3 个创新应用先导区的基础上，又陆续增设 4 个试验区和 5 个先导区。这些先导区和试验区既有共同的目标——通过试验历练蜕变成为人工智能创新高地；同时积累一批可复制可推广的经验做法；也有各自不同的任务重点和环境优势。广州试验区充分发挥科教资源和产业集群优势，全面提升人工智能创新发展水平，完善政策法规体系；武汉加强政策和机制创新，强化技术研发和创新应用、技术与经济社会深度融合；苏州力求加强政策创新，健全促进人工智能发展的新机制，推动人工智能与实体经济深度融合；长沙则强调构建有利于人工智能健康发展的政策环境，加强技术研发和创新成果应用。

倡导各先导区的建设坚持应用牵引，开放场景带动产业落地；坚持部省联动，优势互补、特色发展、因地制宜发展智能经济。北京创新应用先导区强调结合北京国际科技创新中心建设的整体部署，打造全球领先的人工智能创新策源地，建设超大型智慧城市高质量发展的示范区和改革先行区。天津则坚持推动智能制造、智慧港口、智慧社区等重点领域突破发展。杭州要进一步深化人工智能技术在城市管理、智能制造、智慧金融等领域的应用；广州努力高标准建设人工智能与数字经济实验区；重庆以人工智能赋能中小企业为重要抓手，聚焦医疗、金融等优势行业，释放应用场景清单，促进技术—产业迭代发展。

3. 标准建设指南和伦理指引落地

为落实 2017 年《国务院关于印发新一代人工智能发展规划的通知》要求，制定促进人工智能发展的法律法规和伦理规范，2020 年 7 月国家标准化管理委员会等五部门发布了《国家新一代人工智能标准体系建设指南》，明确人工智能标准化顶层设计（如图 1-2 所示），充分发挥基础共性、伦理、安全、隐私等方面标准的引领作用，指导后续国家、行业、团体标准的制定、修订和统一协调。2021 年 1 月，全国信息安全标准化技术委员会发布了《网络安全标准实践指南—人工智能伦理安全风险防范指引》，针对人工智能伦理安全风险给出了防范措施（如图 1-3 所示），为相关组织或个人在各领域开展人工智能研究开发、设计制造、部署应用等活动提供了指引。

图 1-2 人工智能标准体系框架

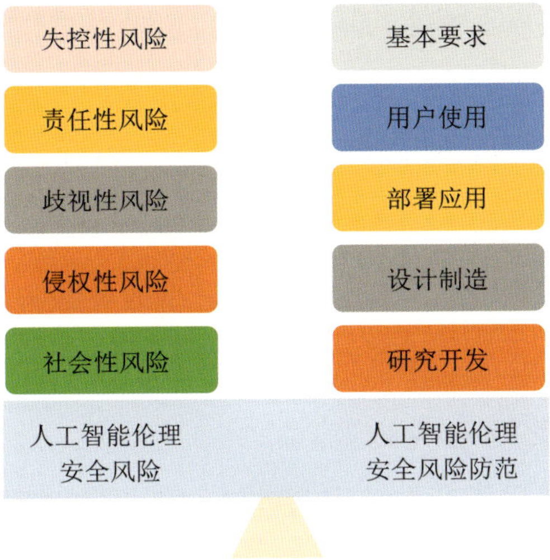

图 1-3　人工智能伦理安全风险及防范指引

（四）专项落实领域放宽加深

1. 交建智能化增试点促升级

在智能交通运输领域，交通运输部通过政策引导，在智慧公路、智能航运领域的技术创新及应用等方面开展试点，推进智能交通信息基础设施建设。探索在集装箱码头实施智能化升级改造，落实基于绿色能源的智慧高速公路关键技术研究与应用，力争取得突破性进展，形成一批先进经验和典型成果，充分发挥示范引领作用，为交通强国建设提供经验借鉴。公安部发布《道路交通安全法》(修订建议稿)，为智能汽车的试验和投入运营提供制度空间。

在智慧建筑领域，住房和城乡建设部支持在深圳、北京开展建筑工程人工智能审图试点，研发智能化施工图审查系统，形成可靠的人工智能审图能力，为施工图审查改革和工程建设项目审批制度改革工作积累可复制可推广经验。工业和信息化部发布了《建材工业智能制造数字转型行动计划（2021—2023 年）》，着力推动建材工业智能制造技术创新行动，推进全行业数字化、网络化、智能化水平大幅提升。

2. 技术适老化重探索快落实

技术更新迭代速度快，老年人适应性较弱，使用人工智能技术设备或者接受服务时，很难适应甚至快速接受。因此，聚焦涉及老年人的高频事项和服务场景，坚持传统服务方式与智能化服务创新并行，切实解决老年人在运用智能技术方面遇到的突出困难，是发展以人为本的人工智能的基本要求，也是应对我国人口老龄化问题的重要手段。2020 年 11 月，国务院发布了《关于切实解决老年人运用智能技术困难实施方案》，要求重点探索智能服务和产品的适老化改进，推动老年人享受智能化服务更加普遍，传统服务方式更加完善。例如，完善“健康码”管理，便利老年人通行，就是在全国抗击新冠肺炎疫情背景下，实现老年友好型政务服务的重要举措。此外，也要加强社会救助信息化，推进人工智能等现代信息技术在社会救助领域的运用。①

3. 金融自动化决策规范实施

2021 年 3 月，中国人民银行制定并发布的《人工智能算法金融应用评价规范》，成为我国人工智能算法治理的破冰规范。其针对当前人工智能技术应用存在的算法黑箱、算法同质化、模型缺陷等潜在风险问题，建立了人工智能金融应用算法评价框架（如图 1-4 所示），从安全性、可解释性、精准性和性能等方面系统化地提出基本要求、评价方法和判定准则，为金融机构加强智能算法应用风险管理提供指引。规定了人工智能算法在金融领域应用的基本要求、评价方法、判定准则，适用于开展人工智能算法金融应用的金融机构、算法提供商、第三方安全评估机构等。概括而言，从安全性、可解释性、精准性和性能方面开展人工智能算法评价，适用对象分为资金类场景和非资金类场景。

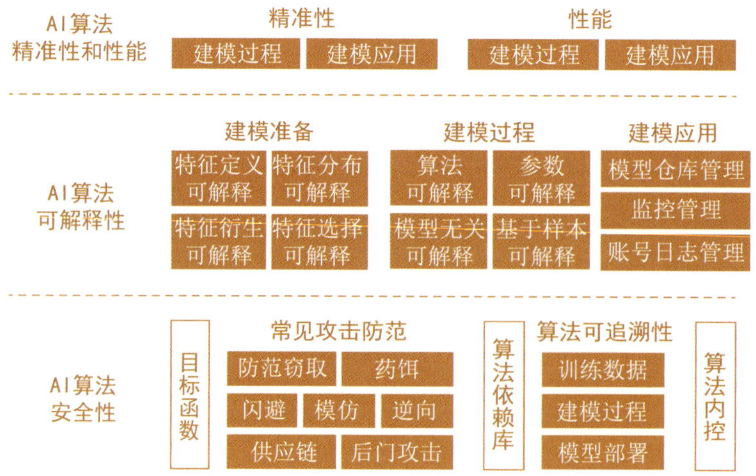

图 1-4　人工智能算法评价内容框架

① 参见《中共中央办公厅国务院办公厅印发〈关于改革完善社会救助制度的意见〉》。

（五）人工智能应用与监管齐头并进

通过对国家总体层面（不含国务院各部门）有关人工智能法律与政策规范进行汇总，对各个规范所涉及领域和类别作关键词标签区分，得到图 1-5，一共涉及政务服务、制度建设、市场、基础设施、科研、交通、民生服务、健康、教育、医疗、文旅、传媒、卫生、生态环境、民事、气象 17 个领域（如图 1-5 所示），部分规范则是涵盖全行业的综合性规范。统计其中的关键词，① 可以发现规范主要关注的重点是智能化、创新、安全、数字化、以人为本、科技、互联互通、跨境、试验区、产业、绿色、金融、国际合作、供应链、产业链、个人信息、营商环境、数据、医药、信息化、适老性、人权、隐私、法治、文旅、伦理、新能源等问题或领域（如图 1-6 所示）。

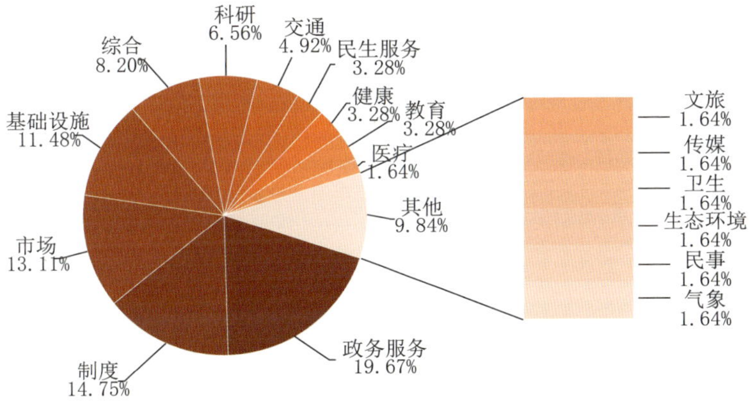

图 1-5　国家总体层面（不含国务院各部门）有关人工智能法律与政策规范中涉及领域及占比

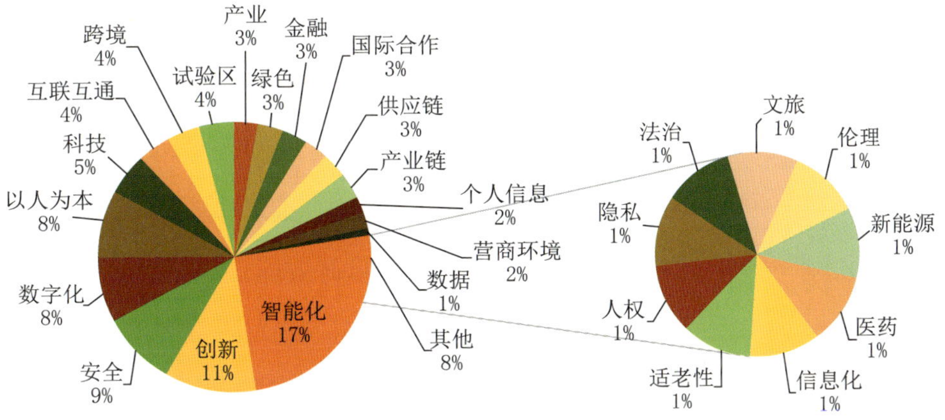

图 1-6　国家总体层面（不含国务院各部门）涉人工智能法律与政策规范中关键词

① 这里的关键词确定主要是根据规范条文的具体内容作的主观概括、判断。

1. 人工智能发展阶段性目标明确

2021 年 3 月 12 日《中华人民共和国国民经济和社会发展第十四个五年规划和 2035 年远景目标纲要》(以下简称《十四五规划和 2035 目标》) 正式发布，明确了我国科技发展的阶段性目标。2035 年，我国要在关键核心技术领域实现重大突破，进入创新型国家前列，基本实现社会主义现代化。在“十四五”时期，人工智能等科技领域要实现全面发展提升。我国将聚焦人工智能等重大创新领域组建一批国家实验室，整合优化科技资源配置，加强原创性引领性科技攻关，在类脑智能等领域谋划布局一批未来产业。努力推进数字化智能化改造和跨界融合，促进服务业繁荣发展，加快完善养老、家政等服务标准。统筹推进传统基础设施和新型基础设施建设，打造系统完备、高效实用、智能绿色、安全可靠的现代化基础设施体系（如图 1-7 所示）。

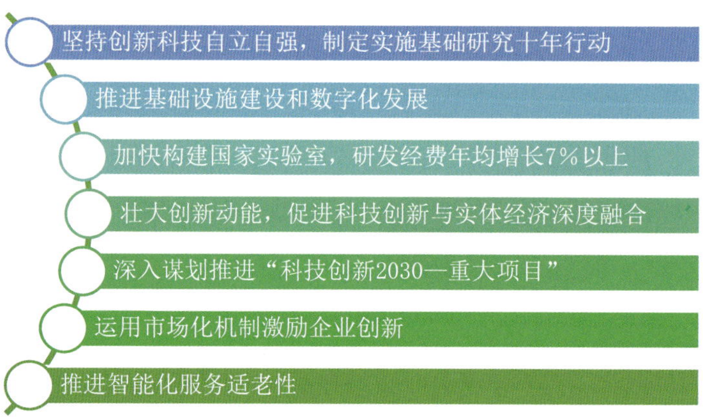

图 1-7 “十四五”时期涉及人工智能相关的科技领域主要目标

聚焦高端芯片、操作系统、人工智能关键算法等领域研发，加强关键数字技术创新应用；在智能交通、智慧物流、智慧能源、智慧医疗等重点领域开展试点示范，加快推动数字产业化发展。实施“上云用数赋智”行动，推动数据赋能全产业链协同转型；深化“互联网 + 政务服务”，提高数字化政务服务效能。

建立健全数据要素市场规则，统筹数据开发利用、隐私保护和公共安全，加快建立数据资源产权、交易流通、跨境传输和安全保护等基础制度和标准规范。加快人工智能安全技术创新，提升网络安全产业综合竞争力。推进社会治安防控体系现代化，深化国际执法安全务实合作。构建与数字经济发展相适应的政策法规体系，营造规范有序的政策环境。运用人工智能赋能农业生产和城市建设，提升资源利用效率、降低能耗，实现绿色健康发展。在国防领域，要促进国防实力和经济实力同步提升。

2021 年《政府工作报告》也强调要推动产业数字化智能化改造，战略性新兴产业保持快速发展势头。在军事领域，加快机械化信息化智能化融合发展。在农业领域，要推进农业机械化、智能化。考虑到我国社会正在进入老龄化阶段，推进智能化服务适应老年人、残疾人需求，并做到不让智能工具给弱势群体日常生活造成障碍。

总之，按照《十四五规划和 2035 目标》和《政府工作报告》的要求，能够应用人工智能的领域，都在尝试运用人工智能技术。需求的增加和应用空间的不断拓展，反过来也带动了人工智能基础理论的探索和技术的升级迭代。

2. 政策规范协助智能化发展趋势

实现网络资源的互联互通，是数字经济发展的基础条件，为此，国家大力推进新型基础设施建设，在自由贸易试验区改革、创新试点，推动数据资源的跨省互联互通，在全国推进企业开办全程网上办理，以实现政务服务的“一网通办”，从而为金融开放、国际贸易便利化创造有利营商环境。① 而国家发布的《建设高标准市场体系行动方案》，通过加大新型基础设施投资力度，推动市场基础设施互联互通，为数据资源的高效快速整合、算力的提升提供了基础的资源和制度保障。利用人工智能技术开展爱国卫生工作；② 了解社情民意、辅政建言，积极为辅助决策、完善政策提供支撑。③ 通过政务服务的数字化、智能化改革，也能够积极带动产业和社会智能化技术的深入应用和快速发展。

通过先行先试，不仅促进技术研发和应用，也同步探索和改进治理机制，促进市场发展。政策引导人工智能同实体经济深度融合，促进产业向智能化、高端化、绿色化发展。④ 加强新技术在新闻传播领域的前瞻性研究和应用，充分利用人工智能等信

---

① 参见《国务院关于做好自由贸易试验区第六批改革试点经验复制推广工作的通知》《国务院办公厅关于加快推进政务服务“跨省通办”的指导意见》《国务院办公厅关于深化商事制度改革　进一步为企业松绑减负激发企业活力的通知》。

② 参见《国务院关于深入开展爱国卫生运动的意见》。

③ 参见《国务院办公厅关于贯彻实施〈政府督查工作条例〉进一步加强和规范政府督查工作的通知》。

④ 参见《国务院关于促进国家高新技术产业开发区高质量发展的若干意见》。

息技术革命成果。[①]国家支持自由贸易试验区促进制造业数字化智能化转型，向高端智能制造业发展；支持量子信息、类脑芯片、下一代人工智能等新技术的研发应用。与此同时，探索建立运用互联网、大数据、人工智能、区块链等技术手段优化行政管理的制度规则。[②]审时度势借助新业态发展趋势，建立健全数字化商品流通体系，完善商贸流通基础设施网络，大力推动智能化技术集成创新应用，不仅能够提升人工智能等技术的研究、应用水平，也能为实现国内国际双循环相互促进的新发展格局提供动力。[③]此外，积极探索人工智能技术与医学、教育的融合，[④]推进人工影响天气安全管理智能化平台建设，[⑤]通过人工智能赋能提升畜牧业信息化水平。[⑥]

3. 智能汽车领域提速识别标准建立

国家鼓励新能源汽车产业发展，通过政策支持，加速核心技术攻关、加快共性技术创新平台建设、提升行业公共服务能力。[⑦]借助新能源汽车产业的联动效应，协调推动智能路网设施建设，有序推进氢燃料供给体系建设，不仅能够带动人工智能等高新技术的研发持续深入推进、提升智能制造水平，也有助于节能减排、推动绿色低碳发展，以助力实现“巴黎气候协定”确定的减排承诺。通过税收支持等政策，支持北京聚焦自动驾驶领域，试点开展智能网联汽车和自动驾驶地图应用。[⑧]

加快既有设施智能化，推进交通基础设施数字化、网联化，提升智慧发展水平。推动智能网联汽车与智慧城市协同发展，以期到2035年，交通基础设施质量、智能化与绿色化水平居世界前列。同时，也要推进智能交通产业化，促进交通基础设施网与智能电网融合，适应新能源发展要求。2021年4月28日，住建部和工信部联合发函，确定北京、上海、广州、武汉、长沙、无锡6个城市为智慧城市基础设施与智能

① 参见《中共中央办公厅　国务院办公厅印发〈关于加快推进媒体深度融合发展的意见〉》。

② 参见《国务院关于深化北京市新一轮服务业扩大开放综合试点建设国家服务业扩大开放综合示范区工作方案的批复》。

③ 参见《国务院办公厅关于以新业态新模式引领新型消费加快发展的意见》。

④ 参见《国务院办公厅关于加快医学教育创新发展的指导意见》。

⑤ 参见《国务院办公厅关于推进人工影响天气工作高质量发展的意见》。

⑥ 参见《国务院办公厅关于促进畜牧业高质量发展的意见》。

⑦ 参见《国务院办公厅关于印发新能源汽车产业发展规划（2021—2035年）的通知》。

⑧ 参见《国务院关于深化北京市新一轮服务业扩大开放综合试点建设国家服务业扩大开放综合示范区工作方案的批复》。

网联汽车协同发展第一批试点城市。[①] 智能汽车、智能交通等制度规范建设方面也在同步推进。修改《道路交通安全法》，明确具有自动驾驶功能的汽车进行道路测试和通行的相关要求，以及违法和事故责任分担规定，[②] 使其与《民法典》侵权责任等规范相协调。

践行国家新一代人工智能标准体系建设的要求，全国信息安全标准化技术委员会等部门陆续出台了人工智能伦理安全风险防范指引，给出了伦理安全风险防范措施。发布人脸、步态、声纹等生物识别数据安全要求，结合场景分类，对生物识别数据的收集、存储、使用、共享、转让、公开披露、删除等活动加以明确和规范。一系列标准的建立，将为智能汽车在内的人工智能技术发展提供必要的制度依据和更加清晰的合规路径指引。

4. 人工智能相关法律规范正在建立

2021 年 6 月 10 日，全国人大常委会通过了《数据安全法》，并于 2021 年 9 月 1 日起施行。《数据安全法》全文共七章五十五条，构建了我国数据安全领域的基本法，分别从数据安全与发展、数据安全制度、数据安全保护义务、政务数据安全与开放等角度对数据安全保护义务作了具体规定。应在坚持总体国家安全观的基础上，构建起我国数据安全治理体系，进而努力提高数据安全保障能力。通过一般性义务与特别性义务相结合方式，对数据安全保护义务进行了明确，为开展数据处理活动的组织和个人提供了制度指引，有助于理清义务关系，促进数据的利用，推动人工智能等技术的深入发展。

《数据安全法》通过条款设计，构建了政府、科研机构、行业组织、市场主体、个人等多元共治的数据安全管理体系，不仅提高了数据治理的弹性、有效性，也有助于激发全社会共同参与数据安全治理的积极性。同时，该法注重保护数据权益，适应国家发展需求，助力数据要素市场的培育和完善，促进数据开发利用，为人工智能等产业的发展提供了制度支撑。此举不仅给市场主体的数据利用划定了界线，也为后续法规、政策的制定提供了上位法依据。此外，该法有关数据跨境流动的规定，有助于

---

① 参见《住房和城乡建设部　工业和信息化部关于确定智慧城市基础设施与智能网联汽车协同发展第一批试点城市的通知》。

② 参见公安部发布的《中华人民共和国道路交通安全法（修订建议稿）》。

维护国家数据主权，防止人工智能技术滥用威胁国家安全。早在2020年8月，商务部也已将人工智能相关技术列入限制出口清单，通过《出口管制法》限制人工智能关键技术的外流。

2021年4月26日，第十三届全国人大常委会第二十八次会议对个人信息保护法（草案二次审议稿）》进行了审议，随后公开征求意见。这是继《民法典》实施之后，法律对于个人信息保护作出的具体回应，预计未来该法通过后，将对个人信息保护和人工智能的发展与应用产生重要影响。针对当前使用人工智能技术的企业，过度收集、滥用个人数据，《个人信息保护法》（二审稿）开创性地提出建立由外部成员组成的独立机构，加强对企业等市场主体的自我监督；对严重违反法律、行政法规处理个人信息的平台内的产品或者服务提供者，停止提供服务；并且定期发布个人信息保护社会责任报告，接受社会监督。相比一审稿，此次二审稿更加注重个人信息主体权益的实质影响；明确处理个人信息的合法基础——依法在合理范围内处理已公开个人信息无需获得同意，这为人工智能产业如何合法使用数据用于研究、开放提供了制度依据。

（六）部门规章和政策加快实施

本部分根据公开资料统计，收录国家各部委发布的涉及人工智能的部门规章（含征求意见稿）共5部（详见表1-2），政策及标准规范（含草案和征求意见稿）共计137部（详见表1-3）。通过对各个规范涉及的领域、强调的内容设置标签，一共统计得出以下59类特征标签：智能技术应用、基础设施、交通、绿色发展、教育、物流、制度、智能制造、核心技术、开放合作、适老化、网络安全、无障碍设施、智慧城市、社会保障、政务、文旅、创新生态、试点、智能汽车、农业农村、金融、伦理、市场监管、数字经济、安全生产、技术创新、智能建造、高端服务、数据保护、通信、医疗、财税支持、民生保障、生物识别、卫生健康、医疗药品、职业技能、服务型制造、就业、科技创新、生态保护、消费、行政执法、疫情防控、标准、出口管制、个人信息保护、国家安全、建筑、科技服务、能源、食品安全、数字文化、数字转型、水利、体育、应急管理、中小企业管理。

表 1-1 国家总体层面（不含国务院各部门）涉及人工智能的法律与政策规范[①]（按发布日期倒序）

规范	序号	发布日期	发布主体	类别关键词	涉及领域	名称
法律（含草案）	1	2021.06.10	全国人大	安全、数据、跨境、国际合作	制度、综合	中华人民共和国数据安全法
	2	2021.04.29	全国人大	安全、个人信息、跨境、国际合作	制度、综合	中华人民共和国个人信息保护法（草案）(二次审议稿）
	3	2020.12.17	全国人大	安全、跨境、国际合作	制度、综合	中华人民共和国出口管制法
	4	2020.05.28	全国人大	个人信息、隐私	制度、民事	中华人民共和国民法典
政策	5	2021.03.12	国务院	创新、科技、安全、数字化、智能化	制度、综合	2021 年中国政府工作报告
	6	2021.03.12	国务院	创新、科技、安全、试验区、绿色、数字化、智能化	制度、综合	中华人民共和国国民经济和社会发展第十四个五年规划和2035 年远景目标纲要
	7	2021.02.24	中办国办	创新、科技、安全、绿色、智能化	交通、科研	国家综合立体交通网规划纲要
	8	2021.02.10	国办	智能化、以人为本	政务服务	关于贯彻实施《政府督查工作条例》进一步加强和规范政府督查工作的通知
	9	2021.01.31	中办国办	安全、智能化、数字化	市场、基础设施	建设高标准市场体系行动方案
	10	2021.01.10	中办	安全、法治、智能化、数字化、以人为本	制度、政务服务	法治中国建设规划（2020—2025 年）
	11	2020.12.07	中办	安全、人权、智能化、数字化、以人为本	制度、政务服务	法治社会建设实施纲要（2020—2025 年）
	12	2020.12.02	国办	智能化、安全、以人为本	气象、生态环境	关于推进人工影响天气工作高质量发展的意见
	13	2020.11.30	国务院	信息化、以人为本	卫生、健康	关于深入开展爱国卫生运动的意见
	14	2020.11.15	国办	智能化、以人为本、适老性、互联互通	政务服务、民生服务、健康	关于切实解决老年人运用智能技术困难实施方案的通知
	15	2020.11.03	国办	智能化、创新、科技、绿色、新能源、产业链、供应链、互联互通	交通、科研、市场、基础设施	关于印发新能源汽车产业发展规划（2021—2035 年）的通知
	16	2020.09.30	国办	互联互通、以人为本	政务服务	关于加快推进政务服务“跨省通办”的指导意见

① 含草案或征求意见稿，下同。

（续表）

规范	序号	发布日期	发布主体	类别关键词	涉及领域	名　　称
政策	17	2020.09.28	国办	智能化	市场	关于促进畜牧业高质量发展的意见
	18	2020.09.26	中办 国办	智能化、创新、以人为本	传媒、文旅	关于加快推进媒体深度融合发展的意见
	19	2020.09.23	国办	科技、创新、伦理、医药	科研、医疗、教育	关于加快医学教育创新发展的指导意见
	20	2020.09.22	国办	智能化、数字化、创新、文旅、金融、产业	市场、政务服务、基础设施	关于以新业态新模式引领新型消费加快发展的意见
	21	2020.09.21	国务院	智能化、数字化、创新、跨境、金融、产业链、供应链、产业、试验区	市场、政务服务、基础设施	关于北京、湖南、安徽自由贸易试验区总体方案及浙江自由贸易试验区扩展区域方案的通知
	22	2020.09.08	国务院	智能化、数字化、创新、跨境、金融、产业链、供应链、产业、试验区	市场、政务服务、基础设施	关于深化北京市新一轮服务业扩大开放综合试点建设国家服务业扩大开放综合示范区工作方案的批复
	23	2020.09.01	国务院	智能化、创新、互联互通	市场、政务服务	关于深化商事制度改革　进一步为企业松绑减负激发企业活力的通知
	24	2020.08.25	中办 国办	智能化、创新、以人为本	政务服务、民生服务	关于改革完善社会救助制度的意见
	25	2020.07.20	国务院	智能化、数字化、创新、科技、营商环境、产业、试验区	科研、教育、政务服务、基础设施	关于促进国家高新技术产业开发区高质量发展的若干意见
	26	2020.07.07	国务院	智能化、创新、绿色、互联互通、营商环境、试验区	市场、政务服务、基础设施	关于做好自由贸易试验区第六批改革试点经验复制推广工作的通知

表 1-2　涉及人工智能的部门规章（按发布日期倒序）

序号	发布日期	发布主体简称	部门规章名称
1	2021.04.23	网信办等七部门	网络直播营销管理办法（试行）
2	2021.04.06	教育部	未成年人学校保护规定（征求意见稿）
3	2021.02.08	交通部	邮件快件包装管理办法（中华人民共和国交通运输部令 2021 年第 1 号）
4	2020.06.22	国家邮政局	邮件快件绿色包装规范
5	2020.06.03	交通部	公路工程建设标准管理办法

表 1-3　国家各部委发布的涉及人工智能的政策及标准规范（按发布日期倒序）

序号	发布日期	发布主体简称	主要内容类别	规范名称
1	2021-06-16	工信部　中央网信办	智能技术应用、基础设施	加快推动区块链技术应用和产业发展的指导意见
2	2021.04.28	信安标委	制度、智能汽车、网络安全、数据保护	信息安全技术　网联汽车　采集数据的安全要求（草案）
3	2021.04.28	信安标委	制度、智能汽车、网络安全、数据保护	信息安全技术　步态识别数据安全要求（征求意见稿）
4	2021.04.28	信安标委	制度、智能汽车、网络安全、数据保护	信息安全技术　声纹识别数据安全要求（征求意见稿）
5	2021.04.28	住建部 工信部	智慧城市、智能汽车、基础设施、智能技术应用、交通、试点	关于确定智慧城市基础设施与智能网联汽车协同发展第一批试点城市的通知
6	2021.04.23	信安标委	制度、生物识别、网络安全	信息安全技术　人脸识别数据安全要求（征求意见稿）
7	2021.04.21	交通部	物流、基础设施	行业标准《自动化集装箱码头建设指南》制定（征求意见稿）
8	2021.04.20	农业农村部	农业农村、智能技术应用	关于全面推进农业农村法治建设的意见
9	2021.04.08	发改委	医疗、金融、文旅、开放合作	关于支持海南自由贸易港建设放宽市场准入若干特别措施的意见（发改体改〔2021〕479 号）
10	2021.04.06	工信部	通信、无障碍设施、适老化、社会保障	关于进一步抓好互联网应用适老化及无障碍改造专项行动实施工作的通知
11	2021.04.06	住建部等十六部门	智慧城市、智能技术应用	关于加快发展数字家庭　提高居住品质的指导意见
12	2021.03.26	中国人民银行	制度、金融、智能技术应用	中国人民银行　人工智能算法金融应用评价规范（JR/T 0221-2021）
13	2021.03.26	中国银保监会	金融、网络安全、无障碍设施、适老化、社会保障	中国银保监会办公厅　关于银行保险机构切实解决老年人运用智能技术困难的通知
14	2021.03.25	发改委	就业	关于深入组织实施创业带动就业示范行动的通知（发改办高技〔2021〕244 号）
15	2021.03.23	发改委	服务型制造、开放合作、核心技术、智能制造、绿色发展	关于加快推动制造服务业高质量发展的意见（发改产业〔2021〕372 号）
16	2021.03.23	自然资源部	智能技术应用、行政执法	自然资源部办公厅　关于开展 2021 年卫片执法工作的通知
17	2021.03.19	科技部	核心技术、智能制造、基础设施、教育、伦理、试点	关于支持长沙市建设国家新一代人工智能创新发展试验区的函
18	2021.03.19	科技部	核心技术、智能制造、基础设施、教育、伦理、试点	关于支持苏州市建设国家新一代人工智能创新发展试验区的函

（续表）

序号	发布日期	发布主体简称	主要内容类别	规范名称
19	2021.03.19	住建部等六部门	安全生产、智能技术应用	关于加强瓶装液化石油气安全管理的指导意见
20	2021.03.05	发改委	能源、绿色发展、智能技术应用	关于推进电力源网荷储一体化和多能互补发展的指导意见（发改能源规〔2021〕280 号）
21	2021.02.25	交通部	制度、行政执法、智能技术应用	关于印发《加强和规范交通运输事中事后监管三年行动方案（2021—2023 年）》的通知
22	2021.02.20	工信部等三部门	制度、智能汽车、交通、基础设施	关于印发《国家车联网产业标准体系建设指南（智能交通相关）》的通知
23	2021.02.19	工信部	智能制造、智能汽车、智慧城市	支持创建北京、天津（滨海新区）、杭州、广州、成都国家人工智能创新应用先导区
24	2021.02.10	工信部	通信、无障碍设施、适老化、社会保障	关于切实解决老年人运用智能技术困难便利老年人使用智能化产品和服务的通知
25	2021.02.09	交通部	交通、基础设施、智慧城市	关于开展 ETC 智慧停车城市建设试点工作的通知
26	2021.02.03	教育部	教育、智能技术应用	关于印发《普通高等学校本科教育教学审核评估实施方案（2021—2025 年）》的通知
27	2021.02.03	人社部 工信部	制度、智能制造	关于颁布智能制造工程技术人员等 3 个国家职业技术技能标准的通知
28	2021.02.02	住建部	智能建造	关于同意上海　重庆　广东　开展智能建造试点的函
29	2021.01.29	交通部	交通、基础设施、物流、政务	关于服务构建新发展格局的指导意见
30	2021.01.28	教育部等五部门	教育、智能技术应用	关于大力加强中小学线上教育教学资源建设与应用的意见
31	2021.01.11	工信部	制度、智能汽车、交通、基础设施、试点	公开征求对《智能网联汽车道路测试与示范应用管理规范（试行）》(征求意见稿）的意见
32	2021.01.08	农业农村部	智能技术应用、绿色发展	关于落实好党中央　国务院 2021 年农业农村重点工作部署的实施意见
33	2021.01.05	教育部	教育、智能技术应用	关于设立教育部教育信息化战略研究基地（北京　西北）的通知
34	2021.01.05	信安标委	制度、网络安全、伦理	网络安全标准实践指南—人工智能伦理安全风险防范指引
35	2020.12.29	民政部	政务、无障碍设施、适老化、社会保障	关于落实《关于切实解决老年人运用智能技术困难的实施方案》的通知

（续表）

序号	发布日期	发布主体简称	主要内容类别	规范名称
36	2020.12.28	交通部	交通、基础设施	关于进一步提升公路桥梁安全耐久水平的意见
37	2020.12.28	交通部等七部门	无障碍设施、适老化、民生保障	关于切实解决老年人运用智能技术困难便利老年人日常交通出行的通知
38	2020.12.28	民政部等二十二部门	智能技术应用、社会保障	关于印发支持康复辅助器具产业国家综合创新试点工作政策措施清单的通知
39	2020.12.28	商务部	文旅、无障碍设施、适老化、民生保障、智能技术应用	关于促进社区消费 切实解决老年人运用智能技术困难的通知
40	2020.12.26	医保局	政务、医疗药品、无障碍设施、适老化、社会保障	关于坚持传统服务方式与智能化服务创新并行优化医疗保障服务工作的实施意见
41	2020.12.25	人社部	政务、无障碍设施、适老化、社会保障	关于进一步优化人社公共服务切实解决老年人运用智能技术困难实施方案的通知
42	2020.12.24	国家能源局安监局	制度、安全生产、智能技术应用	关于印发《智能化示范煤矿建设管理暂行办法》《煤矿智能化专家库管理暂行办法》的通知
43	2020.12.23	发改委	基础设施、开放合作、政务、智慧城市、网络安全、数字经济、智能技术应用	关于加快构建全国一体化大数据中心协同创新体系的指导意见（发改高技〔2020〕1922 号）
44	2020.12.22	工信部	制度、基础设施、核心技术、智能制造、网络安全	关于印发《工业互联网创新发展行动计划（2021—2023 年）》的通知
45	2020.12.22	文旅部文物局	文旅、无障碍设施、适老化、社会保障、智能技术应用	关于落实《关于切实解决老年人运用智能技术困难的实施方案》的通知
46	2020.12.20	国家邮政局等五部门	高端服务、物流、基础设施、科技创新、绿色发展、应急管理	关于促进粤港澳大湾区邮政业发展的实施意见
47	2020.12.20	科技部	核心技术、创新生态、基础设施、高端服务、开放合作	关于印发《长三角科技创新共同体建设发展规划》的通知
48	2020.12.15	医保局	卫生健康、医疗药品、智能技术应用、疫情防控	政策法规　关于深入推进“互联网＋医疗健康”“五个一”服务行动的通知
49	2020.12.14	发改委等八部门	物流、智能技术应用、基础设施、绿色发展	关于加快推进快递包装绿色转型的意见
50	2020.12.11	交通部	交通、基础设施、物流、智能技术应用	关于中国交通建设集团有限公司开展综合交通基础设施全产业链一体化实施能力提升等交通强国建设试点工作的意见
51	2020.12.11	交通部	交通、基础设施、技术创新	关于中国邮政集团有限公司开展邮政快递枢纽优化提升等交通强国建设试点工作的意见

（续表）

序号	发布日期	发布主体简称	主要内容类别	规范名称
52	2020.12.04	科技部	智能制造、创新生态、农业农村、民生保障、开放合作	《关于加强科技创新促进新时代西部大开发形成新格局的实施意见》的通知
53	2020.12.04	市监总局	市场监管、智能技术应用	关于构建区域协调发展计量支撑体系的指导意见
54	2020.11.30	交通部	交通、基础设施、智能制造、绿色发展	关于广东省开展交通基础设施高质量发展等交通强国建设试点工作的意见
55	2020.11.30	交通部	交通、基础设施、智能制造、绿色发展、教育	关于上海市开展推进长三角交通一体化等交通强国建设试点工作的意见
56	2020.11.30	文旅部等十部门	文旅、基础设施、智能技术应用	关于深化“互联网＋旅游”推动旅游业高质量发展的意见
57	2020.11.25	国家能源局安监局	智能技术应用	关于开展首批智能化示范煤矿建设的通知
58	2020.11.20	交通部	核心技术、通信、教育、绿色发展、智能技术应用、开放合作	关于大连海事大学开展无人驾驶货物运输船舶技术研究等交通强国建设试点工作的意见
59	2020.11.20	交通部	物流、文旅、智能技术应用、交通	关于陕西省开展现代化国际一流航空枢纽建设等交通强国建设试点工作的意见
60	2020.11.20	交通部	交通、智能制造、基础设施、金融	关于中国铁道建筑集团有限公司开展智慧建造等交通强国建设试点工作的意见
61	2020.11.18	文旅部	文旅、数字文化、基础设施、智能技术应用	关于推动数字文化产业高质量发展的意见
62	2020.11.04	卫健委	卫生健康、智能技术应用、疫情防控	关于做好妇幼保健机构秋冬季新冠肺炎疫情防控工作的通知
63	2020.11.03	市监总局	市场监管	关于大力开展质量基础设施“一站式”服务的意见
64	2020.10.26	人社部	制度、教育、职业技能	关于实施2020年职业技能提升攻坚行动的通知
65	2020.10.24	交通部	政务、基础设施、智能技术应用、交通、智能汽车、绿色发展、物流	关于推进交通运输治理体系和治理能力现代化若干问题的意见
66	2020.10.23	交通部	基础设施、智能技术应用、交通、智能汽车	关于中国移动通信集团有限公司开展5G智能交通信息基础设施建设等交通强国建设试点工作的意见
67	2020.10.22	工信部卫健委	医疗、智能技术应用	关于进一步加强远程医疗网络能力建设的通知
68	2020.10.20	科技部等六部门	智能制造、创新生态、高端服务、核心技术	关于印发《长三角G60科创走廊建设方案》的通知

（续表）

序号	发布日期	发布主体简称	主要内容类别	规范名称
69	2020.10.16	交通部	交通、文旅、基础设施、物流、绿色发展、智能汽车	关于山西省开展交通运输与旅游融合发展等交通强国建设试点工作的意见
70	2020.10.14	交通部	基础设施、智能技术应用、物流、绿色发展	关于招商局集团有限公司开展集装箱码头智能化升级改造等交通强国建设试点工作的意见
71	2020.10.10	工信部 应急部	制度、智能技术应用、安全生产	关于印发《“工业互联网 + 安全生产”行动计划（2021—2023 年）》的通知
72	2020.10.03	民政部	智能技术应用	关于完善公益慈善事业管理的建议答复的函
73	2020.09.29	科技部	基础设施、创新生态、智能制造、试点	关于印发《国家新一代人工智能创新发展试验区建设工作指引（修订版）》的通知
74	2020.09.28	国资委	智能技术应用、财税支持	国务院国有资产监督管理委员会关于印发《关于深化中央企业内部审计监督工作的实施意见》的通知
75	2020.09.25	发改委	核心技术、智能制造、基础设施、教育、数字经济、政务、金融、开放合作	关于扩大战略性新兴产业投资培育壮大新增长点增长极的指导意见（发改高技〔2020〕1409 号）
76	2020.09.22	公安部	网络安全、数据保护、个人信息保护、智能制造、智能技术应用	关于贯彻落实网络安全等级保护制度和关键信息基础设施安全保护制度的指导意见
77	2020.09.21	国资委	政务、创新生态、数字经济、基础设施、开放合作、智能制造、智慧城市、智能技术应用	国务院国有资产监督管理委员会关于加快推进国有企业数字化转型工作的通知
78	2020.09.21	教育部等三部门	教育	关于加快新时代研究生教育改革发展的意见
79	2020.09.18	工信部等六部门	智能技术应用	关于印发《蚕桑丝绸产业高质量发展行动计划（2021—2025 年）》的通知
80	2020.09.16	工信部	制度、智能制造、数字转型	关于印发《建材工业智能制造数字转型行动计划（2021—2023 年）》的通知
81	2020.09.15	教育部	教育、智能技术应用	关于印发《关于开展“网上重走长征路”暨推动“四史”学习教育的工作方案》的通知
82	2020.09.14	文旅部	文旅、市场监管、智能技术应用	关于深化“放管服”改革促进演出市场繁荣发展的通知
83	2020.09.11	工信部 中国残联	无障碍设施、适老化、社会保障	关于推进信息无障碍的指导意见
84	2020.09.10	住建部	智能建造、智能技术应用	关于同意北京市开展建设工程人工智能审图试点的函

（续表）

序号	发布日期	发布主体简称	主要内容类别	规范名称
85	2020.09.07	交通部	智能技术应用	关于深化改革推进船舶检验高质量发展的指导意见
86	2020.09.07	教育部	智能技术应用	关于印发《教育系统"制止餐饮浪费培养节约习惯"行动方案》的通知
87	2020.09.04	发改委	物流、交通	关于促进航空货运设施发展的意见（发改基础〔2020〕1319号）
88	2020.09.03	科技部	科技创新、伦理、智慧城市、创新生态、交通、试点	关于支持广州市建设国家新一代人工智能创新发展试验区的函
89	2020.09.03	科技部	基础设施、伦理、智能制造、智慧城市、创新生态、试点	关于支持武汉市建设国家新一代人工智能创新发展试验区的函
90	2020.09.02	交通部	交通、物流、绿色发展、智能技术应用	关于广西壮族自治区开展推进交通运输高水平对外开放等交通强国建设试点工作的意见
91	2020.09.02	交通部	交通、智慧城市、物流、基础设施、绿色发展、智能技术应用	关于深圳市开展高品质创新型国际航空枢纽建设等交通强国建设试点工作的意见
92	2020.08.31	教育部	教育、智能技术应用、开放合作	关于印发《国家开放大学综合改革方案》的通知
93	2020.08.28	教育部等七部门	体育、智能技术应用	关于印发《全国青少年校园足球八大体系建设行动计划》的通知
94	2020.08.28	商务部 科技部	核心技术、出口管制、国家安全	关于调整发布《中国禁止出口限制出口技术目录》的公告（2020年第38号）
95	2020.08.28	住建部	技术创新、绿色发展	关于加快新型建筑工业化发展的若干意见
96	2020.08.14	海南深改组	智慧城市、数字经济、智能技术应用、高端服务、通信、基础设施、开放合作、生态保护、文旅、消费、医疗、政务、教育、农业农村、物流、网络安全	智慧海南总体方案（2020—2025年）
97	2020.08.10	工信部	制度、智能制造、交通	关于印发《船舶总装建造智能化标准体系建设指南（2020版）》的通知
98	2020.08.06	交通部	交通、智慧城市、物流、基础设施、绿色发展、智能技术应用	关于推动交通运输领域新型基础设施建设的指导意见
99	2020.08.05	教育部	教育、智能技术应用	关于公布"基于教学改革　融合信息技术的新型教与学模式"实验区名单的通知
100	2020.07.31	发改委	基础设施、金融	关于做好基础设施领域不动产投资信托基金（REITs）试点项目申报工作的通知（发改办投资〔2020〕586号）

（续表）

序号	发布日期	发布主体简称	主要内容类别	规范名称
101	2020.07.31	教育部等六部门	教育、智能技术应用	关于加强新时代乡村教师队伍建设的意见
102	2020.07.31	市监总局	市场监管、智能技术应用	关于加强计量比对工作的指导意见
103	2020.07.30	药监局	医疗药品、智能技术应用	关于进一步加强药品不良反应监测评价体系和能力建设的意见
104	2020.07.28	国家能源局安监局	安全生产、智能技术应用	关于开展首批智能化示范煤矿建设推荐工作有关事项的通知
105	2020.07.27	标管委等五部门	制度、标准、伦理、技术创新	关于印发《国家新一代人工智能标准体系建设指南》的通知
106	2020.07.27	市监总局	市场监管、智能技术应用	关于提升信息化水平统一规范市场主体登记注册工作的通知
107	2020.07.24	住建部	智能技术应用	关于印发工程造价改革工作方案的通知
108	2020.07.21	人社部等	制度、教育、职业技能	关于印发百万青年技能培训行动方案的通知
109	2020.07.21	市监总局	市场监管、智能技术应用	关于组织开展2020年度国家市场监管重点实验室和技术创新中心申报工作的通知
110	2020.07.19	农业农村部	农业农村、绿色发展、技术创新、基础设施、智能技术应用	关于印发《全国乡村产业发展规划（2020—2025年）》的通知
111	2020.07.18	中央网信办	数字经济、农业农村、基础设施、教育、智能技术应用	中央网信办等七部门联合印发《关于开展国家数字乡村试点工作的通知》
112	2020.07.17	卫健委	卫生健康、智能技术应用	关于印发2020年医疗行业作风建设工作专项行动方案的通知
113	2020.07.15	民政部等八部门	基础设施、无障碍设施、适老化、社会保障	关于加快实施老年人居家适老化改造工程的指导意见
114	2020.07.15	住建部等七部门	智能建造、绿色发展、智能技术应用	关于印发绿色建筑创建行动方案的通知
115	2020.07.14	发改委等十四部门	数字经济、就业、消费、智能技术应用、基础设施	关于支持新业态新模式健康发展 激活消费市场带动扩大就业的意见
116	2020.07.13	财政部税务总局	财税支持、核心技术	关于中国（上海）自贸试验区临港新片区重点产业企业所得税政策的通知
117	2020.07.09	发改委	基础设施、政务、网络安全	关于加快落实新型城镇化建设补短板强弱项工作 有序推进县城智慧化改造的通知（发改办高技〔2020〕530号）
118	2020.07.08	科技部等七部门	农业农村、科技服务、教育	关于《关于加强农业科技社会化服务体系建设的若干意见》的通知
119	2020.07.04	科技部深圳市政府	核心技术、创新生态、基础设施、试点	关于《中国特色社会主义先行示范区科技创新行动方案》的通知

（续表）

序号	发布日期	发布主体简称	主要内容类别	规范名称
120	2020.07.03	工信部等十七部门	中小企业管理、财税支持、智能技术应用	关于健全支持中小企业发展制度的若干意见
121	2020.07.03	交通部	交通、基础设施、物流、绿色发展、智能技术应用	关于湖北省开展现代内河航运建设等交通强国建设试点工作的意见
122	2020.07.03	交通部	交通、基础设施、物流、绿色发展、智能技术应用	关于新疆维吾尔自治区开展交通运输高水平对外开放等交通强国建设试点工作的意见
123	2020.07.03	农业农村部等七部门	农业农村、智能技术应用、基础设施	关于扩大农业农村有效投资　加快补上“三农”领域突出短板的意见
124	2020.07.03	住建部等十三部门	智能建造、绿色发展、技术创新、智能技术应用	关于推动智能建造与建筑工业化协同发展的指导意见
125	2020.07.02	公安部 卫健委	交通、医疗、智能技术应用	关于健全完善道路交通事故警医联动救援救治长效机制的通知
126	2020.06.30	工信部等十五部门	服务型制造、开放合作	关于进一步促进服务型制造发展的指导意见
127	2020.06.24	住建部	建筑、智能技术应用	关于同意深圳市开展建筑工程人工智能审图试点的复函
128	2020.06.17	交通部	交通、基础设施、物流、绿色发展、智能技术应用	关于河北雄安新区开展智能出行城市等交通强国建设试点工作的意见
129	2020.06.15	市监总局等四部门	食品安全、智能技术应用	关于印发《校园食品安全守护行动方案（2020—2022 年）》的通知
130	2020.06.15	水利部	水利、智能技术应用	关于印发水利科技推广工作三年行动计划（2020—2022 年）的通知
131	2020.06.12	住建部	制度、智能建造、智能技术应用	城市轨道交通工程建设安全生产标准化管理技术指南
132	2020.06.10	发改委	交通、教育	关于大连海事大学智能研究与实训两用船建造项目可行性研究报告的批复
133	2020.06.09	工信部	安全生产、智能制造	关于进一步加强工业行业安全生产管理的指导意见
134	2020.06.09	工信部 人社部	教育、职业技能	关于印发工业通信业职业技能提升行动计划实施方案的通知
135	2020.06.04	交通部	交通、基础设施、物流、智能技术应用	关于印发《内河航运发展纲要》的通知
136	2020.06.03	生态部	生态保护、智能技术应用	关于在疫情防控常态化前提下积极服务落实“六保”任务坚决打赢打好污染防治攻坚战的意见
137	2020.06.02	发改委 交通部	物流、智能技术应用、基础设施、绿色发展	关于进一步降低物流成本实施意见的通知（国办发〔2020〕10 号）

表 1-4 人工智能相关地方法规（按发布日期倒序）

序号	地域	发布日期	地方法规名称
1	深圳市	2021.06.09	深圳经济特区数据条例
2	河北省	2021.04.06	河北省信息化条例
3	安徽省	2021.03.29	安徽省大数据发展条例
4	南京市	2021.03.10	南京市社会治理促进条例
5	江苏自由贸易试验区	2021.01.15	中国（江苏）自由贸易试验区条例
6	海南自由贸易试验区	2020.12.30	海南自由贸易港海口江东新区条例
7	浙江省	2020.12.24	浙江省数字经济促进条例
8	天津市	2020.12.01	天津市社会信用条例
9	杭州市	2020.10.23	杭州市物业管理条例
10	河北省	2020.06.03	河北省科学技术进步条例

表 1-5 人工智能相关地方规章及规范性文件（按发布日期倒序）

序号	省 / 自治区 / 直辖市	市	日期	规范名称
1	安徽		2021.01.11	安徽省发展改革委等 11 个部门联合印发《安徽省智能汽车创新发展战略实施方案》
2			2020.12.18	安徽省发展改革委等部门关于印发安徽省智能汽车创新发展战略实施方案的通知
3			2020.10.24	安徽省人民政府关于印发安徽省“数字政府”建设规划（2020—2025 年）的通知
4		合肥	2020.11.19	合肥市人民政府关于加快新能源汽车产业发展的实施意见
5			2020.08.25	合肥市经济和信息化局关于发布合肥市智能网联汽车道路测试管理第三方管理机构的通知
6			2020.08.20	合肥市经济和信息化局关于推进传统产业智能化改造的建议的答复函
7			2020.08.12	合肥市经济和信息化局关于加快 5G 场景应用和 5G 智能产业发展的建议的答复函
8			2020.08.12	合肥市经济和信息化局关于加快 5G 网络建设，提升我市信息化和智能化建设水平的建议的答复函
9			2020.06.08	合肥高新区建设世界一流高科技园区若干政策措施的通知
10	北京		2021.04.10	北京市人民政府关于北京市智能网联汽车政策先行区总体实施方案的批复
11			2020.12.22	北京市规划和自然资源委员会、北京市经济和信息化局关于印发《北京市智能汽车基础地图应用试点暂行规定》的通知
12			2020.11.04	北京市人力资源和社会保障局关于印发《北京市工程技术系列（人工智能）专业技术资格评价试行办法》的通知
13			2020.10.13	北京市教育委员会关于同意脑与认知智能北京实验室立项建设的通知

（续表）

序号	省/自治区/直辖市	市	日期	规范名称
14	北京		2020.08.07	北京市人民防空办公室、北京市住房和城乡建设委员会、北京市邮政管理局关于印发《关于利用地下空间设置智能快件箱的指导意见》的通知
15			2020.06.30	北京市住房和城乡建设委员会关于进一步加强本市公共租赁住房人脸识别技术应用管理的通知
16			2020.06.10	北京市加快新型基础设施建设行动方案（2020—2022 年）
17			2020.06.09	中共北京市委 北京市人民政府关于加快培育壮大新业态新模式促进北京经济高质量发展的若干意见
18	福建		2020.12.04	福建省人民政府关于加快发展智能制造九条措施的通知（2020 修正）
19		厦门	2020.07.30	厦门市教育局关于开展中小学人工智能教育试点工作的通知
20	广东	佛山	2020.11.04	佛山高新技术产业开发区管理委员会关于印发《佛山高新区智能工厂认定及资助办法》的通知
21			2021.03.19	广东省人民政府办公厅关于同意建立广东省解决老年人运用智能技术困难部门间联席会议制度的函
22			2020.12.11	广东省工业和信息化厅关于印发广东省智能制造生态合作伙伴行动计划（2021 年）的通知
23			2020.10.12	广东省人民政府办公厅关于印发广东省推进新型基础设施建设三年实施方案（2020—2022 年）的通知
24		广州	2020.08.05	广州市智能网联汽车道路测试管理办公室关于开展智能网联汽车道路测试先行试点工作的通知
25			2020.07.29	广州市工业和信息化局关于印发广州市中小企业智能化数字化赋能三年行动方案（2020—2022）的通知
26			2020.07.08	广州市工业和信息化局 广州市发展和改革委员会关于印发《广州市加快推进数字新基建发展三年行动计划（2020—2022 年）》的通知
27			2020.07.06	广州市住房和城乡建设局关于全面推进人脸识别功能绑定广州物业管理微信公众号的通知
28		汕头	2021.02.24	汕头市交通运输局等部门关于印发汕头市重型货车安装使用智能视频监控报警装置工作方案的通知
29		深圳	2021.02.10	深圳市人民政府关于印发深圳市多功能智能杆基础设施管理办法的通知
30			2021.01.05	深圳市人民政府关于加快智慧城市和数字政府建设的若干意见
31			2020.09.18	深圳市交通运输局关于印发《深圳市智能网联汽车道路测试第二批开放道路目录》的通知
32			2020.08.10	深圳市交通运输局、深圳市发展改革委、深圳市工业和信息化局、深圳市公安交警局关于印发《深圳市关于推进智能网联汽车应用示范的指导意见》的通知
33		珠海	2020.09.08	珠海市科技创新局关于加大优惠力度推广横琴先进智能计算平台应用的通知（附横琴新区支持人工智能产业发展暂行办法）

（续表）

序号	省 / 自治区 / 直辖市	市	日期	规范名称
34	贵州		2020.07.24	贵州省能源局等八部门关于印发《贵州省煤矿智能化发展实施方案（2020—2025 年）》的通知
35			2020.06.30	贵州省能源局关于印发《贵州省煤矿智能化系统运维管理暂行办法》的通知
36	海南		2021.03.25	海南省教育厅关于印发《加强教育培训切实解决老年人运用智能技术困难行动方案》的通知
37			2021.01.29	海南省关于切实解决老年人运用智能技术困难行动计划（2021—2022）
38			2021.01.29	海南省解决老年人运用智能技术困难厅际联席会议办公室关于印发《海南省解决老年人运用智能技术困难厅际联席会议制度》《海南省关于切实解决老年人运用智能技术困难行动计划（2021—2022）》的通知
39			2020.08.14	海南全面深化改革开放领导小组办公室印发《智慧海南总体方案（2020—2025 年）》
40			2020.08.10	海南省工业和信息化厅关于公布征求《海南省智能汽车道路测试和示范应用管理办法（试行）》（征求意见稿）意见结果的通告
41	河北		2021.03.31	河北省教育厅关于加强老年人日常智能技术应用教育培训工作的通知
42			2020.07.30	河北省保障性安居工程领导小组办公室关于印发《河北省公租房小区智能管理指南（试行）》的通知
43			2020.07.06	河北网信办印发《河北省区块链专项行动计划（2020—2022 年）》
44	河南		2021.01.07	河南省人民政府办公厅关于印发河南省煤矿智能化建设三年行动方案（2021—2023 年）的通知
45		郑州	2020.09.21	郑州市人民政府办公厅关于印发郑州市煤矿智能化建设实施方案的通知
46	湖北		2021.02.08	湖北省卫生健康委员会办公室关于印发全省卫生健康系统切实解决老年人运用智能技术困难实施方案的通知
47			2020.09.18	湖北省科技厅关于印发省科技厅推进新一代人工智能发展技术创新工作方案的通知
48			2020.08.25	湖北省新一代人工智能发展总体规划（2020—2030 年）
49		武汉	2021.01.22	武汉市人民政府关于印发武汉国家新一代人工智能创新发展试验区建设若干政策的通知
50	吉林		2020.07.27	吉林省能源局等十部门关于加快推动煤矿智能化发展的通知
51			2020.07.22	吉林省发展和改革委员会、中共吉林省委网络安全和信息化委员会办公室、吉林省科学技术厅等关于印发《吉林省推进智能汽车产业发展实施方案》的通知
52	江苏	苏州	2021.04.01	苏州市教育局关于开展苏州市老年人智能技术优秀数字化课程资源建设的通知
53			2020.12.15	苏州市工业和信息化局关于印发《加快推动全市制造业智能化改造和数字化转型工作方案》的通知
54		无锡	2021.03.01	无锡市工业和信息化局关于印发《无锡市工业互联网和智能制造发展 2021 年工作要点》的通知

（续表）

序号	省/自治区/直辖市	市	日期	规范名称
55	辽宁		2021.01.11	辽宁省人力资源和社会保障厅转发关于进一步优化人社公共服务切实解决老年人运用智能技术困难实施方案的通知
56	宁夏		2021.03.12	宁夏回族自治区人民政府办公厅关于印发自治区切实解决老年人运用智能技术困难工作方案的通知
57			2021.02.08	宁夏回族自治区交通运输厅关于印发《宁夏公路网智能感知设施建设指南（试行）》的通知
58	青海		2021.02.09	青海省人民政府办公厅关于印发青海省切实解决老年人运用智能技术困难兜底保障方案和青海省切实解决老年人运用智能技术困难行动方案（2021—2022年）的通知
59	山东	济南	2020.06.17	济南市人民政府关于印发济南国家新一代人工智能创新发展试验区建设若干政策的通知
60		青岛	2020.11.30	青岛市住房和城乡建设局关于印发《青岛市多功能智能杆建设标准》的通知
61			2021.01.07	山东银保监局关于印发《解决老年人运用智能技术困难实施细则》的通知
62			2021.01.06	山东省医疗保障局关于坚持传统服务与智能化服务创新并行推进老年人医疗保障便捷服务十二条措施的通知
63			2020.06.30	山东省教育厅、山东省发展和改革委员会、山东省工业和信息化厅等关于建设共享性大型智能（仿真）实习实训基地的指导意见
64		淄博	2020.12.31	淄博市发展和改革委员会关于成立以人工智能赋能“四强”产业推动新经济发展工作专班的通知
65	山西		2021.03.10	山西省人民政府办公厅关于印发山西省切实解决老年人运用智能技术困难工作方案的通知
66			2020.12.02	山西省科学技术厅关于印发《煤矿智能化技术创新研发中心建设实施意见》的通知
67	陕西		2021.01.25	陕西省人力资源和社会保障厅关于印发《进一步优化人社公共服务切实解决老年人运用智能技术困难工作方案》的通知
68			2020.12.25	陕西省市场监督管理局印发《关于切实解决老年人运用智能技术困难实施方案》的通知
69			2020.12.24	陕西省医疗保障局办公室关于切实解决老年人运用智能技术困难相关工作的通知
70	上海		2020.11.25	上海市科学技术委员会关于上海市2020年度“科技创新行动计划”人工智能科技支撑专项项目立项的通知
71			2020.09.07	上海市经济信息化委、上海市发展改革委、上海市科委等关于印发《上海市建设100智能工厂专项行动方案（2020—2022年）》的通知
72			2020.07.03	上海市道路运输管理局关于推进本市道路危险货运行业安装和使用智能视频监控系统的通知
73			2020.07.02	上海市民政局关于推广老年人“智能相伴”服务场景有关事项的通知

（续表）

序号	省/自治区/直辖市	市	日期	规范名称
74	四川		2021.02.01	四川省医疗保障局关于坚持传统服务方式与智能化服务创新并行优化医疗保障服务工作的通知
75			2020.09.29	四川省人民政府关于印发四川省支持新能源与智能汽车产业发展若干政策措施的通知
76	天津		2020.12.22	天津市工业和信息化局、天津市委网信办、天津市发展改革委等关于印发天津市智能制造专项资金项目管理暂行办法的通知（2020 修订）
77			2020.12.07	天津市卫生健康委关于进一步推进发热门诊智能化建设的通知
78			2020.09.28	天津市科技局印发落实天津市关于进一步支持发展智能制造的政策措施实施细则的通知
79			2020.09.16	天津市工业和信息化局关于印发市工业和信息化局落实天津市关于进一步支持发展智能制造的政策措施实施细则的通知
80			2020.08.25	天津市人民政府办公厅关于印发天津市建设国家新一代人工智能创新发展试验区行动计划的通知
81			2020.08.13	天津市防控指挥部关于进一步便利无智能手机人群使用天津“健康码”出行的通知
82			2020.08.06	天津市人民政府办公厅印发天津市关于进一步支持发展智能制造政策措施的通知
83	云南	昆明	2020.08.06	昆明市人民政府关于印发昆明市关于支持数字经济发展的若干政策措施（试行）的通知
84			2021.03.10	云南省人民政府办公厅关于印发云南省切实解决老年人运用智能技术困难工作方案的通知
85			2021.02.12	云南省商务厅转发商务部办公厅关于促进社区便民消费切实解决老年人运用智能技术困难的通知
86			2020.07.27	中共云南省委　云南省人民政府印发《云南省推进新型基础设施建设实施方案（2020—2022 年）》
87	浙江	杭州	2020.12.18	杭州市卫生健康委员会办公室关于印发切实解决老年人运用智能技术困难改善服务便利老年人就医实施方案的通知
88			2020.10.27	杭州城市大脑赋能城市治理促进条例
89			2021.01.04	浙江省教育厅关于开展老年人智能技术日常应用普及行动的通知
90			2020.11.27	浙江省交通运输厅关于印发《浙江省数字交通建设方案（2020—2025 年）（试行）》的通知
91			2020.06.17	浙江省人民政府办公厅《浙江省公共数据开放与安全管理暂行办法》
92	重庆		2021.02.26	重庆市发展和改革委员会　重庆市卫生健康委员会关于印发《重庆市解决老年人运用智能技术困难联席会议制度》的通知
93			2020.12.29	重庆市住房和城乡建设委员会关于推进智能建造的实施意见
94			2020.08.12	重庆市人力资源和社会保障局等 5 个部门关于印发《重庆市支持大数据智能化产业人才发展若干政策措施》的通知
95			2020.06.15	重庆市人民政府办公厅关于印发重庆市建设国家新一代人工智能创新发展试验区实施方案的通知

统计各类标签出现的频次（如图 1-8 所示），可见，出现频率最高的类别，主要集中在智能技术应用、基础设施、交通、绿色发展、教育、物流、制度、智能制造、核心技术、开放合作、适老化、网络安全、无障碍设施、智慧城市、社会保障、政务等领域，占据了全部关注领域的 70%（如图 1-9 所示）。这些领域与国家总体层面（不含国务院各部门）人工智能法律与政策规范涉及的领域（标签频次由高到低依次是智能化、创新、安全、数字化、以人为本、科技、互联互通、跨境、试验区、产业、绿色等）基本保持一致，是对国家宏观政策在不同领域的细化和落实。这表明部委层级的规范主要关注人工智能技术的具体应用，这也是过去一年和未来一段时间人工智能法治发展的趋势。通过各项规范的具体明确，为人工智能产业及其在不同领域的应用，提供了及时的政策引领和制度保障。

主要内容类别	出现频次
智能技术应用	75
基础设施	45
交通	27
绿色发展	22
教育	20
物流	19
制度	19
智能制造	19
核心技术	11
开放合作	11
适老化	11
网络安全	11
无障碍设施	11
智慧城市	11
社会保障	10
政务	10
其他	141
合计	473

图 1-8　国家各部委发布的涉及人工智能的政策及标准规范中的关键词频次

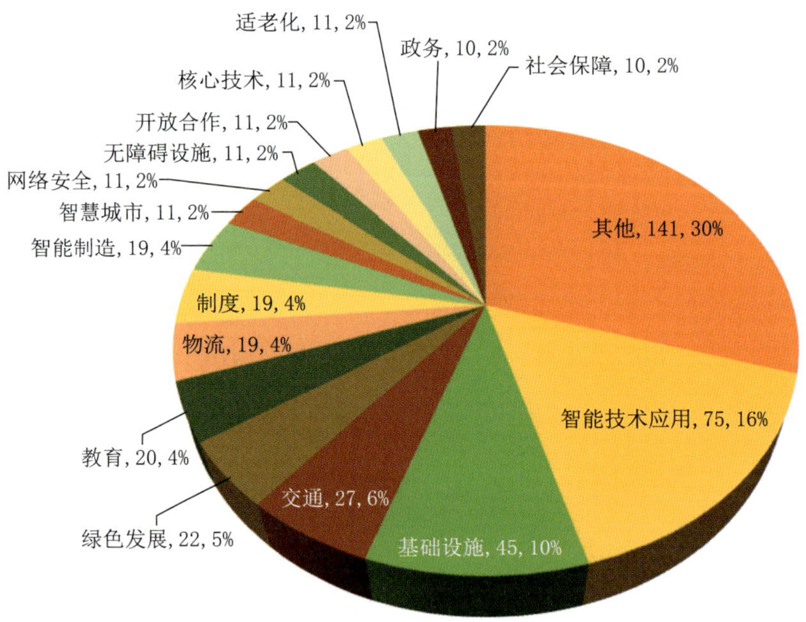

图 1-9　国家各部委发布的涉及人工智能的政策及标准规范中的关键词占比

1. 引导智能技术应用和制度建设

推动智能技术应用是国家各部委发布的涉及人工智能的政策及标准规范最鲜明的特征。国家发改委等布局数据中心建设，为人工智能技术应用提供基础保障。加快构建全国一体化大数据中心协同创新体系，优化数据中心布局，围绕国家重大区域发展战略，根据能源结构、产业布局、市场发展、气候环境等，在京津冀、长三角、粤港澳大湾区、成渝等重点区域，以及部分能源丰富、气候适宜的地区布局大数据中心国家枢纽节点；构建一体化算力服务体系，优化算力资源需求结构。制度方面为数据的自由流动减少障碍，健全数据流通体制机制，促进政企数据对接融合，深化政务数据共享共用。

交通部等提升智能建造能力，提高铁路工程建设机械化、信息化、智能化、绿色化水平，开展建筑机器人、装配式建造、智能化建造等研发应用，完善交通运输新业态发展制度。工信部发布政策引导智能技术的应用，鼓励中小企业从疫情中尽快恢复。公安部、网信办等落实网络安全等级保护制度和关键信息基础设施安全保护制度，为智能技术的应用提供安全的网络环境。教育部等鼓励在教育中积极采用人工智能技术辅助教学，不仅有效化解了因疫情带来的困难，也推动了教育和科研领域的变革。农业部门也在探索智能技术在农业领域、农村建设中的应用，住建部等探索实施智能建造。

2. 推动智能基建落地和绿色发展

以智慧交通为代表的新型基础设施建设，协同促进新型基础设施的建设和智能技术的应用，助力绿色发展。交通部等着力打造融合高效的智慧交通基础设施，助力信息基础设施建设。加快第五代移动通信技术（5G）等协同应用，强化与能源网、信息网络等设施互联和数据共享。建立铁路、公路、水路、民航、邮政快递等基础设施与人工智能技术的应用统筹规划、协同发展，推动现代化、智能化立体交通网的建设。推进城市综合交通体系建设，提供大数据的实时分析，破解城市交通拥堵问题，打造高效通勤交通网络。

建立健全自动驾驶等新技术应用相关制度和适应交通运输领域新型基础设施建设的标准体系，为智能汽车的到来铺平道路。同时推动智慧交通体系建设，推进自动驾驶示范应用，建设开放式智能网联区域。推进共享化智能运载工具应用，发展定制化公共交通系统，实现城市公交和共享汽车资源的智能化配置，以实现智慧城市、节能减排和绿色发展的目的。

建立健全现代物流供应链体系，引导建设绿色智慧货运枢纽（物流园区）多式联运等设施，提供跨方式、跨区域的全程物流信息服务，推进枢纽间资源共享共用。此外，坚持开放合作态度，支撑智慧交通服务自贸区、自贸港发展和国际多边、双边合作。

3. 聚焦核心技术研发和开放合作

国家发改委等部门围绕重点产业链、龙头企业、重大投资项目，加强要素保障，促进上下游、产供销、大中小企业协同，加快推动战略性新兴产业高质量发展，培育壮大经济发展新动能。聚焦重点产业投资领域，加快新一代信息技术产业提质增效。稳步推进工业互联网、人工智能、物联网、车联网、大数据、云计算、区块链等技术集成创新和融合应用。加快推进基于信息化、数字化、智能化的新型城市基础设施建设，通过应用实践带动核心技术研发和智能制造技术的探索，提升制造业整体水平。

未来2年内，努力实现工业互联网关键核心技术竞争力进一步提升。培育一批核心技术创新引领企业，在重点行业和领域打造100个工业互联网系统解决方案。加快智能汽车产业基础支撑能力建设，加快高端装备制造产业补短板。重点支持工业机器人、建筑、医疗等特种机器人等高端装备生产，实施智能制造、智能建造试点示范。在安全方面，加快密码应用核心技术突破和标准研制，推动需求侧、供给侧有效对接和协同创新，推动密码技术深入应用。

支持开展东西部科技合作，推动京津冀、长三角、粤港澳大湾区等国家战略区域与西部地区建立科技创新合作机制。支持西安全国重要科研和文教中心建设，通过国家科技计划加大对电子信息、高端装备、先进材料等领域前沿核心技术攻关的支持力度，为解决国家战略领域和产业发展关键瓶颈问题提供支撑。加快成都国家新一代人工智能创新发展试验区建设，着力打造综合性国家科学中心。支持构建“一带一路”国际科技合作平台网络，提升开放合作能力，开展面向南亚陆路道的科技合作，积极推进中巴、中阿、中匈等技术转移中心建设。

（七）地方规范沿城市群分布

在本次统计时间区间内，各地方出台的法规规章等政策规范，多是具体的实施方案，同时也有地方发布的3—5年的发展规划（如图1-10所示，统计了各地规范的数目）。在区域分布上，多集中在京津冀、长三角、粤港澳大湾区和成渝城市群。在数字经济发展较快的城市（如杭州）、自由贸易试验区（如江苏自由贸易试验区）或拟借助人工智能等先进技术发展的省份（如河北），纷纷制定或修改了地方法规，以适应科技进步和经济发展的需求。图 1-11 展示的是各城市人工智能相关规范的数量对比（方格面积大小对应数量多少）。

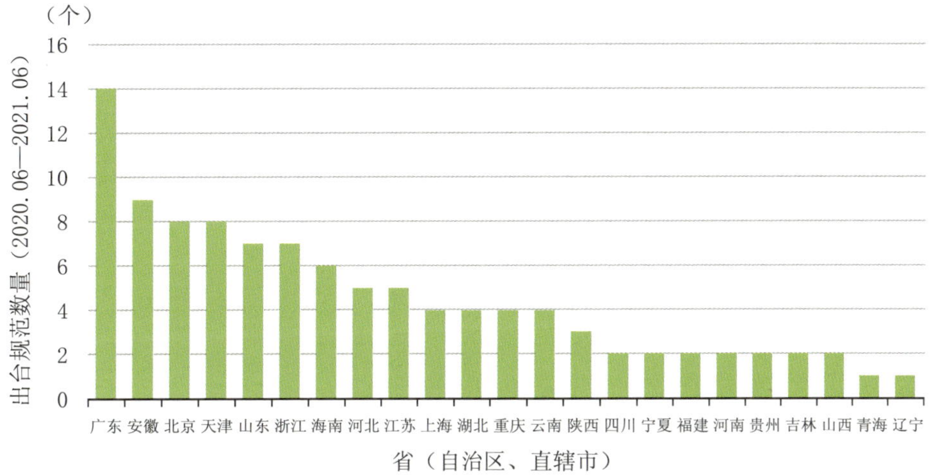

图 1-10　地方出台的人工智能相关法规规章及规范性文件

图 1-11　中国部分城市出台的人工智能相关法规与政策地域分布及数量统计

从内容方面看，各地的政策重点在于结合本地区的优势资源，落实国家层面的总体政策。通过在试点城市、试验区等制定或修改针对性的政策，聚焦智能汽车、智能制造、数字化转型、数字政府、数据开放共享、安全保护等领域，激发创新发展活力，消减智能技术发展的门槛，提升营商环境，从而通过人工智能等技术带动经济发展。具体而言，主要呈以下特点。

1. 京津冀城市群

北京市加快新型基础设施建设，划定专门的智能汽车政策先行区，助力智能驾驶技术的产业化发展，同时积极支持脑与认知智能技术发展。2020 年 6 月 10 日，北京市发布《北京市加快新型基础设施建设行动方案（2020—2022 年）》，将建设数据智能基础设施作为一大项重点任务，并将其具体分解为：新型数据中心、云边端设施、大数据平台、人工智能基础设施、区块链服务平台、数据交易设施等几个子项。着重提及要支持建立超算中心；推进高端芯片研发与产业化；支持建设智能数据生产服务平台。紧抓智能网联汽车发展战略机遇，通过先行先试，针对智能网联汽车新技术、新产品、新模式应用推广等探索创新性监管措施。

天津市聚焦智能制造技术的深度规模化应用，出台了一系列政策支持人工智能创新发展。实施三大工程，构建有利于人工智能发展的良好生态，通过条例形式限制人脸识别的使用，保护公民权益。打造“1+3”国家级标杆示范区，发挥自主算力引擎、智慧港口、车联网应用三大示范作用，打造一批人工智能新地标，促进人工智能重大应用场景落地。强化组织、人才、环境保障，夯实人工智能发展基础。支持企业智能化升级、发展绿色制造。制造业企业购置设备进行智能化改造，给予最高 5000 万元支持。对国家级或市级智能制造领域试点示范、新模式应用企业，给予最高 1000 万元支持。

《河北省科学技术进步条例》和《河北省信息化条例》的修改，有利于培育智能化发展政策土壤、拥抱区块链等技术应用。条例的修订健全了信息化统筹推进机制，将促进信息化与各产业、各领域深度融合。此外，通过区块链专项行动计划，加快与人工智能等新技术的融合应用。

2. 长三角城市圈

安徽省为加快融入长三角一体化发展，提高了数字化政策的密度，聚焦智能汽车、数字政府建设。借助数据开放的机遇，深化数据整合治理应用。政策助力构建智能汽车产业生态突破智能汽车关键技术，同时及时完善智能汽车政策法规体系。

浙江省促进数据的开发利用，助力人工智能技术进步。地方法规围绕扩大公共数据开放量、提高数据含金量展开，力求为社会提供多元选择，推动和规范公共数据有序开放。搭建以“1+3+N”为核心的数字交通框架体系，助力实现交通和物流的智能化绿色发展。

江苏省则逐步推进数字化、智能化改造。设立工业企业智能化改造贴息奖励资金，支持工业企业智能化改造和数字化转型深入推进。

上海市出台具体的落实政策和执行方案，推动人工智能技术的研发和应用。计划建设 100 多家智能工厂，推动新技术赋能智能工厂，建设“AI+ 智能工厂”。

3. 粤港澳大湾区

广东省坚持以智能制造为主攻方向，培育智能制造生态，构筑开放合作环境。打造人工智能、区块链等新技术基础设施集群，推进“智慧 +”模式向不同行业探索，落实智能技术应用。广州市聚焦智能汽车应用和中小企业数字化转型，助力中小企业的技术创新。

深圳市引领广东省数字经济发展节奏，率先探索制定人工智能技术发展配套制度，加快新型基础设施和智慧城市建设步伐。支持龙头企业创建人工智能开源开放服务平台，增强算力、算法、数据等人工智能基础设施服务能力。推动交通、金融、医疗等领域人工智能应用落地，打造人工智能应用创新高地。

4. 成渝城市圈

重庆市实施人工智能技术创新行动，增强核心竞争力。发挥政策支持和保障作用，超前布局基础理论和前沿技术研究，协同推进关键核心技术攻关。实施人工智能基础支撑行动，强化服务保障能力，推动智慧城市建设和智能汽车产业化，促进人工智能技术应用。实施人工智能赋能提升行动，提升产业发展能级。住建部门推进建筑工业化与信息化深度融合。通过人工智能与区块链等技术的结合，提升建造效率，强化对关键节点、关键部位的数字化管控。发展基础设施物联网，构建“万物互联”的城市基础设施数字体系，为人工智能等技术的发展，积累数据资源和经验。

四川省印发《支持新能源与智能汽车产业发展若干政策措施》，出台 18 条高含金量措施，支持新能源与智能汽车产业发展。支持国内领先的投资大、产业带动强的智能汽车测试场项目，对其中的基础设施建设、技术改造、研发创新等项目，根据建设规模和应用效应，按照项目实际投入，给予最高不超过 3000 万元的一次性奖补。

三、国外人工智能法律与政策

（一）基本情况

1. 法律层面：治理原则、分类规制、重点场景

人工智能规制法律层面，各国仍然重点关注治理原则的建设与落地，同时也逐步呈现出基于人工智能风险进行分类规制，并对特定场景重点关注规制的趋势。

（1）持续深耕人工智能治理原则

美国人工智能治理原则已经从总体原则逐步过渡到各个细分领域，2020 年 8 月，美国国家标准技术研究院提出了人工智能研发四项原则：提供证据、易于理解、解释过程、决策把握。同时 2021 年 1 月美国食品药品监督管理局发布的《基于人工智能与机器学习的软件作为医疗设备的行动计划》中也明确了：制定规制框架、算法透明、改进算法、提升可靠性等治理原则。欧盟在《人工智能规制框架》中重申了人类控制权、人类归责性、可解释、可追溯、可审计等重要人工智能治理原则。日本内阁 2018 年提出“以人为本的人工智能社会原则”，并拆解为了以人为本、教育普及、个人信息保护、注重系统安全、确保行业公平竞争、明确说明责任所在、坚持创新七大原则。韩国立法任务中则对算法决策和人工智能问责机制明确形成了立法计划，要求确保人工智能的透明性和公平性。

（2）对不同风险程度的人工智能分类规制

2021 年 4 月，欧盟委员会出台的《人工智能统一规则（提案）》在全球范围内首次确立了分类规制的基本框架。根据人工智能技术对欧盟公民基本权利的侵犯可能及程度，将风险划分为了不可接受、高风险、有限风险、最小风险四类并实施不同强度的分类规制。对于最高风险人工智能系统明确禁止使用，对于高风险人工智能技术提出了七项明确的合规要求，对于有限风险者仅苛以有效的告知与披露的义务，而对于智能垃圾邮件过滤等功能则并未施加合规义务。

（3）对重点场景投入重点规制关注

美国重点关注深度伪造并限制面部识别。早在 2019 年 12 月，《2020 年国防授权法令》即提出了针对深度伪造影响美国安全的三项行动方案。2021 年 1 月，犹他州参

议院委员会更率先通过了《政府对面部识别技术的使用法案》，对政府使用面部识别限制于重罪与威胁人类生命的情形。2021 年 1 月，欧盟《人工智能规制框架》将面部识别、智能医疗、智能司法、社会评分系统与深度伪造均列为重点关注对象。在《人工智能统一规则（提案）》中，也明确将包括面部识别在内的生物识别、智能社会评分等重点场景明确列为了高风险或不可接受风险的类别。日本在近年来修改《著作权法》《反不正当竞争法》，修订《道路安全法》《道路运输车辆法》，对人工智能作品、自动驾驶汽车等重点关注。韩国人工智能立法计划明确在智能医疗、智能金融、智能政务、劳动就业等重点场景中需单项立法。

2. 政策层面：研发、组织、数据、协作与竞争

从人工智能促进政策层面，各国主要对研发投入、组织建设、数据共享、国际协作与竞争展现出浓厚兴趣。

（1）保持对研发尤其是基础研发的投入

2020 年 8 月，美国《人工智能与量子信息科学研发摘要：2020—2021 财年》，美国 2021 财年预算比 2020 财年已通过的投资增加了 34.4% 达到 15 亿美元，对国家科学基金会的投入占上述投资比例的一半以上。2021 年 4 月，欧盟委员会提出的《人工智能协调计划（更新版）》明确 200 亿欧元的公私投资计划。2021 年 1 月，欧盟议会通过的《人工智能规制框架》要求欧盟与成员国支持人工智能的研发、部署与应用，并加大对数据基础设施及研发的投入。

（2）设置专门组织机构统筹人工智能发展与规制

2021 年 1 月，美国在白宫科技政策办公室（OSTP）下成立了国家人工智能倡议办公室，作为美国整个创新生态系统的国家人工智能研究和政策的中心机构，负责协调政府、行业和学术界人工智能研究和政策制定和实施。2021 年 4 月，欧盟委员会的《人工智能统一规则（提案）》中将组织建设作为人工智能监管体系建设的重要一环拟成立欧盟人工智能委员会，要求成员国指定国家主管部门、成立合规评定部门、设置独立高风险人工智能系统数据库等。

（3）重视数据流通与共享

美国人工智能政策一以贯之重视数据流通，该趋势当前已经向国防人工智能领域发展。2020 年 7 月，美国国防部监督机构发布的《国防部人工智能数据与技术管理保

护审计报告》将改善数据的共享与开发流程作为一项重要的工作任务。2021 年 1 月，欧盟《人工智能规制框架》将数据开发与共享列为 4 个重要的发展方向之一。日本从 2015 年即开始重视促进数据交易，2019 年 12 月，日本经济产业省对《关于数据使用权限的数据合同指南》进行了进一步更新，对数据交易合同中应当涵盖的合同条款进行了类型化梳理，以供从业者在实践中进行参考。2020 年 12 月，韩国科学与信息通信技术部发布的《人工智能立法路线图》中明确要求出台《数据产生、流通和使用基本法》，明确数据产生、流通以及使用等不同环节的行为规范。

（4）重视国际合作与竞争

美国始终不遗余力在人工智能发展领域遏制潜在的竞争对手，并展现出了与盟国强化合作的倾向。2020 年 5 月 30 日，美国宣布加入七国集团（G7）“人工智能全球合作伙伴组织”（GPAI），成为 G7 中最后一个加入的国家。GPAI 于半月后发布联合声明，其将负责任地、以人为本地支持人工智能的开发和使用。欧盟《人工智能规制框架》中明确提出了中美“数字巨头”可能施加强大竞争压力，并强调成员国必须采取有效行动以减少对外国数据的依赖，并且在不过分干预市场的情况下，确保强大的尤其是外国的私主体所拥有的高度先进的人工智能技术不会导致欧盟和成员国的主权权威受到挑战。

（二）法律与政策

1. 欧盟

继 2020 年 2 月作为欧盟人工智能核心发展战略的《欧盟人工智能白皮书——通往卓越和信任的欧洲路径》（以下简称《人工智能白皮书》）颁布后，欧盟委员会于 2021 年又陆续在 1 月和 4 月颁布或提出了《欧盟人工智能规制框架：国际法的解释和适用问题》（以下简称《人工智能规制框架》）；《欧盟关于人工智能的统一规则并修正某些联合立法行为（提案）》（以下简称《人工智能统一规则》）以及《欧盟人工智能协调计划（更新版）》（详见图 1-12）。

其中，2021 年 1 月由欧盟委员会提出的、已于欧盟议会表决通过的《人工智能规制框架》，重点关注人工智能国际应用中的解释、治理原则与规制框架建构工作，明确提出自身适用于欧盟公民受到人工智能影响时，除刑事外的民用、军事、行政与司法领域，提出了人工治理原则、发展建议、规制要求等多项内容的框架性要求。

其中，2021 年 4 月由欧盟委员会提出的、待欧盟议会表决通过的《人工智能统一规则》可以被称为全球第一部“人工智能法”，着眼于人工智能潜在风险，将人工智能应用分为不可接受、高风险、有限风险、最小风险四类，并实施细密的分类规制，同时设置了最高达全球营业额 6% 的罚款，一旦落地实施，可以被视为人工智能领域的“GDPR”。但同时欧盟《人工智能统一规则》也提出监管沙箱、扶持中小企业等发展促进措施，以期助推欧洲本土人工智能产业发展。

其中，2021 年 4 月由欧盟委员会提出的《人工智能协调计划（更新版）》更新自 2018 年 12 月的《欧盟人工智能协调计划》。原版内容主题为“人工智能欧洲制造”，明确 200 亿欧元的公私投资计划。聚焦增加投资、共享数据、培养人才、治理与安全。更新版则全面更新成员国具体的联合行动方案，重点关注新冠肺炎疫情带来的挑战。提出加快投资的愿景，并督促成员国消除分裂，应对全球性挑战。

无论是《人工智能规制框架》《人工智能统一规则》还是《人工智能协调计划》，都遵循并沿用了来自 2018 年 4 月《欧盟人工智能合作宣言》、2019 年 4 月《欧盟可信赖人工智能伦理准则》以及 2020 年 2 月《人工智能白皮书》所确立的发展战略与治理原则，向着建设“发展”生态系统与“信任”生态系统两个目标推进。

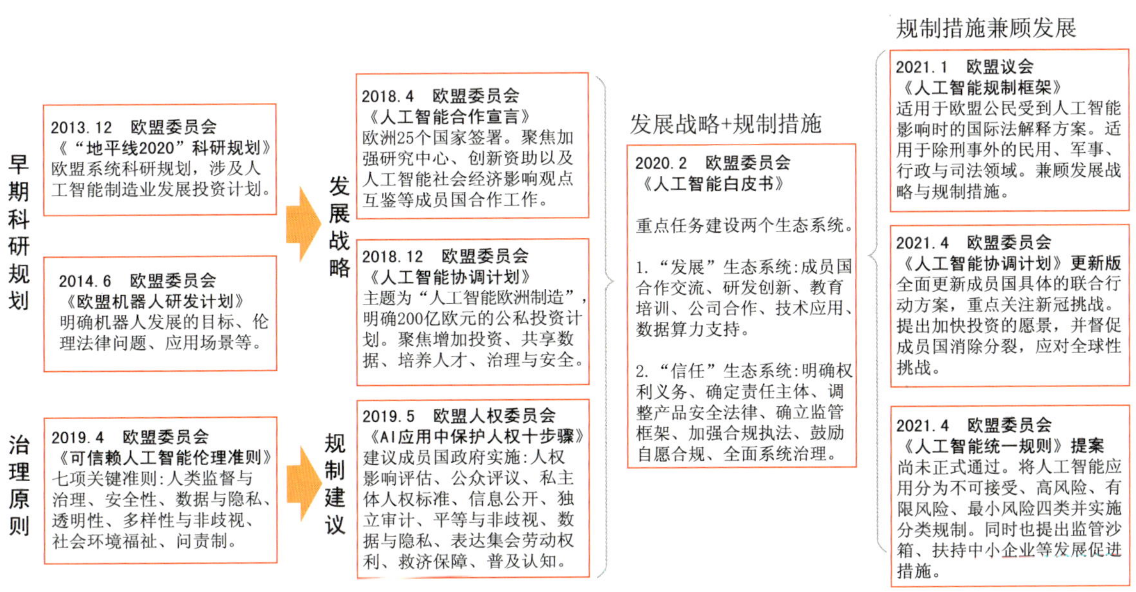

图 1-12　欧盟人工智能政策法规体系

（1）《人工智能规制框架》

2021 年 1 月，《人工智能规制框架》以 364 票赞成、274 票反对、52 票弃权在欧盟议会获得通过，该规制框架适用于刑事以外的民事、行政以及军事领域，适用于欧盟公民受到人工智能影响时的国际法解释问题。

《人工智能规制框架》的核心目标在于呼吁欧盟及其成员国确保人工智能和相关技术保持“以人为本”的最终目的。强调人工智能是“一项科学进步，不能破坏欧盟的法律”。《人工智能规制框架》重申其法律渊源在于欧盟机构与成员国的基本法律体系，强调在任何情况下，人工智能相关技术都不能违反公民基本权利设定的秩序以及损害民主和法治。同时，也从正面强调了使用人工智能为加强欧盟及其公民的安全和社会福祉提供了机会。

① 明确了人工智能的定义

《人工智能规制框架》首先明确了人工智能的定义。用两项标准衡量一项技术是否构成“人工智能”。第一项标准是存在“AI 系统”，指基于软件的系统或嵌入硬件设备的系统，该系统通过收集、处理数据、分析和解释其环境以及采取一定程度的行动来显示模拟智能的行为实现特定目标。第二项标准是“自动化”，指主要通过预设的指令（但不限于上述指令），解释特定输入（如数据），但受到开发者限制、旨在实现开发者目标。因此，《人工智能规制框架》中的人工智能始终指向的是当前完全在人掌控范围内、以人的目标为目标的人工智能系统。

② 重申了人工智能治理原则

《人工智能规制框架》中对人工智能治理原则的描述来源于《欧盟可信赖人工智能伦理准则》，着重强调并细化了上述准则中“人类控制权”“人类归责性”与“可解释追溯并审计”的部分，从而“揭开人工智能面纱”，穿透到其背后行使权利、履行义务并需承担法律责任的个人。

Ⅰ. 人类控制权

《人工智能规制框架》要求人工智能系统在任何不可预料的行为、意外干预、网络攻击或任何其他情况下，人类都可以随时纠正、停止或禁用人工智能。同时，明确要求人工智能系统的总体设计还应包括有关人类监督和监督的准则。《人工智能规制框架》还要求制定相应的保障措施（例如独立审计和特定场景系统压力测试），并进一步提出此类审计应由独立机构定期进行。

Ⅱ. 人类归责性

重申人工智能系统不会免除人类的责任，人工智能系统背后的人类必须始终对决策过程负有最终责任。

Ⅲ. 可解释、可追溯、可审计

重申成员国必须通过有意义的认证和监督计划，用以使人工智能系统具备可审计性、可解释性、可问责性和可追溯性特征，并建立相应机制来支持监管工作。同时需要注重更新监管框架，以避免监管因技术发展而迅速过时。另外，《人工智能规制框架》在可解释性的理解上，进一步将其阐释为需要解释人工智能决策与输入数据之间的因果关系。尤其强调高风险人工智能技术检验必须尊重非歧视性原则和比例原则，并且更加清晰地解释决策与输入数据之间的因果关系。

③ 提出人工智能规制要求

《人工智能规制框架》从具体场景维度提出了欧盟各成员国需遵守的人工智能规制要求。敦促成员国在自动化与行使国家权力有关的活动（例如司法）之前实施严格审慎的评估以明确人工智能相关的风险，并需要从保障机制与措施的维度发力，建立例如合格专业人员进监督机制，同步建立严格的职业道德规则。另外，也预示着欧盟机构即将发布准则和建议并制定最佳实践，以进一步规范适用于人工智能系统的标准和条件。对具体场景的要求则集中于基本权利风险较高的面部识别、智能医疗、智能司法、社会评分、深度伪造与自动驾驶等领域。

Ⅰ. 面部识别

要求对面部识别系统实施严格评估。明确提出考虑在未经过充分的审查前，暂停公共机构、教育场所以及医疗机构使用面部识别系统。同时暂停执法机构在机场等半公共场所使用面部识别系统，直到技术标准被认为完全符合基本权利为止。另外，针对面部识别的审查结果必须是非歧视性的，并且包含有严格的防止滥用的保障措施，用以确保使用面部识别技术应用的必要性与适当性。

Ⅱ. 智能医疗

鼓励医疗人工智能的运用，但同时也着力保持医生的自主性，确保医生有权利偏离人工智能的建议去实施自主解决方案，并对包括人工智能建议在内的一切决策负责。

Ⅲ．智能司法

欧盟注意到在司法领域人工智能的越来越多的运用，可能会有助于作出更合理、更符合现行法律以及更迅速的决策，因此《人工智能规制框架》对此总体持支持态度，但是明确人工智能系统不能代替人类作出判决或量刑。其提出在司法机构应用人工智能系统时，尤其需要注重知识导入与数据的完整性，并再次重申司法机构需要对审判负最终责任，不能由人工智能作出任何终审判决。另外，在使用人工智能辅助技术提供的证据时，司法机关应有义务提供其作出决定的理由。

Ⅳ．社会评分

敦促明确禁止公权力机关使用社会评分作为限制公民权利的方式。当前已经出现了一些基于人工智能技术，且具有高度侵入性的社会评分系统，欧盟认为上述系统将严重侵犯欧盟公民的基本权利。

Ⅴ．深度伪造

要求对深度伪造技术产品进行限制，包括对深度伪造作品明确标识等措施。

欧盟认为自动驾驶技术可以缓解交通拥堵，提高交通的安全性和普及性，并有助于改善交通效率。但欧盟敦促成员国注意自动驾驶技术可能对传统运输业的冲击、确保自动驾驶系统安全、确保数据安全，并呼吁各成员国进一步投入对自动驾驶技术安全性的研究，推动欧盟成员国在部署自动驾驶车辆及相应基础设施上通力合作。

④ 人工智能发展建议

《人工智能规制框架》不仅着眼于人工智能的规制，也对欧盟人工智能发展提出了建议。从人类技能投入、研发的国际竞争，数据开发与共享，国际合作规范等方面进行了描述。尤其强调了人工智能生态系统中中美的“数字巨头”可能施加强大竞争压力。

Ⅰ．支持人类技能发展投入

要求必须坚持对人类的技能提升进行投资，保持人力资源技能水平与科技同步进步，尤其对于司法与行政等国家公权力机关的工作人员而言这点更为重要。

Ⅱ．支持人工智能国际竞争与研发

欧盟注意到全球人工智能生态系统由美国和中国的“数字巨头”主导，并提出它们并购了众多欧盟的初创企业。委员会坚决认为，为了避免在人工智能技术方面落后，欧盟需要在基础研究和工业应用之间取得更好的平衡以获取比较优势。《人工智能规制框架》要求欧盟与成员国支持人工智能的研发、部署与应用，并加大对数据基础设施及研发的投入。另外，从风险防范角度，也要求同时设置人工智能研发与使用的共同道德框架。

Ⅲ. 数据开发与共享

强调成员国必须采取有效行动以减少对外国数据的依赖，并且在不过分干预市场的情况下，确保强大的尤其是外国的私主体所拥有的高度先进的人工智能技术不会导致欧盟和成员国的主权权威受到挑战。另外，《人工智能规制框架》强调在符合数据保护和隐私法律框架下加快推进数据共享，以提升社会福祉。

Ⅳ. 国际合作与国际规范

认为欧盟应致力于通过对外部伙伴采取有效战略，在高度互联的世界中成为“人工智能规范的主要制定者”，明确提出要根据安全规则、消费者保护要求、欧洲价值观以及欧盟公民基本权利等价值基准，在国际层面制定并推广全球通用的人工智能道德规范。另外，也敦促欧盟委员会及成员国加强与联合国、经合组织、七国集团和二十国集团等国际组织的合作，并进行更广泛的对话。认为应在全球范围内，建立通用的人工智能标准并改善人工智能系统的互操作性。

另外，《人工智能规制框架》也在国防应用领域强调了人工智能应负责、公平、可追溯并具有可靠性和人类可支配性。

(2)《人工智能统一规则》

2021 年 4 月，欧盟委员会发布了《人工智能统一规则（提案）》，该提案是欧盟委员会及其专家智库数年筹备工作的重要成果。总体上看，欧盟委员会对人工智能采取了较为谨慎的态度，着力防范人工智能技术对既有的欧洲价值观、基本权利和法律原则带来的风险。但《人工智能统一规则（提案）》同时也认识到人工智能的潜力及益处，重视监管方式的创新及对中小企业的倾斜保护，用以加强整个欧盟的人工智能技术的运用、投资和创新。

《人工智能统一规则（提案）》的目标是确保欧洲人能够信任人工智能系统，用适当性与灵活性兼具的规制风险，化解人工智能系统带来的风险，并将其打造为全球人工智能规制的最高标准。《人工智能统一规则》一旦通过，将在公布后 20 天开始生效，但仍规定了 24 个月的“宽限期”（高风险分类等部分规定 3 个月后适用）。当前，该提案已提交欧洲议会和理事会进一步审议和辩论，考虑到当前的规范较为严格且关涉面过广，预计讨论将是相对漫长的博弈过程（如图 1-13 所示）。

分类	A不可接受风险	B高风险	C有限风险	D最小风险
具体情形	(A1) 超越人的认知扭曲人的意识行为【如：部署扭曲潜意识技术，对人实现控制，致人损害】	(B1) 影响生命与健康的关键基础设施【如：自动驾驶技术】 (B2) 教育培训【如：人工智能评考试分数】	(C1) 与人互动类系统【如：聊天机器人】	(D1) 对公民权利或安全只构成最小风险或不构成风险的人工智能系统【如：游戏AI、垃圾邮件过滤AI等】
	(A2) 因无法改变的先赋条件致人损害【如：部署歧视残障人士技术，造成残障人士或群体损害】	(B3) 产品安全组件【如：智能医疗】 (B4) 就业与劳动管控【如：招聘应用】	(C2) 情绪识别系统或生物特征分类系统【如：性别自动分类系统】	
	(A3) 公权对自然人可信度评估或分类【如：滥用个性特征进行评分导致不合比例损害】	(B5) 基本服务【如：贷款应用智能评分】 (B6) 涉基本权利执法【如：证据评估】	(C3) 生成或操纵音视频类系统【例如：深度伪造】	
	(A4) 公权力主体不符合条件地使用实时远程生物识别系统【如：执法机构在公共场所针对轻微犯罪嫌疑人使用面部识别】	(B7) 移民与边境管理【如：核实证件】 (B8) 司法和民主程序【如：合宪性解释】	需注意，C类情况中刑事侦查等往往构成例外，且需考量与艺术、科学自由等基本权利冲突的处理	
规制措施	禁止使用	(1)充分风险评估管理 (2)高质量数据集 (3)决策可追溯性 (4)向执法者开释算法 (5)清晰告知解释 (6)适度人类监督 (7)高度安全、准确且有鲁棒性	有效的告知与披露	不予干预

图 1-13　欧盟《人工智能统一规则（提案）》中的规制分类

《人工智能统一规则》将根据人工智能技术对欧盟公民基本权利的侵犯可能及程度，将风险划分为了不可接受、高风险、有限风险、最小风险四类并实施不同强度的分类规制。这也是上述规则的最显著特征。同时《人工智能统一规则》也从监管组织建设、监管机制建设与罚则设置等方面全面部署了人工智能监管体系，违反要求者可能被处以上限 3000 万欧元或全球营业额 6% 的罚款。

① 四类情形分类规制

Ⅰ. 不可接受风险

一是超越人的认知扭曲人的意识行为。指人工智能系统可能超越人的意识，以对该人或他人造成身体或心理伤害的方式实质性地扭曲人行为的情形。典型如部署扭曲潜意识技术，对人实现控制，致人损害。

二是因无法改变的先赋条件致人损害。指人工智能系统利用特定人群因年龄、身体或精神残疾而产生的脆弱性，以造成该人或他人身体或心理伤害的方式，从实质上扭曲该群体成员行为的情形。典型如部署歧视残障人士的技术，造成残障人士或群体损害。

三是公权力对自然人可信度评估或分类致损。指公权力机构使用人工智能系统，对自然人的可信度进行评估或分类，可能导致其遭受不成比例的不利待遇，或与最初生成的环境无关的情形。

四是公权力主体不符合条件地使用实时远程生物识别系统。指公权力主体出于执法目的在公共场所部署“实时”远程生物识别人工智能系统，且该部署不符合要求的条件。可以部署实施远程生物识别的系统的情形包括：寻找特定潜在犯罪受害者（如失踪儿童）；预防可能威胁生命健康的具体、实质性且迫在眉睫的风险（如具体恐怖袭击）；侦测给定情形的嫌疑人且上述情形嫌疑人刑期上限至少为 3 年。

对于不可接受风险类的人工智能系统，《人工智能统一规则》采取的规制方案是“禁止使用”。

Ⅱ．高风险

一是影响生命与健康的关键基础设施，例如自动驾驶技术。

二是教育或职业培训，例如人工智能评考试分数。

三是产品安全组件，例如智能医疗中的人工智能安全组件。

四是就业与劳动管控，例如招聘程序中嵌入筛选候选人的人工智能系统。

五是基本的私人和公共服务，例如利用智能信用评分拒绝公民获得贷款的机会。

六是涉及公民基本权利的执法，例如评估证据的可靠性。

七是移民、避难与边境管制，例如合适旅行证件的真实性。

八是司法和民主程序，例如将法律应用于具体的案件实施。

同时，所有未被纳入不可接受风险的远程生物识别系统都被认为是高风险的，并具有严格的要求。

对于高风险人工智能，《人工智能统一规则》提出了明确的规制方案。其中包括：充分的风险评估与管理系统；提供高质量的数据集以减少歧视；详尽充分地记录人工智能系统活动以确保结果可追溯；详细向当局提供人工智能的系统及相关必要信息；向受众清晰充分地告知解释系统；提供适当的人类监督降低风险；提供高度的鲁棒性（系统健壮性）安全性与准确性。其中尤其需要注意的是，向监管机构提供必要信息包含了：在合理的要求下，应授予监管机构访问人工智能系统源代码的权限。实质上意味着向主管部门完整披露人工智能算法。

Ⅲ. 有限风险

分三类，包含了与人互动类系统（例如聊天机器人）、情绪识别系统或生物特征分类系统（例如性别自动分类系统）、生成或操纵音视频类系统（例如深度伪造）等情形。此类风险中人工智能系统的设置需要进行有效的告知与披露，以便受众可以明智确定是否继续使用。

Ⅳ. 最小风险

《人工智能统一规则》允许免费使用游戏 AI 或垃圾邮件过滤器等人工智能系统，并认为绝大多数的人工智能系统都属于这一类。由于这些人工智能系统对公民的权利或安全只构成最小风险或不构成风险，故《人工智能统一规则》不予干预。

② 监管体系建设

《人工智能统一规则》从监管组织建设、监管机制建设与罚则三个维度，完善了人工智能的监管体系（如图 1-14 所示）。

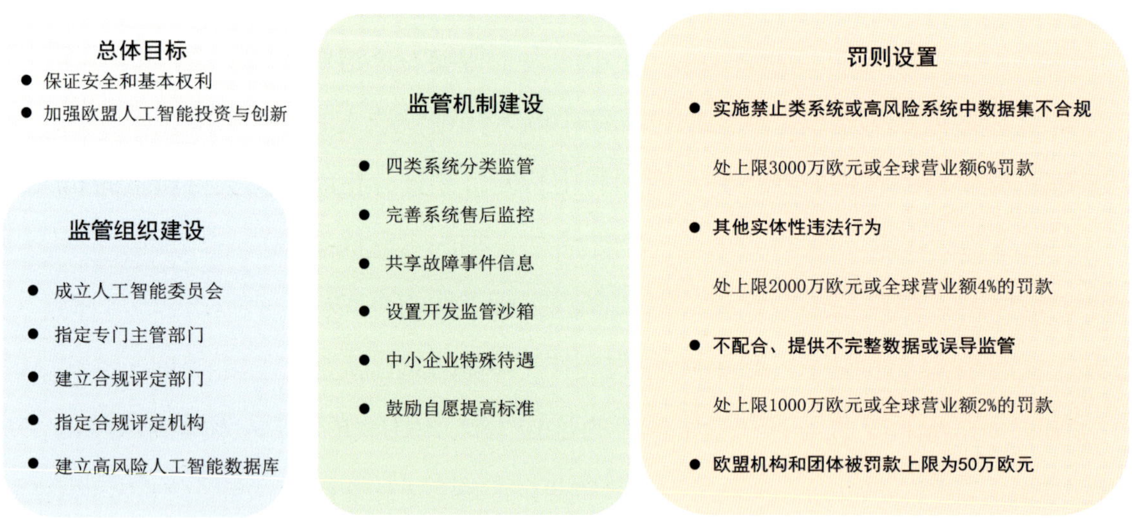

图 1-14　欧盟《人工智能统一规则（提案）》中的监管体系建设

Ⅰ. 监管组织建设

一是成立人工智能委员会。委员会的目标在于向欧盟委员会提供建议与协助，具体包括：促进成员国当局与欧盟委员会在人工智能监管上的合作；协调欧盟委员会对成员国监管人工智能的指导；协助确保《人工智能统一规则》在各国的一致适用。

二是指定国家主管部门。《人工智能统一规则》要求每个成员国设立或指定人工智能监管主管部门，以确保规则的适用和实施。要求成员国给予主管部门足够的财力、人力支持，并且提供足够的专门能力培训，以适配科技进步导致监管环境快速变化的需要。

三是成立合规评定部门并指定合规评定机构。合规评定是《人工智能统一规则》中监管的重要需求。要求成员国指定或成立专门的合规评定部门（无特殊情形下即为主管部门），负责建立和执行必要的程序，用以推进人工智能评估审计并对人工智能监管负责。同时，需要指定专门机构，对高风险人工智能系统等的合规性进行验证，评定机构需要保持相对的独立性并具有足够的能力，实施人工智能合规评定审计工作。第三国在与欧盟达成协议后其合规评定机构也可被纳入体系。

四是设置独立高风险人工智能系统数据库。高风险人工智能系统需要在数据库中进行注册，同时将列明数据传输到数据库中。欧盟委员会是欧盟数据库的实际控制人，并为数据库提供足够的技术和行政支持。另外，数据库中的信息原则上应当向公众开放。

Ⅱ. 监管机制建设

除了四类系统分类监管，《人工智能统一规则》也从控制风险与鼓励发展两个层面，完善了监管机制建设。

一是完善系统售后监控。要求督促人工智能系统提供者应当建立售后监控系统，用于系统性收集分析相关数据，并由委员会后续通过法案建立监督计划模板与清单。

二是共享故障事件信息。主管机构应当督促人工智能提供者尽快上报故障信息，对于严重事故应当于 15 天内提供。同时，欧盟委员会将尽快建立专门的故障事件信息共享指南。

三是设置人工智能系统开发监管沙箱。由欧盟数据保护局与各成员国主管当局建立一个受控的人工智能系统监管环境。在有限时间内开发与测试，将在主管部门的直接监管与指导下进行。在该环境中可一定程度允许突破性测试，但是不得影响公民生命健康权或导致其他基本权利重大风险。

四是中小企业特殊待遇。要求成员国在满足条件的范围内优先为小企业和初创企业提供监管沙箱的有限访问权。同时，提供专门针对中小企业和个人的合规培训相关活动。另外，也将建立专门渠道提供中小主体的沟通空间，并进行定向答疑。最后，合规品定的费用也将针对中小企业的具体情形做相应的克减。

五是鼓励自愿提高标准。要求欧盟委员会和成员国鼓励人工智能系统提供者，根据技术规范对非高风险人工智能系统自愿实施更高行为准则。相关机构应当提供协助，但是也应当考量行为准则可能对中小初创企业造成的不利影响。

Ⅲ. 罚则

实施不可接受风险的人工智能系统，或者使用高风险系统时数据不合规，主体将被处上限 3000 万欧元或全球营业额 6% 的罚款。其他不遵守《人工智能统一规则》中对人工智能系统的任何要求或义务的行为，将被处上限 2000 万欧元或全球营业额 4% 的罚款。而对于不配合、提供不完整数据或误导监管的行为将处上限 1000 万欧元或全球营业额 2% 的罚款。另外，对于欧盟的机构和团体被行政处罚的上限为 50 万欧元。

2. 美国

2019 年 2 月，时任美国总统特朗普签署了第 13859 号行政命令，即《维持美国在人工智能领域的领导地位》的国家人工智能战略计划。此后，特朗普政府在投资研发、促进国际合作、限制竞争对手等多方面积极采取行动，努力提升美国人工智能领域的国际领先地位。2021 年 1 月，拜登就任新一届美国总统后，在国家人工智能发展战略上，目前总体上仍然是萧规曹随。

2020 年下半年以来，美国人工智能领域的政策和法律发展，总体有以下几个特点：

（1）提高研发投入，加强组织协调

2020 年 8 月，美国白宫科技政策办公室（OSTP）发布了《人工智能与量子信息科学研发摘要：2020—2021 财年》。摘要显示 2020 财年人工智能的预算超过 11 亿美元，2021 财年的预算请求超过 15 亿美元，美国 2021 财年预算比 2020 财年已通过的投资增加了 34.4%，比 2020 财年的预算要求增加了 54.3%（如图 1-15 所示）。同时，摘要指出美国私营部门 2019 年投资近 400 亿美元。

摘要表示，人工智能和量子信息科学是关乎未来的关键技术与产业，将在未来几年推动经济增长并加强美国的国家安全。特朗普政府认识到这些新兴技术的战略重要性，并采取果断行动提升美国人工智能和量子信息系统的领导地位。

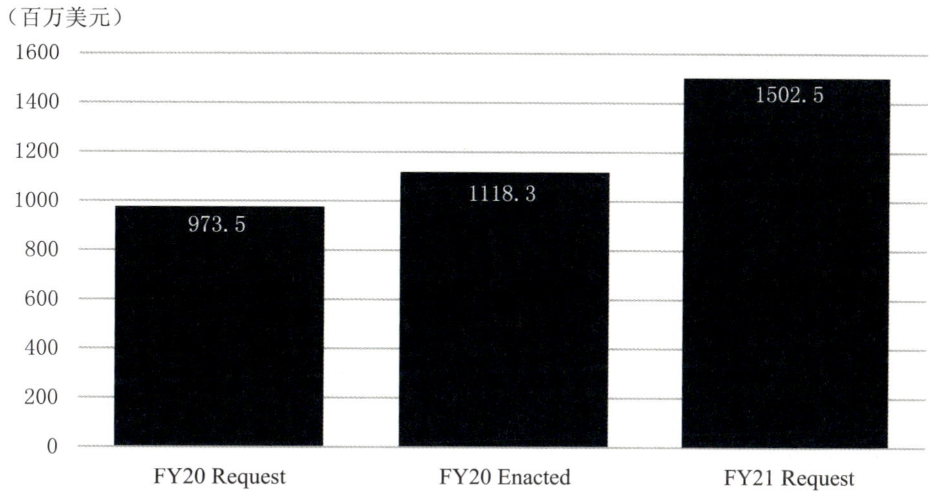

图 1-15　美国 2020—2021 财年非国防人工智能研发联邦预算

摘要明确提出："美国将不通过自上而下的政府政策来取得这一效果"，而是试图通过领先世界的创新生态系统来保持其在关键技术方面的全球领导地位。在该生态系统中，联邦机构、学术界、私营部门的创新者和非营利组织将发挥各自独特而必要的作用，开展协同创新以取得效果。

2021 财年预算主要集中于三个部门。一是国家科学基金会。2021 财年美国国家科学基金会的人工智能研发和跨学科研究机构的支出预算超过 8.3 亿美元，比 2020 财年的预算增加了 70% 以上。二是美国农业部。农业部投资 1.12 亿美元用于人工智能研究，高于 2020 财年预算申请中的 400 万美元。三是标准技术研究院。美国国家标准技术研究院的人工智能研发投资增加了一倍以上，达 5300 万美元。

2020 年 8 月 14 日白宫发布的《2022 财年研发（R&D）预算优先事项备忘录》将继续推动保持在未来产业及相关技术领域的领导地位作为重要事项，具体包括人工智能、量子信息科学、通信网络、先进制造、未来计算生态系统、自动驾驶技术等。

在组织协调方面，时任总统特朗普在 2021 年 1 月 12 日，根据《2020 年国家人工智能倡议法案》（National AI Initiative Act of 2020），在美国白宫科技政策办公室（OSTP）下成立了国家人工智能倡议办公室（National AI Initiative Office），作为美国整个创新生态系统的国家人工智能研究和政策的中心机构，负责协调政府、行业和学术界人工智能研究以及政策制定和实施。主要工作领域包括：增加人工智能研究投资；释放联邦人工智能计算和数据资源；制定人工智能技术标准；助力美国人工智能劳动力培养；强化与盟友合作。2021 年 1 月 20 日，拜登总统就职后，将白宫科技政策办公室（OSTP）升格为内阁级别，并要求其向总统提供人工智能在内的有关科学技术问题的建议，指导政府制订科学技术政策和预算。

（2）加强国际合作，遏制竞争对手

2020 年 5 月 30 日，美国宣布加入七国集团（G7）“人工智能全球合作伙伴组织”，成为 G7 中最后一个加入的国家。

该组织由法国和加拿大于 2018 年 12 月建立，其组建了由政府、行业和学术界共同参与的常设论坛，作为国际上对于人工智能治理原则的一种合作共建机制，基于“人权、包容、多样性、创新和经济增长”原则讨论全球人工智能的政策发展，鼓励创建尊重隐私和公民自由的人工智能技术，并向有关公司和政府提出政策建议。GPAI 的创始成员包括澳大利亚、加拿大、法国、德国、印度、意大利、日本、墨西哥、新西兰、韩国、新加坡、斯洛文尼亚、英国、美国和欧盟。

美国加入 GPAI 组织具有双重考量。其一，美国意识到不可能通过“退群”的方式完全脱离人工智能治理的国际合作。其二，鉴于对中国人工智能科技与产业封锁的战略级地位，美国亟需其他发达国家盟友的支持。

2020 年 6 月 15 日，GPAI 发布联合声明，其将负责任地、以人为本地支持人工智能的开发和使用。联合声明强调，GPAI 将通过支持研究和应用活动，寻求弥合人工智能理论和实践之间的差距。GPAI 将专注于四个关键的主题：负责任的人工智能、数据治理、人类未来工作和创新与商业化。

（3）聚焦重点领域，研发与治理并重

一是在国防领域，2020 年 7 月，美国国防部监督机构发布《国防部人工智能数据与技术管理保护审计报告》，指出国防部对人工智能项目的管理不善可能削弱美国在新兴技术领域的竞争优势。国防部监察长建议联合人工智能中心（JAIC）采取措施，改善项目管理、确定人工智能的标准定义、改善数据共享与开发流程，以准确跟踪人工智能项目进展。

根据 2019 财年的《国防授权法》，JAIC 应在 2019 年 8 月前给出人工智能的标准定义，但监管机构发现，截至 2020 年 3 月，该部门尚未提出该定义，导致在确定人工智能项目的范畴时存在困难。监察审计还发现，JAIC 并未开发出可在国防部内部署的人工智能管理框架，可能增加国防部丧失在先进技术领域取得优势的风险。此外，审计报告指出，JAIC 需制定流程以保持对国防部人工智能在研项目的管理，这得到了国防部首席信息官的认可，并表示将进行每两年一次的人工智能投资审查。最后，报告建议 JAIC 建立数据和工具仓库，实现工具、算法、源代码、模型及其他功能共享，以降低人工智能项目的成本，改善安全数据共享。

2021 年 1 月 14 日，美国国防部（DOD）发布了《2020 财年工业能力报告》，强调了国防部的优先工业基础风险和脆弱性，以及新型冠状病毒大流行对国防领域发展的主要影响。同时，回顾了上一财政年度执行的工业基础投资和计划情况，提出了建立稳固、有弹性、安全和创新的工业基础的战略，建议政府加大对人工智能军事化领域的资本投资和资源投入。

二是在标准制定方面，2020 年 8 月 17 日，美国国家标准技术研究院（NIST）提出四项原则：

- 提供证据。人工智能系统应为所有输出提供相关证据或原因。
- 易于理解。人工智能系统应向个体用户提供有意义且易于理解的解释。
- 决策过程。所提供的解释应正确反映人工智能系统生成输出结果的过程。
- 决策把握。人工智能系统仅在预设或系统对其输出有足够信心的情况下运行。

该工作旨在通过理解人工智能的理论能力和局限性，以及通过提高人工智能使用的准确性（accuracy）、可靠性（reliability）、安全性（security）、稳健性（robustness）和可解释性（explainability）来建立对人工智能系统的信任。

三是在智能驾驶领域，2021 年 1 月 21 日，美国交通部（USDOT）发布《自动驾驶汽车综合计划》，该计划定义了实现自动驾驶系统（ADS）愿景的三个目标：

- 促进协作和透明度。对自动驾驶的局限性需要进行清晰可靠的披露。
- 营造现代化监管环境。主要是消除创新汽车设计、功能和操作等方面的不必要的监管障碍，并开发针对安全性的框架和工具，以评估自动驾驶系统的安全性能。
- 为协调运输系统作准备。USDOT 将与利益相关方合作进行安全评估和集成 ADS 所需的基础研究和示范活动，同时努力提高运输系统的安全性、效率和可获得性。

四是在食药卫健领域。2021 年 1 月 12 日，美国食品药品监督管理局（FDA）发布了基于人工智能与机器学习的软件作为医疗设备的行动计划。该行动计划意在进一步监督基于人工智能的医疗设备的软件。FDA 已大致确定了评估和风险的关键领域，并征求生态系统利益相关方和社会公众对该行动计划的意见。该行动计划提出了以下建议：

- 制定具体规制框架。进一步制定建议的监管框架，包括通过针对“学习”机器学习算法的预定变更控制计划的指导草案。
- 算法透明。培养以患者为中心的方法，包括透明度。
- 改进算法。开发评估和改进机器学习算法的方法。
- 提升可靠性。推进现实世界的性能监控试点。

2021 年 1 月 29 日，卫生与公共服务部（HHS）发布了医疗保健战略中的人工智能，重点放在旨在鼓励和实现人工智能技术的舒适性和流畅性以及可能采用人工智能的领域，并提出以下三方面的计划：

- 支持智能医疗科研创新。HHS 提供 500 万美元用于推进研究疫情大流行期间卫生人工智能的使用。
- 健康生态系统与人工智能驱动方法合作响应，增进管理基本人类服务和健康计划中的共同利益。内部、外部、学术和政府的合作伙伴关系将优先考虑，从而使研究、临床实践、公共卫生、社会服务、疾病预防和健康方面取得更好的成果。
- HHS 人工智能理事会将制定并利用绩效计划，实施时间表和关键绩效指标（KPI）来推动问责制，并在四个关键领域投资：发展人工智能就绪型劳动力；鼓励健康人工智能创新和研发；使基础人工智能工具民主化；促进可信赖人工智能的发展。

五是在国家安全方面，美国国家人工智能安全委员会（NSCAI）于 2021 年 3 月 1 日发布了一份美国人工智能与国家安全的《最终报告》(Final Report)。报告针对如何在人工智能时代防卫美国、赢得人工智能的世界竞争，提出了若干建议。

第一章　在人工智能时代如何保卫美国

- 防卫人工智能赋能的外部势力对美国自由开放社会的威胁。针对竞争对手使用人工智能技术来扩散虚假信息和开展网络攻击，建议政府采取以下措施：建立专责机构和全天候行动中心来对付虚假电子信息；加强对自身数据库的保护；在筛查国外投资和供应链风控管理中强化数据安全，制定全国性的数据保护立法；以人工智能手段来应对外部的人工智能威胁；将生物安全放在国家安全政策的优先级。

- 准备未来之战。如果国家武装力量不加快部署人工智能武器，未来 10 年将失去军事技术的领先优势，为此，国防部应当：一是在 2025 年前，为广泛融合的人工智能技术做好基础设施、人才和财政等方面的准备；二是推动组织改革、重新设计作战创新概念、设定人工智能部署目标、建立联合作战网络系统，在 2025 年前完成人工智能武器部署就位。
- 做好人工智能和自动武器的风险管控。为此，美国应当：一是公开明确地阐明只有人类才能授权使用核武器，并寻求中国和俄罗斯作出同样的承诺；二是建立一个同竞争者讨论人工智能对危机影响的对话机制；三是推动制定部署、测试、使用人工智能和自动武器系统的国际标准。
- 推动国家情报体系转型。情报界应当在情报收集、分析全方面地提升采用、融合人工智能技术的能力，国家情报总监办公室也应当给予科技领军人才充分的授权和资源。
- 增强政府内部数字人才的力量。政府应当建立新型人才通道，包括通过美国数字服务学会（U. S. Digital Service Academy）来培养和培训人工智能方面的雇员，同时招募来自产学研机构的人才，建立数字人才后备军。还需要参照军医体系，组织技术人才组成专门的数字部队来服务政府。
- 建立可信赖的人工智能系统。政府应当保证人工智能系统运行可靠、有效、正当和合法，提高政府对人工智能运用的测试、评估和监测能力。

第二章 赢得技术竞争的胜利

- 建立由白宫领导的技术竞争战略机构。建议成立由副总统领衔的技术竞争委员会，整合国家安全、经济发展和科技创新方面的力量，制定全面的科技战略并监督实施。
- 赢得全球人才竞争。建议国会通过相关立法，一方面，加强本土人才的培养和培训；另一方面调整移民政策，吸引更多的海外人才来美学习研究和工作。

- 提升国内的人工智能创新能力。政府应当：一是增加非国防的人工智能研发预算，2026 年达到每年 320 亿美元，成立国家技术发展基金，将国家级人工智能研究机构数量扩大三倍；二是设立国家人工智能研究平台，整合云计算资源、测试点、大数据和知识网络；三是培育市场和研发网络，加强人工智能商业化竞争力。
- 实施全面的知识产权保护。必须重视人工智能知识产权对维护美国人工智能领先地位的关键作用，美国政府应当改革目前的知识产权保护体系，提高专利申请的可确定性。
- 建设国内的微电子设计和生产基地。保证先进芯片的供应链，维持微电子研发的世界领先地位。
- 维护美国的技术优势。美国首先必须完善出口管制和外国投资审查制度；其次要保护和利用好国内的专家资源，加强盟国间的技术合作，同时严格签证审查以限制有问题的技术合作。
- 建立有利的技术发展国际秩序。美国必须和盟国一道共同促进新型技术的研发和应用，制定统一的国际技术标准。美国应当领导这个新兴技术联盟，并确定包括人工智能、量子计算、5G、生物技术、智能驾驶、能源存贮等新兴技术名单，建立相应的国内发展平台和生态系统，同时不断探索未来的新兴技术。

（4）关注深度伪造　限制人脸识别

一是在应对深度伪造方面，因为近年来深度伪造技术发展和滥用对个人权利和民主政治带来的风险及危害，已经引起了美国上下的高度关注，时任美国总统特朗普于 2019 年 12 月 20 日签署《2020 年国防授权法令》。该法令针对深度伪造技术影响美国安全的问题，采取三项行动：

第一是要求国家情报总监在法令生效六个月内，向国会情报委员会提交一份非机密报告，评估：深度伪造技术对国家安全的影响；国外政府使用该技术能力以及使用该技术的现状和计划；美国政府监控、应对国外政府发展及使用深度伪造技术的能力。国家情报总监每年要对该报告涉及的重要内容进行更新。

第二是每当发现国外实体使用深度伪造技术意图干预美国国内选举的情报，国家情报总监应当及时报告国会情报委员会。

第三是设立奖励机制，鼓励自动探测深度伪造技术的研发和商业应用。

在州的层面，弗吉尼亚州《非同意色情法》（Nonconsensual Pornography Law）修正案于 2019 年 7 月 1 日正式生效，将 2014 年起立法禁止的传播裸体图像或视频“意图强迫，骚扰或恐吓”他人，扩大到深度伪造的内容，即“虚假创建的视频或静止图像”，并规定了违反该禁令的刑罚。

得克萨斯州于 2019 年 9 月 1 日生效的《关于制作欺骗性视频意图影响选举结果的刑事犯罪法》（An Act Relating to the Creation of a Criminal Offense for Fabricating a Deceptive Video with Intent to Influence the Outcome of an Election），旨在保证选举安全，禁止通过伪造影像视频发布有可能影响选举的虚假信息。

二是在规制人脸识别方面，近年来在执法中使用人脸识别技术导致的识别偏差和歧视问题，引起很多社会争议，一些国会议员纷纷提出法案，旨在降低人脸识别中的歧视问题。如 2020 年 6 月 18 日，美国众议院议员，空间和技术委员会主席埃迪·约翰逊提出一项法案，建议联邦政府加强对警务活动的研究资助，包括使用人脸识别等新兴技术，意图降低人脸识别应用中存在的算法歧视问题。该法案鼓励国家科学基金会、国家标准与技术研究所和国土安全部等投资警务研究和其他项目。该法案建议向国家标准技术研究所拨款 200 万美元用于生物识别系统的研究，包括面部识别技术。这项研究将致力于识别偏差最小化的算法研究，同时，建议向国家科学基金会拨款 1000 万美元用于警务政策的社会和行为研究，特别是减轻警察暴力。此外，向国家科学院拨款 200 万美元资金，以应对执法政策中的差别对待研究，将用于减少执法部门过度使用武力。

在州的层面，2021 年 1 月 29 日，犹他州参议院委员会通过了《政府对面部识别技术的使用法案》，该法案将对政府使用面部识别进行一些相对温和的限制。规定政府雇员只能在为调查重罪、暴力犯罪或对人类生命的威胁的情形下使用人脸识别。而对于识别已死亡、无行为能力、处于危险中或无法以其他方式向执法人员提供身份的人则不限制技术使用。该法案将要求该州政府在使用面部识别技术时通知公民，其驾照照片可被用于多个用途，但是该法案并未为犹他州人提供退出面部识别技术的选择权。

3. 日本

（1）日本的“社会 5.0”概念

日本安倍内阁于 2016 年 1 月公布了日本第五期科学技术基本计划，并在此计划中首次提出了 Society 5.0（以下简称“社会 5.0”）的概念。在此概念中，日本将人类社会的发展划分为了 5 个阶段：原始狩猎时代的第一阶段；农耕社会的第二阶段；工业社会的第三阶段；信息社会的第四阶段；万物互联的第五阶段（社会 5.0 计划）。日本的社会 5.0 计划旨在通过适用大数据、人工智能、机器人及物联网等革新性技术，改变日本社会运作方式，根本性地解决少子高龄化、劳动力不足、城乡差异、环境问题及灾害应急等社会问题并打造满足社会需求的智能社会。

（2）为推进“社会 5.0”而开展的软法性政策

日本的智能治理主要以出台软法性政策方式开展，即以政府牵头，由各专业政府职能部门适时推出与推进各领域智能化进程的政策指南，动员学界、智库和企业方面一同探讨既可以有效促进技术发展又可以规避社会风险的软法政策，有目的地指导和引领技术发展方向。

第一，在“社会 5.0”方案于 2016 年正式公布之后，日本内阁政府立即开启了专家论证回应，于 2018 年正式提出了“以人为本的人工智能社会原则”，明确了智能技术开发的终极目的是建造一个使人类生活更加便利的社会，而不是用技术奴役人类。首先，智能社会应遵循三个理念，即智能社会应是一个有尊严的（Dignity，人类的尊严可以得到坚定维护）、多样的（Diversity & Inclusion，不同背景不同价值观的人可以追求多样化幸福）、可持续发展的（Sustainability，人类可以适用智能技术有效解决环境污染及全球变暖等生存问题）社会。其次，在智能社会真正到来之前，日本应从“人的教育及认知”，“社会系统支持”，“产业结构”，“技术创新支持环境”，“统治管理”五个方面做好十足的准备。最后，人工智能社会应遵循七大原则，即以人为本、人工智能教育普及、个人信息保护、注重系统安全、确保行业公平竞争、明确说明责任所在、坚持创新。①

① 2019 年 3 月 29 日版本日本内阁最终报告书 https://www8.cao.go.jp/cstp/aigensoku.pdf#search='%E4%BA%BA%E9%96%93%E4%B8%AD%E5%BF%83%E3%81%AE%E7%A4%BE%E4%BC%9A%E5%8E%9F%E5%89%87。

第二，总务省于 2017 年和 2018 年出具了两份人工智能指南报告，确立了技术开发和应用层面的基本原则。2017 年指南试图用软法的方式确立人工智能研发者在研发过程中应遵循的基本原则，一般理解为人工智能技术开发指南。其指出，日本将通过事先设立框架的方式保证智能技术研发以人为本，同时规避人工智能技术可能引发的社会风险和道德风险（强调合作、技术透明化、系统可控性、安全性（对人的安全以及系统自身的安全）、与个人隐私保护利益的调和、伦理性、以人为本为人服务、开发者对相关利害关系人负有说明责任）。[①]2018 年版的总务省指南侧重于人工智能技术使用者在使用阶段的行为规范，即人工智能技术使用指南。指南罗列了如技术使用者的合理利用（在适当的范围用适当的方式在合理评估相关人工智能技术带来的利害之后使用）、合理学习、保证技术安全和尊重个人隐私等十大原则。[②]

第三，经济产业省于 2015 年发布了“以促进数据交易为目的的数据合同指南”，明确规定了数据权利人进行数据交易时需满足的前提要件。在 2017 年 5 月公布的“关于数据使用权限的数据合同指南 1.0 版本”中，对有关数据利用权限归属的协议方式以及数据利用权限的合同签订方式等数据交易领域的重要问题进行了详细的规定。2019 年 12 月，经济产业省对该指南进行了进一步更新，对数据交易合同中应当涵盖的合同条款进行了类型化梳理，以供从业者在实践中进行参考。除此之外，经济产业省还制定了信息信托功能认定指南、农业领域数据交易指南、图片使用指南、物联网安全对策及商业秘密管理指南等软性政府规则，试图全面控制技术发展可能给经济活动带来的潜在风险以及规范数据交易新兴市场。

第四，厚生劳动省遵循内阁提出的建立“以人为本的指南社会”理念，于 2018 年开始定期召集医学领域专家组成“促进人工智能技术在保健医疗领域发展的工作小组”。通过一系列的工作会议探讨，厚生劳动省最终确定，日本在医疗卫生领域的人工智能技术应用将在基因组医学、医学影像支持、诊断和治疗支持、药物开发、老年看护及老年认知障碍以及手术辅助这 6 个重点领域集中发力。厚生劳动省计划在 2020 年年底正式完成建立癌症基因组医疗体系基础、上述 6 个重点领域的人工智能技术

① 总务省 2017 年 7 月 28 日报告书 https://www.soumu.go.jp/main_content/000552117.pdf。

② 总务省 2018 年 7 月 17 日报告书 https://www.soumu.go.jp/main_content/000564157.pdf，并于 2019 年 8 月 9 日出具最终版报告书 https://www.soumu.go.jp/main_content/000637844.pdf。

开发体系、幼儿体检健康信息的体系化及电子化管理、全国医疗机构电子联网及患者数据共享等 8 种人工智能医疗准备性基础服务，并结合日本实际情况制定了详细的工作进程时间表。①

第五，国土交通省于 2017 年制定了第 4 期《国土安全省技术基本计划》，确定了日本在国家基础建设上坚持三大原则：在以人为本的基础上，适用物联网、人工智能及大数据技术；着眼于解决社会经济问题（完备防灾减灾的社会建设、建立可持续发展的基础建设、建立完备的社会信息收集系统、推进技术导向的生产性革命）；持续推进可形成良性循环发展的技术政策。同时，国土交通省对“i-Construction”（智能建筑）、绿色能源、地下开发、基建维护及防灾体系的构建等项目进行了重点推进。其中，“i-Construction”智能建筑项目，旨在应对日本人口老龄化带来的建筑行业劳动力不足等社会问题，得到了国土交通省的特别关注。

（3）为迎接智能时代“社会 5.0”到来进行实体法修改

除订立软法性方针政策引领产业发展方向以外，日本也运用成文法立法的方式改进了现有法律体系，以迎接智能时代的到来。

第一，日本于 2018 年对《著作权法》进行了正式修订，植入了“软性权利限制规定”的概念。为了促进数据技术的开发及研究，日本效仿美国导入了软性的“合理使用”原则（日本《著作权法》第 30 条之 4，第 47 条之 4 和第 47 条之 5）。将可能构成“合理使用”的行为分为了三层：一是通常情况下不会侵害著作权人权利的使用行为（即不以享受著作权物为目的的使用行为）；二是对权利人只构成轻微侵害的行为；三是虽然与著作权物所在的商业领域可能有所冲突及重合，但是从公共利益角度来看此种行为可以促进该著作物的应用。② 其中，前两层行为属于不会对著作权人的权利造成真正损害的行为，而第三层行为属于只会对著作权人权利造成轻微损害的行为。根据各种行为的不同定性，2018 年《著作权法》设置了不同程度的柔软性权利限制设定。**在此种修法背景下，利用大数据开发机器学习技术、电脑后台对著作权物进行分析处理等有关机器学习或深度学习的著作物使用行为都成为合法和可能的行为。**

---

① 厚生劳动省主页 2019 年 11 月 20 日促进 AI 技术在保健医疗领域发展的工作小组公开讨论资料 2，https://www.mhlw.go.jp/content/10601000/000568486.pdf。

② 《著作权法修改法案　概要说明材料　材料 6》，2018 年 3 月 19 日文化厅长官官方著作权科。

第二，日本国会于2018年对《反不正当竞争法》进行了修正。**将使用不当手段利用限定提供数据（原本需要身份验证或密码才能够获取的数据，日本《反不正当竞争法》第2条第7项）行为定位为不正当竞争行为**，允许被侵害人针对此行为向法院请求禁止令。此处的"不正当手段利用"包括不正当取得数据、正当取得者不正当公开数据，以及在取得、公开及使用的任何一个步骤中存有瑕疵的行为。此外，相对于旧法只将主动提供破解数据密码保护工具的行为归类为不正当竞争行为范畴，新法还将此规制范围扩大到为侵害人提供代理服务行为。**相对于上述著作权法中设定软性权利限制，为数据技术开发者自由使用数据提供便利，《反不正当竞争法》的修法旨在保护制作及生成大数据的权利人的权利不受侵害。**

第三，日本在2019年对**《道路安全法》**和**《道路运输车辆法》**进行了修订。相对于《道路安全法》规制司机的驾驶行为，《道路运输车辆法》则是一部确定汽车上路标准的法律。日本此次对这两部法律的修法举措，正式使无人驾驶的实际应用成为现实。日本遵循国际自动机工程师学会（SAE）认定的自动驾驶分级标准，将汽车驾驶模式分为6个层次：L0，无自动驾驶，即完全由人来操作；L1，辅助驾驶，驾驶系统给予人类驾驶者适当辅助（如速度监控或保持一定速度与方向自动驾驶等自动巡航功能）；L2，部分自动驾驶，即车辆可自主控制方向盘和速度，但人类驾驶者仍坐在驾驶室里并可随时主动接管车辆控制权；L3，附条件的自动驾驶，车辆可完全进行自主驾驶，但当车辆遇到驾驶困难时，车辆会请求人类接管；L4，高度自动驾驶，即使车辆遇到驾驶困难情况或系统问题时，也可以选择不求助于人类，自行应对；L5，完全自动驾驶，车内不设置方向盘及手动刹车系统。L3以上的驾驶模式，是以系统自主操纵为主的自动驾驶模式。2019年新《道路安全法》规定，如果汽车装有的"自动驾驶装置"符合《道路运输车辆法》中的定义，司机则可以在符合特定法定条件的情况（路况、速度、天气条件等）下，将驾驶工作交由车辆系统自行操作。但是，如遇紧急情况，司机必须替代系统进行手动驾驶操作。同时，《道路安全法》第119条之2规定，如果自动驾驶过程中出现交通事故，使用自动驾驶系统的司机承担事故责任。因此，可以认为此次修法意味着，L3级别的智能驾驶汽车在日本正式解禁。

4. 韩国

韩国于 2019 年 12 月发布《国家人工智能战略》，从人工智能的生态系统、应用和人本特征三个角度构建了韩国人工智能发展的战略框架，意图推动韩国从“IT 强国”转型为“AI 强国”。2020 年 6 月发布了以 5G 和人工智能的跨行业应用为重点的政策方针调整，10 月决定投入 700 亿韩元发展人工智能半导体行业。

从人工智能伦理角度，韩国科学与信息通信技术部于 2020 年 12 月 22 日发布了《国家人工智能伦理标准》，提出了人工智能发展的三项基本原则（人类尊严原则、社会公益原则、技术适宜原则）和十项核心要求（人权保障、隐私保护、尊重多样性、禁止侵权、社会宣传、主体合作、数据管理、明确责任、确保安全和透明度），为韩国未来的人工智能发展奠定了基本的路线框架。

从具体立法层面，韩国科学与信息通信技术部和国家事务协调办公室于 2020 年 12 月 24 日共同发布了人工智能立法路线图，确立了 11 个领域的 30 项立法任务，旨在奠定人工智能时代的法律基础。主要涵盖了以下几个领域（如表 1-6 所示）。

（1）数字经济

数据是人工智能发展的基础，因而人工智能发展的前提条件是通过完善的立法活动保证数据产业的发展和保护。具体计划如下：

第一，出台《数据产生、流通和使用基本法》，明确数据产生、流通以及使用等不同环节的行为规范。

第二，出台《工业数字化转型促进法》《中小企业智能制造创新法》等促进性立法，以推动各行业对于数据的使用。

第三，修订《个人信息保护法》，引入个人对自动化决策要求解释和提出意义的权利。

第四，修订《版权法》，以实现海量数据分析。

（2）算法决策

引入特定系统来自动评估和管理信用打分、产品推荐、产品定价以及人员招聘等领域算法可能产生的偏差和错误。该举措的目的在于确保算法的透明性和公平性，以建立应用人工智能技术的信任基础。

（3）人工智能主体地位

审查现有知识产权立法对于人工智能创作的开发者和投资者的保护力度，修订

表 1-6　韩国人工智能立法路线图涵盖领域

任务列表		负责机构	推进日程
人工智能公共基础领域			
数据	制定振兴数据产业的基本法	科技与信息通信部	2021 年上半年
	为数据治理提供法律依据	科技与信息通信部、个人信息保护委员会	2021 年上半年
	明确不同产业对于数据使用的需求	产业部	2021 年上半年
	引入个人对于自动化决策享有的权利	个人信息保护委员会	2021 年上半年
	允许为深度学习利用作品	文体部	2021 年上半年
	重新评估假名信息的安全措施	个人信息保护委员会	2021 年下半年
	制定关于数据垄断和不正当使用的规定	专利厅、公平委员会	2022 年下半年
算法	建立算法监管机制	科技与信息通信部	2021 年下半年
	为保护企业商业秘密制定算法公开标准	科技与信息通信部、工程委员会	2021 年下半年
	保障算法运行的公平和透明	科技与信息通信部、公正委员会	2021 年上半年
主体地位	人工智能生成物权利关系的建构	文体部、专利厅	2021 年
	建立人工智能主体地位立法	法务部、科技与信息通信部	2023 年
责任承担	明确人工智能合同效力	科技与信息通信部、法务部	2023 年
	针对人工智能行为制定损害赔偿方案	法务部、公正委员会	2023 年
	论人工智能介入犯罪制裁的多样化	科技与信息通信部	2023 年
伦理	确立人工智能伦理标准	科技与信息通信部	2020 年 12 月
	开设人工智能伦理教育课程	科技与信息通信部、教育部	2021 年下半年
人工智能应用与发展领域			
智能医疗	人工智能医疗器械国际标准（准则）	食药处	2022 年上半年
	利用人工智能改善医疗行为在保险中的应用	福利部	2023 年
智能金融	强化以异常金融交易监测和拦截系统为基础的电子金融事故应对体系	金融委员会	2021 年上半年
	加强结算、认证服务的安全性	科技与信息通信部、金融委员会	2021 年上半年
电子政务	建立人工智能自动化决策的依据	法制处	2021 年下半年
	制定权利救济程序	法制处、权益委	2022 年上半年
	确保自动化决策的透明度	法制处	2023 年
劳动就业	扩大就业保险以应对就业环境变化	雇佣劳动部、计划部	2021 年上半年
	制定平台从业人员保护方案并探索未来安全管理模式	雇佣劳动部	2023 年
数字包容	推动数字包容政策基础	科技与信息通信部	2021 年下半年
	制定高风险领域人工智能技术标准	科技与信息通信部	2022 年下半年
	引入人工智能监护制度	法务部、科技部、福利部	2023 年
	为处理人工智能事故准备保险制度改革方案	国土部	2023 年

《民法》和《刑法》，以应对人工智能创作的权利物权利主体认定问题。

（4）人工智能问责机制

完善合同法和侵权法规定，以应对人工智能产品或服务造成伤害的责任认定问题。

（5）医疗领域

韩国已有了全球首个人工智能医疗设备许可标准。之后将推动建立人工智能医疗设备的国际标准，并将重新评估人工智能医疗技术有效性来完善医疗保险机制。

（6）金融领域

运行“电子签名评估和识别系统”辅助判断私人证书的可靠性，并通过制定指南等文件明确金融机构之间对于异常金融交易的信息共享机制，确保金融安全。

（7）政府政务智能化

将修订《行政规则基本法》，为施行人工智能等自动化行政措施提供法律依据，规定个人权利遭受政府决策侵害时的救济程序，确保人工智能决策的透明度。

（8）劳动就业

计划制定及修订《就业保险法实施令》《平台员工保护法》，以应对数字化发展导致的重复性及机械性工种失业问题，扩大就业保险适用范围，为劳动者提供更多的保护方案。

（9）数字包容

制定《数字包容法》，以弥合不同群体间的数字鸿沟，为弱势群体提供能力发展培训，为面临失业风险的成年人提供培训机会，确保公民共享人工智能发展红利。

5. 俄罗斯

（1）人工智能领域多个标准获通过

尽管在技术发展方面，俄罗斯与中国和美国的水平不相上下，但是，与中国和美国不同的是，俄罗斯目前没有这方面的监管机制。国家标准化有两大进展，一是人工智能和大数据领域多项标准获得通过，二是透视标准化方案《2021—2024 年人工智能优先领域》的批准。该计划包括 217 项通用和行业计量标准，旨在支持人工智能在公共管理、医疗保健、交通、自然资源管理、工业、教育、建筑、电信、贸易、预防和补救活动等行业中的开发和应用。

《2021—2024 年人工智能优先领域》的目的是，确定俄罗斯监管变化的主要方法，将允许人工智能技术和机器人技术在各个领域的创建和应用。该项规范主要聚焦于健康保护领域、国家（市政）管理、运输、城市规划活动、实施“智慧城市”、金融领域等主要行业领域。确立了包括法律责任确定、完善数据流通制度、改善出口制度、发展保险机构等在内的十三项全行业监管任务。

（2）建立试验性法律制度数字沙箱

俄罗斯在人工智能法治的发展方面的速度领先于世界上大多数国家，与人工智能直接相关的首批立法举措也很重要。2020 年 4 月 24 日，俄罗斯开创性地提出了一项新的试验性法律制度《第 123-FZ 号俄罗斯联邦法律》，自 2020 年 7 月 1 日起，在开展关于建立特殊法规的试验，目的是为人工智能技术的开发和部署创造必要条件。

该项试验性法律通过引入“数字沙箱”，建立了特殊的法律框架。数字沙箱针对的是开发和测试技术领域，即使这些技术不属于现行立法，也可以被该法监管。这项新的实验性制度允许企业致力于不受现有立法监管的人工智能技术创新，为人们了解人工智能在现实生活条件下的运作方式创造了机会。在人工智能发生故障时，如人工智能意外泄露或删除个人数据时，将需要及时预警和管控。通过推出数字沙箱，政府可以及时监控日常使用人工智能会产生哪些法律问题，哪些问题需要及时介入监管。

该项试验性法律还将促进莫斯科政府“莫斯科—智慧城市 2030”项目的实现。该项目侧重于助力俄罗斯首都莫斯科智慧生活、智慧交通、智慧经济和智慧环境的构建。尽管该项目目标是到 2030 年从根本上实现城市数字化，但一些人工智能技术的应用，已成为莫斯科市民日常生活中不可或缺的一部分。例如，自 2019 年以来，自动驾驶汽车已经在莫斯科进行了测试，目前有多家公司正在研究智能驾驶在公共道路上的使用情况。

《第 123-FZ 号俄罗斯联邦法律》也存在一些问题，引起了公众的关注。身份数据将存储在何处以及如何删除、如何确保公民的隐私、在未能对数据进行匿名化处理的情况下谁将承担责任等问题都未解决。尽管法律严格限制向与实验无关的人员转移，也禁止将数据存储在莫斯科以外的地方，但是数据仍由私人实体运营，因此保护措施有效性仍待观察。

此外，伴随该法的修订，《个人数据资料法》的部分条款也进行了修订。在新的

《个人数据资料法》第 10 条规定，“为了提高国家或市政管理的有效性，允许处理因去个性化而获得的有关健康状况的个人资料”。

（3）数字创新领域的试验性法律制度扩展

在俄罗斯迫切需要对人工智能进行全面监管的背景下，2020 年 9 月，俄罗斯又颁布了《第 258-FZ 号联邦法律——关于俄罗斯联邦数字创新领域的试验性法律制度》，其于 2021 年 1 月生效，未来几年俄罗斯还将很可能出台其他相关的法律。新法将允许在全国范围内创建数字沙箱，但是与《第 123-FZ 号俄罗斯联邦法律》不同的是，新法律的最长期限为三年，并可能延长。涵盖的领域也更广，包括医疗部门、运输和物流、建筑和建设、金融、商品和服务的远程销售、市政服务、工业生产和农业等。其他部门可能会在后续添加。此外，根据新法律，政府将有权豁免某些阻止实施数字创新的立法要求。

第二部分　人工智能法治理论研究①

一、概述

开展人工智能法治理论研究旨在整合法学、哲学、管理学、社会学等相关学科力量，建立健全人工智能法律体系、制度体系、实施体系，以引导、规范、促进、保障人工智能产业安全、可靠、可控、健康、发展。本部分聚焦2020年1月至2020年12月的时间区间，从六个方面对2020年以来人工智能法治理论研究情况进行分析。

1. 对人工智能法治理论研究基本情况进行梳理

随着人工智能的蓬勃发展与运用，人工智能涉及的法律问题越来越多，法学界对这些问题的探讨与研究也在不断深入与拓展。例如，人工智能的主体地位问题、数字行政法问题、区块链的农业供应链信用管理体系问题、大数据医疗问题、数字时代的个人信息保护和市场限制竞争行为问题，等等，都已成为法学界重点研究的领域。本部分紧扣人工智能法治理论研究的核心领域，选取了法学、法律界专家学者具有代表性的观点，以展现2020年度人工智能法治理论研究的基本概况。

① 本部分数据来源说明：1. 人工智能法治领域著作维度的分析数据主要来自当当网等图书销售网站。2. 人工智能法治领域课题的分析数据，主要来自国家社科基金项目和省部级（司法部、法学会、教育部等）法学课题立项数据。3. 人工智能法治领域论文的分析数据，主要来自中国知网数据库。4. 人工智能法治领域学术会议的数据，主要来自中国法学创新网、中国学术会议在线、艾思学术会议、百度搜索、微信搜索等。5. 人工智能法治领域国外理论研究的分析数据，主要来自Web of Science数据库。

2. 对人工智能法治研究著作进行专项分析

著作是针对特定问题的系统考察和深入研究，一般篇幅较长，具有内容广泛、论述系统、观点成熟等特点，学术参考价值较高。在本部分中，编者以“人工智能”和“法治”为关键词，在相关网站检索，获取了国内出版的人工智能法治相关专著，并按作者、作者国籍、作者类型以及出版社类型进行数据整合，形成了较为完善的数据库。在此基础上，对专著内容、作者以及出版社进行分析，并与2019年的数据进行对比，以展现2020年度我国人工智能法治研究专著的概况。

3. 对人工智能法治科研项目进行专项分析

科研项目是开展科学技术研究时进行的一系列独特、复杂并相互关联的活动，这些活动在特定时间、预算、资源限定内，依据一定规范完成。在本部分中，编者以国家社科基金项目立项数据、省部级法学类课题立项数据（包括司法部“国家法治与法学理论研究项目立项课题”、中国法学会“部级法学研究课题的省部级课题”和教育部“人文社会科学研究一般项目立项公示”三部分）为样本，对人工智能法治研究科研立项及项目完成情况进行分析并将结果与2019年度数据进行比较。

4. 对人工智能法治研究论坛进行专项分析

研究论坛（会议）是在有限时间内，按照一定程序对明确的主题问题进行的有组织的议事活动。由于国外部分检索无法穷尽，本部分着重对论坛举办时间、举办地域、承办单位、论坛主题等维度进行系统梳理，结合过去两年数据进行比照分析，从而对国内人工智能法治发展的学术焦点与最新势态比较总结、分析画像。

5. 对人工智能法治研究论文进行专项分析

学术论文是对某个科学领域中的学术问题进行研究后形成的理论文章。为分析学界在文献方面的发展情况，在本部分中，编者对期刊数据进行基础建库、数据核验、数据处理，最终形成较为全面、科学的基础数据库。按作者、机构、地区、文章被引量对数据整合，并且通过对比往年数据，以核心作者、法学类核心期刊、研究机构、发文区域、高频热点问题等为轴点展开立体性分析。

6. 对世界主要国家人工智能法治研究情况进行了检索分析

在本部分中，编者将Web of Science作为数据获取渠道，以“robot”和“law”为检索主题进行检索。选取本年度的数据，重点分析比较中国、美国、英国、意大利、法国、加拿大、伊朗、印度等国家在人工智能法治领域的研究方向、作者分布、地域分布等不同维度，并将结果与往年研究状况进行对比分析，以预测未来世界人工智能法治的研究发展趋势。

二、中国人工智能法治理论研究

（一）人工智能法治研究重点分析

1. 人工智能运用的法律主体地位问题

人工智能法律主体地位问题是关于人工智能机器人是否可以作为法律主体，主体地位如何以及承担何种责任的问题。我国刑法及民法学界已经对人工智能的主体地位问题展开了广泛探讨。围绕人工智能的刑事主体地位及其刑事责任承担，刑法学界对人工智能的刑事主体地位问题持比较慎重的立场，因为刑事主体地位不仅涉及对犯罪主体的责任追究，还与犯罪被害人的权利救济有直接关联。民法学界对人工智能民事主体地位的立场整体而言仍偏于慎重。① 近几年来引发讨论的人工智能法律主体资格问题主要是：人工智能生成物是否受著作权保护。北京互联网法院在计算机系统自动生成物一案判决中首次指出：软件用户仅提交了搜索关键词，应用“可视化”功能自动生成的分析报告亦非对软件用户思想、感情的独创性表达，故该分析报告亦不宜认定为使用者的创作成果。针对人工智能是否可以在特定场景认定为法律上所规定的人这一问题，一家香港公司制造的机器人索菲亚被沙特阿拉伯授予公民身份，这引起了对人工智能法律人格问题的热烈争议。②

2. 人工智能运用的自动化行政问题

自动化行政是人工智能在行政领域中的一种具体运用，指行政程序中特定环节或所有环节由人工智能或者自动化系统代为处理，无需人工的个别介入，从而实现行政部分或全部无人化的行政活动。随着图像识别等人工智能技术的不断推进，自动

① 杨猛宗：《人工智能机器人劳动者主体身份的反思与应然转向》，《政法论丛》2020 年第 6 期。

② 刘云：《论人工智能的法律人格制度需求与多层应对》，《东方法学》2021 年第 1 期。

化行政的适用场景日趋广泛。在行政处罚领域中，自动化行政也早已屡见不鲜。① 在现代风险社会的背景之下，传统行政主导型的社会治理模式正面临着严峻挑战。而伴随人工智能时代的到来，行政规制部门在日常行政治理活动中越来越多地运用大数据、人工智能等现代科技手段，以纾解行政治理的压力，回应现代风险社会的治理需求。由此带来了传统行政规制的智能转型。其主要表现在以下三方面：② 一是食品安全治理的智能转型。浙江省食品安全综合治理数字化协同应用于 2020 年 9 月 29 日正式上线运行。该协同应用通过区块链、云计算、大数据、AI 识别等新技术提升监管能力和监管效率，首批建设了特殊食品风险智控、食用农产品风险智控、食品冷链风险智控、阳光厨房、农村家宴风险智控、校园食品安全智治、网络订餐"以网管网"等 12 个应用场景，以及婴幼儿配方奶粉区块链追溯。③ 二是环境污染治理的智能转型。2020 年 10 月 12 日第三届数字中国数字生态分论坛的成功举行；10 月 13 日生态环境部信息中心、福建省生态环境厅主办的第三届数字中国建设峰会数字生态的两场子论坛成功举行。数字生态子论坛分别以"生态环境大数据助力打好污染防治攻坚战"和"大数据赋能'十四五'规划，智能化引领高质量发展"为主题，围绕学术研究、业务管理、应用实践等维度分享交流研究成果、成功经验、应用案例及未来展望，各界参会代表进行了友好的分享交流。④ 三是社会治安治理的智能转型。2020 年 4 月，南京市全面启动国家安全发展示范城市创建，南京公安研究院以保障公共安全，提升社会治理为使命，聚焦场景应用，通过自主研发和技术攻关，创新产出了一批智能警务 APP、智慧社会管理 APP、信息网络安全 APP 等相关智慧化产品和技术应用，为护航南京智慧公共安全城市打造和高质量发展提供了强有力的支撑。⑤

---

① 马颜昕：《自动化行政方式下的行政处罚：挑战与回应》，《政治与法律》2020 年第 4 期。

② 张恩典：《人工智能算法决策对行政法治的挑战及制度因应》，《行政法学研究》2020 年第 4 期。

③ 《浙江上线食品安全综合治理数字化协同应用　联通"信息孤岛"》，http://www.gov.cn/xinwen/2020-09/30/content_5548755.htm。

④ 《大数据助力打好污染防治攻坚战　智能化引领高质量发展》，http://www.ce.cn/cysc/stwm/gd/202010/16/t20201016_35895720.shtml。

⑤ 《南京公安研究院 AI 应用场景为社会治理和城市安全护航》，http://www.js.xinhuanet.com/2020-07/07/c_1126206927.htm。

3. 人工智能运用的刑事责任问题

人工智能刑事责任不仅关乎人工智能本身，还及于运用人工智能的人的责任。人工智能被赋予公民身份这一事件向刑法学界提出了挑战，人工智能能否成为刑事责任主体变成了一个值得讨论的话题，并且真正对当下刑法提出挑战的是人工智能与生物工程结合后的被改造的人类自身。同时，放眼未来，从刑法发展论和立法论的角度出发，应增设“滥用人工智能罪”并确立研发者或使用者的严格责任以及确立智能机器人刑事责任主体地位；有学者指出，人工智能的犯罪行为当中的实行和参与观念的更新需要接受预防性犯罪化理念的指导。应对商业流程环节和行政把关环节进行预备行为实行化和共犯行为正犯化的考量，然后对客观归责和正当事由进行理论的预防性更新，因为现有的刑法教义学产生于前人工智能时代的社会实践。① 但是，除针对智能机器人刑事责任主体地位问题和“滥用人工智能罪”的罪责问题外，目前学界从这种将来视角出发所进行的关于刑法发展论和立法论的理论研讨总体上比较简单、空泛，其仅仅是一些碎片化的立法思考，完全不能适应人工智能时代算法安全犯罪观和规范刑法学的发展的需要。② 我国医疗人工智能企业占比达 22%，医疗领域是人工智能发展的重点。医疗人工智能即智能医疗，涵盖智慧医院管理、人工智能诊疗、人工智能慢性病管理、人工智能药品开发和医药智能监管以及流行病智能监测和防控等。我国《新一代人工智能发展规划》要求“推广应用人工智能治疗新模式新手段，建立快速精准的智能医疗体系”。在大力发展人工智能的同时，必须高度重视人工智能可能带来的安全风险挑战，加强前瞻预防与约束引导，最大限度地降低风险，确保人工智能安全、可靠、可控发展，加快研究制定相关安全管理法规，为新技术的快速应用奠定法律基础。刑法在保护法益的同时，也要保障医疗人工智能以及其他人工智能领域的快速应用、安全健康发展。③

4. 人工智能运用的证据效力问题

人工智能高调介入刑事司法领域，为的是推进以审判为中心的刑事诉讼制度改

---

① 郭旨龙：《中国刑法何以预防人工智能犯罪》，《当代法学》2020 年第 2 期。

② 魏东：《人工智能算法安全犯罪观及其规范刑法学展开》，《政法论丛》2020 年第 3 期。

③ 皮勇：《论医疗人工智能的刑法问题》，《法律科学（西北政法大学学报）》2021 年第 1 期。

革。一是统一证据标准，二是防范冤假错案。但是无论是在数据利用，还是算法解读领域，人工智能运用时的证据证明力仍然存疑，实务中存在着诸多冲突。

人类的认知偏见可能转移到人工智能产品上，进而形成“算法偏见”。为确保人工智能“无偏见”地助力刑事司法，应当从形式意义上的证据指引转向实质意义上的证明辅助，实现基于证明原理的全面升级、基于证据评价的概率测算以及基于整体主义的认知监控；同时，不得动摇人类作为司法决策者的主体地位，赋予算法支持而非支配地位，避免隐藏在人工智能产品中的“认知偏见”给司法实践带来难以控制的负面效应。① 此外，有观点认为，在从算法视角审视证明力评判方式时，会发现法定证据是一种人工算法，而自由心证运用的是“生物算法”。两种证明力评判方式因在许多方面不能满足算法设计目标的要素，且因不能调和复杂度、容错性、可读性、确定性与统一性等诸要素之间的矛盾，暴露出各自的局限性。相较之下，人工智能算法在复杂度、容错性、确定性与统一性上具有一定的优越性，在技术发展呈“指数爆炸”状的时代，将人工智能算法引入证明力评判中具有一定的可行性。② 其在区块链技术方面对证据证明力的帮助，主要是区块链存证可以在技术上解决电子数据的转化式应用和电子数据的无痕修改两大难题。但是，虽然区块链可以通过运用技术使存储后的证据不被修改，区块链存证却并不能保证证据的真实性，尤其是在存证平台资质、链下所生成电子数据的真实性以及作为诉争的电子数据的资格等。区块链存证技术对法学理论和实务存在一定影响，体现在区分电子数据原件和区块链上复制件，电子数据和其他证据种类的依赖关系，以及区块链存证的自我认证和公证上。无论是对“算法偏见”的存在可能性还是区块链技术对证据真实性的支撑的讨论都是对人工智能运用场景下证据证明力的有效探讨，也会在未来的应用中逐步得到验证。

5. 人工智能运用的隐私权保护问题

人工智能的发展以海量的数据为基础支撑，当下大数据及移动互联网技术掀起的全球技术革命的浪潮使得一切都透明起来，社会公众的隐私泄露似乎被默认，一场信

---

① 谢澍:《人工智能如何“无偏见”地助力刑事司法——由“证据指引”转向“证明辅助”》,《法律科学（西北政法大学学报）》2020 年第 5 期。

② 周慕涵:《证明力评判方式新论——基于算法的视角》,《法律科学（西北政法大学学报）》2020 年第 1 期。

任危机已经到来。但是人工智能发展的根本是服务于人，而不是使人类为其所控。当下社会对公民个人信息的保护也在不断深化。

美国的一项研究将隐私构想成社会利益和归属的标记，旨在扩大国家赋予和规制的公民身份的标准含义，即隐私不仅是法律上的自决权利，而且是作为人格和国家身份的感知基础的社会权利。有学者认为，个人因身份感被侵蚀而成为在线的海量类似信息有机体之一。自我暴露为线下身份的重新定义和新的关系的建立提供了一个平台，从而可以重新配置和定义这些空间中的关系和社区的概念，让我们在没有实体的信息圈里重新树立、调整自己的身份，由此迎来自主构建信息身份这种信息隐私的数字化信息时代，因此在数据时代应当适应新的信息环境的隐私观念，对隐私认同持全新的理解而不必过分固化。① 有学者认为，敏感的个人数据可能被用于对个人进行不公平的推断，特别是当现有数据库本就对某些种族或性别的人存有偏见时，其就可能进一步加剧现存的社会不平等现象。若无适当的隐私保护机制，个人数据被滥用的情况或将层出不穷，这不仅会加剧社会歧视，也将影响信息社会的可持续发展。② 有学者积极关注数字经济时代个人隐私权的保护问题，认为国家要积极承担数据保护责任，例如限制数据流动，要求数据本地化，形成实质上的数字贸易壁垒，但是其中对个人数据的存储限制、目的限制、数据最小化等限制要求，又是对个人信息的严格保护，旨在防止个人数据时刻处于被任意采集和商业化滥用的危险境界。③ 因此，在当下制定隐私政策已经成为应对个人信息保护现实需求的重要方式之一。通过对域外经验的研究，可发现美国主要将隐私政策界定为一种企业的自律规则，侧重于通过行政手段对个人信息提供保护。而在我国，公民个人信息权益已经得到《民法典》的确认和保护，因此对隐私政策的法律调整也应当以此为基础而展开。我国目前尚未形成明确的个人信息保护模式，同时，固有法或传统观念对互联网时代的影响也并不明显，这恰是一种机遇。因此，我国的隐私政策宜采用一种公、私法律手段相结合的

---

① 郭旨龙：《从公民身份到信息身份：隐私功能的理论重述与制度安排》，《法制与社会发展》2020 年第 5 期。

② 解正山：《数据驱动时代的数据隐私保护——从个人控制到数据控制者信义义务》，《法商研究》2020 年第 2 期。

③ 戴龙：《论数字贸易背景下的个人隐私权保护》，《当代法学》2020 年第 1 期。

方式。即，一方面注重通过行政手段对企业自律行为进行调整与规制，以弥补私法方式在调整隐私政策方面的不足；另一方面，重视发挥私法在调整隐私政策方面的作用，以弥补行政手段在调整隐私政策方面的不足，并充分发挥个人在隐私政策调整方面的作用。① 此外，2020 年人类面临重大公共卫生危机，在此背景下，健康码的推广成为我国疫情防控的创举，在健康码的个人信息保护中，应弱化知情同意原则之同意规则，坚守知情规则，并强化最小必要原则，严格限制个人信息处理的范畴、期限和披露。② 综上而言，数字时代的隐私权保护，一是对隐私权的客观解读，二是充分利用市场和行政手段来平衡经济发展便利和个人隐私之间的冲突，这意味着要控制治理边界。

6. 人工智能运用的知识产权保护问题

人工智能是指计算机或受计算机控制的机器人执行具体智能任务的能力，其技术发展本身就是知识产权保护不断深化的表现，也是对传统知识产权理论的持续性挑战。

在专利法领域，对人工智能的功能性的应用、人工智能技术在其他领域的运用和发明，因为其以技术方法、工艺流程、技术产品等为载体或者表现形态，尚不足以对现行法形成挑战和冲击；人工智能算法是人工智能最本质最抽象的应用，就目前而言，虽然强人工智能独立开发完成的发明创造尚未出现，但是，以算法作为重要特征的发明创造已经大量出现，其是否具有可专利性即其是否属于专利权的客体，因算法具有抽象性、智能性而颇具争议，争议的本质乃是人工智能算法是否属于专利法保护的对象。人工智能的算法核心之一的代码成为著作权法的客体并无任何障碍，然而除了代码人工智能的核心还包括各种数据，并且，著作权法保护的只是与其他代码有实质差异的代码，其并不保护代码的运行、运用方案。③ 在人工智能发明可专利性的法律标准方面，本质为算法创新的人工智能发明突破了专利法保护的排除范围而具有被授权的可能性。人工智能发明新颖性、创造性、实用性的审查标准均能够在既有专利

① 王叶刚：《网络隐私政策法律调整与个人信息保护：美国实践及其启示》，《环球法律评论》2020 年第 2 期。

② 宁园：《健康码运用中的个人信息保护规制》，《法学评论》2020 年第 6 期。

③ 王翀：《人工智能算法可专利性研究》，《政治与法律》2020 年第 11 期。

制度框架内形成。[1]此外，除对人工智能技术本身能否获得知识产权的保护的讨论之外，在数字时代如何对知识产权进行刑事保护也是学者的研究重点。有学者认为，在立法上，应完善我国知识产权犯罪的刑事立法，实现“同等行为同等保护”，适当提高当前知识产权犯罪的入罪标准，并在量刑时综合考虑行为的社会危害性；同时，应进一步完善对网络服务提供者的刑事责任。在司法上，对于知识产权案件的审理，应在程序上推动刑民审判的融合；同时，应重视刑法解释在刑法适用中的作用，将新出现的行为样态合理解释到现行刑法表述的语义范畴中。[2]在人工智能技术蓬勃发展之时，更应认识到知识产权保护是产权保护制度的重要内容，为实现保护知识产权的目标，要充分发挥法律的威慑作用。

7. 人工智能运用的自动驾驶侵权责任问题

自动驾驶模式引发的交通事故，需结合自动驾驶的程序原理和级别设定进行刑事归责。在非完全或高度自动驾驶模式下，只允许驾驶人部分地信赖操作系统；过度信赖导致事故发生时，则应追究驾驶人的过失责任。相关问题的处理，需要调和技术发展与风险承担之间的紧张关系，优先运用民事责任合理分配风险，应尽量保持刑法的谦抑性、注重信赖原则的规范适用。具体的刑事责任可以类型化为：非法利用自动驾驶汽车为犯罪工具者的故意责任、驾驶人的过失责任、系统故障导致的生产销售者的产品责任以及驾驶人与系统存在过失竞合的责任等几种情况。在自动驾驶模式造成交通肇事后逃逸的情形中，驾驶人并非实行行为人，其行为不存在构成结果加重犯的可能。为避免交通事故结果的扩大，应扩张适用不报、谎报安全事故罪。生产者、销售者所可能承担的产品责任，以当时科学技术水平能够预见到的产品缺陷为限。

在人工智能时代，技术的滥用可能将人类社会推入深度风险之中，可以说自动驾驶技术的应用与发展本身就是风险社会的一个“征表”。立足于对社会风险的积极预防立场，有学者提出应构建直接由人工智能机器人自身承担刑罚的责任模式。[3]但是，

---

① 张洋：《论人工智能发明可专利性的法律标准》，《法商研究》2020年第6期。

② 付晓雅：《数字时代知识产权刑法保护的挑战与回应》，《当代法学》2020年第2期。

③ 李婕：《智能风险与人工智能刑事责任之构建》，《当代法学》2019年第3期。

一方面，法律主体（法律上的人）必须是权利和义务的主体，而人工智能因权利与义务的自始分离而根本无从获取法律人格；① 另一方面，社会学对传统社会与风险社会的区分是相对的，传统社会也有风险，风险的发展是一个连续的过程，刑法对这种变化自然会作出反应，但是这种反应未必能够引起刑法的质变。换言之，当下人工智能与过往的计算机技术一样正持续促进刑法的量变，而包括自动驾驶技术在内的新技术远未达到引起刑法质变从而构建新的责任模式的规模。② 因此，自动驾驶引发事故的责任承担主体，依然仅限于传统刑法所可能规制的主体，包括驾驶人、汽车所有人（运行供用人）③、汽车生产商的相关人员、自动驾驶控制程序的开发人员、向自动驾驶汽车提供数据的人员、国家及地方公共团体的相关人员等。④

8. 区块链应用的监管归责问题

区块链技术在促进信息服务行业发展的同时，亦存在被不法分子用来传播有害信息的风险。面对区块链技术给刑事责任认定带来的诸多挑战，我国主要将区块链信息服务提供者作为治理区块链有害信息的切入点，赋予其管理信息内容和配合监督检查的网络安全管理义务，违反该义务可能涉及刑事责任的承担。在区块链信息服务提供者不履行配合检查义务的场合，应依循纯正不作为犯的路径来认定其刑事责任。在区块链信息服务提供者不履行信息内容管理义务的场合，则需要从保证人地位的判定、可归责的危害后果类型以及主观方面的认定等方面来对其不纯正不作为的刑事责任范围予以限缩。

目前，区块链有时被作为传播有害信息的工具来使用已是不争的事实。若放任有害信息在区块链场景中恣意传播，将扰乱互联网信息传播秩序，严重损害公民、法人和其他组织的合法权益，最终导致区块链信息服务行业的无序和夭折。事实上，区块链信息服务提供者和用户都可能成为传播有害信息的行为主体。有害信息根据来源的不同，可分为如下两种情形：其一，在区块链信息服务提供者自己发布有害信息的

① 冀洋：《人工智能时代的刑事责任体系不必重构》，《比较法研究》2019 年第 4 期。

② 董玉庭：《人工智能与刑法发展关系论——基于真实与想象所做的分析》，《现代法学》2019 年第 5 期。

③ “运行供用人”在日本法中系指为了自己让汽车用于行驶的人。

④ 松宫孝明：《AI 与刑法——以自动驾驶相关问题为中心》，孙文译，《第五届中日经济刑法研讨会论文集（2019）》，第 18—20 页。

场景中，从信息发布到信息传播再到信息导致法益侵害后果可被视为一条完整的因果链，区块链信息服务提供者对自己发布的有害信息负责，仍符合传统犯罪的一般归责原理，不会对传统罪责中的个人责任模式造成冲击，亦不会对其罪名认定带来困境。其二，若用户利用区块链发布有害信息，则涉及能否将他人信息所致的危害后果归责于区块链信息服务的提供者的问题。在传统的刑法教义学中，一个人是否需要为他人行为承担刑事责任主要依据共同犯罪或是不作为犯理论来认定。

9. 现有研究总结

人工智能的发展在给我们的生活带来了日新月异的变化的同时，也产生了很多新情况、新问题，对此，学界进行了大量的研究与探讨，对人工智能法治发展的总结主要有以下几点：

① 人工智能已经开始在相关科学法治体系的建立的基础上有了发展，尤其是人工智能的法理界定即相应的权利、义务、责任等基本范畴。在相关法治体系为人工智能提供坚实的法理支撑的同时，人工智能也促进了法治体系的健全。现有人工智能研究的覆盖领域越来越全面，不仅包括立法、司法、执法、守法等关键领域，还包括医疗卫生、城市建设、金融、交通等重点领域。特别是 2020 年以来，对将人工智能与法治融合的需求变得更为迫切。人工智能研究要与人工智能法律规范体系的建立和发展相适应，要率先在医疗卫生、城市建设、交通、金融等重点领域形成科学有效的行业规范，制定相应的行政法规，并有规划地实行地区试点，同时保障人工智能在立法、司法、执法、守法等关键领域的同步实施，在人工智能领域建立好、完善好相关科学的、可操作的法律体系，让人工智能的发展有章可循、有法可依。

② 伴随人工智能时代的到来，行政机关在日常的行政治理活动中越来越多地运用大数据、人工智能等现代科技手段，以纾解行政治理方面的压力，回应现代风险社会的治理需求。随着图像识别等人工智能技术的不断发展，自动化行政的适用场景日趋广泛。现有研究强调积极推动人工智能与行政执法相结合，保证数据公开透明，算法公平合理，加快推进行政决策的智能化，提高行政执法效率，全方位提升人民群众对行政执法工作的满意度。同时制定相应的行政执法规范，划定执法部门的职权范围、权利清单、程序步骤等，保证执法部门在进行人工智能相关的执法活动中有法可依，不断增强行政执法的规范性。与此同时，现有研究还关注人工智能与司法的融

合，加快“数据法院检察院”“智慧法院检察院”的建设步伐，实现司法体系和司法能力的现代化。

③ 现有研究基于人工智能技术深入应用到司法裁判系统中，有助于实现司法裁判的人工智能化。人工智能在司法实践中取得的成效主要体现在警务活动与司法辅助性活动中。人工智能技术的司法应用引发了司法运行机制的深刻变革，其通过司法过程场景化、司法规则代码化、司法决策建模化、司法服务管理智慧化重塑着司法过程，大大提升了智慧司法的社会效能。建立可信赖的人工智能司法系统，应从技术保证、制度保障、审判框架设置等方面出发，贯彻透明性、可解释性等原则要求，采取算法审计、赋予法官监督权、当事人抗辩权、法律与技术的互动等诸多手段，实现人工智能司法的有效、可信治理。人工智能技术可能带来的包括冲击公正价值、影响公民权利、削弱审判权独占原则和与法官独立审判原则发生冲突等现实风险，需要进一步研究规制。应明确人工智能技术的定位和适用范围，加强对当事人诉讼权利的保障，适度分离司法裁判工作与人工智能产业，调整法官考核评价机制，从而实现人工智能技术在司法裁判中的规范运用。

④ 人工智能技术在疫情期间的应用使它获得了更高的关注。同时，相关国家政策文件的出台为我国人工智能应用于数据社会治理的迅速发展夯实了政策基础。例如，以医疗大数据为基础的人工智能不仅能够提升诊断的准确率，更能减少医务工作者感染疾病的风险。在法治领域，由于人工智能的运作天然存在着对个人隐私的侵犯的风险，人工智能时代个人隐私保护的法律路径也同步于重大疫情的治理。在刑法层面，首先应对大数据背景下的个人隐私进行合理界定，再展开个人隐私保护刑法路径的具体设计。疫情引发的人工智能应用相关研究目前仍不够扎实，数据仍然较少，实务中还需要进一步探讨。

（二）人工智能法治研究专著分析

学术专著是指作者根据在某一学科领域内科学研究的成果撰写成的理论著作，该著作应对学科的发展或建设有重大贡献和推动作用，并得到国内外公认。与学术论文相比，专著的出版复杂程度较高，需要撰写的字数较多，著书过程较为长久，因此在数量上远远少于相关论文。在本部分中，编者通过统计 2020 年内国内关于人工智能法治的专著出版情况（见图 2-1）来对人工智能法治领域的研究作专著维度的分析。本部分数据来自当当网、亚马逊网等图书销售网站。通过将“人工智能”和“法治”两关键词进行排列组合，检索出自 2020 年 1 月 1 日到 2020 年 12 月 31 日，其间国内出版人工智能法治专著共计 52 本，其中有 7 本为外文图书的中译本，占比约为 1/7，对比《世界人工智能法治蓝皮书（2019）》中的“近三分之一”和《世界人工智能法治蓝皮书（2020）》中“近四分之一”的比例，可以看出国内学术界对“人工智能法治”主题研究的关注度正在逐渐提高。

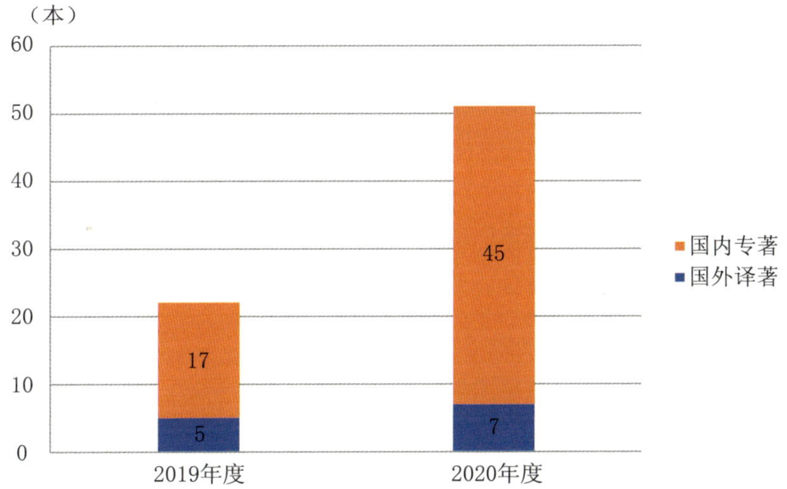

图 2-1　2019 年、2020 年人工智能法治专著数量对比图

2020 年人工智能法治专著的关键词有了进一步地扩充。其中，“人工智能”的延伸包括：人工智能、强人工智能、大数据、司法大数据、大数据杀熟、区块链、无人驾驶、数据挖掘、数据边界、智慧社会、智慧法院、计算法学、智慧平台、智能化、互联网 +、深度学习的机器学习法、无人机、智能合约、计算机网络技术、网络技术、云计算、机器学习、深度学习及其应用、智能算法等；“法治”的外延包括：法治、法制法规、法律、法学、法律实务、法学研究、法治发展、法律解析、安全规制、应用法律、法律规制、合规指引与规则解析等。

1. 出版社分析

从出版专著的出版社（见表 2-1、图 2-2）来看，出版 2020 年人工智能法治专著的出版社分为高校出版社、地方出版社和专业出版社。这些高校出版社隶属于教育资源相当充裕的学校，包括北京大学、清华大学、上海交通大学、复旦大学、中国政法大学、四川大学等，这些高校对新生事物、新生主题的敏感度较高，能够及时把握时代前沿风向。

在地方出版社和专业出版社中，法律出版社在 2020 年出版的人工智能法治专著最多，共计 15 本，占 2020 年全年专著出版的近 1/3；上海人民出版社和中国社会科学出版社紧随其后。2020 年，上海人民出版社出版人工智能法治专著共计 5 本，中国社会科学出版社出版该类专著共计 4 本。

表 2-1　2020 年人工智能法治专著出版社汇总表　　单位：本

序号	出版社名称	出版数目
1	法律出版社	15
2	上海人民出版社	5
3	中国社会科学出版社	4
4	清华大学出版社	3
5	知识产权出版社	3
6	北京大学出版社	3
7	机械工业出版社	2
8	科学技术文献出版社	2
9	人民出版社	2
10	社会科学文献出版社	2
11	复旦大学出版社	1
12	华龄出版社	1
13	人民法院出版社	1
14	商务印书馆	1
15	上海交通大学出版社	1
16	上海社会科学院出版社	1
17	上海远东出版社	1
18	四川大学出版社	1
19	中共中央党校出版社	1
20	中国法制出版社	1
21	中国政法大学出版社	1
总计		52

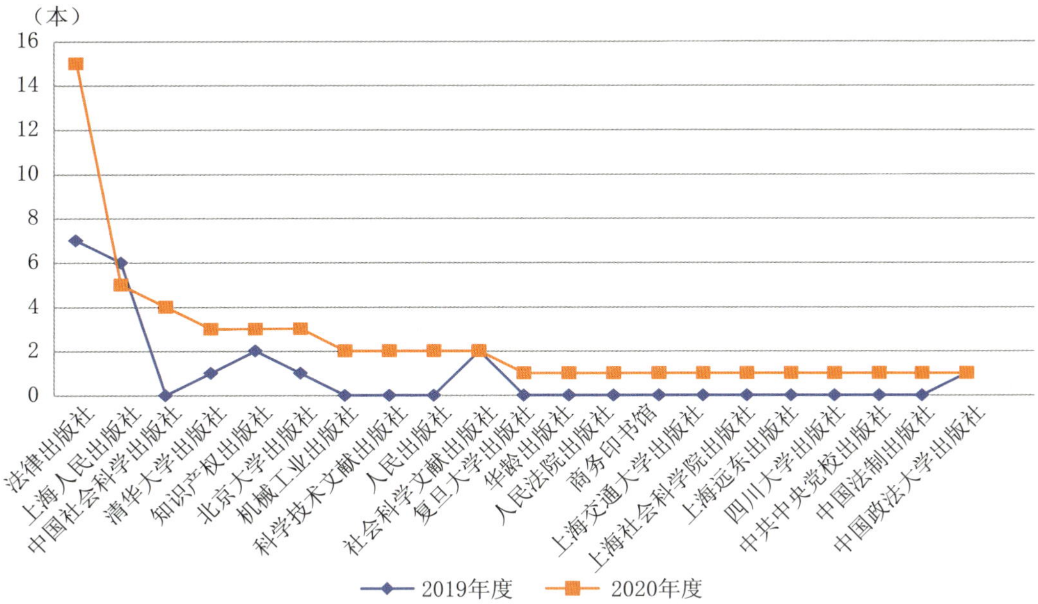

图 2-2　2019 年、2020 年人工智能法治专著出版社相关专著出版情况

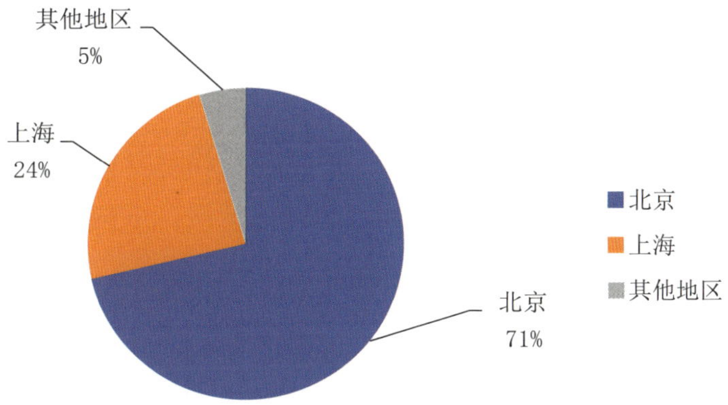

图 2-3　2020 年人工智能法治专著出版社地理分布情况

由图 2-3 可知，这些出版社主要分布在北京和上海，这是因为北京和上海在人工智能法治的运用和研究方面处于全国领先地位，其发达的经济、优渥的教育、人才等资源条件也促进了人工智能的发展和运用。

2. 专著作者分析

除部分中文译著外，2020 年出版的人工智能法治中文著作的作者都是我国著名法学家或者是涉足人工智能领域较早的法学家。比如，崔亚东，曾任上海市高级人民法院党组书记、院长，现任上海市法学会党组书记、会长。2020 年，其主编的人工智能法治领域著作《世界人工智能法治蓝皮书（2020）》，是一部涵盖人工智能法治发展综述、人工智能法治发展指数、2019 中国人工智能法治发展评估报告、2019 世界人工智能法治论坛观点精萃，搜集汇总中国乃至世界有关人工智能法治发展的战略、政策、法律、理论研究和实际应用等方面的资料，对其进行深入分析评估，并提供较客观、公正、准确的分析报告的著作；又如《人工智能时代的法律变革 1》的主编陈亮，是西南政法大学人工智能法学院院长，教授、博士研究生导师，智能司法研究重庆市 2011 协同创新中心执行主任、人工智能法学学科带头人，中国社会科学院法学博士，北京师范大学博士后，韩国东亚大学访问学者、特聘研究员。西南政法大学是最早直接将人工智能法学作为教学内容的国内高等院校之一。又如《中国人工智能法治发展报告（1978—2019）》和《中国区块链法治发展报告（2009—2019）》的作者郑飞，为北京交通大学法学院助理教授，硕士生导师，北京市京都律师事务所兼职律师，美国西北大学法学院访问学者。其出版的两本人工智能法治领域相关的发展报告，对我国该领域的发展状况进行了系统总结和批判反思，为人工智能法治发展提出了合理化建议，并对未来发展作出理性预测。又如《数据法学》一书的作者、《亚太数据合规手册》的主编何渊，是上海交通大学数据法律研究中心执行主任，上海交通大学凯原法学院副教授，天册律师事务所资深顾问，上海市律师协会互联网与信息技术业务研究委员会委员，首届上海市公共数据开放专家委员会委员，上海数据治理与安全生产产业发展专业委员会专家，江苏省大数据交易和流通工程实验室“数据安全委员会”专家委员，中国法学会行政法研究会理事，上海市法学会行政法学研究会秘书长，在数据隐私和网络安全领域作出了突出贡献。其他作者如蒋佳妮，是工业和信息化部国际经济技术合作中心涉外法律研究所所长助理，助理研究员。她在 2020 年出版了两本人工智能法治专著，在《促进人工智能发展的法律与伦理规范》中其围绕人工智能的法律法规和伦理规范进行了深入探讨；在《智慧法院》一书中，则系统地介绍了智慧法庭是什么、为什么需要智慧法庭、怎么实现智慧法庭，并对智慧法庭的未来进行展望。

作者除了自然人还有机构，如中国社会科学院国家法治指数研究中心、中国社会科学院法学研究所国际法研究所法治战略研究部、腾讯研究院。腾讯研究院是腾讯公司的内设机构，以社会科学为主要研究内容，其依托腾讯公司，具有高校难以企及的对接市民社会的实业经历的优势。其与北京航空航天大学法学院共同出版的《网络空间法治化的全球视野与中国实践》全面介绍了当前国内外互联网法律政策的现状及趋势，包括数据治理、网络知识产权保护、互联网竞争政策、网络平台信息内容治理、网络犯罪和互联网各领域法律制度等前沿热点问题。而中国社会科学院国家法治指数研究中心和中国社会科学院法学研究所国际法研究所法治战略研究部作为国家社会科学院设立的研究机构和法治智库，具有明显的科研优势，其主编的《中国法院信息化建设的广州经验》和《实通智效：智慧法院建设的盐田实践》总结了广州、深圳等地智慧法院建设的经验，分析了尚存在的问题，为世界司法的信息化提供了中国智慧法院建设的实践经验。又如北大法律信息网主编的《大数据＋法律实务的思考》一书，其包括"大数据分析""人工智能""焦点法谈""实务探讨"等栏目。其中，"大数据分析""人工智能"为特色栏目，它们将互联网人工智能时代下的相关法律实务问题的研究成果进行汇集，以数据化和图表化的方式，更直观立体、生动形象地阐述数据背后的法律问题。

国外专著的作者也都是国际上知名的"人工智能法治"领域的专家，如《自动驾驶——技术、法规与社会》一书的第一作者马库斯·毛雷尔（Markus Maurer）是德国自动驾驶法治方面的知名专家、布伦瑞克工业大学汽车电子方向教授，第二作者克里斯琴·格迪斯（J. Christian Gerdes）是美国斯坦福大学机械工程系教授，汽车研究所主任，世界知名自动驾驶汽车专家。《驯服算法：数字歧视与算法规制》的主要作者凯伦·杨（Karen Yeung）是英国牛津大学法学博士，英国伯明翰大学法学院和计算机学院的跨学科教授，墨尔本大学法学院杰出访问研究员，欧盟人工智能高级别专家组成员、欧洲犯罪问题委员会（CDPC）人工智能和刑法专家工作组特别顾问。《AI 联结的社会：人工智能网络化时代的伦理与法律》一书的作者福田雅树，是东京大学研究生院学际信息学博士，曾任总务省信息通信政策研究所调查研究部部长，现任大阪大学社会技术共创研究中心教授（副所长），兼任研究生院法学研究科教授。林秀弥，是京都大学研究生院法学研究科法学博士，现任名古屋大学研究生院法学研究科教授、总务省电波监理审议会委员、日本学术会议合作会员。《人工智能与法律解析》一书的作者美国凯文·D. 阿什利，是美国匹兹堡大学法律与智能系统讲座教授、学习研究和发展中心高级科学家，IBM 托马斯·J. 沃森研究中心的访问科学家，美国科学基金会总统青年研究员和美国人工智能协会院士，《人工智能与法律》主编。还有曾在阿姆斯特丹大学信息法研究所担任博士研究员的玛农·奥斯特芬（Manon Oostveen），比勒费尔德大学公法和信息法助理教授托马斯·威施迈耶（Thomas Wischmeyer），汉诺威大学公法与新技术学科的助理教授蒂莫·拉德马赫（Timo Rademacher）。这些作者在“人工智能法治”领域都有较深的研究。

3. 专著内容分析

2020 年出版的专著涉及内容十分广泛，包括人工智能、大数据、智慧法院、智能合约、网络空间治理、数据保护、数据开放、网络法、自动驾驶、无人机、数字法律、互联网平台治理、信息社会 / 智慧社会、电子商务、算法规制、数据边界、个人信息保护、机器人权利等领域（见表 2-2），兼及理论与实务。

表 2-2　2020 年人工智能法治领域研究专著一览表

序号	出版时间	书　名	作　者	出版社
1	2020 年 5 月	刑事司法大数据蓝皮书	林维	北京大学出版社
2	2020 年 8 月	大数据 + 法律实务的思考	北大法律信息网	北京大学出版社
3	2020 年 7 月	数据法学	何渊	北京大学出版社
4	2020 年 9 月	人工智能时代的法律变革 1	陈亮	法律出版社
5	2020 年 7 月	迎接智能法学的到来	高晋康　杨继文　主编	法律出版社
6	2020 年 8 月	数据保护、利用与安全：大数据产业的制度需求和供给	高富平　张英　汤奇峰	法律出版社
7	2020 年 9 月	智能合约：重构社会契约	蔡维德　主编	法律出版社
8	2020 年 9 月	人工智能的伦理和治理	郭锐	法律出版社
9	2020 年 9 月	网络空间法治化的全球视野与中国实践（2019）	北京航空航天大学法学院、腾讯研究院	法律出版社
10	2020 年 11 月	人工智能与法律	冯子轩　主编	法律出版社
11	2020 年 12 月	网络与高新技术法律前沿（第十四卷）	蔡海宁　冯帆　主编	法律出版社
12	2020 年 12 月	人工智能与网络法治疑难问题研究	陈海鹰　主编	法律出版社
13	2020 年 6 月	互联网平台运营法律实务	刘瑛　王玄　李晓华	法律出版社
14	2020 年 12 月	中国大数据法治发展报告（2019）	李爱君　主编	法律出版社
15	2020 年 1 月	法律的人工智能时代 1	赵万一　侯东德　主编	法律出版社
16	2020 年 4 月	网络法实务全书：合规提示与操作指引	麻策	法律出版社
17	2020 年 10 月	民用无人机法律规制问题研究	栾爽	法律出版社
18	2020 年 11 月	人工智能、区块链与法治国别区域科技与法律动态	张海斌　主编，沈志韬　副主编	法律出版社

（续表）

序号	出版时间	书　名	作　者	出版社
19	2020 年 5 月	复旦大学法律评论・第 7 辑：金融科技、数据保护与法治转型	许多奇　许凌艳　主编	复旦大学出版社
20	2020 年 7 月	数字法律与司法人工智能概论	高举成	华龄出版社
21	2020 年 12 月	无人机法律法规与安全飞行	宋建堂	机械工业出版社
22	2020 年 12 月	自动驾驶——技术、法规与社会	［德］马库斯・毛雷尔 ［美］J. 克里斯琴・格迪斯 ［德］芭芭拉・伦茨 ［德］赫尔曼・温纳　著， 白杰　黄李波　白静华　译	机械工业出版社
23	2020 年 12 月	智慧法院	蒋佳妮　徐阳　萨楚拉	科学技术文献出版社
24	2020 年 12 月	促进人工智能发展的法律与伦理规范	蒋佳妮　堵文瑜	科学技术文献出版社
25	2020 年 9 月	信息社会法治读本	高鸿钧　申卫星　主编， 鲁楠　余盛峰　副主编	清华大学出版社
26	2020 年 5 月	网络、电子商务与数据法	吴伟光	清华大学出版社
27	2020 年 12 月	机器人权利	［美］大卫・J. 贡克尔著， 李奉栖　张云　郑志峰 等　译	清华大学出版社
28	2020 年 8 月	智慧社会环境下个人信息的刑法保护	皮勇　王肃之	人民出版社
29	2020 年 12 月	人工智能与国家治理	本书编写组	人民出版社
30	2020 年 12 月	法治与科技	崔亚东　主编	人民法院出版社
31	2020 年 11 月	人工智能与法律解析	［美］凯文・D. 阿什利　著，邱昭继　译	商务印书馆
32	2020 年 4 月	互联网法律实务指南	洪友红　李庆峰　许力先	上海交通大学出版社
33	2020 年 7 月	驯服算法：数字歧视与算法规制	［英］凯伦・杨　［英］马丁・洛奇　著，林少伟　唐林垚　译	上海人民出版社
34	2020 年 8 月	世界人工智能法治蓝皮书（2020）	崔亚东　主编	上海人民出版社
35	2020 年 11 月	亚太数据合规手册	何渊　主编　陈皓　副主编	上海人民出版社
36	2020 年 8 月	人工智能与法律的对话 2	［德］托马斯・威施迈耶 ［德］蒂莫・拉德马赫　编， 韩旭至　李辉　译	上海人民出版社

（续表）

序号	出版时间	书　名	作　者	出版社
37	2020 年 8 月	数据的边界：隐私与个人数据保护	［荷］玛农·奥斯特芬　著，曹博　译	上海人民出版社
38	2020 年 11 月	大数据时代个人信息安全规制研究	张衡	上海社会科学院出版社
39	2020 年 1 月	企业“链”金术：区块链应用法律指南	樊晓娟	上海远东出版社
40	2020 年 6 月	法治蓝皮书：中国法院信息化发展报告 No.4（2020）	陈甦　田禾　吕艳滨　胡昌明	社会科学文献出版社
41	2020 年 8 月	AI 联结的社会：人工智能网络化时代的伦理与法律	福田雅树，林秀弥，成原慧　著，宋爱　译	社会科学文献出版社
42	2020 年 5 月	司法领域大数据、人工智能应用问题研究	王婵媛　叶燕杰　江佳佳　张一博	四川大学出版社
43	2020 年 11 月	中国区块链法治发展报告（2009—2019）	郑飞　主编	知识产权出版社
44	2020 年 6 月	中国人工智能法治发展报告（1978—2019）	郑飞　主编	知识产权出版社
45	2020 年 1 月	大数据商业应用与法律实务	朱鹿杰　主编	知识产权出版社
46	2020 年 4 月	数字社会发展与治理丛书（全六册）	杜晓宇　郭万超　张钦坤等	中共中央党校出版社
47	2020 年 7 月	数据保护：合规指引与规则解析	刘新宇	中国法制出版社
48	2020 年 7 月	政府数据开放的法律问题研究	王梦	中国社会科学出版社
49	2020 年 11 月	个人数据商业化利用法律问题研究	王磊	中国社会科学出版社
50	2020 年 12 月	中国法院信息化建设的广州经验	中国社会科学院国家法治指数研究中心　中国社会科学院法学研究所法治指数创新工程项目	中国社会科学出版社
51	2020 年 12 月	实通智效：智慧法院建设的盐田实践	中国社会科学院法学研究所国际法研究所法治战略研究部　深圳市盐田区人民法院	中国社会科学出版社
52	2020 年 9 月	大数据时代的中国法治建设：一种立法视角的分析	熊春泉　聂佳龙	中国政法大学出版社

国内著作可以分为人工智能法治相关领域发展情况报告、理论研究和实务应用指南等。

在相关领域的发展情况报告中，李爱君主编的《中国大数据法治发展报告（2019）》提供了全面、客观的基础性数据和资料，指出了我国大数据法治发展的强项和短板，为大数据法治研究指明了方向，为立法机关开展立法工作、政府机关制定有关政策提供了科学建议，有助于推动将大数据应用纳入法治轨道，彰显大数据治理中的法治精神，助力我国实现数据强国。陈甦等学者的《法治蓝皮书：中国法院信息化发展报告 No.4（2020）》从中央与地方两个层面研究法院信息化的工作发展、前沿科技，从实证的角度剖析实践中面临的各种问题，并以科学的指标体系对信息化工作进行了综合评估。

在人工智能法治理论研究方面，何渊的《数据法学》主要介绍了数据法的基本理论与基本范畴、数据法律关系主体，并对数据的收集、使用与处理，竞争与垄断，共享与转让等数据行为展开论述，同时包括一线实务人员基于相关立法、政策、国标，各数据领域进行的深入分析，其阐述了该领域的重点问题和未来趋势。陈亮的《人工智能时代的法律变革 1》涵盖“大数据、人工智能与法律职业的未来”“面向数据社会的法学发展与研究”“用知识图谱构建法律人的超级大脑”“人工智能的社会影响”“人工智能的法律规制”“智慧环保与‘互联网 + 政务’”“人工智能与行政法的改革”“网络侵权与民法典的制定”“人工智能时代的数据保护”“数字经济发展的法治保障”“网络信息技术、网络大数据与网络空间安全”等重大议题，呈现了人工智能与法律交叉的前沿理论。

在应用实务方面，除由中国社会科学院国家法治指数研究中心等机构作者的智慧法院相关专著外，陈海鹰主编的《人工智能与网络法治疑难问题研究》直面新兴技术带来的法律挑战，以新时代下法治的发展为主题，聚焦人工智能、大数据、区块链、个人信息保护以及网络犯罪等方面的法律疑难问题，对新兴技术的风险规制及面临的各种法律难题作出了及时的回应。王磊的《个人数据商业化利用法律问题研究》从个人数据的商业化、价值等角度出发，讨论如何在数据权利尚未明确的情况下保护数字权益，进一步明确了个人数据商业化利用过程中各方的权利边界。栾爽的《民用无人机法律规制问题研究》分析了中国无人机法律规制的现状，探讨了各国对于无人机的规制，在此基础上，提出构建动静结合的无人机法律规制制度，并讨论了无人机相关的法律制度。

中文译著中，凯伦·杨和马丁·洛奇编写的《驯服算法：数字歧视与算法规制》从凯伦·杨“跳出‘数据道德’或‘AI 道德’窠臼”以寻求“数据驱动机器时代正义、民主和自由”的主张开始，以李·拜格雷夫“将数据保护法的价值观贯彻进信息系统架构之中”的倡导结束，中间穿插着马丁·洛奇等学者对“风险导向监管路径”的反思与改进；这背后是“自然人正义观”与“算法正义观”从排斥到融合、“个人数据保护”与“技术公共利益”从对立到统一的艰苦历程。大卫·J. 贡克尔的《机器人权利》提出并阐述了一个关于人工智能技术和机器人刑事责任的总体理论，该理论涉及法律的方方面面，涵盖了制造商、程序员、用户和其他所有相关的主体。他从现有的刑法中类推出一系列原则，提出了在不同情况下对一系列不同的自动技术所应负担的刑事责任进行研判的具体方法。

（三）人工智能法治科研项目分析

科研项目（R&D project）是指开展科学技术研究时的一系列独特的、复杂的并相互关联的活动，其有着明确的目标或目的，必须在特定的时间、预算、资源限定内，依据规范完成。

根据 2021 年初所召开的全国科技工作会议的精神，我国要更加注重基础研究，要着力攻克关键核心技术以及加强体系能力建设。有鉴于此，开展人工智能法治科研项目是将依法治国方略与发展前沿科技战略相结合的重要举措。

一个优秀的科研课题的研究内容必须具体明确并具有研究意义，其研究方法具有科学性，其研究计划具有可行性。根据研究经费的来源，科研项目可分为校外科研项目和校内科研项目。通过对课题项目主题进行筛选，在本部分中，编者选取国家级国家社会科学基金项目和省部级法学课题立项数据（司法部、法学会、教育部）作为研究样本，以呈现关于人工智能法治领域的科研项目的发展情况。

将数据库样本定位为纵向科研课题中的国家社会科学基金和省部级科研课题，更具有分析价值和参考意义，因为纵向科研课题经费来源于上级机关、项目主管部门拨款，而经费支撑代表着对该项目的重视程度。国家社会科学基金由全国哲学社会科学规划办公室下达项目，随着党中央的不断重视和立项覆盖范围的不断扩大，已然成为支持我国人文社会科学研究中基础研究的主要渠道。其面向全国范围，资助研究条件和研究实力优良的高等院校和学术个人，在它的支持下，近年涌现出一大批有深度、有分量的科研成果，使国家社会科学基金项目起到了导向性、权威性和示范性作用。省部级课题是指由国家各部委以及各省资助的研究项目，其基数范围更大。为使数据库样本更为科学、准确，编者选取司法部、法学会和教育部的法学类课题。

本部分中，编者在检索的关键词范围方面，采取了人工智能的广义范围说，扩大关键词范围——除了“人工智能”“大数据”“区块链”“无人驾驶”等往年使用过的关键词，还包括“机器学习”“数据挖掘”“人工免疫”“模式识别”“智能算法”等新兴的关键词。

1. 人工智能法治课题研究数目趋势

通过对国家社会科学基金项目数据库进行统计，可以得出，2020 年，国家社科基金法学类立项总数为 349 项，其中属于人工智能法治领域的有 28 项，占比 8.02%。与 2019 年的数据相比，其在课题总数和课题占比上都有所上升（见表 2-3）。

表 2-3　2019—2020 年国家社科基金法学类课题立项　　单位：项

年　份	2019 年	2020 年
法学立项总数	343	349
人工智能法治研究立项数	14	28
占　比	4.08%	8.02%

我们认为产生这种现象的原因是自 2017 年直接以“人工智能”为标题的课题开始出现，人工智能法治理论研究蓬勃兴起，并且有持续发展的趋势。根据我们所整理的资料而言，不论是于 2017 年颁布的《新一代人工智能发展规划的通知》，还是 2018 年所颁布的《新一代人工智能产业创新重点任务揭榜工作方案》，都使得人工智能的研究方向更明确、更具体。2019 年 3 月所颁布的《关于促进人工智能和实体经济深度融合的指导意见》，进一步把握了新一代人工智能的发展特点，发挥了“具体问题具体分析”的方法论，指出要结合不同行业、不同区域的特点，探索人工智能的创新成

果转化的路径及方法。因此，我们可以从数据中看出，人工智能法治领域的学术理论研究于 2020 年又达到一个小高峰，与人工智能相关的行政法、刑法、反垄断法，以及专利法等方面的课题研究不断涌现。

我们还通过搜索其他非法学立项项目，检索出了 25 项涉及人工智能法治的 2020 年立项项目。具体数据如表 2-4 所示。

表 2-4　2020 年国家社科基金人工智能领域立项情况一览表

序号	标　　题	作者	机　　构	项目层次	所在学科
1	大数据背景下警察权与公民个人信息保护法律问题研究	杨志芳	云南警官学院	一般项目	法学
2	健康医疗大数据治理制度体系研究	粟丹	浙江工业大学	一般项目	法学
3	智能治理的法治规范与保障研究	周辉	中国社会科学院	一般项目	法学
4	数据要素供给视角下的政府数据开放行政法治研究	蒋冰晶	河北工业大学	一般项目	法学
5	大数据时代疫情数据处理立法问题研究	齐爱民	广西民族大学	一般项目	法学
6	数据正义视域下犯罪的技术治理均衡发展研究	单勇	南京大学	一般项目	法学
7	大数据安全保护的刑法对策研究	陈京春	西北政法大学	一般项目	法学
8	数据法益的刑法保护研究	庄劲	中山大学	一般项目	法学
9	大数据背景下的庭审直播研究	唐应茂	北京大学	一般项目	法学
10	大数据技术侦查适用中隐私权保障问题研究	王立志	郑州大学	一般项目	法学
11	网络刑事电子数据算法取证规则研究	何邦武	南京审计大学	一般项目	法学
12	企业间数据竞争法律问题研究	杨芳	海南大学	一般项目	法学
13	数字经济背景下企业数据权属及利用规则研究	周樨平	南京农业大学	一般项目	法学
14	智能算法相关创新的可专利性研究	郭万明	嘉兴学院	一般项目	法学
15	数字经济时代大数据市场限制竞争行为法律规制研究	丁国峰	安徽大学	一般项目	法学
16	网络平台监管的算法问责制度构建研究	张凌寒	北京科技大学	一般项目	法学
17	“数字中国”建设背景下我国因应金融科技的监管法制创新研究	陈斌彬	华侨大学	一般项目	法学
18	数字化时代劳动者的个人信息保护研究	王倩	同济大学	一般项目	法学
19	大数据时代我国应对欧美滥用替代国制度对策研究	曾艳军	湖南大学	一般项目	法学

（续表）

序号	标　　题	作者	机　　构	项目层次	所在学科
20	国际自由贸易协定中的数据本地化与数据跨境流动法律问题研究	郭鹏	暨南大学	一般项目	法学
21	自动化应用提升现代化治理的法律保障研究	唐林垚	中国社会科学院	青年项目	法学
22	数字政府建设中自动化行政的法律回应研究	马颜昕	华南师范大学	青年项目	法学
23	数字政府时代行政方式变革的法治化研究	展鹏贺	湖南大学	青年项目	法学
24	基于司法大数据的中国特色轻罪诉讼制度体系完善研究	段陆平	广州大学	青年项目	法学
25	大数据时代下违法犯罪记录制度一体化建构研究	周子实	湖南大学	青年项目	法学
26	人工智能与《民法典》双重背景下个人信息保护研究	郑志峰	西南政法大学	青年项目	法学
27	大数据条件下反垄断法遇到的挑战与制度因应研究	袁波	上海财经大学	青年项目	法学
28	大数据时代生态环境治理现代化的法治路径研究	郭少青	深圳大学	青年项目	法学
29	基于大数据的高校网络舆情预警系统与引导机制研究	朱斌	杭州电子科技大学	重点项目	马列・科社
30	基于大数据的新疆高校网络意识形态安全体系研究	杨晓梅	新疆财经大学	一般项目	马列・科社
31	大数据背景下城市治理体系现代化研究	陈良斌	东南大学	一般项目	马列・科社
32	人工智能时代意识形态工作新态势与应对机制研究	胡洪彬	浙江财经大学	一般项目	马列・科社
33	人与人工智能“价值共同体”理念构建中的算法价值与价值算法研究	阴昭晖	中国政法大学	一般项目	哲学
34	人工智能时代责任主体的伦理建构研究	郭菁	大连理工大学	一般项目	哲学
35	人机融合智能的道德风险及其协同治理研究	宋春艳	湖南省社会科学院	一般项目	哲学
36	基于贝叶斯深度学习的数字信贷风险智能控制与防范机制研究	刘书霞	河北科技师范学院	一般项目	理论经济
37	基于区块链的农业供应链信用管理体系研究	刘睿	云南大学	一般项目	应用经济
38	基于区块链的地方政府隐性债务风险预警与分类治理研究	李敏	河南大学	一般项目	应用经济

（续表）

序号	标　题	作者	机　构	项目层次	所在学科
39	基于区块链技术的小微企业融资信任机制重构研究	刘变叶	河南工业大学	一般项目	应用经济
40	数字经济时代下基于区块链技术的新金融业态风险及监管研究	韩俊华	安徽财经大学	一般项目	应用经济
41	人工智能发展中的社会风险及适应性治理研究	张乐	山东大学	重点项目	社会学
42	大数据背景下民族地区地方政府公共卫生治理效能提升研究	刘继萍	内蒙古财经大学	一般项目	民族学
43	大数据智能化背景下西南边疆民族地区社会治安治理新格局研究	冷琪雯	云南警官学院	一般项目	民族学
44	基于大数据的网络空间语言生活治理与语言文明建设研究	王宇波	武汉大学	一般项目	语言学
45	政府大数据开放共享中个人信息流通的协同监管机制研究	李亚平	中共安徽省委党校（安徽行政学院）	一般项目	图书馆·情报与文献学
46	大数据背景下基于移动商务用户公平感知的隐私保护机制研究	刘百灵	华中师范大学	一般项目	管理学
47	大数据视角下新兴技术创新的生态特征、治理网络与产业突破路径研究	陈熙隆	四川文理学院	西部项目	理论经济
48	“心智模型”视野下人工智能的风险沟通研究	谭慧敏	西南财经大学	西部项目	社会学
49	人工智能时代机器换人的伦理规约机制研究	张正清	北京航空航天大学	青年项目	哲学
50	大数据隐私经济的哲学研究	武青	北京大学	青年项目	哲学
51	拟人化人工智能的道德责任归因研究	喻丰	武汉大学	青年项目	哲学
52	基于大数据的地方金融风险监测预警及协同治理机制研究	石涛	河南省社会科学院	青年项目	应用经济
53	区块链视角下健全网络空间监管体系的路径研究	李乐	北京邮电大学	青年项目	政治学

在2020年53项人工智能法治领域的立项课题中，标题含“大数据”或者“数据”的课题数目为30项，含“人工智能”或者“智能”的课题数目达13项，含“区块链”的课题数目为5项，含“算法”和“数字”的课题数目分别为4项，含“自动化”的课题仅有1项，其余关键词的检索结果均为0（见图2-4）。

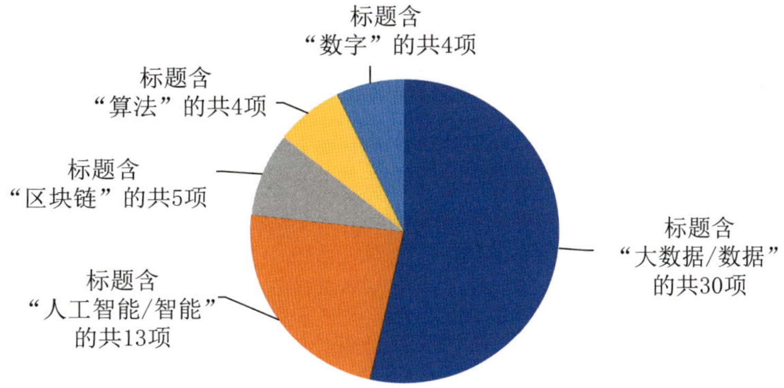

图 2-4　2020 年国家社科基金人工智能法治研究标题关键词分布

通过对司法部“国家法治与法学理论研究项目立项课题”、中国法学会“部级法学研究课题的省部级课题”和教育部“人文社会科学研究一般项目立项公示”进行统计，得出 2020 年，省部级课题中属于人工智能法治研究的有 40 项，相比于 2019 年的 33 项，增长了约 21.2%。具体数据如表 2-5 所示。

表 2-5　2020 年省部级人工智能领域立项情况一览表

序号	标　题	作者	机　构	项目层次	所在学科
1	5G 时代工业数据的权利归属及流转机制研究	赵自轩	西南政法大学	青年基金项目	法学
2	智慧法院背景下类案同判的法理基础与实现路径研究	刘洋	华东政法大学	青年基金项目	法学
3	关系契约视角下智能合约的私法构造研究	吴烨	西北工业大学	青年基金项目	法学
4	网络空间中数据安全治理生态构建研究	林伟	福建警察学院	青年基金项目	法学
5	区块链智能合约的潜在风险及其法律规制研究	钮敏	南京信息工程大学	规划基金项目	法学
6	自动驾驶汽车立法问题研究	吕建高	南京工业大学	规划基金项目	法学
7	区块链技术在版权领域应用的“去中心化”问题及其法律规制	郭雪军	山东科技大学	资助课题	法学
8	“国家所有”模式下公共数据资源交易法律体系的构建	张玉洁	广州大学	资助课题	法学
9	国家公共卫生智慧应急管理中个人数据使用的疑难法律问题研究	朱静洁	云南财经大学	自选课题	法学
10	疫情防控视野下互联网医疗的法律规制研究：现状、障碍及应对之策	李润生	北京中医药大学	自选课题	法学
11	区块链应用下侵犯著作权责任中网络服务提供者责任研究	魏晓东	辽宁大学	自选课题	法学

（续表）

序号	标　　题	作者	机　构	项目层次	所在学科
12	区块链应用管理和安全风险防范相关法律问题研究	李伟民	武汉大学	自选课题	法学
13	基于区块链技术的知识产权证券化规范性研究	胡光	河南师范大学	自选课题	法学
14	范式革新下数据安全立法的基本思路及制度建构——以“一带一路”网络安全国际合作为背景	刘金瑞	中国法学会	自选课题	法学
15	人工智能开发应用的监管协同与法律规制研究	金永生	北京邮电大学	一般课题	法学
16	大数据环境下行政公开制度的演进	孙丽岩	厦门大学	一般课题	法学
17	人工智能使用作品的著作权法规制研究	郭雪军	山东科技大学	一般课题	法学
18	类案数据的相似性比对规则研究	吴习彧	浙江工业大学	青年课题	法学
19	数据生态治理现代化的法治实现研究	徐玖玖	中国社会科学院法学研究所	青年课题	法学
20	人工智能生成内容治理规则的体系化研究	梁九业	东北师范大学	青年课题	法学
21	民法典视野下的数据可携权及其本土化研究	苏今	华东理工大学	青年课题	法学
22	市域社会治理智能化的风险评析与法律对策研究	任苗苗	西北政法大学	专项任务课题	法学
23	数字技术赋能政府治理的行政法问题研究	苏海雨	南京审计大学	专项任务课题	法学
24	区块链新型犯罪的刑事风险防控研究	王霖	贵州财经大学	专项任务课题	法学
25	金融领域人工智能应用的犯罪问题研究	汪恭政	浙江工商大学	专项任务课题	法学
26	大数据背景下我国法治反腐的运行机制研究	王惠敏	江苏师范大学	专项任务课题	法学
27	大数据背景下数据抓取行为的反不正当竞争法规制研究	曹阳	广西现代法学研究院	专项任务课题	法学
28	大数据环境下考虑用户隐私保护的个性化商品推荐服务研究	王永	重庆邮电大学	规划基金项目	交叉学科 / 综合研究
29	面向多场景的医疗大数据隐私保护机制与策略研究	倪丽娜	山东科技大学	规划基金项目	交叉学科 / 综合研究
30	基于空间大数据的超大城市外来人口犯罪地理分析与精准治理对策研究——以北京市为例	陈鹏	中国人民公安大学	规划基金项目	交叉学科 / 综合研究
31	大数据时代基于个人健康记录隐私和安全的法律规制研究	杨朝晖	天津医学高等专科学校	青年基金项目	交叉学科 / 综合研究
32	突破服务创新：大数据分析能力和AI能力的作用研究	张海丽	西安工业大学	青年基金项目	交叉学科 / 综合研究

（续表）

序号	标　题	作者	机　构	项目层次	所在学科
33	基于技术调解理论的人工智能伦理内在路径研究	贾璐萌	天津大学	青年基金项目	哲学
34	智能化信息时代的集体责任问题研究	邬桑	东北大学	青年基金项目	哲学
35	责任式创新视角下人工智能治理的开放机制研究	梅亮	北京大学	青年基金项目	管理学
36	公共服务视角下政府数据开放（OGD）的发展困境及其对策研究	胡业飞	天津大学	青年基金项目	管理学
37	大数据背景下隐私显著性与精准广告说服效果机制研究	范婷	西南交通大学	青年基金项目	新闻学与传播学
38	人工智能时代腐败惩处概率的惩戒效应研究	王林静	内蒙古财经大学	规划基金项目	政治学
39	人工智能物联网时代下两岸智慧城市治理比较研究：以上海、台北为例	徐伟陵	淮阴师范学院	规划基金项目	港澳台问题研究
40	人工智能武器的国际规则建构路径探究	居梦	武汉生物工程学院	青年基金项目	国际问题研究

2020 年的人工智能法治领域省部级课题在内容上百花齐放，按照关键词检索，在 40 项立项课题中，标题含“大数据”或“数据”的有 18 项，含“人工智能”或“智能”的达 11 项，含“区块链”的有 6 项，含“自动驾驶”“互联网医疗”“智慧法院”“数字行政法”“智能合约”的各 1 项。具体如图 2-5 所示。

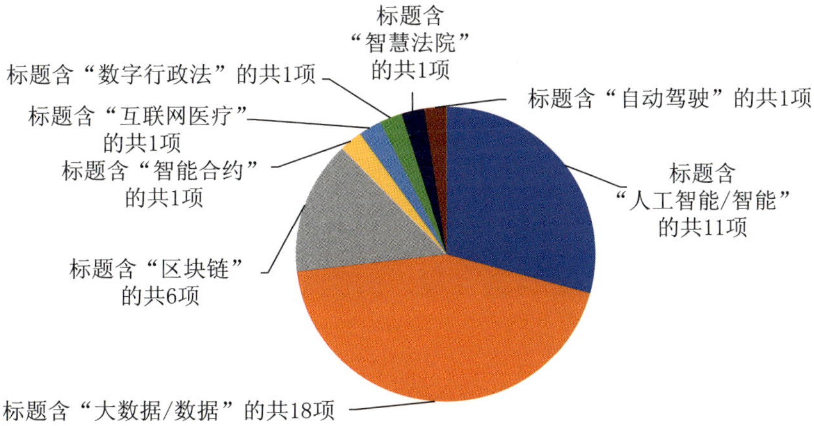

图 2-5　2020 年省部级人工智能法治研究关键词分布

2. 人工智能法治课题研究层次特点

国家社会科学基金立项项目按研究层次可分为重大项目、重点项目、一般项目、青年项目以及西部项目等。不同的研究项目层次对应着不同的申请标准，后期资助力度和国家重视程度。

经过对各层次课题立项数据的梳理，可以得知在国家社会科学基金立项项目的层面，人工智能法治领域的科研项目集中分布于一般项目和青年项目。据统计（见表 2-6），2020 年国家社会科学基金法学类立项重点项目 26 项，一般项目 221 项，青年项目 88 项，西部项目 24 项。人工智能法治领域对应的立项为重点项目为 0 项，一般项目 20 项，青年项目 8 项，西部项目 0 项，分别在各项目层次中占比 0，9.04%，9.09%，0。除此之外，在非法学类立项中，重点项目为 1 项，一般项目为 17 项，青年项目 5 项，西部项目 2 项（见表 2-6）。由此可见，一方面，人工智能法治领域的课题在青年项目和一般项目级别更容易申请通过。重点项目的缺失从另一方面体现出现有的人工智能法治领域被重视程度有待进一步提升，作为交叉学科，人工智能法治需要高资质和综合研究能力强的科研人员带头研究。

表 2-6　2020 年国家社科基金法学类人工智能法治领域项目一览表　　单位：项

类　别	重点项目	一般项目	青年项目	西部项目
法学类项目	0	20	8	0
非法学类项目	1	17	5	2

鉴于前文所述原因以及国家社会科学基金项目数量的有限性，国家社会科学基金项目的人工智能法治课题门槛较高，而省部级课题的扶持为广大研究人员提供了相当程度的激励。

经数据统计，2020 年在中国法学会的省部级法学课题中，资助课题为 43 项、自选课题为 59 项，其中人工智能法治领域集中分布在自选课题中。根据数据表明，人工智能法治领域有 6 个项目属于自选课题，占比 10.2%；而人工智能法治领域仅有 2 个项目属于资助课题，占比仅 4.7%。

在教育部的与人工智能法治领域相关的课题中，青年基金项目达到 12 项，而规划基金项目仅为 7 项。其省部级法学课题中，青年基金项目 67 项，规划基金项目 28 项，其中人工智能法治领域的青年基金项目为 4 项，占比为 5.97%，远大于规划基金项目的 2 项。

除此之外，在司法部的省部级法学课题中，重大课题立项 0 项，重点课题立项 11 项，一般课题立项 33 项，青年课题立项 26 项，专项任务课题 74 项。人工智能法治领域的立项课题集中分布在专项任务课题中。据统计，人工智能法治课题在专项任务课题中立项 6 项（见表 2-7），占比 8.1%。值得注意的是，人工智能法治领域的课题在重大课题和重点课题中无任何立项。

表 2-7　司法部省部级法学课题人工智能法治领域课题数量一览表　　单位：项

省部级法学课题	重大课题	重点课题	一般课题	青年课题	专项任务课题
司法部	0	0	3	4	6

与 2019 年省部级课题立项相比，2020 年立项的省部级人工智能法治课题在多个项目中，尤其是重大项目和重点项目中依然存在明显缺失，此现象反映出人工智能法治领域研究依然未能得到足够的重视。这一现象的产生与我国的课题项目层次的规模有关。重大课题和重点课题项目规模比较大，经费比较高。重点课题针对我国已有较好基础和积累的重要研究或新学科生长点，体现的是有限目标、有限规模和重点突出的原则，经费在 300 万元以上；重大课题一般是将 4—5 个重点课题揉到一起集中作战，采取统一规划分批立项的方式，围绕国家重大战略需要和重大科学前沿，旨在为社会经济发展和国家安全提供科学支撑。我国在人工智能法治领域起步晚，研究成果尚未达到一定规模，但是随着智慧社会的建设和发展，人工智能法治领域的课题在重点课题和重大课题上得到立项是必然趋势。

3. 人工智能法治课题研究机构分布

通过对国家社科基金数据库和省部级法学课题公告（司法部、中国法学会、教育部）2020 年度各个高校的人工智能法治领域课题立项进行归纳总结，可以发现人工智能法治课题研究机构的分布具有以下特点。

（1）课题综合性趋势明显

2020 年，人工智能法治领域立项除了分布在传统的法学学科内，还广泛存在于其他的学科内。其中，“哲学”与人工智能法治领域相关的课题立项为 8 项，“应用经济”和“交叉学科 / 综合研究”分别为 5 项，“马列・社科”为 4 项，“管理学”为 3 项，“政治学”“社会学”“民族学”和“理论经济”分别为 2 项，其余学科为 1 项，具体数据如图 2-6 所示。

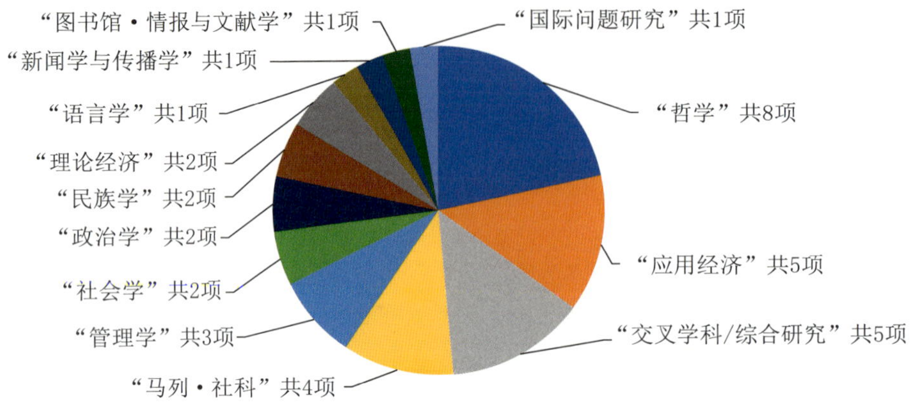

图 2-6 人工智能法治领域课题在各学科内的立项情况

（2）区域分布逐渐均衡

研究机构的区域分布除了与各区域的社会经济条件的发展程度有关，在很大程度上也与高校有关。2020 年的课题研究机构整体呈现出覆盖全国的趋势。但从立项课题的数量来讲研究机构集中分布华东、华北地区，华东以立项 20 项的总数领先，华北以总数 17 项紧随其后，具体数据如图 2-7 所示。

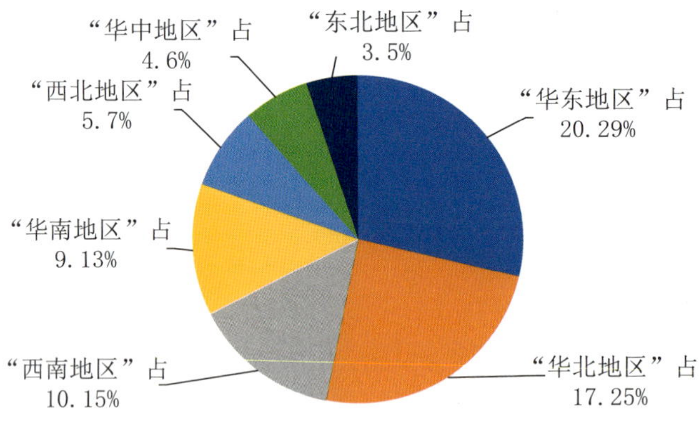

图 2-7 各地区课题研究机构立项情况

（3）典型机构优势

2020 年度，北京大学、山东科技大学、武汉大学、湖南大学获国家级和省部级人工智能法治领域课题立项共计 3 项，天津大学、西南政法大学、内蒙古财经大学、广州大学、北京邮电大学、浙江工业大学、西北政法大学、南京审计大学、云南警官学院分别立项 2 项，具体数据如表 2-8 所示。

表 2-8　2020 年各高校人工智能法治领域课题数量分布　　单位：项

序号	高　校	立项数目	序号	高　校	立项数目
1	北京大学	3	35	浙江工商大学	1
2	山东科技大学	3	36	江苏师范大学	1
3	武汉大学	3	37	河北工业大学	1
4	湖南大学	3	38	广西民族大学	1
5	天津大学	2	39	南京大学	1
6	西南政法大学	2	40	中山大学	1
7	内蒙古财经大学	2	41	郑州大学	1
8	广州大学	2	42	海南大学	1
9	北京邮电大学	2	43	南京农业大学	1
10	浙江工业大学	2	44	嘉兴学院	1
11	西北政法大学	2	45	安徽大学	1
12	南京审计大学	2	46	北京科技大学	1
13	云南警官学院	2	47	华侨大学	1
14	重庆邮电大学	1	48	同济大学	1
15	中国人民公安大学	1	49	暨南大学	1
16	天津医学高等专科学校	1	50	华南师范大学	1
17	西安工业大学	1	51	上海财经大学	1
18	华东政法大学	1	52	深圳大学	1
19	西北工业大学	1	53	杭州电子科技大学	1
20	福建警察学院	1	54	新疆财经大学	1
21	南京信息工程大学	1	55	东南大学	1
22	南京工业大学	1	56	浙江财经大学	1
23	西南交通大学	1	57	中国政法大学	1
24	东北大学	1	58	大连理工大学	1
25	淮阴师范学院	1	59	河北科技师范学院	1
26	武汉生物工程学院	1	60	云南大学	1
27	云南财经大学	1	61	河南大学	1
28	北京中医药大学	1	62	河南工业大学	1
29	辽宁大学	1	63	安徽财经大学	1
30	河南师范大学	1	64	山东大学	1
31	厦门大学	1	65	华中师范大学	1
32	东北师范大学	1	66	四川文理学院	1
33	华东理工大学	1	67	西南财经大学	1
34	贵州财经大学	1	68	北京航空航天大学	1

（四）人工智能法治研究论坛分析

研究论坛是通过主题演讲、报告、论文等形式进行的学术研讨、理论探索，通过分析研究论坛的举办主题、数量、地域等重要指标，可以较为宏观、全面地了解掌握目前各领域的研究焦点与未来发展趋势。

在本部分中，编者以“人工智能”“大数据”“区块链”“科技”“算法”等人工智能领域的关键词，分别配合“法治”“法律”“法学”“治理”“规制”等法学领域的关键词，检索得出2020年1月至2020年12月这一段时间内国内外举办人工智能法治领域研究论坛共计75场，与2019年相比增长15场，而相较于2018年度统计所得的50场论坛总数增长25场。如图2-8所示，自人工智能法治领域研究论坛于2017年初次召开起，其在数量上已连续4年增长且上升趋势明显，各领域对人工智能法治议题的探讨热度不减且逐年升温，充分体现出我国各界对人工智能法治问题的重视程度。

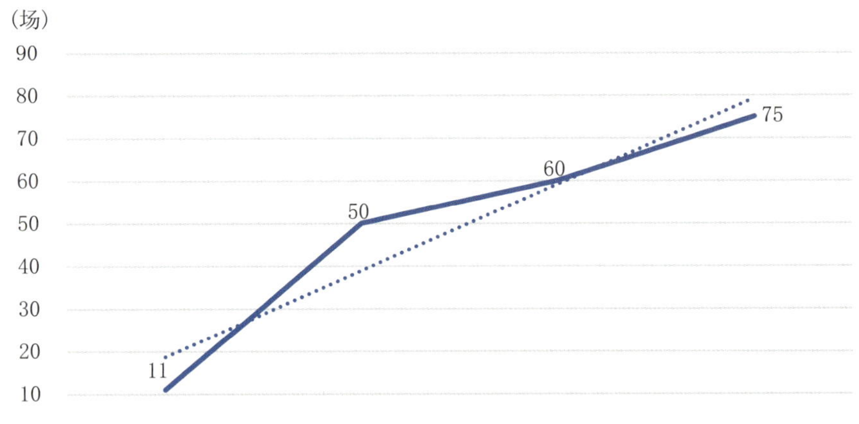

图2-8　2017—2020年度人工智能法治研究论坛数量统计

由于检索方式受限，客观上无法穷尽国外数据，下文将不对其作具体分析，剔除国外的5项数据后，将仅针对国内的70项论坛举办数据进行参考、分析。

1. 举办时间、数量

2018年共举办人工智能法治论坛50场，每月至少举办2场，2018年度月论坛高峰数量为10场；2019年总共举办论坛60场，每月至少举办2场，5月达到年度举办数量高峰，为 9 场；而 2020 年 1 月下旬至 5 月，受新冠肺炎疫情影响，论坛举办数量为 0，随着防控攻坚战的胜利，下半年我国逐渐恢复生产后，每月举办的论坛数量均在 5 场及以上，较前两年度论坛举办总数、月最低论坛举办数与年度论坛高峰数量均有明显上升，且 2020 年度论坛、月论坛的整体数量以季度为周期呈现出阶段性增长的特点，具体如图 2-9 所示。

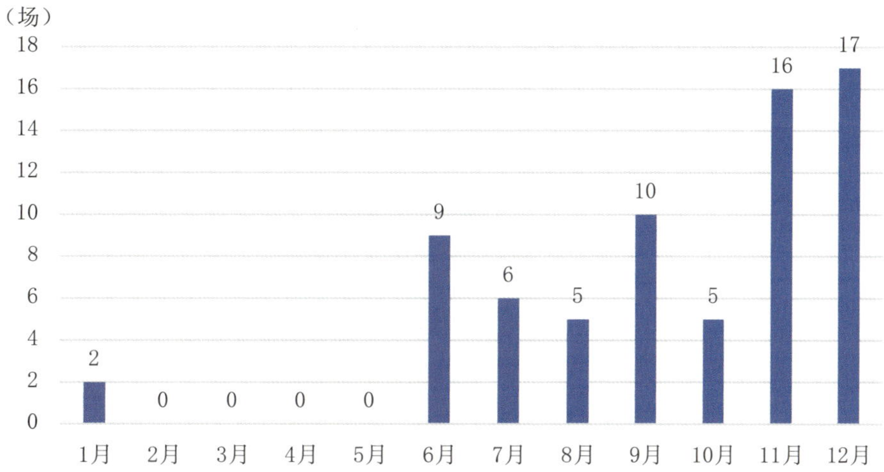

图 2-9　2020 年每月论坛数量分布图

由图 2-9 可知，2020 年人工智能法治论坛在 6 月达到第三季度月论坛数量的最高峰，在 11 月达到 2020 年度月论坛数量次高峰，12 月达到高峰，对比我国高校的学期设计区间，分别对应学期的开始与末尾时段。2020 年上半年受新冠肺炎疫情影响，国内共举办论坛 11 场，下半年举办论坛 59 场，下半年举办的论坛的数量远远高于上半年，数量相比上半年增加了 4 倍多。

2. 举办地域分析

由于部分论坛采取完全线上或线上线下同步进行的方式开展学术论坛，因此本次分析在统计时将论坛主办方住所地作为论坛的举办地，针对多方单位联合主办的情况则分别进行计数。

在全国 70 个论坛的样本数据中，除去 10 个无法确定住所地的主办方数据，还有 108 项数据可以作为有效样本，统计结果显示，2020 年人工智能法治研究论坛的举办地集中于北京、上海、杭州等城市，具体城市分布如表 2-9 所示。

表 2-9　2020 年各城市人工智能法治论坛数量

城市	北京	上海	杭州	南宁	成都	深圳
数据	36	28	10	5	4	4
城市	西安	香港	南京	天津	武汉	重庆
数据	4	3	2	2	2	2
城市	广州	贵阳	济南	青岛	苏州	长沙
数据	1	1	1	1	1	1

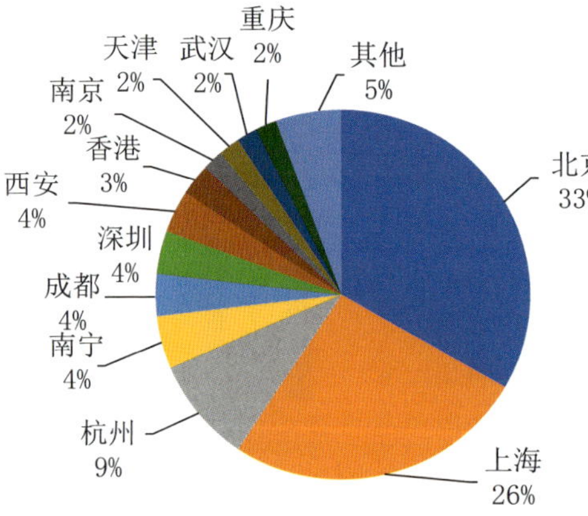

图 2-10　2020 年各城市论坛数量百分比

如图 2-10 所示，在 70 场论坛中，有 108 个主办方参与论坛的举办，来自北京的主办方有 36 个，占比 33%；来自上海的有 28 个，占比 25.93%；来自杭州的有 10 个，占比 9.26%，其余城市的主办方占比都在 5% 及以下。其中一线城市举办论坛总占比 90.74%，虽有新冠肺炎疫情的影响，相较于 2019 年度 83.7% 的一线城市举办比例，2020 年的一线城市举办论坛总占比仍有超过 7% 的增长，这充分说明我国一线城市对人工智能越来越高的需求有效地推动了对相关法治议题的学术探研与热烈讨论。

人工智能技术正在不断改善我们的社会生活，然而新技术在运用的过程中也将产生新型风险，法学、法律领域面临着“百年未有之大变局”，这是挑战同时也是重大发展机遇。经济发展水平较高的城市作为全国发达地区的代表，通过举办研究论坛云集、网罗各界大咖，获取真知灼见，在加快人工智能高地建设，适应大势并设法超越时代，共享智能福祉并化解智能风险等方面，都起到了积极的示范、带头作用，同时也为新时代的人工智能法治体系建设奠定良好、坚实的基础。

3. 承办单位分析

在对 2020 年的论坛举办数据进行收集、统计时，编者发现一个论坛的举办往往涉及多方单位，在此将涉及论坛举办的单位都作为举办单位来计数。

经数据统计所得，2020 年参与论坛举办事务的单位共 198 个，而 2018、2019 年统计所得相关单位有 92 个，由此可见，2020 年研究论坛各领域承办单位的参与度较之前两年度都有大幅上升。其中政府机关（机构）、法学会、司法机关等单位以指导、主办为主，高等院校、企业以承办为主，此外，期刊杂志、律师事务所、协会、研究院所等社会力量对论坛举办的参与度较以往都有大幅提升，具体数据见表 2-10。

表 2-10　2020 年各单位参与举办论坛数量　　单位：场

单位	高等院校	法学会	公司企业	研究院所	期刊杂志社	政府机关（机构）
数量	39	16	14	11	10	9
单位	协会	司法机关	行业联盟	律所 / 律协	学会	事业单位
数量	8	7	6	6	5	3
单位	其他					
数量	15					

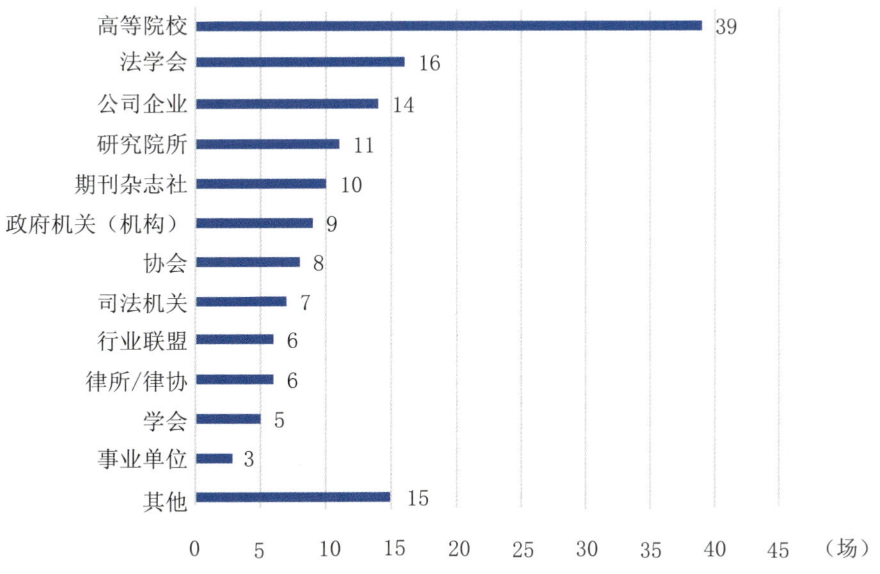

图 2-11　2020 年各单位参与举办论坛数量对比

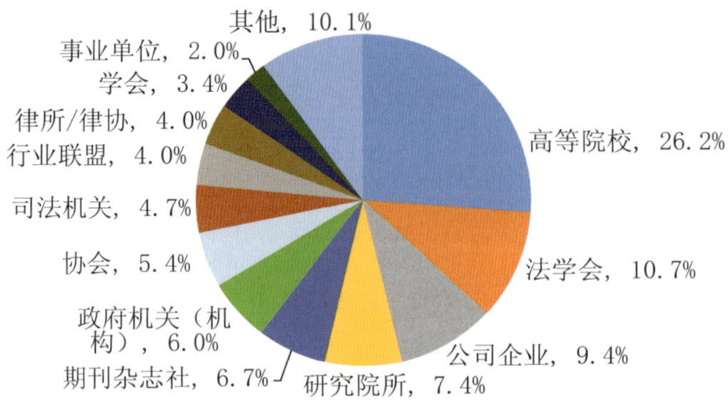

图 2-12　2020 年各单位参与举办论坛百分比

由图 2-11、2-12 可知，① 高等院校是论坛举办的主力军。2020 年度参与举办论坛的高等院校达 38 个；有高校参与举办的论坛达 39 个，占比 26.2%。2018 年、2019 年的统计数据表明，自人工智能法治论坛登上学术舞台以来，高等院校一直在论坛举办方面起着领头作用，形成这样态势的原因一方面在于高校集中了各领域专家学者，且其学术资源条件相较于其他单位更为优渥；另一方面也在于高等院校间、高等院校与社会各组织间产生了越来越紧密的学术合作与联系，这使得高校具有了更大的号召力。

② 法学会是论坛举办的中坚力量。2020 年，法学会共参与论坛举办 16 项，占比 10.7%，是继高等院校外、第二大人工智能法治论坛的举办单位。法学会就其性质而言能够充分联动法学界与法律界，协调、联合各方资源，作为研究论坛举办单位有其独特的天然优势。例如，2020 年 7 月上海市法学会与中国司法大数据研究院承办，多家研究院所、高校、法学会共同协办的“人工智能的权利义务与法治实践”2020 世界人工智能大会法治论坛，即充分体现了法学会在社会资源调集、组织联结等方面的优势能力。

③ 公司企业的论坛举办参与度大幅上升。2018 年的统计数据显示仅有 8 个公司企业参与了论坛举办，2019 年统计数据显示有 12 个公司企业参与论坛举办，而根据本次统计所得有 28 个公司企业参与论坛举办，环比 2019 年增长速度达 1.33，本年度公司企业参与举办的论坛 14 个，占比 9.4%。例如，科大讯飞股份有限公司、北京优炫软件股份有限公司 2020 年 7 月参与承办的“人工智能的权利义务与法治实践”2020 世界人工智能大会法治论坛，北京华宇软件股份有限公司 2020 年 9 月主办

的“创新法律科技　助力法治中国”第二届法律科技大会论坛，上海益鹏商务咨询有限公司2020年12月主办的“知识产权赋能AI产业创新”首届中国人工智能知识产权峰会2020等。

④ 研究院所、期刊杂志社是论坛举办的坚实力量。研究院所包括国家和地方各级科研研究院所，其在2020年共参与举办论坛11场，占比15.71%，数量上与上年保持持平。期刊杂志社作为论坛举办后起之秀，2020年度其参与论坛举办10场，占比6.7%。

⑤ 政府机关（机构）继续承担论坛指导、主办事务，其举办论坛的数量、比率有所下降。根据2019年的统计结果显示，政府机关（机构）参与论坛举办11场，占当年论坛举办总数21.2%；而根据本次统计数据，2020年政府机关（机构）参与论坛举办9场，占比6%，统计数据下降的原因一方面是因为受到新冠肺炎疫情的影响与冲击；另一方面是因为社会各界对人工智能法治议题的重视程度上升，各领域、各单位举办人工智能法治论坛的热情高涨，论坛举办基数上升。

除此之外，协会组织、司法机关、行业联盟、律所/律协、学会、事业单位、媒体等单位也积极参与人工智能法治论坛的举办，是论坛举办的重要力量。而属于“其他”的15项主体中还有包括科研基地、出版社、基金会、银行、海外院校中国中心、国家重大课题项目组、司法合作培训基地、协同创新中心、法治教育基地等单位。

综上所述，社会各界、各领域对人工智能法治领域的研究越来越为重视，相关议题较2018、2019年度的讨论热度有增无减，初步形成了以高等院校为主导的人工智能法治研究格局，且高等院校对人工智能法治进行的理论研究正在与社会生活中人工智能的具体实践逐渐同步。只有将学术理论与社会实际相结合，以理论指导实践、以实践检验理论，使两者相互作用，才能精准把握人工智能法治的发展态势与未来动向，从而不断完善人工智能法治、拓展人工智能法治领域，造就人工智能法治建设的“双轨”。

4. 论坛主题分析

2020年举办的人工智能法治研究论坛主题多样，研究场域进一步扩展，且不再局限于伦理道德、法律科技等议题的浅层次问题，而是进一步地与社会实际问题与法学理论艰深问题深度交叉、融合，与2018年的知识产权、法治发展、法学教育、智慧法院等论坛主题关键词，以及2019年的论坛主题关键词如人工智能法律、人工智能法律挑战、法律科技等相比，一方面2020年论坛继续对前两年度未竟的问题进行探讨，并由此深入探究深层次的法治问题；另一方面与国家立法实践相结合，对未来的人工智能司法实践样态进行了广泛、深入的讨论。经统计，2020年的论坛主题关键词分布如表2-11所示。

表2-11　人工智能法治论坛名称主题关键词分布

关键词	论坛名称	论坛主题	举办时间
人工智能法律	长沙市大数据（含地理信息）产业链法治论坛	/	2020年6月
	2020第三届全球自动驾驶论坛	/	2020年6月
	《网络法治蓝皮书（2019）》发布会系列暨人工智能底层编程语言平台法律保障研讨会	/	2020年7月
	2020全球人工智能产品应用博览会法律与人工智能分论坛	/	2020年8月
	2020 HKBU-SHU Online Workshops on AI and Ethics	/	2020年9月
	同济大学第二届“人工智能与法律”学术研讨会	人工智能发展的科技伦理与法律问题	2020年11月
	第四届中国自动驾驶与人工智能法律峰会	/	2020年11月
	隐私计算技术法律合规研讨会	/	2020年11月
	中国政法大学第一届“人工智能与法律”学术研讨会	/	2020年11月
	中国数据与人工智能法律峰会暨“《个人信息保护法（草案）》国际研讨会”	/	2020年12月
人工智能法治	世界人文社会科学高校联盟2020年“人工智能+”线上研讨会：AI与未来法治	/	2020年6月
	2020世界人工智能大会法治论坛	人工智能的权利义务与法治实践	2020年7月
	2020世界人工智能大会法治青年论坛	AI权利义务的法治实践与青年行动	2020年7月
	四川省法学会人工智能与大数据法治研究会2020年年会	人工智能、大数据与公共卫生应急法治	2020年8月
	网络与人工智能法治论坛	/	2020年9月
	第三届计算法学国际论坛	智能产业发展与法律制度创新	2020年9月
	“人工智能相关地方立法”学术研讨会	/	2020年9月
	“数字经济时代个人信息保护——《个人信息保护法（草案）》解读与展望”研讨会	/	2020年10月
	中国社会科学院创新工程暨刑法学重点学科论坛（2020）	刑事法治的新课题	2020年10月

（续表）

关键词	论坛名称	论坛主题	举办时间
人工智能法治	人工智能与刑事司法学术研讨会	/	2020 年 11 月
	第四届“人工智慧与未来法治”学术研讨会	/	2020 年 11 月
	第二届京师网络与人工智能法治博士生论坛	/	2020 年 12 月
	第二届智能社会科学论坛暨“人工智能的治理与伦理”学术研讨会	/	2020 年 12 月
	Health and Artificial Intelligence: Law, Ethics and Society	/	2020 年 12 月
	《北大法律评论》2020 年学术研讨会	数字时代的法律与社会治理	2020 年 12 月
	2020 年广西知识产权年会暨第七届广西知识产权战略法治论坛	广西区块链大数据法治论坛	2020 年 12 月
	江苏省法学会大数据与人工智能法学研究会首届理论研讨会	法治的新智能与新动能	2020 年 12 月
	第二届“新型法治智库论坛”	/	2020 年 12 月
人工智能知识产权	第十届中国知识产权新年论坛暨 2020 中国知识产权经理人年会专门设置了分论坛二	人工智能时代，AI 生成物如何保护?	2020 年 1 月
	The 12th Annual Intellectual Property Conference	Technology and Legal Frontiers in Global Pandemics: Risk Management, Capital Mobility and Intangible Assets	2020 年 7 月
	“人工智能生成物的著作权法律关系之间”跨学科沙龙——珠山法学论坛第 372 场	/	2020 年 11 月
	2020（第六届）中国互联网法治大会—互联网知识产权保护分论坛	/	2020 年 11 月
	中国法学会知识产权法学研究会 2020 年年会分论坛	新技术对知识产权制度的挑战与应对	2020 年 11 月
	首届中国人工智能知识产权峰会 2020	知识产权赋能 AI 产业创新	2020 年 12 月
	“大数据时代人工智能与知识产权”研讨会	/	2020 年 12 月
法律科技	“法律与科技”系列论坛	/	2020 年 7 月
	2020 法律科技大会	创新法律科技　助力法治中国	2020 年 9 月
	杭州仲裁委员会顾问聘任仪式暨法律与科技研讨会	/	2020 年 9 月
	第二届全国科际法律论坛暨 2020 学人论坛	国家・科技・人权	2020 年 11 月
法律 AI	2020 百度法律服务行业发展论坛（贵州站）	法有界 AI 无边	2020 年 12 月

（续表）

关键词	论坛名称	论坛主题	举办时间
人工智能教育	“新文科建设与法学学科评估体系的新发展”研讨会	/	2020 年 6 月
	法治与改革高端论坛暨数字时代法学教育论坛（2020）	法治体系建设和国家治理现代化	2020 年 11 月
智慧法治	知识服务赋能智慧法治专题研讨会	/	2020 年 1 月
智慧司法	智慧法院信息资源共享平台应用建设研讨会	/	2020 年 6 月
	“智慧司法与法治中国”2020 高端论坛	/	2020 年 6 月
	智慧法院的理论与实践在线研讨会	/	2020 年 8 月
	2020 年上海“人工智能司法应用的前景与挑战”研究生学术论坛议程	/	2020 年 9 月
	2020 全国政法智能化建设研讨会	/	2020 年 11 月
	移动微法院应用研讨会	/	2020 年 11 月
	“智慧司法研究与应用”研讨会	/	2020 年 11 月
	司法鉴定技术与社会治理发展论坛 (2020)	大数据与人工智能时代司法鉴定技术应用研究	2020 年 12 月
	第三届全国大数据侦查学论坛暨 2020 年互联网法律大会・侦查论坛	市域社会治理现代化与涉网新型犯罪治理	2020 年 12 月
	“智慧司法与数据安全论坛”暨陕西省法学会人工智能与大数据法学研究会 2020 年会	/	2020 年 12 月
司法大数据	四川司法区块链建设应用研讨会	/	2020 年 6 月
	2020 第六届中国智能技术与大数据会议	/	2020 年 10 月
	《深圳经济特区数据条例（征求意见稿）》专题研讨会	/	2020 年 7 月
数据法治	数据安全法治暨《数据安全法》立法研讨会	数据安全法治与《数据安全法》立法	2020 年 8 月
	数据安全法治研讨会	/	2020 年 9 月
	民法典时代的数据权益司法保护在线研讨会	/	2020 年 9 月
	“数字经济建设及其法治保障”国际研讨会	/	2020 年 12 月
数据保护与合规	2020 法盟 WeLegal・中国峰会暨第三届公司法律人影响力飞跃大会	/	2020 年 8 月
	2020 第五届中国数据安全与隐私保护大会	/	2020 年 11 月
	2020 法盟 WeLegal・北京峰会	/	2020 年 12 月
算法治理	“比较视野下算法治理的最新进展”线上国际研讨会	/	2020 年 9 月
	“法大知产力论坛”第十六期	知识产权保护视角下的算法实施与算法规制	2020 年 10 月
	算法共治：以人为本，科技向善	/	2020 年 12 月
人工智能治理	“挑战与机遇：智能科技与国家治理”线上研讨会	/	2020 年 6 月

由表 2-11 可知，大数据、区块链、算法已成为人工智能法治论坛的主题讨论的时代背景，“治理”“规制”“制度创新”“未来法治”等词语的高频使用，反映出我国对人工智能技术的认可与重视，以及基于其进行法治建设的普遍共识。在人工智能与法律的议题上，论坛探讨的内容不再浮于浅表，而是对深层次内容进行了深度理解与剖析，总体呈现出由浅及深的研究态势，即从伦理、政策、法律技术、大数据、算法到法律危机挑战、法律思辨思考、法律监管保障、数据规制、算法治理，最后落到法学教育，从专家学者的兴趣研究与社会热点出发，最终落脚于法学青年的责任承担。

受新冠肺炎疫情影响，2020 年度我国与外国就人工智能法治研究进行交流的机会大大减少，然而通过新形式线上论坛，我国学界与国外多所大学、社会组织机构等单位对相关问题进行了深入探讨。比如，世界人文社会科学高校联盟 2020 年“人工智能 +”线上研讨会：AI 与未来法治，推动了国内高等院校与国外大学的交流合作。后疫情时代的新格局正在形成，人工智能作为新型核心生产力，要使其更好地为人类所用、造福于人类社会，必须加快人工智能领域的法治研究、适配人工智能技术的前沿发展动向。研究论坛形式的集中讨论和交流，提升了思想的维度，提供了学术进步的契机，有助于以更为高效的模式发现并解决人工智能法治难题，加快我国人工智能法治理论体系建设，推动国家司法现代化，加快“社会主义法治国家”的建设进程。

（五）人工智能法治研究论文分析

论文是反映某一领域学术研究水平的主要指标，也是社会公众了解相关行业领域最新发展态势的重要渠道。因此，统计和分析人工智能法治领域的论文发表的数量和质量意义重大。

1. 数据检索说明

（1）检索途径

本报告的数据来源是中国知网数据库。

（2）检索日期

检索期限为 2020 年 1 月 1 日至 2020 年 12 月 31 日。

（3）检索方式

本次检索采取 3 种途径，尽可能地扩大检索范围以防遗漏，最后删除重复项和逐条筛选确认。检索词众多，在此只列明关键几项。

方式一：以“篇名 / 关键词 / 摘要”为检索范围，分别以“人工智能”“大数据”“自动驾驶”“区块链”等为检索词进行检索；在检索结果中，以发表年度 2020，中文数据库为条件进行二次筛选；在检索框内再以“法律”为关键词进行“结果中检索”，最终得到相应数据。

方式二：以“主题”为检索范围，分别以“人工智能”“大数据”“自动驾驶”“区块链”等检索词进行检索；在检索结果中，以发表年度 2020，中文数据库，学科法学学科为条件进行二次筛选，最终得到相应数据。

方式三：以“摘要”为检索范围，分别以“人工智能”“大数据”“自动驾驶”“区块链”等检索词进行检索；在检索结果中，以发表年度 2020，中文数据库，学科法学学科为条件进行二次筛选，最终得到相应数据。

（4）检索过程

检索分成两个步骤：一是基础数据汇总建库，删减重复项；二是数据核验。

第一，建立数据库，删减重复项。通过检索范围，发文时间，检索词的搭配，分组检索和统计数据，最终得到 2476 条有效基础数据。

第二，数据核验。数据核验主要是为了排除一些套用了人工智能领域关键词，但主要内容相关度较低的文献。主要采用确认内容后小组讨论，多人投票的方式确定是否将存疑文章纳入统计，最终得到有效数据 1818 条。

（5）数据处理说明

第一，作者所在省份的确定。按作者所在机构所在地的省份来确定，如果注明多个机构，以第一个注明机构所在地的省份确定；如果一篇文章有多位作者，以第一作者所在机构的省份确定。

第二，数据可能存在的误差。一是数据搜集误差，因相关检索词不可穷尽，最终的数据库存在一定误差；二是数据初步处理误差，用不同的主题和关键词进行检索时会出现大量重复论文，因此在数据处理时以篇名是否重复来删减重复项，可能导致标题完全相同的不同文章被剔除的情形。

第三，对于数据可靠性的说明。基础数据是建立在尽可能穷尽的人工智能法治领域的相关词进行无差别检索的基础上的，应在检索结果中通过人工浏览关键词、摘要和文章主要内容删除相关度极低的文章，尽可能使数据覆盖度足够全面和准确。

2. 法学 CSSCI 期刊作者群分析

（1）数据来源和分析

在文献计量分析中，需要寻找 CSSCI 期刊作者群，以便发现该研究领域的骨干力量。发文量和被引量是 CSSCI 期刊作者评价体系中最基本的指标，通常作者的发文量和被引量之间没有显著正相关性，即发文量大，被引量不一定大；发文量小，被引量却不一定小。因此，如果单独以发文量确定 CSSCI 期刊作者，则仅注重了量的积累，而忽视了对论文质量的评估，对此应该运用发文量和被引量两个指标来对 CSSCI 期刊作者进行综合测评，才能避免偏废。经统计，2020 年法学 CSSCI 期刊人工智能相关文献共计 222 篇，选取前 12 名发文在 2 篇以上的候选作者进行分析。

第一，计算候选人发文量和被引量的折算指数。

候选人发文量折算指数 =（候选人发文量 / 候选人平均发文量）×100

候选人被引量折算指数 =（候选人被引量 / 候选人平均被引量）×100

第二，计算候选人的综合指数。本书将发文量和被引量权重值分别定为 0.8 和 0.2，则候选人的综合指数的计算公式为：

候选人综合指数 = 候选人发文量折算指数 ×0.8+ 候选人被引量折算指数 ×0.2

第三，根据候选人综合指数的大小进行排序。

第四，选取综合指数≥ 60（60 即为综合指数平均值 100 的合格点）的作者为法学 CSSCI 期刊作者群一员。

（2）描述性分析

根据上述方法确定了 12 位法学 CSSCI 期刊作者候选人，候选人平均发文量和平均被引量分别 2.5 和 19.08。通过进一步筛选确定了法学 CSSCI 期刊作者群 10 人，如表 2-12 所示。

表 2-12　2020 年人工智能法治 CSSCI 期刊作者综合指数排名

序号	作者	被引	发文	综合指数	机　构
1	丁晓东	78	4	209.76	中国人民大学
2	程啸	25	3	122.21	清华大学
3	王禄生	24	3	121.16	东南大学
4	陈景辉	18	3	114.87	中国人民大学
5	郭旨龙	3	3	99.14	中国政法大学
6	刘艳红	20	2	84.96	东南大学
7	龙卫球	14	2	78.68	北京航空航天大学
8	马长山	12	2	76.58	华东政法大学
9	唐林垚	12	2	76.58	中国社会科学院
10	邢会强	12	2	76.58	中央财经大学

统计数据表明：①按照综合得分 60 分以上作为法学 CSSCI 期刊作者群一员，可得出目前我国人工智能法治研究领域法学 CSSCI 期刊作者共 10 人；②法学 CSSCI 期刊作者群共 10 人，共发文 26 篇（此处统计时，如合作的论文，则为一篇），占 2020 年法学核心期刊总文献量（2287 篇）的 1.14%，远不到 50%，这在一定程度上说明我国人工智能法治研究领域的法学 CSSCI 期刊作者群体尚未形成，还需要相关领域研究者对研究内容进行深入和扩展研究。

3. 研究刊物分析

（1）研究刊物选择

为真正关注人工智能法治研究领域内核，对前沿技术和法律规范的融合有切实研究成果的专业学术研究成果表示肯定和进行有据的分析，增强人工智能法治领域研究结果的权威性。在 2020 年度，我们对 1818 条有效检索数据的刊物进行分析时，集中分析法学 CSSCI 期刊上有关人工智能的研究成果。最新的法学 CSSCI 期刊名单包括 24 种正式刊物和 4 种扩展版刊物，在此只对正式刊物中的 222 条进行分析（见表 2-13）。

表 2-13　人工智能法治研究领域 CSSCI 期刊发文量统计　　　单位：篇

序号	期　刊　名	发文量	序号	期　刊　名	发文量
1	法学杂志	22	13	环球法律评论	8
2	政治与法律	17	14	当代法学	8

（续表）

序号	期　刊　名	发文量	序号	期　刊　名	发文量
3	法律科学（西北政法大学学报）	15	15	法学论坛	8
4	东方法学	14	16	法制与社会发展	7
5	中国刑事法杂志	12	17	法学	7
6	比较法研究	12	18	法学研究	6
7	法商研究	11	19	国家检察官学院学报	6
8	华东政法大学学报	11	20	中外法学	5
9	行政法学研究	11	21	中国法学	4
10	现代法学	10	22	法学家	4
11	法学评论	10	23	政法论坛	4
12	政法论丛	8	24	清华法学	3

（2）法学 CSSCI 期刊分析

最新的 CSSCI 来源期刊（2020—2021）目录中法学类共有 24 种刊物，下表展示了 2020 年人工智能法治领域发表期刊为法学 CSSCI 期刊的论文的数量分布，累计共计 222 篇文章，在全年的基础数据共 1818 篇中占比 12.21%，平均每个刊物 9.25 篇文章。法学类 CSSCI 期刊在人工智能法治领域的关注度高于一般刊物。（具体见表 2-14）

表 2-14　2020 年 CSSCI 法学类期刊发表数量情况

期刊名	题　　名	单位	作者	期
法学杂志（22 篇）	解释与规制：程序法定主义下的大数据侦查	中国人民公安大学国家安全与反恐怖学院	陈刚	12
	生命科技时代的刑法规制——以基因编辑婴儿事件为中心	暨南大学人文学院	杨丹	12
	数字货币的商法性研究	中国政法大学法学院	王谨	12
	大数据时代庭审网络直播的安全风险及其防范	湘潭大学知识产权学院	刘友华	12
	基于裁判文书大数据应用的区域法治化治理进路——以京津冀类案检索机制的构建为例	河北大学法学院	梁平	12
	刑事案件中大数据整合行为定性及其适用规则	北京林业大学人文社会科学学院	庄乾龙	12

（续表）

期刊名	题　　名	单位	作者	期
法学杂志（22篇）	需求识别与精准供给：大数据地方立法完善思考——基于政府部门与大数据相关企业调研的分析	福建行政学院法学教研部	陈晓勤	11
	社会治理智能化的法治路径	中国社会科学院法学研究所	周汉华	09
	数据立法域外适用现象及中国因应策略	中国政法大学国际法学院	孔庆江	08
	人脸识别的法律规制路径	上海财经大学人文学院华东政法大学马克思主义学院	林凌	07
	规则与技术之间：区块链技术应用风险研判与法律规制	广西民族大学法学院	金璐	07
	区块链上网络言论治理的技术驱动模式	中国农业科学院农业信息研究所	丁春燕	07
	数据分层与侵犯网络虚拟财产犯罪研究	北京航空航天大学法学院	朱宣烨	06
	民事诉讼生成权利规制探析——以“人脸识别第一案”为切入点	中国政法大学民商经济法学院	毕玉谦	03
	人工智能法律人格论批判及理性应对	北京大学法学院	朱艺浩	03
	通过现有规范解决自动驾驶汽车肇事之刑事责任归属问题	中南财经政法大学刑事司法学院	牛天宝	03
	基因编辑法律规制实践研究：以民事诉讼目的为视角	北京理工大学	陈姿含	03
	个人生物识别信息民事权利诉讼救济问题研究	中国政法大学刑事司法学院	付微明	03
	论跨境电子证据司法协助简易程序的构建	中国政法大学刑事司法学院	王立梅	03
	移动设备电子搜查的制度挑战与程序规制——以英美法为比较对象	中国政法大学刑事司法学院	郭旨龙	03
	构建智能环路监管机制——基于数字金融监管的新挑战	中国人民公安大学法学与犯罪学学院	陈星宇	02
	智能投顾的功能定位与监管进路	西南政法大学民商法学院	赵吟	01
政治与法律（16篇）	人工智能算法可专利性研究	湖南文理学院文法学院	王翀	11
	我国《民法典》个人信息合理使用的情形清单与评估清单——以“抖音案”为例	清华大学法学院	卢震豪	11
	自动驾驶交通事故责任的民法教义学解释进路	重庆大学法学院	宋宗宇	11
	数字内容平台版权集中的法律规制研究	清华大学法学院	王伟	10
	算法歧视的宪法价值调适：基于人的尊严	华南理工大学法学院	洪丹娜	08
	国家所有：数据资源权属的中国方案与制度展开	广州大学法学院	张玉洁	08
	论我国民法典中个人信息权益的性质	清华大学法学院	程啸	08
	论算法排他权：破除算法偏见的路径选择	南京师范大学法学院	梁志文	08

（续表）

期刊名	题　　名	单位	作者	期
政治与法律（16篇）	大数据时代“个人信息”的权利变迁与刑法保护的教义学限缩——以“数据财产权”与“信息自决权”的二分为视角	清华大学法学院	张忆然	06
	数据立法转向：从数据权利入法到数据法益保护	广东外语外贸大学 广东法治研究院	任颖	06
	区块链纠纷的民事管辖权配置：法理创新与立法应对	大连海事大学法学院	王淑敏	05
	自动化行政方式下的行政处罚：挑战与回应	华南师范大学法学院	马颜昕	04
	论人工智能作品的著作权法地位	北京大学法学院	刘银良	03
	人工智能生成内容“可版权性”的法哲学基础——以人工智能哲学理论为视角	湖南文理学院文史与法学学院	刘文献	03
	人工智能医疗影像诊断侵权损害赔偿法律问题	中南大学法学院	何炼红	03
	我国民法典视野下的数字内容瑕疵担保责任——基于欧盟背景下德国法的比较法考察	柏林洪堡大学	吴桂德	01
法律科学（西北政法大学学报）（15篇）	民事证据证明视野下的区块链存证	中山大学法学院	罗恬漩	06
	“数字弱势群体”权利及其法治化保障	上海对外经贸大学法学院	宋保振	06
	疫苗管理的“区块链＋法律”机制研究	西北政法大学刑事法学院	杨锦帆	05
	区块链技术背景下参与犯的转型与刑法的体系应对	北京理工大学法学院	秦雪娜	05
	人工智能如何“无偏见”地助力刑事司法——由“证据指引”转向“证明辅助”	中国政法大学刑事司法学院	谢澍	05
	数字社会的治理逻辑及其法治化展开	华东政法大学法律学院	马长山	05
	互联网非授权支付的责任分担规则	华东师范大学法学院	李建星	04
	网络存储空间服务提供者的注意义务新解	上海交通大学凯原法学院	王杰	03
	基因编辑婴儿事件受害人的请求权	上海政法学院民法方法与案例研究中心	王康	03
	个人信息隐私利益与自决利益的权利实现路径	中国政法大学刑事司法学院	商希雪	03
	数据财产权益的私法规范路径	清华大学法学院	杨翱宇	02
	数据治理法律路径的反思与转进	宁波大学法学院	金耀	02
	论企业数据权益的法律保护——基于数据法律性质的分析	中国人民大学法学院	丁晓东	02
	深层链接法律规制理论的反思与重构	中国人民大学法学院	万勇	01
	证明力评判方式新论——基于算法的视角	山东大学法学院	周慕涵	01

（续表）

期刊名	题　　名	单位	作者	期
东方法学（14篇）	搜索引擎数据痕迹处理中权利义务关系之反思——以两起百度涉诉案例为切入点	兰州大学法学院	温昱	06
	算法自动化决策与行政正当程序制度的冲突与调和	北京科技大学文法学院	张凌寒	06
	“脱离算法自动化决策权”的虚幻承诺	中国社会科学院法学研究所	唐林垚	06
	法益衡量视角下互联网可信身份认证的法律限度	东南大学法学院	阮晨欣	05
	区块链应用技术的金融市场基础设施之治理——以数字货币为例	中国人民大学法学院	黄尹旭	05
	构建智能社会的法律秩序	中国法学会学术委员会	张文显	05
	电子数据网络在线提取规则反思与重构	吉林大学法学院吉林大学司法数据应用研究中心	谢登科	03
	自动化决策、刑事司法与算法规制——由卢米斯案引发的思考	北京大学法学院	江溯	03
	涉人工智能犯罪中的归因与归责标准探析	华东政法大学刑事法学院	刘宪权	03
	数字经济背景下的WTO电子商务诸边谈判：最新发展及焦点问题	对外经济贸易大学法学院	石静霞	02
	论跨境数据流动规制企业双向合规的法治保障	复旦大学法学院	许多奇	02
	互联网创新视角下社交平台内容规制责任	北京航空航天大学法学院	魏露露	01
	区块链技术的信任制造及其应用的治理逻辑	上海财经大学法学院	石超	01
	数据确权的困境及破解之道	东方法学	韩旭至	01
比较法研究（12篇）	算法透明的多重维度和算法问责	北京师范大学法学院	汪庆华	06
	信息和数据概念区分的法律意义	对外经济贸易大学法学院	梅夏英	06
	人脸识别的法律规制	中央财经大学法学院	邢会强	05
	论司法裁判的人工智能化及其限度	深圳大学法学院	宋旭光	05
	个人数据的刑法保护模式	清华大学法学院	劳东燕	05
	技术性正当程序：人工智能时代程序法和算法的双重变奏	西安交通大学法学院	刘东亮	05
	跨境数据流动中的国际贸易规则：规制、兼容与发展	中央财经大学法学院	时业伟	04
	数据时代网络爬虫的刑法规制	东南大学法学院	杨志琼	04
	算法的法律性质：言论、商业秘密还是正当程序？	中国人民大学法学院	陈景辉	02
	司法大数据应用的法理冲突与价值平衡——从法国司法大数据禁令展开	东南大学法学院	王禄生	02
	论网络隐私政策的效力——以个人信息保护为中心	中央财经大学法学院	王叶刚	01
	论个人信息保护中的人格保护与经济激励机制	北京大学法学院	蔡培如	01

（续表）

期刊名	题　　名	单位	作者	期
中国刑事法杂志（12篇）	大数据时代证券市场虚假申报操纵犯罪的司法认定	北京师范大学刑事法律科学研究院暨法学院	商浩文	06
	隐私权视角下的大规模监控措施类型化及其规范	安徽财经大学法学院	纵博	06
	我国电子数据证据制度的若干反思	安徽师范大学法学院	奚玮	06
	区块链信息服务提供者的刑事责任研究	中国人民大学刑事法律科学研究中心	王熠珏	06
	科技定位侦查的制度挑战与法律规制——以日本GPS侦查案为例的研究	北京大学法学院	吴桐	06
	智能机器人工具属性之法哲学思考	华东政法大学	刘宪权	05
	人民陪审改革成效的非均衡困境及其对策——基于刑事判决书的大数据挖掘	东南大学法学院	王禄生	04
	货币数字化场景下洗钱犯罪形态和刑法重构	江西财经大学法学院	巫文勇	03
	论大数据证明	中国人民大学刑事法律科学研究中心	谢君泽	02
	论初查中收集电子数据的法律规制——兼与龙宗智、谢登科商榷	西南政法大学刑事侦查学院	梁坤	01
	电子数据网络远程勘验规则反思与重构	吉林大学法学院	谢登科	01
	论电子数据的孤证禁止规则：一个初步的探讨	中国政法大学	张可	01
法商研究（11篇）	我国个人数据的法律规制——域外经验及其借鉴	华东师范大学法学院	于浩	06
	论人工智能发明可专利性的法律标准	河南财经政法大学知识产权学院／民商经济法学院	张洋	06
	区块链治理的政府责任	中国人民公安大学法学院	苏宇	04
	区块链类型化的法理解读与规制思路	中国社会科学院法学研究所	赵磊	04
	大数据经营者滥用市场支配地位的法律规制	华南理工大学法学院	殷继国	04
	个人信息保护的法律定位	中国社会科学院法学研究所	周汉华	03
	超越私权属性的个人信息共享——基于《欧盟一般数据保护条例》正当利益条款的分析	中国政法大学刑事司法学院	商希雪	02
	数据驱动时代的数据隐私保护——从个人控制到数据控制者信义义务	上海对外经贸大学法学院	解正山	02
	数据本地化措施之国际投资协定合规性与中国因应	西南交通大学公共管理与政法学院	张倩雯	02
	科技法迭代视角下的人工智能立法	北京航空航天大学法学院	龙卫球	01
	论数据携带权的属性、影响与中国应用	中国人民大学法学院	丁晓东	01
华东政法大学学报（11篇）	自动驾驶中的生命抉择	华东政法大学学报	陈景辉	06
	法理学如何应对自动驾驶的根本性挑战？	上海师范大学哲学与法政学院	骆意中	06

（续表）

期刊名	题　　名	单位	作者	期
华东政法大学学报（11篇）	生命的衡量——自动驾驶汽车如何破解“电车难题”	吉林大学理论法学研究中心、法学院	朱振	06
	自动驾驶与乘客优先	中国人民大学法学院	陈景辉	06
	个人信息私法规制路径的反思与转进	宁波大学法学院	金耀	05
	人工智能民事主体地位的论证进路及其批判	中国人民大学法学院	王艳慧	04
	处理个人信息行为的合法性判准——从《民法典》第111条的规范目的出发	浙江工商大学法学院	于柏华	03
	大数据时代环境法治的变革与挑战	上海财经大学法学院	郑少华	02
	个人数据权与个人信息权关系的厘清	河海大学法学院	周斯佳	02
	基于裁判文书网的大数据法律研究：反思与前瞻	四川大学法学院	左卫民	02
	信息权利范畴的模糊性使用及其后果——基于对信息、数据混用的分析	华东政法大学学报	韩旭至	01
行政法学研究（11篇）	我国政府数据的法律属性与开放之道	清华大学社会科学学院	李海敏	06
	优化数字经济营商环境背景下支配地位认定条款之重塑	中国政法大学法律硕士学院	郜庆	05
	论医疗人工智能的法律规制——从近期方案到远期设想	北京中医药大学人文学院法律系	李润生	04
	“后真相”背后的算法权力及其公法规制路径	湘潭大学法学院	肖冬梅	04
	面向人工智能风险的行政规制革新——以自动驾驶汽车的行政规制为中心而展开	对外经济贸易大学法学院	孔祥稳	04
	人工智能算法决策对行政法治的挑战及制度因应	南昌大学法学院	张恩典	04
	证券型Token发行的监管范式转变	北京大学法学院	张超	03
	金融监管科技：风险挑战与策略应对	中证金融研究院	邵宇	03
	区块链技术在证券结算中的应用与监管应对	中国政法大学中欧法学院	萧鑫	03
	人工智能算法的“公共性”应用风险及其二元规制	河海大学马克思主义学院	孙清白	04
	政府信息公开中的个人隐私保护	华南师范大学法学院	孔繁华	01
法学评论（10篇）	健康码运用中的个人信息保护规制	中国人民大学民商事法律科学研究中心	宁园	06
	反思算法权力	湖南大学法学院	郭哲	06
	论手机自动记录用户行动轨迹与个人信息保护	中央党校（国家行政学院）政治和法律教研部	刘素华	05
	个人数据保护中同意规则的“扬”与“抑”——卡-梅框架视域下的规则配置研究	西南财经大学法学院	丁晓强	04

（续表）

期刊名	题　　名	单位	作者	期
法学评论（10篇）	从“权利规范模式”走向“行为控制模式”的数据信托——数据主体权利保护机制构建的另一种思路	武汉大学法学院	冯果	03
	职务作品制度重构与人工智能作品著作权归属路径选择	武汉大学法学院	李伟民	03
	区块链技术在政府监管中的定位及法律规制——基于海关监管的视角	广东外语外贸大学法学院	周阳	01
	数据跨境流动规制中的“长臂管辖”——对欧盟GDPR的原旨主义考察	清华大学法学院	叶开儒	01
	金融科技监管的原则立场、模式选择与法制革新	浙江农林大学文法学院	张永亮	05
	论法学表达数学化的可能及限度——基于经济学与比例原则的切入	中南民族大学法学院	涂少彬	04
现代法学（10篇）	数据主权规则建设的模式与借鉴——兼论中国数据主权的规则构建	西南政法大学	张晓君	06
	论可交易数据的限定	西南政法大学	苏成慧	05
	论医疗数据权利配置——医疗数据开放利用法律框架	华东政法大学法律学院	高富平	04
	数字人权时代人脸识别技术应用的治理	厦门大学法学院	郭春镇	04
	融资领域区块链数字资产属性争议及监管：美国经验与启示	中央财经大学法学院	李敏	02
	区块链技术的算法规制	中国社会科学院法学研究所	赵磊	02
	区块链技术视野下的数据权属问题	清华大学法学院	程啸	02
	计算法学：展开维度、发展趋向与视域前瞻	清华大学社会科学学院	于晓虹	01
	人工智能时代的算法规制：责任分层与义务合规	中国社会科学院法学研究所	唐林垚	01
	算法决策规制——以算法“解释权”为中心	上海对外经贸大学法学院	解正山	01
当代法学（8篇）	中国“智慧法院”在线调解机制研究	中国人民大学法学院	郑维炜	06
	自然人刑事责任、公司刑事责任与机器人刑事责任	山东大学法学院	李本灿	03
	人工智能在刑事证明中的应用	中国社会科学院法学研究所	熊秋红	03
	数字时代知识产权刑法保护的挑战与回应	中国政法大学博士后流动站	付晓雅	02
	中国刑法何以预防人工智能犯罪	中国政法大学刑事司法学院网络法学研究所	郭旨龙	02
	论法定犯裁判事实证成中人机协同系统的建构	南开大学法学院	孙树光	02
	电子政务背景下行政许可程序的革新	南开大学法学院	宋华琳	01
	论数字贸易背景下的个人隐私权保护	中国政法大学国际法学院	戴龙	01

（续表）

期刊名	题　　名	单位	作者	期
法学论坛（8篇）	人类遗传资源的公法保护	天津大学法学院	魏健馨	06
	可信赖 AI 司法：意义、挑战及治理应对	对外经济贸易大学法学院	李晓楠	04
	智慧法治：国家治理能力现代化的时代宣言	中南大学法学院	彭中礼	03
	算法行政：社会信用体系治理范式及其法治化	东南大学法学院	虞青松	02
	平台视角中的社会信用治理及其法律规制	清华大学法学院	刘晗	02
	公共空间运用大规模监控的法理逻辑及限度——基于个人信息有序共享之视角	东南大学法学院	刘艳红	02
	从通用化走向专门化：反思中国司法人工智能的运用	四川大学法学院	左卫民	02
	大数据时代的环境行政管理体制改革与重塑	中国政法大学绿色发展战略研究院	侯佳儒	01
环球法律评论（8篇）	Web3.0 时代网络犯罪的代际特征及刑法应对	东南大学法学院	刘艳红	05
	美国算法治理政策与实施进路	美国耶鲁大学法学院	陆凯	03
	数字时代刑事侦查与隐私权保护的界限——以美国卡平特案大讨论为切入口	苏州大学法学院	朱嘉珺	03
	网络隐私政策法律调整与个人信息保护：美国实践及其启示	中央财经大学法学院	王叶刚	02
	网络平台信息内容规制结构的公法反思	对外经济贸易大学法学院	孔祥稳	02
	粮食基因编辑潜在风险的法律防范	河南财经政法大学法学院	夏志红	02
	数据主权与长臂管辖的理论分野与实践冲突	复旦大学法学院	刘天骄	02
	个人信息作为企业资产——企业并购中的个人信息保护与经营者权益平衡	北京大学法学院	余佳楠	01
政法论丛（8篇）	人工智能机器人劳动者主体身份的反思与应然转向	天津师范大学法学院	杨猛宗	06
	“深度伪造”的技术逻辑与法律变革	中国矿业大学人文与艺术学院	蔡士林	03
	人工智能立法规范对象与规范策略	北京航空航天大学法学院	龙卫球	03
	人工智能产品发展风险抗辩后的损害救济分摊机制研究	西南政法大学经济法学院	胡元聪	03
	人工智能算法安全犯罪观及其规范刑法学展开	四川大学法学院	魏东	03
	论数据可携权在我国的引入——以开放银行为视角	中央财经大学法学院	邢会强	02
	智能理财行业风险的法律应对	西南政法大学民商法学院	侯东德	01
	“FinTech”赋能：科技金融法律规制的范式转移	东南大学法学院	陆璐	01

（续表）

期刊名	题 名	单位	作者	期
法学（7篇）	算法消费者价格歧视反垄断法属性的误读及辨明	江西财经大学法学院	喻玲	09
	自动驾驶汽车事故的刑事归责与教义展开	西北政法大学刑事法学院	付玉明	09
	超越劳动关系：平台经济下集体劳动权的扩张及路径	武汉大学法学院	班小辉	08
	APP个人信息的刑法保护：以知情同意为视角	华东政法大学	张勇	08
	个人信息安全标准化进路的反思	首都师范大学政法学院	崔俊杰	07
	司法大数据文本挖掘与量刑预测模型的研究	西北政法大学反恐怖主义法学院	舒洪水	07
	因应超级平台对反垄断法规制的挑战	南开大学法学院	陈兵	02
法制与社会发展（7篇）	个人信息权的权利属性、法理基础与保护路径	中国人民大学法学院	郑维炜	06
	个人信息保护的理念嬗变与制度变革	西南政法大学	王怀勇	06
	犯罪之技术治理的价值权衡：以数据正义为视角	南京大学法学院	单勇	05
	从公民身份到信息身份：隐私功能的理论重述与制度安排	中国政法大学刑事司法学院	郭旨龙	05
	从独角兽到AI：人工智能应否取代法律职业？	广东财经大学法治与经济发展研究所	黄伟文	05
	大数据时代个人信息问题的回应型治理	厦门大学法学院	郭春镇	02
	智能视频监控之法律与技术的嵌合治理	中南大学法学院	张新平	05
法学研究（6篇）	法学研究新范式：计算法学的内涵、范畴与方法	清华大学法学院	申卫星	05
	司法人工智能的重塑效应及其限度	华东政法大学	马长山	04
	平台经济从业者社会保险法律制度的构建	中国政法大学民商经济法学院	娄宇	02
	网络平台的公共性及其实现——以电商平台的法律规制为视角	中央财经大学法学院	刘权	02
	法学研究目标受众选择的大数据分析	浙江大学光华法学院	周翔	01
	人工智能与事实认定	中国政法大学	栗峥	01
国家检察官学报（6篇）	司法机关调取互联网企业数据之利益衡量与类型化路径	最高人民检察院	贝金欣	06
	数据生产要素的竞争规制困境与突破	中国人民大学法学院未来法治研究院	杨东	06
	反思智能化裁判的可能及限度	中国政法大学比较法学研究院	孙海波	05
	犯罪之技术治理的理论内涵	南京大学法学院	单勇	03
	互联网金融消费者保护的制度逻辑与法律建构	浙江省温州市人民检察院	林越坚	03
	智慧治理的时代面向与挑战	华东政法大学法律学院	苗梅华	01

（续表）

期刊名	题　　名	单位	作者	期
中外法学（5篇）	论我国民法典中的个人信息合理使用制度	清华大学法学院	程啸	04
	人工智能生成作品的著作权法之问	中南财经政法大学	吴汉东	03
	人工智能技术在司法裁判中的运用及规制	北京外国语大学法学院	郑曦	03
	论互联网“提供作品”行为的界定	东南大学法学院	徐珉川	02
	个人信息权利的反思与重塑　论个人信息保护的适用　前提与法益基础	中国人民大学法学院	丁晓东	02
法学家（4篇）	民法典视角下个人信息的侵权法保护——以事实不确定性及其解决为中心	清华大学法学院	阮神裕	04
	跨境电子数据取证规则的反思与重构	中国人民公安大学法学院	唐彬彬	04
	论智能合约的私法构造	西北工业大学法学系	吴烨	02
	个人信息的双重属性与行为主义规制	中国人民大学法学院	丁晓东	01
政法论坛（4篇）	作为刑事诉讼权利的个人信息权	北京外国语大学法学院	郑曦	05
	滥用个人生物识别信息的刑事制裁思路——以人工智能“深度伪造”为例	中国政法大学刑事司法学院	李怀胜	04
	互联网平台反垄断的国际趋势及中国应对	清华大学法学院	刘云	06
	人工智能时代致命性自主武器的国际法规制	北京理工大学法学院	杨成铭	04
中国法学（4篇）	算法规制的谱系	中国人民公安大学法学与犯罪学学院	苏宇	03
	论反垄断法的重构：应对数字经济的挑战	中国人民大学法学院未来法治研究院	杨东	03
	论法律大数据“领域理论”的构建	东南大学法学院	王禄生	02
	共同市场支配地位制度拓展适用于算法默示共谋研究	中国政法大学	时建中	02
清华法学（3篇）	个人对抗商业自动决策算法的私权设计	浙江大学光华法学院工业与信息化法治研究院	林洹民	04
	数据泄露损害问题研究	上海对外经贸大学法学院	解正山	04
	自动驾驶汽车的缺陷及其产品责任	对外经济贸易大学法学院	王乐兵	02

2020年法学CSSCI期刊中发表一篇以上文章的作者，共27位（见表2-15），其中丁晓东发文最多，有4篇，且其研究的大方向是“数据保护”“数据权益”方面，其次是程啸、郭旨龙、解正山、王禄生、陈景辉，发文各3篇，大方向也是“权益保护”，再是刘宪权、龙卫球、马长山、唐林垚、单勇、邢会强、郑曦、刘艳红、郭春

镇、韩旭至、金耀、孔祥稳、商希雪、苏宇、王叶刚、谢登科、杨东、赵磊、郑维炜、周汉华、左卫民，共计21位学者，每人发文2篇。27位作者研究内容中出现频率最高的是"权利保护""立法规制""责任承担"，主要与人工智能运用中容易发生的权利被侵害问题相关，学者们将其细化并具体到各部门法领域，探究如何避免各类风险的产生，从而提出相应的法律规制手段：他们不仅注重探究通过何种方式追究那些侵权责任、如何认定他们的责任以及适用的法律依据；而且也十分关注人工智能技术在司法、行政中的适用，以期提高诉讼案件处理的效率，便利司法改革的实施；同时有些学者会从算法、大数据运用的角度出发，寻求法律维权，法律归责的答案。

表2-15　2020年CSSCI法学类期刊作者发文量排名　　单位：篇

序号	作　者	发文量	单　位
1	丁晓东	4	中国人民大学
2	程啸	3	清华大学
3	郭旨龙	3	中国政法大学
4	王禄生	3	东南大学
5	陈景辉	3	中国人民大学
6	刘宪权	2	华东政法大学
7	龙卫球	2	北京航空航天大学
8	马长山	2	华东政法大学
9	唐林垚	2	中国社会科学院
10	邢会强	2	中央财经大学
11	郑曦	2	北京外国语大学
12	刘艳红	2	东南大学

4. 研究机构分析

根据表2-16，可以判断人工智能法治研究领域2020年度的研究机构分布情况。占据研究机构最大比重的是高等院校，是科研的主要力量，有效数据为1538条，占比达到84.6%。作者所属单位为国家机关的有效数据有63条，占比达到3.47%，主要包括法院、检察院、公安机关、司法厅局等。其他研究机构中研究所，占比为

13.64%，党校占比为 1.21%。另外，医院、杂志刊物、公司、银行等机构也就各自行业领域的人工智能发展情况在法治方面的反映做出了一定的研究成果，加起来占比是 5.67%。

表 2-16　2020 年研究机构单位性质分布表

机　构	高等院校	国家机关	研究所	党　校	其　他
数量（个）	1538	63	248	22	103
占比（%）	约 85%	约 3%	约 14%	约 1%	约 6%

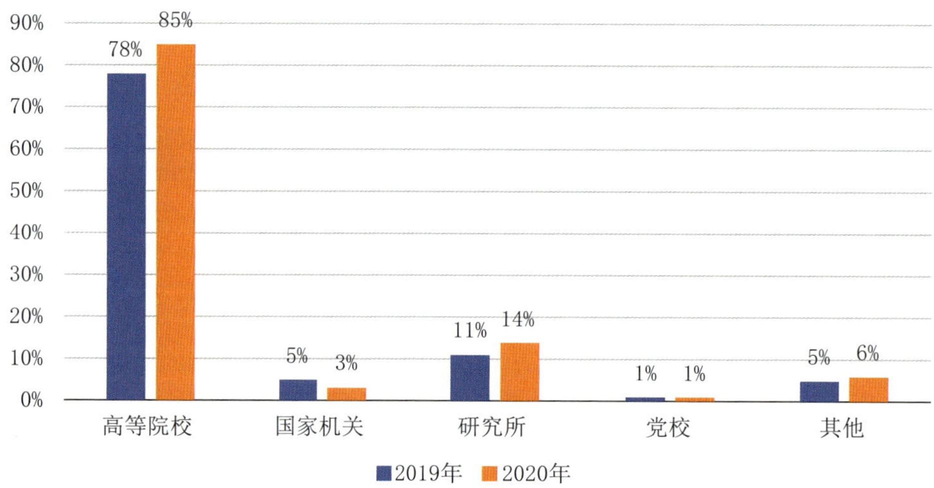

图 2-13　2020 年与 2019 年人工智能法治研究领域文章研究机构对比

图 2-13 展示的为 2020 年与 2019 年人工智能法治研究领域文章研究机构的对比，在 2020 年度，高等院校发文所占比重较上一年度增加了 7 个百分点，国家机关发文的比重下降了 2 个百分点，研究所有小幅上升，增加了 3 个百分点，党校发文持平，比重保持在 1% 没有增加，其他机构总比重增加了 1 个百分点。可以看出，高等院校仍然是科研的主体，从发文数量来看，是绝对的大头。从客观原因来判断，2020 年新冠肺炎疫情暴发，2020 年度的人工智能法治领域研究成果因此减少。但是高校因教育行业开展网上教学、暂缓线下开学、人员居家、财政压力小等更容易出科研成果，研究所发文比重的上升也与此因素相关，并且高等院校发文的增长速度远远高于其他研究机构，这和我国科研领域的整体情况相一致。

5. 发文区域分析

（1）描述性分析

表 2-17　2020 年各地区成果研究总量表　　单位：篇

序号	地区	发文量	序号	地区	发文量
1	北京	350	18	贵州	31
2	上海	201	19	黑龙江	44
3	江苏	116	20	河北	30
4	湖北	110	21	广西	24
5	广东	90	22	江西	28
6	重庆	57	23	山西	14
7	浙江	74	24	甘肃	37
8	湖南	67	25	云南	14
9	河南	66	26	新疆	13
10	山东	43	27	海南	8
11	安徽	50	28	内蒙古	3
12	陕西	66	29	宁夏	1
13	吉林	25	30	西藏	1
14	福建	42	31	青海	2
15	四川	95	32	台湾	0
16	辽宁	59	33	澳门	4
17	天津	49	34	香港	4

表 2-17 展示的是 2020 年人工智能法治研究地域分布状况，我国省级行政区共计 34 个地区，根据作者所在机构确定地区，并且将未标注地域和国外文件剔除后，梳理得出 1818 篇论文，并依据发文量对地区进行排名，可以较为直接地看出全国范围内人工智能法治领域研究成果的地理分布。其中，成果数量排在前三名的是北京、上海和江苏。其中，北京以 350 份研究成果占据明显优势，占据成果总量 19.25%，相比往年占比的 19.61% 要少一些；上海成果 201 份，占成果总量 11.06%，与往年占比 11.11% 相差无几；江苏成果 116 份，占据成果总量 6.38%，相比往年占比的 6.84% 要少一些；随后的是湖北、四川、广东，研究成果分别是 110 份、95 份、90 份。位于中间发文量 50 篇以上的有 6 个地区，总体来看相比往年减少了 6 个。排名靠后的几个地区为台湾、宁夏、西藏、青海、内蒙古、澳门、香港、海南，由此整体来看，2020 年的研究成果与往年比减量不少，去掉研究中最集中的北京、上海地区和最后的港澳

台、青海、西藏地区，国内大部分地区在人工智能法治研究领域的体量情况差别不大。

（2）东中西部区域分析

表 2-18　2020 年人工智能法治研究领域论文的东中西部区域分布情况　　单位：篇

东部地区		西部地区		中部地区	
北京	350	重庆	57	湖北	110
上海	201	陕西	66	河南	66
江苏	116	四川	95	湖南	67
广东	90	贵州	31	安徽	50
浙江	74	甘肃	37	吉林	25
山东	43	云南	14	广西	24
辽宁	59	新疆	13	江西	28
天津	49	宁夏	1	山西	14
福建	42	青海	2	黑龙江	44
河北	30	西藏	1	内蒙古	3
海南	8				
合计	1062	合计	317	合计	431
总计	1810				

表 2-18 展示的是 2020 年人工智能法治研究领域论文的东中西部区域分布情况，其中东部地区共计 1062 篇，占总数 58.67%，西部地区共计 317 篇，占比 17.51%，中部地区共计 431 篇，占比 23.81%。从比重上来看，东部地区占据绝对优势，经济发达地区如北京、上海、江苏、广东、浙江等都属于东部地区，其发文量占比极大，相对来说，西部地区发文总数 317 篇，和东部地区差距明显，中部地区虽然有湖北这样发文过百的大省，也有发文量为 3 篇的内蒙古，内部差距较大，发文总数也基本和西部地区持平，还需要努力赶上和东部地区。

表 2-19　人工智能法治期刊核心作者所属地域分析　　单位：人

东部地区	人数	中部地区	西部地区
上海	2		
北京	8		
江苏	2		
合计	12	0	0

在第二部分核心作者研究的基础上，对我国人工智能法治期刊的核心作者分布情况进行分析。从表2-19可见，东部地区核心作者有11人，可以明显看出东部地区学者的数量占据绝对的优势，其中北京的学者人数最多，中西部地区与东部地区差距较大，该两个地区的学者对人工智能法治领域的研究的关注度需要进一步提升，当然造成这种差距的因素是众多的，包括经济发展程度、文化发展情况，等等。

6. 研究高频热点词分析

如表2-20所示，通过对文章关键词进行整理和分析，得出了高频关键词的分布情况，在此取出频数为20以上的共计32个关键词。其中，频数最多的关键词是“智能”，其频数多达1446，占比近2/5，“人工智能”和“法律”频数也较多，分别是571个和386个，紧随其后的还有“信息”“区块链”“责任”和“大数据”，频数都在200以上，后面的关键词的频数下降较多，与前面几个高频关键词相比来说要少得多。

表2-20 2020年人工智能法治领域高频关键词分布情况

序号	高频关键词	频数	序号	高频关键词	频数
1	智能	1446	17	刑事	52
2	人工智能	571	18	数字货币	51
3	法律	386	19	知识产权	49
4	信息	278	20	法治	46
5	区块链	272	21	隐私权	42
6	责任	265	22	自动驾驶	42
7	大数据	227	23	智慧法院	38
8	个人信息	164	24	专利	37
9	算法	127	25	数字版权	35
10	著作权	127	26	法规	32
11	司法	94	27	机器人	26
12	互联网	86	28	刑事责任	25
13	权利	74	29	侵权责任	24
14	法律规制	66	30	无人驾驶	24
15	智能合约	64	31	产品责任	22
16	立法	61	32	权利归属	20

总的来看，在人工智能领域，关键词包括人工智能、信息、区块链、大数据、算法、互联网、智能合约、数字货币、机器人、无人驾驶等。在人工智能相关的司法领域，关键词主要包括法律、个人信息、著作权、知识产权、隐私权、刑事责任等。

从全部数据来看，2020 年人工智能领域中法治领域的研究最关注知识产权责任和刑事责任方面的法律规制，以及对智能合约、智能法院发展方向的思考。相比前几年，一些主要高频研究方向没有变化，法律工作者仍然主要关注两方面内容，一是人工智能的兴起给法律界带来的新兴问题，如著作权、专利、法律责任、刑事侵权等；二是人工智能在法律界的应用及相应立法，如智慧法院，法律规制责任的归属，法律制度对权利的保护等。

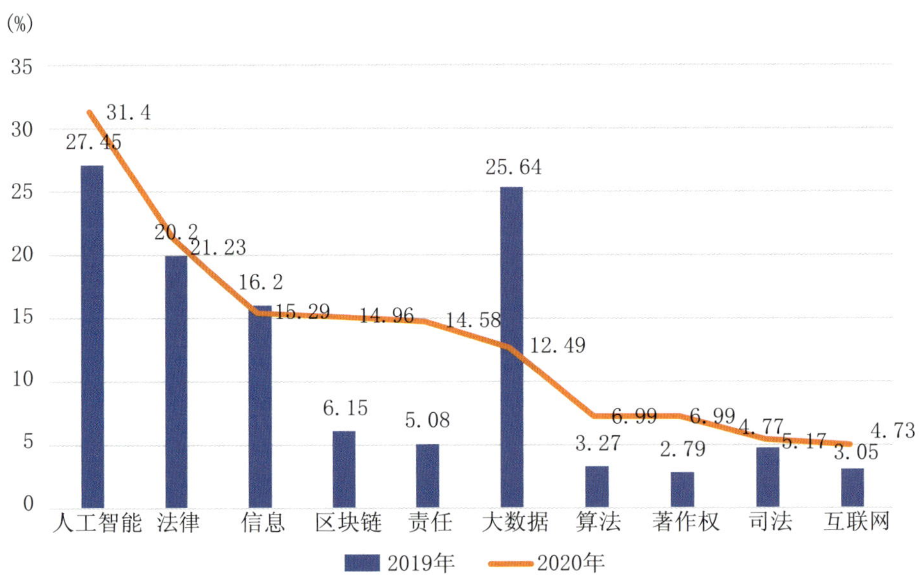

图 2-14　2020 年与 2019 年前 10 个相同关键词占比对比

2020 年的人工智能法治领域高频关键词相比 2019 年来说有了很大的变动，一些关键词继续保持在高位，也有关键词关注度大幅下降。图 2-14 为 2020 年和 2019 年前 10 个相同关键词的占比对比图。这些关键词有：人工智能、法律、信息、区块链、责任、大数据、算法、著作权、司法和互联网。

从图 2-14 来看，2020 年前 10 个相同关键词所占比重平均来说要高于 2019 年，对人工智能、法律、信息的关注度一直很高。对大数据的关注度明显下降，从数据来看，从 580 篇缩减为 227 篇，比重从 25.64% 降到了 12.49%，这说明对大数据的相关理论研究速度放缓，在大数据处理的研究方面还没有大的突破。上年上榜的个人信息、自动驾驶退出榜单。这一系列人工智能法治研究领域的热点变动，表示着在人工智能方面，技术更多是一种题引，相关学者对法律规制方面的探讨更加深入，角度更加多元，不再限于对人工智能技术内涵的单一解读，而更多是在现有法律基础上对人工智能法治未来之路进行思考，以满足法律实践的变动需求。

三、国外人工智能法治理论研究

关于国外人工智能法治理论研究，项目组以 2020 年度相关文献为分析样本，并且用 Web of Science 进行了相关的数据检索。在 Web of Science 中以“robot”和“law”为并列主题词进行索引，检索收集了 2020 年度的文献，共有 1078 篇文献记录。以该项数据源作为外文数据库进行分析，并同国内数据相比较，以期发现更加客观的“人工智能法治”的研究状况。

（一）研究方向分析

如图 2-15 所示，根据检索所得的 1078 篇文献，以其中高频关键词为研究方向进行分析，选取了前 25 的高频研究方向并对其进行了展示，从大体上看，国外学者多着重对人工智能与现实产业结合领域中的实体应用问题进行分析，国内学者则偏向对理论的探讨、研究。对图 2-12 的部分研究方向的数量进行对比分析，并将其与 2020 年之前的总体数据相比，可以总结得出 2020 年国外人工智能法治研究具有以下特点：

① 国外相关研究均侧重于人工智能的技术内涵而不是以法学为出发点来进行探讨。研究方向的前 4 位“自动控制系统”“工程电气电子类”“机器人”“工程类多学科”在 2020 年人工智能法治领域的 1078 篇文章中占比 75% 以上。相较之下，同年份我国人工智能法治领域研究主要将关注点放在“人工智能”“人工智能时代”“法律规制”“著作权”。其中，涉及技术内涵方面的“人工智能”与“大数据”发文量为 390 篇，在整个人工智能法治领域中占比 33%，对比发现，2020 年国内外在人工智能法

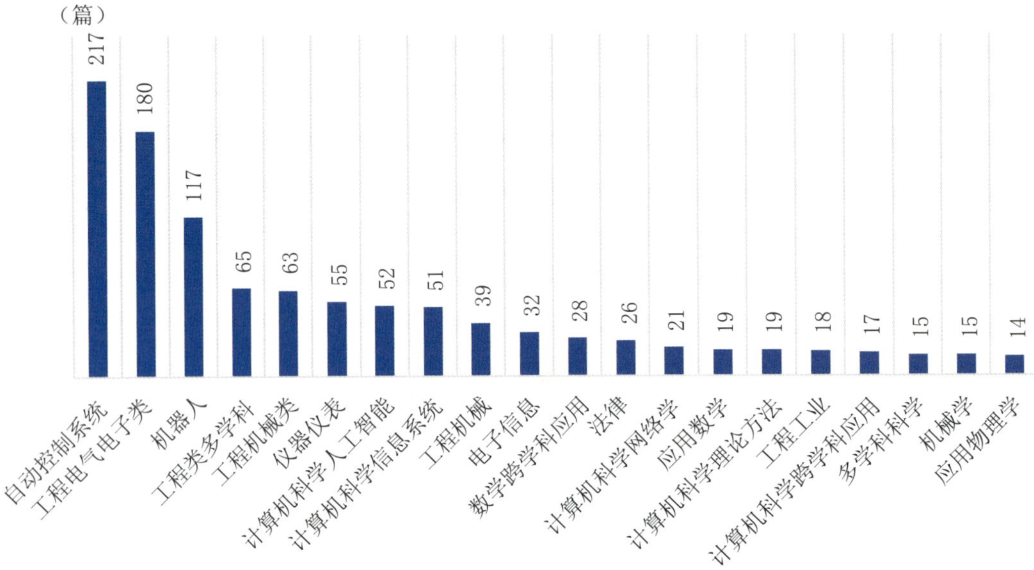

图 2-15　2020 年国外人工智能法治研究方向

治领域研究的主要方向存在较大区别。国内之前关于人工智能技术的研究总量占比为 72.02%，远高于 2020 年的数值，由此看出，2020 年对人工智能技术的探讨的热度相较往年有所下降，对于人工智能技术与其他领域融合方向的研究兴趣有所增加。

② 国外人工智能法治领域研究在社会科学方面成果丰富。社会科学领域排名前二十的为“工程电气电子类”“自动控制系统”“计算机科学”“机器人”，相比 2020 年之前，国外域内的研究侧重点明显转移到社会科学，相较于之前其研究层面更加具体化，尤其是自动驾驶技术中自动化控制系统方面的法律问题相关研究的文献数就达到 521 篇，结合 2020 年的统计数据来看，国外人工智能与传统领域的融合已经逐渐向市场化迈进，大批人工智能产品的测试开发所导致的技术层面与法律规制层面的双重问题使得学界将研究重点聚焦到这些方向上。同时，我国仍将视野锁定在即将来临的人工智能时代会出现的法律问题上，主要集中在法律、法学、刑事、司法、法律规制等法制建构和法治化的领域中，针对成熟理论进行的更深层次的讨论仍然较少，以“无人驾驶汽车”和“智能投顾”为例，2020 年的文献数分别为 52 篇和 37 篇，分别占 2020 年文献总数的 4% 和 3.4%，由此可以看出我国人工智能法治体系仍需加强，以在促进人工智能与传统行业的融合过程中提供法律保障，在立法层面对已经出现或将来可能会面对的问题进行立法保护和规制。

（二）作者分布分析

从作者层面进行分析，可以更加精准地确定世界范围内学者对人工智能法治领域的关注程度，并且一个领域内形成固定的作者群体能够更好地促进该领域的持续发展。2020 年相关文献共计 1078 篇，累计 706 位作者，说明了人工智能法治领域相关文献大多由多作者合作完成，这也表明对于人工智能和其他领域的交融的研究需要两个领域的学者共同研究，体现了人工智能领域的特点。人工智能是研究、开发用于模拟、延伸和扩展人的智能的理论、方法、技术以及应用系统的一门新的技术科学。人工智能是计算机科学的一个分支，它旨在了解智能的实质，并生产出一种新的能以人类智能相似的方式作出反应的智能机器，该领域的研究包括机器人、语言识别、图像识别、自然语言处理和专家系统等。对人工智能法治领域的研究必须建立在对人工智能本身有所了解的基础上才能更深人探讨人工智能对于现在或者未来法治领域的影响，极大体现交叉学科研究的优势。

从图 2-16 中 2020 年的作者发文情况来看，发文数量最高、在人工智能法治研究领域关注最多的是 Fateh. M. M.，共 9 篇，占比 0.835%；Behera L.，共 8 篇，占比 0.742%；Chen Y.，共 8 篇，占比 0.742%；Izadbakhsh. A.，共 8 篇，占比 0.742%；Wang J.，共 8 篇，占比 0.742%；Fosch-Villaronga E.，共 7 篇，占比 0.649%；Geng Z. Y.，共 7 篇，占比 0.649%；Khorashadizadeh. S.，共 7 篇，占比 0.649%；Li S.，共 7 篇，占比 0.649%。Liu L.，共 7 篇，占比 0.69%。

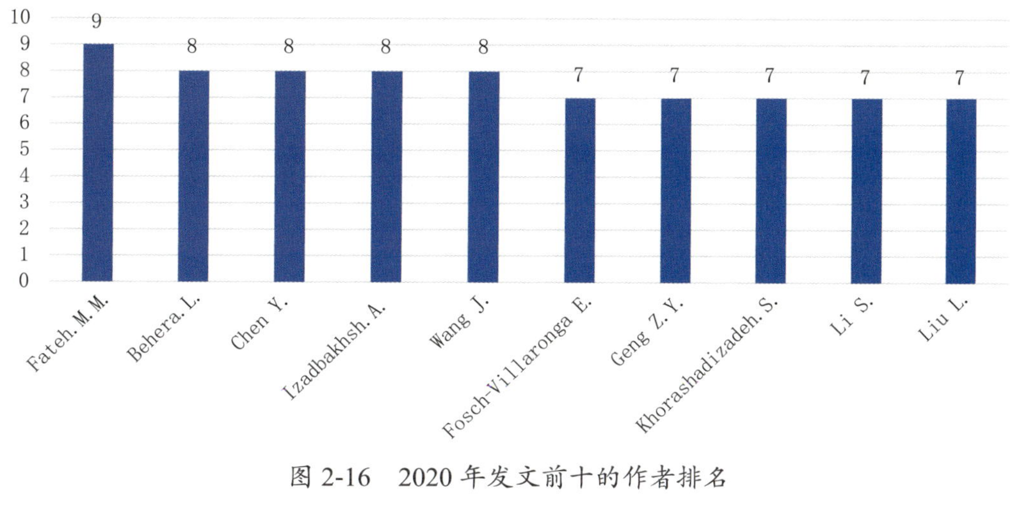

图 2-16　2020 年发文前十的作者排名

（三）地域分布分析

除中国外，2020 年发文量排名靠前的国家有美国、伊朗、意大利、法国、印度、英国等，相比 2020 年之前的总体数据排名，意大利、英国在 2020 年中作为高发文量国家的新面孔出现。

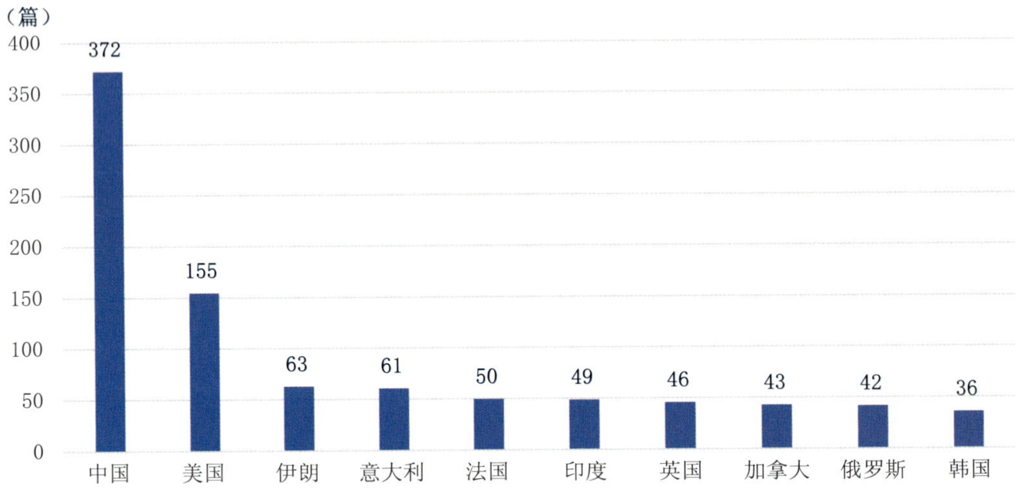

图 2-17　2020 年人工智能法治领域发文量靠前的国家

人工智能时代的浪潮已经来临，世界各国纷纷对人工智能加以学理上的探讨或是立法方面的规制，以确保人工智能时代所导致的不确定因素对现有社会体系的冲击不致太大，但人工智能尚未完全发展，其在很多领域仅仅停留在理论层面上，而人工智能技术本身的发展是基于计算机、脑神经技术发展之上的，在成熟的基础技术前提下，人工智能技术将会以前所未有的速度发展下去。为此，世界各国对此的法律规制显得尤为重要，结合上述对国外人工智能法治理论的分析，可以在更大程度上拓宽我国理论研究的视野和方向，并在已经涉及的领域对国外优秀的研究成果进行借鉴、学习。

总体而言，人工智能法治领域排名靠前的国家多数为发达国家，基于较大的市场和人口，中国近年来经济飞速发展，这给我国人工智能法治的发展打下了良好的基础。我们需要在理论和实践上提升法制质量和法治化水平，重视法治建设，更好地适应人工智能时代的来临。

第三部分　人工智能法治应用①

一、概　述

本部分所述人工智能法治应用，以 2020 年 6 月至 2021 年 6 月为时间界限，以官方网站、官方媒体和官方微信公众号为搜索渠道，以包括但不限于“人工智能”“智慧法治”“数字化”“大数据”“云计算”为关键词进行检索，对中国和国外人工智能在立法、执法、司法和法律服务等法治领域的应用进行分析。

人工智能的法治应用，已成为推进社会治理能力现代化的重要路径。5G、人工智能、智慧城市等新技术、新业态、新平台蓬勃兴起，“非接触经济”全面提速，为经济发展提供了新路径。《国民经济和社会发展第十四个五年规划和 2035 年远景目标纲要》特别强调科技赋能。但在发展中产生的社会建设与社会治理问题，突破了传统领域积累的经验，给立法者和管理者带来新的挑战。人工智能的法治应用不仅是贯彻全

① 本部分数据来源说明：1. 人工智能立法应用数据主要源自全国人大官方网站、31 个省级人大官方网站以及相关调研。2. 人工智能执法应用数据主要源自公安部官方网站、31 个省级行政区的政府官方网站、公安厅官方网站和公安厅微信公众号。（采取上述方式建立数据库的主要原因有两点：明确检索渠道以统一数据搜索标准；贴合新媒体宣传实际扩大搜索渠道，完善数据库数据来源）3. 人工智能司法应用数据主要源自百度、bing、Google 等搜索引擎以及微信公众号关键词搜索；在“典型应用”部分，在线庭审的数据来源于中国庭审公开网的最新数据；电子证据平台的数据源于知乎网站中“数据星球基金会”与中国互联网法治研究院调研组的数据。4. 人工智能法律服务数据主要源自各省市司法行政部门官方网站［主要为司法厅（局），包括部分政府公报、各省主流纸媒（报纸等）］以及《蓝皮书（2021）》编辑部从企业官方网站和访谈报告中获取的一手数据。

面依法治国，建设法治国家、法治政府、法治社会的有力支撑，更是实现国家治理体系和治理能力现代化，提升国家治理效能的必要路径。因此，推进人工智能的法治应用已成为社会共识。在这一背景下，人工智能法治应用在立法、执法、司法和法律服务等方面呈现出技术新、应用新、发展新的特点。

二、人工智能立法应用

实现智慧立法是立法工作的要求。限于人工智能立法应用的技术水平，本部分在数据统计的基础上，重点评析典型应用的基本特征与发展情况，以揭示人工智能立法应用既有的发展水平、应用程度与未来趋势。

（一）中国人工智能立法应用

1. 应用场域分析

根据立法活动的基本程序，可将人工智能立法应用的场域分为三大板块：一是法律草案的形成阶段，主要包括立法草案的形成、立法草案的意见征询等；二是法律草案的审议与表决阶段，主要包括人工辅助立法机关在议事方式和规则方面的完善；三是立法后评估阶段，主要包括人工智能辅助立法评估工作。

（1）法律草案形成阶段

在法律草案的形成阶段，人工智能立法辅助应用主要涉及智能起草、意见征集、文件审核、文件公开、备案审查、文件清理等。以“北大法宝智能立法支持平台”为例，针对意见征集这一工作，主要有五个方面的功能应用：一是草案发布，立法工作人员将立法草案全文及相关的立法依据和参考资料上传到系统中，根据资料的类别分别存放和整理；二是意见征集，网民进入系统中阅读文件，提交自己的意见；三是统计分析，立法工作人员汇总分析意见，将其作为立法决策参考依据；四是意见反馈，立法工作人员针对相关意见和热点问题进行答复；五是权威发布，法规规章正式公布以后，该系统可以对法规的立法目的、立法背景、实施措施等内容进行阐释并公布。

（2）法律草案的审议与表决阶段

受新冠肺炎疫情的影响，全国多地召开“线上两会”实现网络履职，这是人工智能等信息技术在法律草案的审议与表决阶段的典型应用。2020 年 2 月 24 日召开的十三届全国人大常委会第十六次会议以在京常委会组成人员现场出席、京外常委会委员等部分委员网络视频出席相结合的方式举行，这种形式在全国人大常委会历史上是首次。在该次会议中，全国人大常委会组成人员 114 人现场出席会议，57 人通过网络视频方式出席会议，共 171 人。十三届全国人大常委会第十七次会议中，全国人大常委会组成人员 123 人现场出席会议，47 人通过网络视频方式出席会议，共 170 人。此外，一些省级人大常委会会议也采用网络视频的方式召开。2020 年 2 月 10 日，河南省十三届人大常委会第十六次会议召开，74 名河南省人大常委会委员以视频连线、口头表决的形式参会。常委会会议召开前，河南省人大常委会线上发送征求意见稿、线上反馈征求意见，通过线上方式表决，委员参会率达 92.5%。

从必须线下参会到线上、线下相结合的转变，表明新冠肺炎疫情对议事方式与规则的改变产生了较大影响。我国对线上参会的新型议事方式持较为开放的态度。根据《全国人民代表大会常务委员会议事规则》的规定，从会议的召开、出席人数、审议议案、表决方式来看，“网络履职”的方式是特殊形势下的创新做法，其有效落实了疫情防控工作要求，同时保证了国家权力机关的常设机关正常有效运转，被评为“符合宪法法律的原则和精神”的举措。①

（3）立法后评估阶段

法律实施后人工智能立法辅助应用主要涉及立法评估，借助智能提供立法评估的资料汇集、比对分析功能，收集立法舆情、新闻报道、国际国内相关法规等立法资料，利用智能分析功能与被评估法规进行比对分析，得出评估报告。针对意见征集工作，“北大法宝智能立法支持平台”主要有三个方面的功能应用。一是数据采集，即根据立法评估的需要，由系统自动采集相应的数据进行分析处理。根据全网的舆情信息，分析立法及执法的舆论导向；分析执法案例和裁判案例，研究该法的应用情况；

① 《全国多地召开“网络视频”“两会”网络履职如何实现》，http://news.youth.cn/sz/202004/t20200427_12306366.htm。

综合相关文献资料进行数据汇总，获取该法的部分实施情况。二是智能分析，即按照评估方案对评估项目进行逐项处理，利用立法支持系统独有的智能分析技术，比对与被评估法规法条的关联关系，得到精准结果，供评估人员参考使用。三是生成报告，即将立法评估报告综合归类，建立格式化模型。系统根据评估人员的选择，结合前期的数据采集和智能分析，生成立法评估报告。

2. 典型应用

（1）北大法宝智能立法支持平台

本统计年度，北大法宝智能立法支持平台持续扩容，在“北大法宝”数据库基础上，研发了更为系统的人工智能辅助平台，贯穿立法全流程（见图 3-1）。该平台实现了如下几方面功能：一是通过大数据技术自动搜索匹配上位法，辅助立法者快速准确锁定参考依据；二是自动匹配对应的条款，查找与被审查条款最接近的条款，供立法者选择判断；三是根据法律法规时效性的变化，提醒并辅助立法者实现对已审查文件的动态监控和跟踪；四是识别不同版本的草案，一键生成对照表，以便立法者了解不同版本草案的差异；五是根据法律同义词库和自主创建的敏感词库，为立法者查找相关法规依据及重点法条；六是自动生成立法资料汇编，并按照立法者需求导出汇编，

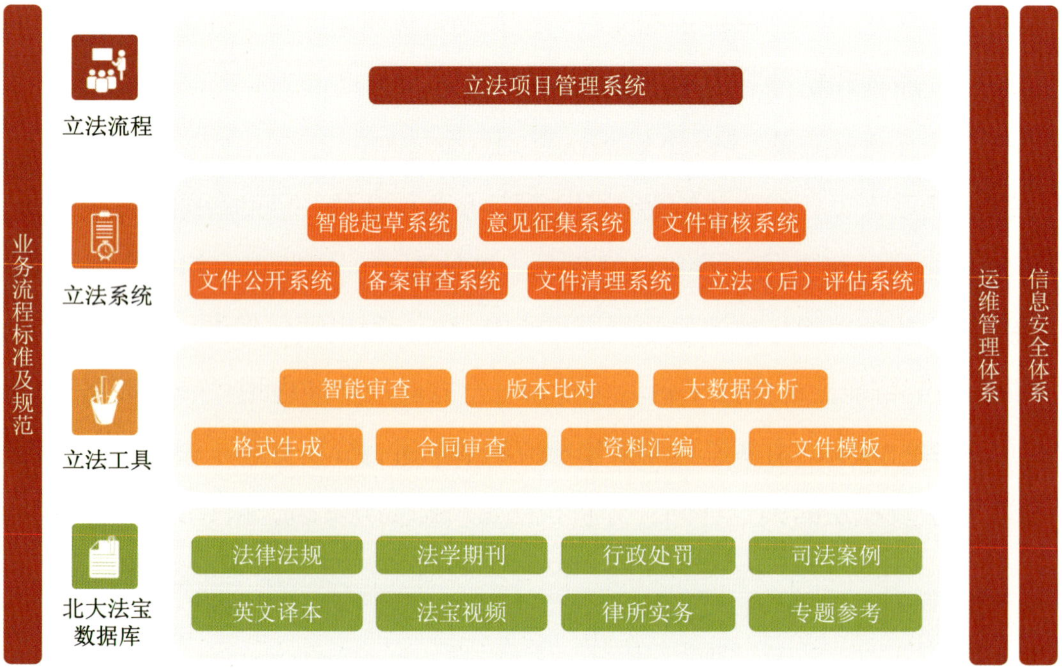

图 3-1　北大法宝智能立法支持平台系统

提高工作效率；七是根据立法流程对公文格式的不同要求，自动调整为相应的文档格式，免去人工操作。

在诸多系统中，“智能起草系统”走出了最契合智慧立法发展方向的探索之路。该系统运用人工智能、大数据分析等现代科学技术，致力于解决立法机关在立法资料收集、立法资料管理和起草法规上遇到的收集费时、整理不全、汇编繁琐、反复查阅等问题。主要的技术应用有以下几方面：一是该系统利用人工智能、大数据分析技术，能够快速收集立法资料系统，辅助立法机关进行立法资料的高效收集，在智能检索方式上支持篇分析和条分析；二是能够一键生成资料汇编，搜集的立法资料可一键收藏，从而直接形成立法资料汇编；三是其建立的立法资料库支持在线浏览立法资料并进行条文备注；四是在线起草文件。该系统支持立法文件的在线起草，起草时可在线参考立法资料，快速形成文本，完成在线起草后能够自动生成立法草案。

（2）科大讯飞备案审查与行政复议全流程智能化系统

本统计年度，科大讯飞开发了智慧合法性审查、备案审查与智慧行政复议全流程智能化系统，目前已在安徽与上海等地投入适用。

“智慧备案审查系统”通过构建审查模型组件，实现新的审查件智能解析处理，并实时向合法性审查人员智能推荐审查点，联想关联法律法规规章，快速定位审查点完成合法性审查。同时，该系统还建立了法律法规及规范性文件知识库，能够实现规范性文件的合法性审查，面向特定区域范围内的司法行政机关共享开放。其技术原理在于，AI 能力平台通过提取 PDF 或扫描件的内容并进行读取，实现行政文件涉及主体等关键内容的抽取，利用标签管理平台结合人工标注形成标签。同时，利用模型生产平台，结合历史审查件进行训练学习，实现审查模型自动生成与组件封装。其中的批注功能支持用户语音输入，还能够标明创建者和创建时间，方便多人协作审查。

“智慧行政复议全流程智能化系统”则通过调用 AI 引擎的图文识别和要素抽取能力，完成对 PDF 或扫描件内容的读取，包括对复议申请书、法人执照、身份证件信息的读取等，从而实现案件申请人、被申请人、复议请求、复议申请的事实和理由、行政文书文号等关键字段内容的抽取，目前已实现收、扫、编、录全流程的电子化、智能化和自动化。智慧行政复议全流程智能化系统主要有三大审核功能：一是对不属于复议的范围进行审核，即对于不归属于复议范围的申请，进行自动提示，辅助受理人员审核；二是对重复申请进行审核，即根据案情描述、案由、申请人等信息进行综合对比，对重复申请信息进行自动识别；三是实现归属地的智能审核，即对于申请归属地不正确的，可以通过语义理解进行标红，辅助受理。基于以上审核功能，审理人还可以通过智能复议听证调解系统，实现笔录自动生成、同步录音录像、远程调查和调解、电子示证质证等。最后，智能生成文书系统能够综合所有信息，进行智能类案推荐，最终形成行政复议文书。

（3）全国人大的标准法律法规库建设

2021 年 2 月 24 日，由国家立法机关联合有关国家机关组建运行的国家法律法规数据库开通上线，免费向社会公众提供法律检索查询服务。该数据库刊载了我国现行有效的宪法及修正案、法律、行政法规、地方性法规、自治条例和单行条例、经济特区法规、司法解释的电子文本。其收录的数据有 WPS 版本和 PDF 版本两种格式，其中 PDF 文本为刊载法律法规文件的国家机关公报版本。国家法律法规数据库是法律法规数据的“国家库”“基础库”，该系统具有很强的权威性和规范性，有利于增强法律法规公开工作的及时性、系统性和便利性。目前，该系统已经实现网页电脑端和手机小程序端同步运行。

3. 未来趋势分析

在数字时代，由于互联网、大数据、人工智能的迅猛发展，立法面临着深刻变革。党的十九届四中全会把完善立法体制机制作为坚持和完善中国特色社会主义法律体系的一项重要任务，强调坚持科学立法、民主立法、依法立法，不断提高立法质量和效率。

放眼未来，首先要充分发挥科技对科学立法、民主立法、依法立法的支持作用，通过大数据对比，评估法律实施效果，总结立法实践经验，推动科学立法；其次，要通过互联网广泛征求民意，通过大数据分析汇总公众意见建议，梳理争议关键点，推动民主立法；最后，要通过智能检索梳理现行法律，防止立法冲突，推动依法立法。但是，科技的运用也会给经济社会生活带来新的风险，需要立法回应科技发展需求，关注科技发展的“双刃剑”效应，及时制定法律、修改法律，发挥法治对科技的引导推动作用，为发展好、运用好互联网、大数据、人工智能保驾护航。[①]

---

① 《“互联网大数据人工智能融入和推动科学立法民主立法依法立法论坛”举办》，https://www.ccps.gov.cn/xwpd/jyky/201911/t20191108_135620.shtml。

（二）国外人工智能立法应用

1. 立法机构转向虚拟议会会议或混合会议

在新冠肺炎疫情背景下，立法机构转向虚拟议会会议或混合会议。虽然各国法治背景不同，但 Zoom、Microsoft Teams、Cisco Web Meetings 和 Google Hangouts 等在线视频会议工具在世界范围内被广泛应用，这保证了立法机关在新冠肺炎疫情大流行背景下依然能发挥立法与监督职责。但是这对传统议会制度和立法机构工作规则产生了冲击，英国、新西兰、巴西、芬兰、拉脱维亚、南非和西班牙均修改了议会规则，以允许举行远程会议。①

2. 立法辅助工具应用更为系统

本统计年度，立法辅助工具发展更为系统，出现了更多的典型应用场景。美国众议院引入了 AI 工具自动化分析法案、修正案和现行法律之间的差异，以使立法人员可以更轻松科学地开展立法草案的准备工作。欧洲议会为促进成员之间的交流，方便欧盟公民了解，与三家技术公司开发自动实时翻译系统，能够实现多种语言的翻译。荷兰众议院运用了 Speech2Write 系统，为其议会报告办公室（PRO）提供将语音转换为文本的功能。南非议会探索使用聊天机器人协助国会议员获取信息，该机器人基于对话界面技术和自然语言处理技术，实现与国会议员的对话并解答相应问题。

3. 立法的透明度和公民参与程度进一步提升

本统计年度，一方面，世界各国通过互联网信息化技术广泛征求民意，梳理立法需求与争议焦点，推动民主立法；另一方面，线上会议也为民众的参与创造了契机，为增加立法透明度提供了新的可能。此外，新的技术应用提升了公众参与的程度和质量。东京国立政策研究大学院（GRIPS）利用日本国会的数据开发智能系统，辅助议会视频搜索，并使用最新的语音识别技术匹配议会视频摘要和官方会议记录。GRIPS 目前正在基于该系统开发语音识别以及音频和视频信息分析的集成系统，将机器学习

① Building the virtual parliament: The state of play at the end of June 2020, Inter-Parliamentary Union（20 July 2020）, https://www.ipu.org/innovation-tracker/story/building-virtual-parliament-state-play-end-june-2020.

和 AI 引入到上下文和视觉信息分析中，以开发文本、音频和视频记录的界面，最终允许自动选择议会辩论的要点。①

4. 技术革新带来的新挑战及其问题显现

信息技术辅助立法工作的同时，也带来了新的挑战。一方面，法律人工智能基础性的技术难题，如自然语言处理、海量数据的标注和精确检索、语音和面部识别和法律知识图谱的构建等均仍未取得实质突破。另一方面，技术的安全性问题也引起关注。② 与此同时，数字技术引发的工作方式的改变也催生了立法人员进行信息化培训的现实需求。

三、人工智能司法应用

（一）中国人工智能司法应用

1. 宏观发展趋势

（1）地域分布

本统计年度新增人工智能司法应用数量为 108 个。具体而言，东部地区新增司法应用最多的省份为广东省，其新增应用数量占比为 22%，新增司法应用最少的是海南省，其新增司法应用数量占比仅为 2%。由于上海市人工智能司法应用建设起步时间较早，建设成果成熟度较高，本统计年度司法应用的进展主要集中在升级和更新包括刑事案件智能辅助办案系统（简称“206 系统”）在内的既有系统上，因此新增应用较少，占比仅为 5%。但在本统计年度，“206 系统”取得了多项进展，不仅为“推进以审判为中心的诉讼制度”提供了新的落地方式，也为公安机关侦查讯问、证据收集等提供了智能方式，极大提升了刑事案件的办案质量。中部地区新增司法应用最多的是河南省，其占比为 35%，新增司法应用最少的是湖北省，占比为 15%。东北地区新增司法应用最多的省份是吉林省，占比为 67%，其次是占比为 22% 的黑龙江省，辽宁省

① Artificial Intelligence: Innovation in parliaments, Inter-Parliamentary Union (February 12, 2020), https://www.ipu.org/innovation-tracker/story/artificial-intelligence-innovation-in-parliaments.

② https://www.itsecurityguru.org/2021/05/06/belgiums-parliament-suffer-ddos-attack/.

新增数量最少，占比为 11%。中部地区和东北地区新增应用总量较少，各地区应用新增数量实际相差不大。西部地区新增司法应用最多的省份是贵州省，占比为 26%；新增数量最少的是青海省，占比仅为 4%，其余各省司法应用新增数量相差不大（见图 3-2、图 3-3、图 3-4、图 3-5）。

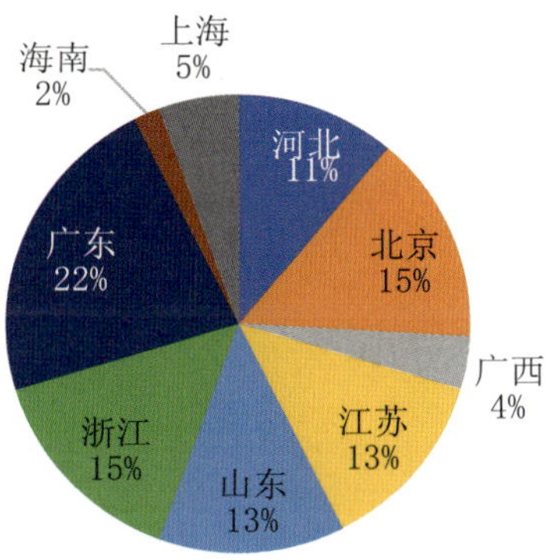

图 3-2　本统计年度东部地区各省级行政区新增司法应用占比

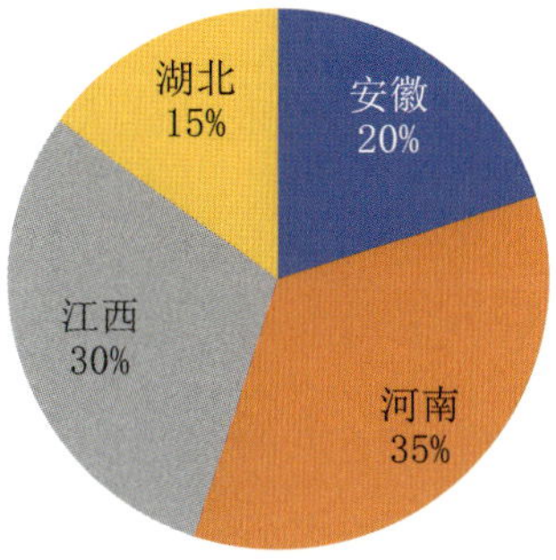

图 3-3　本统计年度中部地区各省级行政区新增司法应用占比

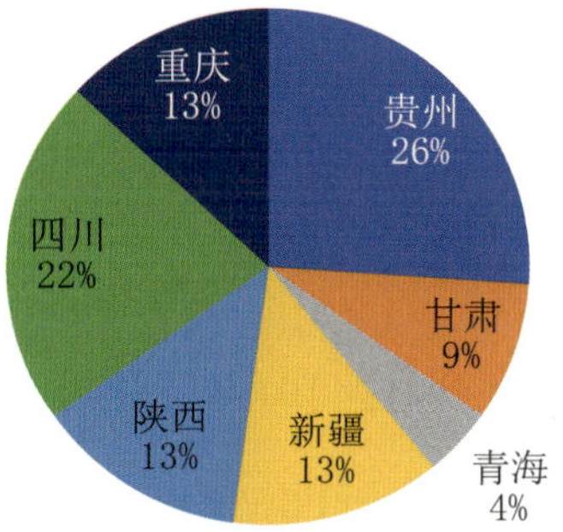

图 3-4　本统计年度西部地区各省级行政区新增司法应用占比

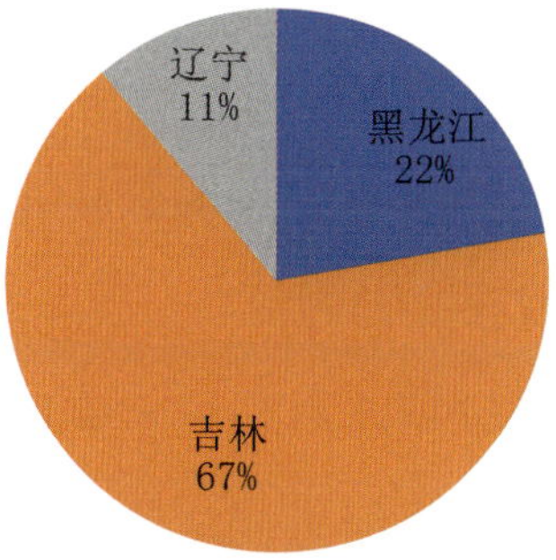

图 3-5　本统计年度东北地区各省级行政区新增司法应用占比

从具体应用开发来看，最高人民法院 2020 年 12 月正式上线了集执行于警端、当事人公众端、代表委员端三端接入的智慧执行 APP，至此，人民法院的执行信息化工作模式已经形成。在东部地区，以经济较为发达的北上广为例，北京市在本统计年度推出金融类案件一体化办案平台、虚拟法庭舱等新的人工智能司法应用，并继续拓展包括“版权链—天平链协同治理平台”“非诉调解平台”等在内的既有司法应用的新适用场域；上海市虽然新增司法应用数量较少，但也在已有的司法应用的基础上深化并建设了司法案例智能检索系统（i-CASE 系统）、“智慧量刑”微信小程序、公益诉讼调查指挥中心、上海法院知识产权案件管理系统等应用；广东省在本统计年度取得了一系列丰硕成果，除一站式诉讼服务建设、“1 中心 3 平台”立审执智慧办案新模式外，还建设了金融智审平台、区块链证据核验平台等新的人工智能司法应用和司法应用孵化器——5G 智慧法院实验室。在中部地区，以江西省和河南省为例，江西省推出一站式多元解纷 e 中心、府院通、集约办案 e 平台等新的人工智能司法应用，河南省新增了区块链存证取证平台、成效可视化平台、5G 全流程多场景智慧庭审系统等。在西部地区，新疆、贵州、甘肃开发了包括“公益诉讼随手拍”、金融类案智审平台等的司法应用以回应解决特殊类型案件的实际需求。

（2）技术分析

延续上一年度特点，5G、区块链、云计算和大数据等技术仍为本统计年度热点技术。除继续深化发展文本处理、语音识别和各类信息数据检索等技术外，较为明显的趋势是，我国人工智能司法应用实现利用互联网技术、云计算和大数据等多种技术的深度综合应用，真正地利用司法大数据和算法推动人工智能司法应用发展。

各类智审平台的建设说明我国人工智能司法应用已经进入深入发展的阶段：截至 2020 年 7 月，上海全市公安机关已经推广适用智审系统；2020 年 7 月，陕西省西安市上线了未央法院金融类案智审平台；2021 年 3 月，广东省新增金融智审平台；2021 年 4 月，利用深度学习算法、区块链和大数据智能分析技术，实现批量化起诉、要素式审判、电子证据比对、异步审理等多种功能的青岛市知产案件智审平台上线……热点技术的应用能够促进司法应用的深入发展，真正意义上实现辅助法官判案，实现司法的效率与公平价值。

（3）场景侧重

本统计年度，受到实践需求以及政策等因素的影响，智慧法院和智慧检务建设依旧是我国人工智能司法应用的重点发展领域。其中，各级司法机关在各类案件中均能使用的通用应用（如语音识别系统、电子证据平台）依旧是发展的重点。但是通过统计数据可以看出，专门领域内人工智能司法应用的建设逐渐成为司法应用发展的新趋势。

在司法应用适用的审判领域，本统计年度出现了适用于审判精细化领域案件的人工智能司法应用，应用的主要领域包括公益诉讼、金融类以及知识产权类案件。其中，新增专用于公益诉讼案件的司法应用占比达总应用的 19%，超过了传统民事与刑事案件新增应用占比的总和；新增专用于金融案件的司法应用占比 9%，与民、刑事案件的新增应用占比相同；专用于知识产权案件的司法应用占比 5%，包括浙江省上线的全国首个“版权 AI 智审”系统，山东省新建的知产案件智审平台等在内的新增专用应用虽然总体数量较少，但依旧能体现出未来发展的专业化趋势（见图 3-6）。

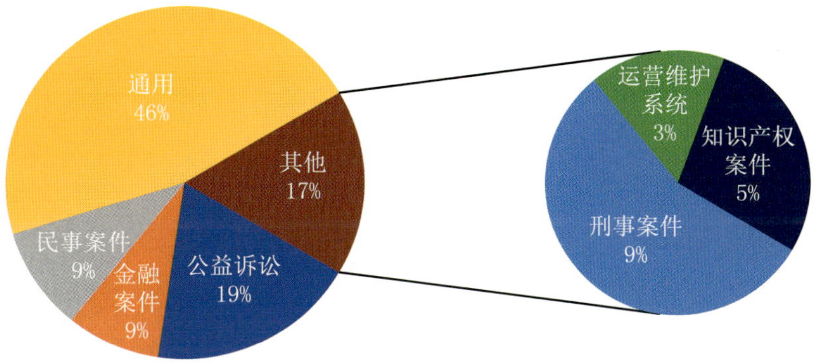

图 3-6　本统计年度新增司法应用案件类型分布

从应用层级上看，新司法应用的开发与适用仍然集中于基层。但相较于上一年度，新增人工智能司法应用不再仅适用于特定层级的司法机关，其逐渐摆脱了单一开发和适用的状况，开始在各级法检平台之间实现共享。

具体而言，本统计年度新增司法应用（法院）主要集中在基层人民法院与中级人民法院。人工智能在最高人民法院、高级人民法院以及互联网法院中的应用较少，分别占新增人工智能总数的 2%、7% 和 5%。本统计年度新增司法应用（检察院）集中在市一级检察院（53%）以及区一级检察机关（36%）。检察机关通用司法应用较前两者数量较少，占比仅为 11%（见图 3-7）。

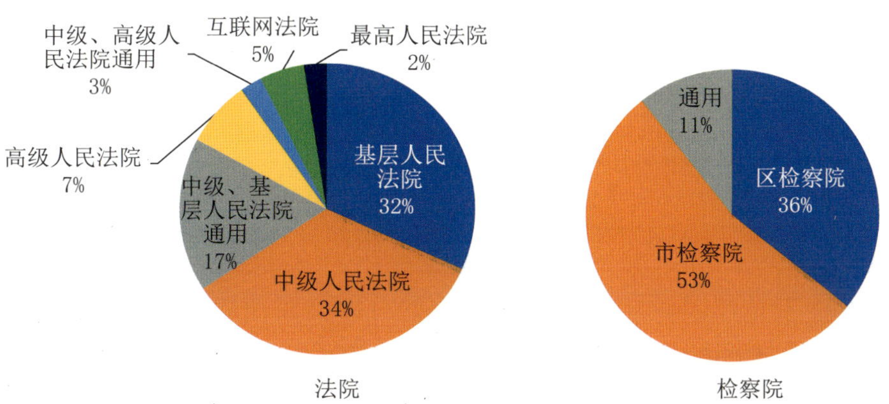

图 3-7　本统计年度新增司法应用层级分布

2. 典型应用

（1）在线庭审[①]

本统计年度，我国在线庭审实现了全国范围内全线铺开，在应用广度上实现了多类型案件的普遍适用。

① 在线庭审在全国范围内全线铺开

我国各法院在线庭审的接入自2020年呈快速爆发式增长。截至目前，我国31个省级行政区（另含新疆建设兵团）的法院均已完成在线庭审的接入。

中西部地区的在线庭审发展势头最为迅猛。从数量上来看，四川省接入在线庭审的法院数量高达213个，是全国范围内接入在线庭审数量最多，也是唯一一个数量突破200的省份。宁夏回族自治区接入数量最少，在线庭审接入数量为29个。东部地区在线庭审发展趋势良好，接入数量最多的为河北省，接入数量为190个，接入数量最少的是天津市，接入数量仅为23个。东北地区法院的在线庭审也已完成全部接入。从统计数据可以看出，我国海南省以及4个直辖市接入数量较低，但数量低并不表示在线庭审发展状况不好，事实上，由于我国直辖市、海南省以及宁夏回族自治区地域面积较小，法院数量也相对较少，因此接入在线庭审数量相对较少（见图3-8）。

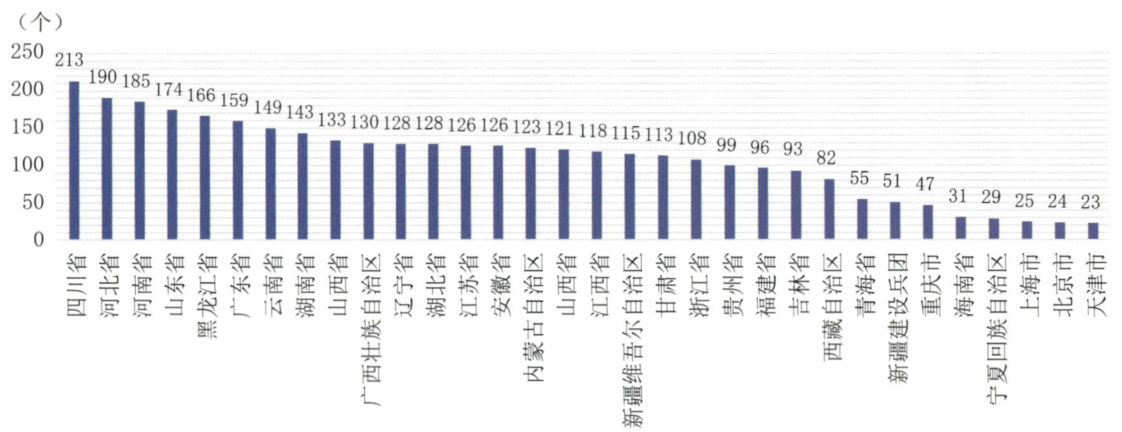

图3-8 我国31个省级行政区（另含新疆建设兵团）接入在线庭审的法庭数量

② 各省市法院在线庭审的应用程度存在一定差异

以各地区（另含新疆建设兵团）累计直播庭审数量为例，广西壮族自治区以累计直播庭审2038458次的数量位于全国首位，高于第二位辽宁省（901710次）和第三位

① 数据来源于中国庭审公开网，http://tingshen.court.gov.cn。

甘肃省（894155次）累计直播庭审数量的总和。累计直播庭审数量最少的依旧是天津市，其直播庭审场次为2895次，是全国唯一没有破万的地区。总体来看，除天津市以及新疆建设兵团之外的各地区直播庭审累计数量均在6万次以上（见图3-9）。

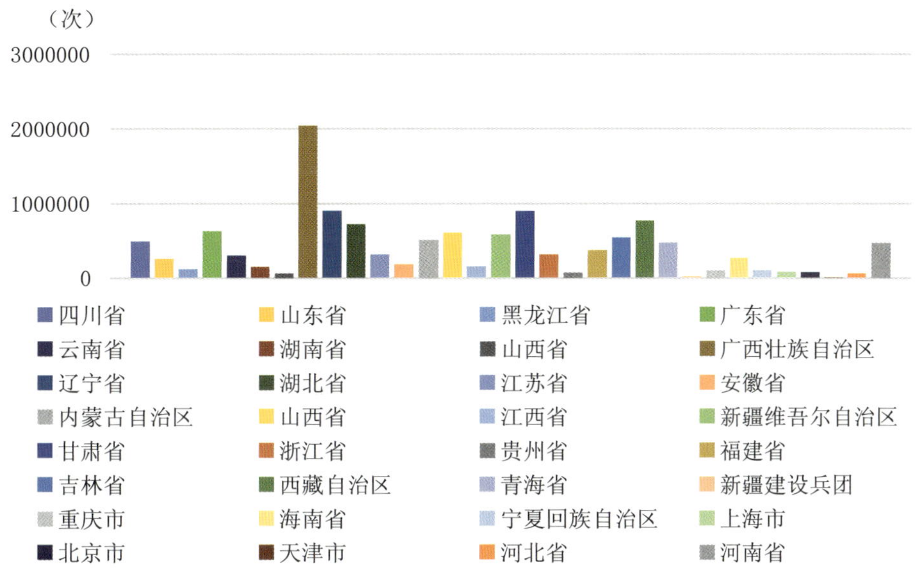

图3-9　我国31个省级行政区（另含新疆建设兵团）累计直播庭审数量

③ 适用案件类型丰富但总体倾向适用于民事案件

在线庭审的前五类热点案件分别为合同、准合同纠纷，婚姻家庭、继承纠纷，物权纠纷，侵权纠纷和危害公共安全类犯罪。其中，前四类均为民事案件，占比最高的合同、准合同纠纷数量高达5596136件，是其他三类民事纠纷数量总和的两倍多。适用在线庭审审理数量最少的为刑事案件中的危害公共安全类犯罪，数量为477040件（见图3-10）。

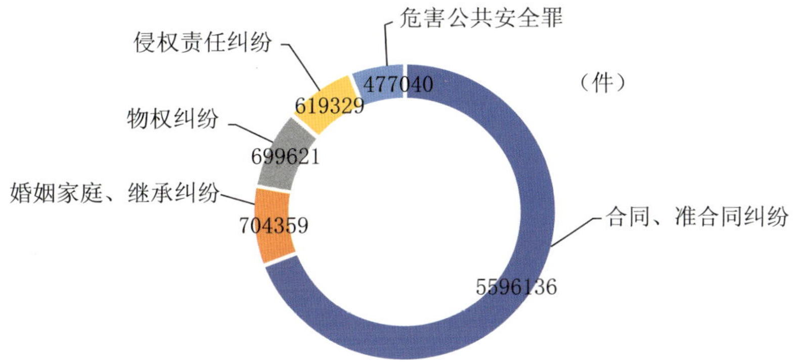

图3-10　我国31个省级行政区（另含新疆建设兵团）在线庭审热点案件前五大类

（2）公益诉讼平台

案源发现难、线索分析难、调查取证难、行动指挥分散等问题一直是困扰公益诉讼发展的重要难题，人工智能为公益诉讼的难题提出了新的解决思路。

目前，公益诉讼指挥平台已在我国初具规模。我国较为成熟的公益诉讼指挥平台在全国已有 14 个：2020 年 7 月，太原市检察院建成了远程办案指挥平台；2020 年 11 月，上海市徐汇区人民检察院为公益诉讼办案工作增添了新引擎——公益诉讼调查指挥中心；2021 年 2 月大庆市建成黑龙江省第一个公益诉讼指挥中心；2021 年 3 月，阜阳市人民检察院建立的公益诉讼指挥中心——阜阳市人民检察院公益诉讼一站式服务平台已搭建成型；2021 年 4 月 1 日，珠海市人民检察院成立公益诉讼检察指挥中心等，公益诉讼指挥平台呈现出向全国普及的趋势。

各指挥中心利用了多种类型的技术，例如，太原远程办案指挥平台利用 4G 执法记录仪、无人机、单兵系统连接远程办案指挥平台，能够实时上传，实时储存音视频影像，实现远程指挥调查取证，防止相关音视频资料因外来干扰因素而灭失；大庆公益诉讼指挥中心架构了数据采集、分析研判、人案调配、实时指挥、进度管控 5 个平台，实现了内部联动、外部联通、案件管控、集中办案及技术支持 5 个功能。

除公益诉讼平台的建立外，各地检察机关通过应用人工智能积极探索拓宽线索来源的渠道，并在 2020 年上线了“随手拍”系列公益诉讼举报平台（见图 3-11）。

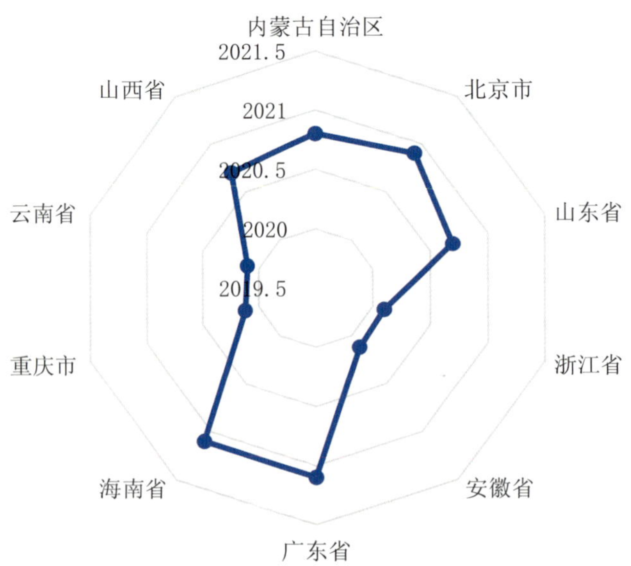

图 3-11　本统计年度新建成“随手拍”时间情况

我国建成公益诉讼平台的省级行政区共 10 个，按建成的时间为先后顺序进行排列，上年度建成该平台的省级行政区包括云南省和浙江省，本统计年度建成的省级行政区包括山东省、山西省、内蒙古自治区、北京市、安徽省、重庆市、广东省以及海南省。①

为落地“随手拍”应用，便利群众实现“随时随地、一键举报”，“随手拍”多用微信小程序进行操作。具体实现方式为通过某检察院官方微信号主页底端加载的“随手拍”入口进行拍照上传，后台自动完成线索分类、识别定位、热点线索关注指示、实时回复举报等功能。用该方式完成“随手拍”的检察院包括有甘肃省人民检察院、湖北省人民检察院、河北省人民检察院、衡水市人民检察院、保定市人民检察院等。通过“随手拍”的适用，达到了让社会公众积极举报案件线索，公众共同维护公共利益的社会价值目标。

（3）区块链电子证据平台

电子证据的应用是人工智能司法应用发展的一个重点关注领域。2020 年，最高人民法院设立的 14 项重大课题中，即有“电子化材料的效力以及裁判生效标准”。在本统计年度，为适配电子证据的适用，人工智能司法应用领域对电子证据平台的开发和应用成为热点。其中，普通电子证据平台的升级版本——区块链电子证据平台新增 5 个（见表 3-1）。

表 3-1　本统计年度新上线的区块链证据平台

地　区	上线时间	名　　称
北京市	2020.09	版权链—天平链协同治理平台
河南省驻马店市	2020.10	区块链存证取证平台
四川省成都市	2020.12	区块链电子证据平台
吉林省	2020.12	电子证据平台
广东省深圳市	2021.04	区块链证据核验平台

本统计年度，社会机构研发的区块链电子证据平台得到深度应用。从中国裁判文书网公开的判决信息来看，社会机构研发的区块链电子证据平台（不包括公证处区块

① 建成月份相同省市按照首字母顺序进行排序。

链系统）被法院采纳应用的主要包括：IP360、易保全、百度取证、保全网、飞洛引、蚂蚁链、至信链。其中，IP360 的证据判例数量达到 475 条，易保全的证据判例数量达到 193 条（见图 3-12）。

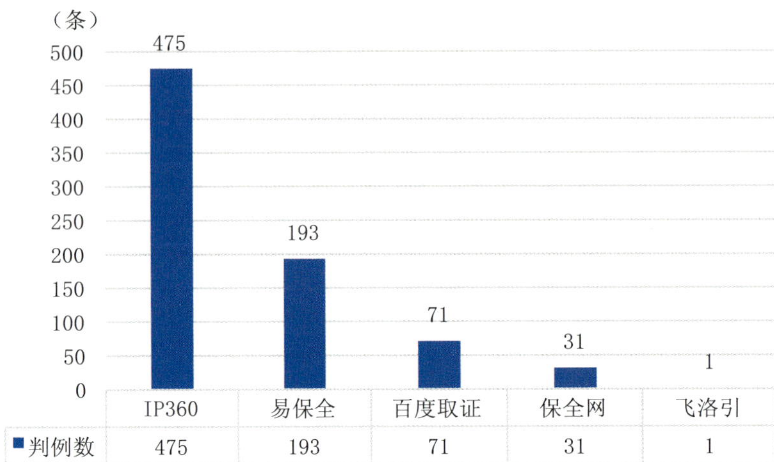

图 3-12　本统计年度区块链证据判例数量①

相较于我国诉讼案件的总量来说，区块链存证数据并不惊人，但一方面，传统电子证据利用的云存证机制在 2020 年的判例数量也仅 540 条（详见图 3-13）；另一方面，以 IP360 为样本，相较于 2019 年中国裁判文书网中适用 IP360 的判例数量仅 180 条，2020 年度 IP360 的证据判例数量已达十倍。可以预见的是，在下一年度，社会机构研发的区块链电子证据平台将超过传统证据平台在法院判例中的适用数量。

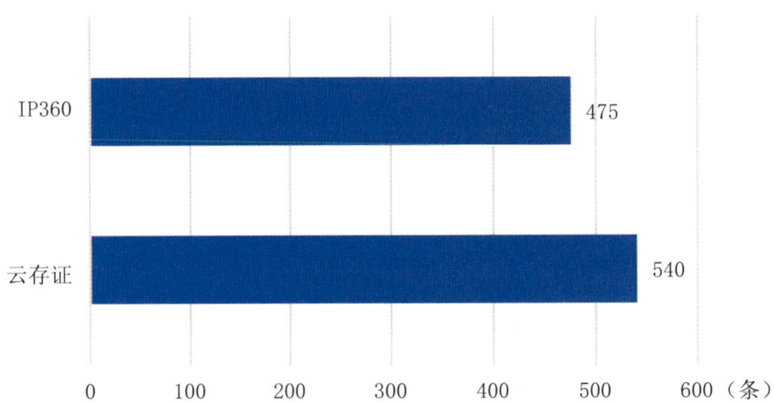

图 3-13　本统计年度使用云存证机制和 IP360 的判例数量对比

① 数据来源于中国裁判文书网，http://wenshu.court.gov.cn。该统计数据除了公证处区块链系统判例，该统计由于人工手动检索，可能存在一定误差。

除三大互联网法院外，传统法院在电子证据平台的自研和适用上也运用了区块链技术，具体包括：吉林省高级人民法院电子证据平台、山东省高级人民法院电子证据平台、郑州市中级人民法院电子证据平台、成都市郫都区人民法院电子证据平台、河南省全省法院适用的区块链存取证平台等。可见，区块链技术将成为电子证据平台应用技术的主流。

另外，在 2021 年 1 月，深圳市中级人民法院将区块链技术与电子数据存证相结合，利用移动微法院的微信小程序打造了区块链电子证据应用——“一点存”①。“一点存”的适用途径为微信小程序，电子证据的存、取证法律服务与微信小程序中的移动微法院结合，这种方式为区块链电子证据平台的发展提出了新的发展目标，相比独立移动终端、电脑端等方式，将更能够实现与全流程法律业务的深度融合。

3. 年度建设特点分析

（1）跨区域协作逐步展开

本统计年度，人工智能司法应用的已逐渐呈现出跨区域协作的趋势。一直以来，受限于经济发展水平和专业人才投入数量，各地人工智能司法应用建设的水平高低不一，呈现出的建设情况基本为各自独立研发并在其省市或该司法机关内部适用。

省级跨区域协作表现在搭建区域协作平台以及帮扶智慧建设两个方面。区域协作方面，上海市、江苏省、浙江省、安徽省联合开启的长三角地区智慧法院信息数据资源共享平台已取得初步成效，目前已经能够实现跨域立案、审判协作、跨域申请执行等服务，化解跨域诉讼服务的差异化问题。2020 年 8 月，青海省、甘肃省高级人民法院制定了合作框架协议，在电子送达文书和信息查询等简单跨区域司法协作方面的基础上，推进全方位、多领域的区域协作方式。两省已开展探索建立委托事项在线协作平台，建立数据共平台，利用人工智能大数据技术便捷两省法院的跨区域司法工作。川渝两地法院完善了跨域立案诉讼服务机制，开展跨域立案、庭审等一体化办案协作，依托信息化平台，实现网上诉讼服务中心有效对接，建立川渝两地一体通办的诉讼服务协作机制，推进案件相关数据信息共享。帮扶建设方面，在最高人民法院信息中心的牵头组织下，2020 年 8 月，赣鄂两地法院实现了帮扶建设，以江西智慧法

① 《区块链存证平台“一点存”上线，创新电子证据服务模式》，人民政协网，http://www.rmzxb.com.cn/c/2021-01-21/2766620.shtml。

院“收转发 e 中心”体系落地为核心，助推湖北法院一站式多元解纷和诉讼服务体系建设。

省内跨区域协作旨在推进分享技术经验以及破除信息壁垒方面。例如，广东省广州市中级人民法院与广东省湛江市中级人民法院于 2020 年 10 月达成合作，两地智慧法院建设将在信息平台建设、软件开发、信息共享方面进行交流合作，分享信息建设的技术经验以及运用大数据和人工智能技术推动司法信息的共享。

（2）微信小程序逐渐成为智慧司法应用的热门底层平台

人工智能司法应用在经过司法实践的种种技术升级后，提升人民使用智慧司法应用的体验度成为我国人工智能司法应用建设的新目标。自腾讯微信团队为满足司法需求，推出“微信加法”智慧司法开放平台以来，[①] 拥有庞大用户数量的微信小程序已经成为我国人工智能司法应用落地的重要渠道。微信小程序操作简洁、便利的特性使得具有诉讼需求的用户体验度得到极大提升。目前，在吸收各地优秀的移动微法院建设成果的基础之上，司法机关通过形式多样的微信小程序助力人工智能法治应用的上线和升级。例如，前述提到的公益诉讼“随手拍”小程序，最高人民法院上线的“中国审判流程信息公开”微信服务号和小程序，广州市司法局上线的“广州智慧普法”以及“智慧矫正”，大连市司法局上线的东北地区首个“智慧社矫”，陕西省上线的“陕西智慧调解”等，都是以微信小程序作为底层平台的。微信小程序的引入极大地改善用户通过互联网接入司法审判活动的体验，让人民群众真正地感受到了智慧司法带来的便利。

（3）科技成果综合助力功能集约型平台落地

随着技术的成熟，部分人工智能司法应用已经可以满足诉讼主要流程的需要。例如，浙江省桐乡市人民法院乌镇法庭的移动微法院、云庭平台、5G 远程视频调解室等一系列司法应用可以实现在线立案、在线庭审、证据数字化等多种功能。

在此基础上，桐乡市人民法院在乌镇法庭于本统计年度启动了“未来智能法庭”的建设，将大数据、云计算、区块链和物联网等新兴技术与人民法庭的各业务场景深度融合，并产生一系列科技成果，使得全流程数字化成为法庭新业态，算力替代

① “微信加法”智慧司法整合多项前沿技术能力，包括人脸识别身份验证、多路音视频通话功能、语音识别功能以及非税费用缴纳功能。

人力成为新常态。[①]通过虚拟法庭、“AI 小智”、云上物证室、“未来智能法庭”移动端等科技成果，“未来智能法庭”能够做到让法官、当事人随时随地进入虚拟法庭进行诉讼，社会公众随时随地进行业务办理的业务接入模式全面开放，能够实现利用“3D+AI+5G+ 物联网”技术还原现场等数字化应用场景、在人工智能辅助下撰写裁判文书等功能……科技成果的综合应用助力功能集约型平台的建设，从而实现功能集约平台由立案到裁判全流程的数字化。

除此之外，广州市中级人民法院于本统计年度正式启用了 5G 智慧法院实验室，并发布了智慧司法应用过程中使用的一系列产品：能够实现纸屏同步、实时传输的 5G 智传笔，能够将实物证据、实体场景等三维建模并实时上云、上链保存的 5G-LIM 系统（法律信息建模）以及能够实现多方开庭、同步质证的 5G 庭审本。[②]作为智慧法院司法产品的孵化器，5G 智慧法院实验室为建立功能集约型平台提供了坚实的基础，其产出的科技成果也能够实现串联诉讼流程的功能。

在人民法院信息化 3.0 版建成，全国检察机关统一业务应用系统 2.0 等大平台逐渐推广的基础上，各地司法机关依托既有或新孵化的科技成果，穿点为线，开始建立汇集司法应用，功能集约的大平台。功能集约型平台能够使这些独立的科技成果依托同一平台连成一个整体，实现司法全流程的数字化，可以预见，功能集约化将会成为平台发展的一大趋势。

4. 未来趋势分析

（1）应用区域全国化

从发展区域来看，目前我国部分成熟的人工智能司法应用在多地区得到普及：智审平台已在 6 个省级行政区设立，公益诉讼“随手拍”已在 10 个省级行政区落地，公益诉讼指挥平台覆盖了 14 个省级行政区，在线庭审于本统计年度完成了全国性地铺开。通过跨区域协作，学习或引进满足司法实践需求的应用，成熟度较高或具有实践应用价值的人工智能司法应用将继续拓宽其应用范围，最终在全国范围内得到

① 《全国首个“未来智能法庭”，为何现身这个小镇？》，浙江新闻，https://zj.zjol.com.cn/qihanghao/101184358.html。

② 《广州 5G 智慧法院实验室发布首批创新成果》，广州日报，https://baijiahao.baidu.com/s?id=1695279567745195249&wfr=spider&for=pc。

普及。

（2）应用载体统一化

人工智能司法应用的载体多种多样，主要包括微信小程序、微信公众号、APP、法院或检察院的现有系统等。本统计年度，人工智能司法应用载体出现了统一化的趋势，其中，微信小程序和法检现有系统应用较为突出：公益诉讼“随手拍”、“智慧社矫”“智慧量刑”等新增的司法应用均依托微信小程序落地和发展；上海市新增的“司法案例智能检索系统”（“i-CASE 系统”）成熟后将作为单独办案模块嵌入 2.0 版检察机关统一业务应用系统；① “法信 2.0 智推系统”在辽宁、苏州、深圳等地法院试用的基础上，开始全面接入全国各地法院现有的电子卷宗办案系统。

可以预见的是，未来人工智能司法应用的载体将更加统一，相比于新增平台或者开发单独的系统，利用现有应用载体能更好实现司法为民的目标。

（3）应用领域专门化

鉴于目前我国人工智能司法应用的通用技术（如文书自动生成、语音智能识别等）已经迈入成熟阶段，下一阶段的重点应当展开对精细化、适用于专门领域的司法应用进行开发，例如推进、完善我国已在萌芽阶段的案件结果预测系统、量刑推荐系统、审判偏离预警等系统。未来，我国人工智能司法应用将从重点研发通用技术转向专门性系统的研发，进行具有指向性、专业性的系统开发，让人工智能在司法中的应用价值最大化，为司法和人民创造更大的价值。

（二）国外人工智能司法应用

1. 美国

目前，PACER（美国公众访问法院电子记录系统）能够一键即时访问超过 10 亿个文件（约为美国联邦法院案件中有关当事方提交的所有电子文件）。

2020 年 6 月 28 日，更新后的 PACER 正式上线。PACER 网站的更新内容指向为提升公众访问体验便捷度，其新增功能主要包括：第一，增加移动端配套功能；第二，升级包括访问、搜索等在内的，指向使用便捷度的功能；第三，联通行政机关数

① 《智能检索系统：指引案例落地　服务司法办案》，中华人民共和国检察院官网，https://www.spp.gov.cn/spp/llyj/202012/t20201226_503653.shtml。

据库。另外，PACER系统在美国大部分州已联通e-Filing系统，实现了法庭信息的数据化。

本统计年度，美国司法部开始研发专用于监控假释者的AI系统，该AI系统的主要实施载体为智能手环，其能够收集佩戴者的压力值和心律等健康信息，这些信息将被用于识别高风险行为、高压状态以及其他困难与再度犯罪关联的个人行为和生理状况，而该系统每隔一段时间就会对收集到的信息进行检查，让系统能够识别出具有高风险再犯罪的人，从而为办案人员提供便利。

在证据方面，美国亚利桑那州的法院系统将在全州范围内使用数字证据中心（Digital Evidence Center）——基于云计算的法庭展示和证据共享平台。通过该平台可以实现在线庭审和证据数字化，进而达成去纸质化和法院流程数字化的目标。作为全美第一个在州法院系统中实施数字证据中心平台的司法管辖区，亚利桑那州将在该技术成熟后将平台推广至其他州。

2. 日本

截至2021年，日本全国有9家法院先行推出了在线庭审系统，这9家法院分别为：东京知识产权高等法院、东京地方法院、大阪地方法院、名古屋地方法院、广岛地方法院、福冈地方法院、仙台地方法院、札幌地方法院、高松地方法院。随后，这一庭审系统逐步在日本推广开来。在线庭审系统使用的是微软公司的Teams平台，其功能包括面部识别功能，远程加入证据程序功能和屏幕共享功能。Teams平台节约了参诉人员的时间，降低了诉讼成本，提高了司法效率，是日本人工智能应用重要的新进展。

3. 其他国家

根据全球的新冠肺炎疫情防控的要求，多数国家采取了线上审判的模式。包括孟买、赖布尔、希萨尔等在内的部分印度地区对电子法院服务系统“E-Court”系统进行了更新。印度尼西亚则开始采用Zoom视频会议平台在网上进行审判。在此期间，由于视频和音频质量差、互联网连接不稳定等原因，有时甚至出现对证人或被告的讯问中断等情况。尽管如此，印度尼西亚法院在虚拟审判方面仍然取得了成效。根据印度尼西亚最高法院的数据来看，2020年3月23日到4月17日，印度尼西亚法院在网上审理了约25000起刑事案件。印度尼西亚最高法院提出计划，至2021年年末，印度尼西亚所有诉讼程序都将可以通过“电子法院”系统进行。同样，菲律宾的线上庭审范围也根据疫情防控要求而扩大了试点范围。另外，孟加拉国、英国、奥地利等国家也在相关需求下，下发了通过视频会议或远程听证的方式进行诉讼的实务指示。

受到新冠肺炎疫情影响，各国被迫加快司法的线上、线下融合发展。线上审判的“云开庭”模式已经正式成为全球人工智能司法应用发展最突出的表现。

四、人工智能执法应用

（一）中国人工智能执法应用

项目组以全国 31 个省级行政区（未包括香港、澳门、台湾）为研究对象，对各省级行政区的政府官方网站、公安厅官方网站和公安厅微信公众号的内容进行数据统计，以包括但不限于“人工智能”“大数据”“云计算”“物联网”“区块链”“5G”为关键词进行检索，对 2020 年 6 月至 2021 年 6 月时间段内，上述渠道报道的各部门人工智能执法应用的情况进行数量统计，建立基础数据库。采取上述方式建立数据库的主要原因有两点：第一，明确检索渠道以统一数据搜索标准，使相关分析能够在同一横切面上反映各省市本统计年度人工智能执法应用的发展情况。第二，贴合新媒体宣传实际扩大搜索渠道，从而夯实数据库信息来源。相较于上一统计年度，本统计年度增加了对各省级行政区政府官方网站和公安厅微信公众号的数据统计。一方面将主体扩大，不局限于公安机关，而是放宽至具有执法权的政府各部门，包括林业、环保、应急管理等多个部门，但由于除公安机关以外的其他执法部门对人工智能技术的应用较少，官方网站与微信公众号不尽周详，故对于这些执法部门的数据主要从政府官方网站中搜集；另一方面着重关注人工智能执法应用最突出的公安机关，目前各公安厅都以微信公众号为宣传主战场，将这一搜索渠道纳入其中，以丰富基础数据库。

本统计年度人工智能执法应用在城市数字化转型方面表现突出，应用主体包括公安、林业、环保、应急管理等多个部门，应用场域主要聚焦于破案打击、治安防控、规范执法、反恐维稳、情报研判和服务群众六个方面，呈现出数据集约共享、技术精细化发展、跨区域合作力度加强的特点。

1. 应用地域分析

（1）东中西部和东北地区应用水平仍有差距

从全国范围来看，本统计年度各省级行政区人工智能执法应用的数量为 161 个。首先，从东中西部和东北地区的分类标准来看，东部地区的实力最强，西部地区次之，中部地区再次，东北地区最弱，该趋势与上一年度人工智能执法应用的情况无异（见图 3-14）。具体来看，最高值 13 为广东省，属东部地区；最低值 2 为云南省、西藏自治区、湖南省和吉林省，前两省（自治区）属于西部地区，后两省分别属于中部地区和东北地区（见图 3-19）。本统计年度东中西部和东北地区人工智能执法应用的发展水平仍存在一定的差距，这也与各地区经济发展状况和长期的技术积累有关，这一现象同样与上一统计年度人工智能执法应用状况趋同。但值得注意的是，相较于上一统计年度，中部地区在人工智能执法应用方面有所发力。

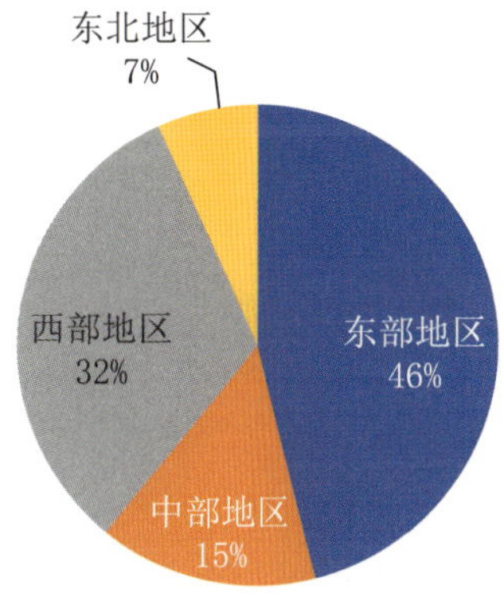

图 3-14　全国人工智能执法应用数量占比分析

（2）依托政策支持部分省份发展势头强劲

相较于上一统计年度，在东部地区，广东省、浙江省、上海市、江苏省、北京市人工智能执法技术发展依然势头强劲（见图 3-15），而福建省、山东省则增长数量突出（见图 3-19）；在中部地区，湖北省、安徽省的应用数量也仍然排名靠前（见图 3-16）；在西部地区，重庆市、贵州省应用数量仍保持优势（见图 3-17），宁夏回族自治区、内蒙古自治区、甘肃省应用数量的增长尤为突出，均从上一统计年度的数值 1 增长到本统计年度的数值 6，并列西部地区第一（见图 3-19）；在东北地区，辽宁省增长数量突出，应用数量和增长数量均位列东北地区第一。（见图 3-18）

部分省份技术数量相较于上一统计年度有所突破，特别是内蒙古自治区、宁夏回族自治区和甘肃省，究其原因，其背后的巨大推动力来源于相关政策和跨区域合作的推动与支持。2020 年 10 月，内蒙古自治区党委、人民政府印发《关于加快推进“科技兴蒙”行动支持科技创新若干政策措施》，同年科大讯飞落户呼和浩特，成立“北疆蒙古语人工智能产业研究院”，快手首个超大规模数据中心“快手智能云大数据中心”落地乌兰察布；而宁夏回族自治区依托国家大数据中心示范区的优势，2020 年

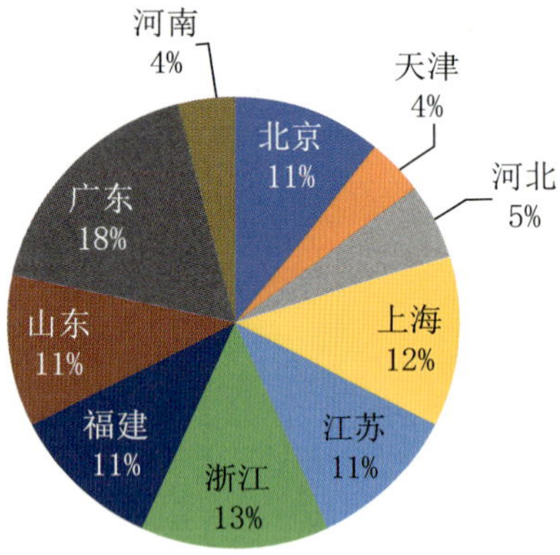

图 3-15　东部地区人工智能执法应用数量占比分析

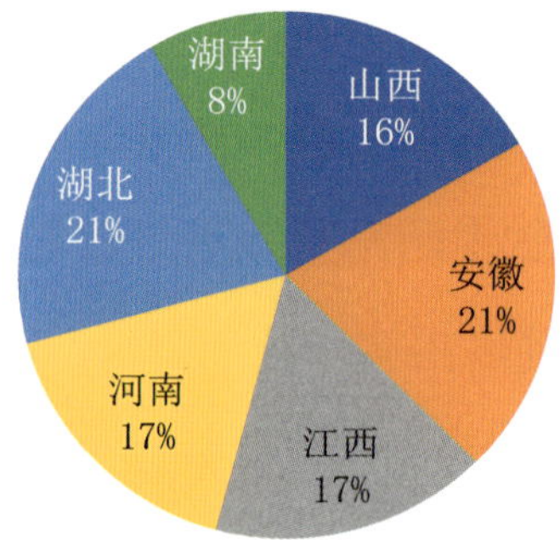

图 3-16　中部地区人工智能执法应用数量占比分析

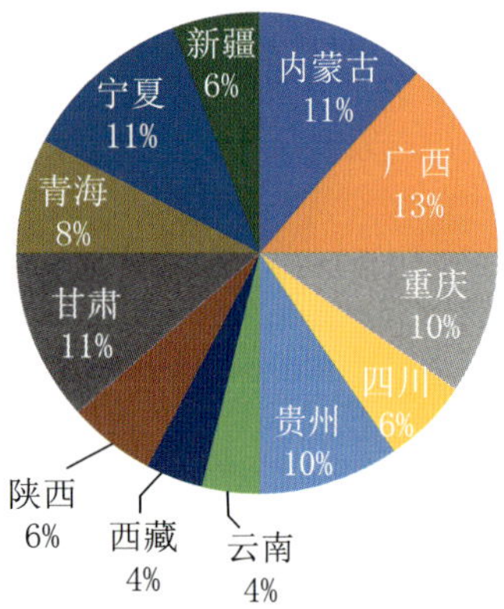

图 3-17　西部地区人工智能执法应用数量占比分析

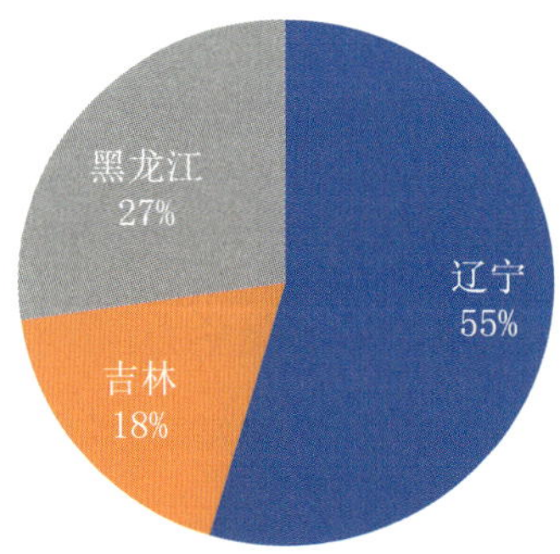

图 3-18　东北地区人工智能执法应用数量占比分析

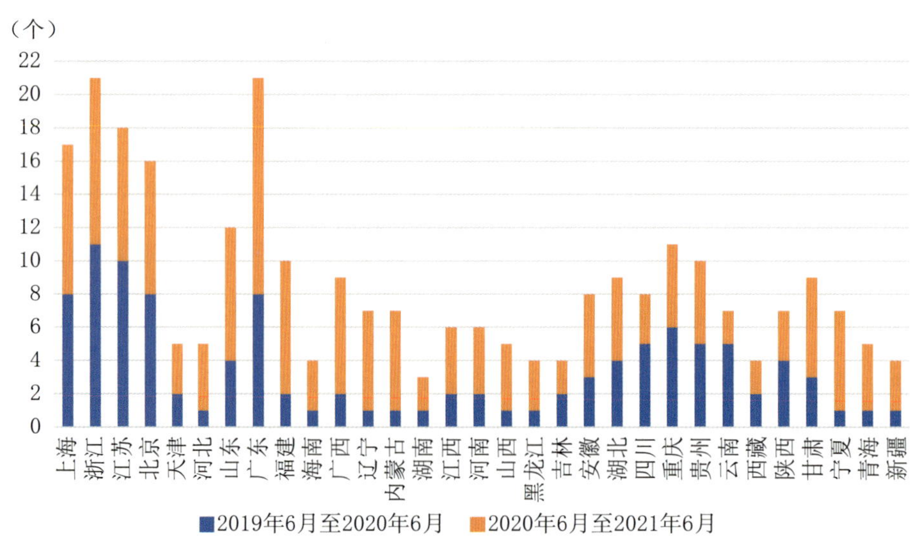

图 3-19　上一统计年度人工智能执法应用与本统计年度人工智能执法应用数量比较

10 月，宁夏回族自治区公安厅刑侦总队与中国刑事警察学院、上海市公安局刑警总队共建“东北、华东、西北公安大数据技术应用创新中心”，充分利用地处中国陆地几何中心的地理优势，挖掘数据郊区的潜能，借鉴发达地区的先进经验以发展人工智能执法技术；2020 年 9 月，甘肃省政府发布《甘肃省“上云用数赋智”行动方案（2020—2025 年）》，同年 11 月在兰州举办甘肃省智能制造产供销对接会，围绕加快人工智能及智能机器人在智慧政务、智慧党建、智慧医疗、智慧教育、智慧旅游等领域的广泛应用，助力全省人工智能产业发展转型，加速推进人工智能技术与产品落地应用，共计签约企业 200 多户、项目 100 多个。由此可见，政策支持是影响人工智能产业与执法应用发展的主要因素。

2. 应用场域分析

从应用场域来看，本统计年度人工智能执法应用主要涉及破案打击、治安防控、反恐维稳、规范执法、情报研判、服务群众 6 个场域，在这 6 个场域下又有不同的具体场景，其中又以治安防控、规范执法所囊括的子场景最多。治安防控场域下包括安全检查、报警处理、城市管理、高空抛物、交通执法、戒毒干预、犬只管理、网络监管、小区安防、校园安全、疫情管理、应急管理 12 个具体场景（见图 3-21）；规范执法场域下则包括案件辅助、规范接警、非羁押人员管理、交通事故处理、律师会见、提讯管理、执法监管、智能审讯、智能监考 9 个具体场景（见图 3-24）。此外，不同场域的应用主体主要与其业务职责相关，其中公安机关因其执法业务覆盖面较广，其应用数量也最多，环保、水利、林业、应急管理等部门结合其业务职责也有一定的应用，如将人工智能技术应用于森林管理、抢险救灾、长江水域监控等。由此可见，多场域、多场景、多主体的应用特点与政府各部门业务的广泛性具有关联。治安防控、服务群众、规范执法领域位列前三，分别占比 39%、27%、16%，累计占比达 82%（见图 3-20）。

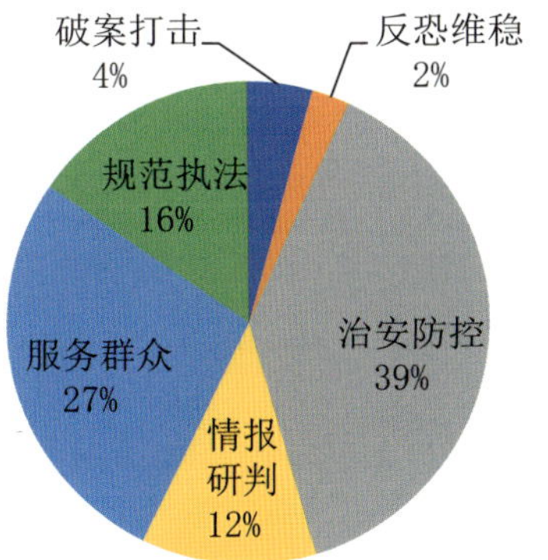

图 3-20　人工智能执法应用场域占比分析

（1）治安防控场域以城市管理、交通执法为典型

人工智能在治安防控场域的应用有 12 个子场景，排名前三的是城市管理、交

通执法和小区安防（见图 3-21）。首先，“十四五”规划的要求与城市数字化转型的迫切需求使得城市管理场景的应用数量增加。“十四五”时期，数据作为新的生产要素，人工智能作为新的生产力，云计算作为新的生产工具，将助推城市数字化转型，所以城市管理场景的突出表现离不开城市数字化转型的时代趋势。本统计年度城市管理应用场景已在 17 个省级行政区落地（见图 3-22），覆盖全国省级行政区过半数，已经成为未来人工智能执法应用发展不可逆的一个趋势。城市数字化转型涵盖城市生产、生活、生态等方方面面，包括经济数字化、生活数字化、治理数字化等领域，其首次被提出是在 2021 年 1 月上海市委、市政府发布的《关于全面推进上海城市数字化转型的意见》中。人工智能在城市管理场域的应用大多集中在东部的省级行政区（见图 3-22），由此可见，特大城市、超大城市对城市数字化转型的需求更为迫切。

其次，交通执法场景在各省级行政区的应用也比较广泛，在 13 个省级行政区已有相关实践（见图 3-23），其目的主要是为了优化非现场执法。结合上一统计年度的应用统计，交通执法场景的应用几乎已经覆盖了全部省级行政区，本统计年度主要是各省级行政区对交通执法场景下技术的纵深化发展。人工智能技术在交通执法场景应用较广的原因有两点：一是在于其适用性强，入门门槛较低，可将其作为人工智能执法应用的试点领域；二是随着机动车保有量的不断增加，交通执法场景对人工智能技术的要求也会越来越高，目前已能实现人工智能自主学习从而进行路权的自动分配。

（2）规范执法场域强调执法程序受到监督

规范执法场域以功能进行区分，可分为网格化执法巡查系统、智能执法办案系统、市场信用评价系统、可视化调度指挥系统、执法监督考核系统、执法云存证系统、大数据分析研判系统、互联网公示平台、执法专项应用系统九个方面。从应用场景来看，排名前三的是执法监管、案件辅助和智能审讯（见图 3-24）。首先，执法监管场景主要是对公安机关接处警、受立案、涉案财物管理、执法办案等全流程的监督，其一方面使得执法流程透明化、清晰化、数据化，另一方面也通过评价机制的运用提升执法办案质量。其次，案件辅助场景强调公检法司刑事办案信息数据的互联互通、一网运行，从打击犯罪到司法审判都能实现智能辅助办案。最后，智能审讯则实

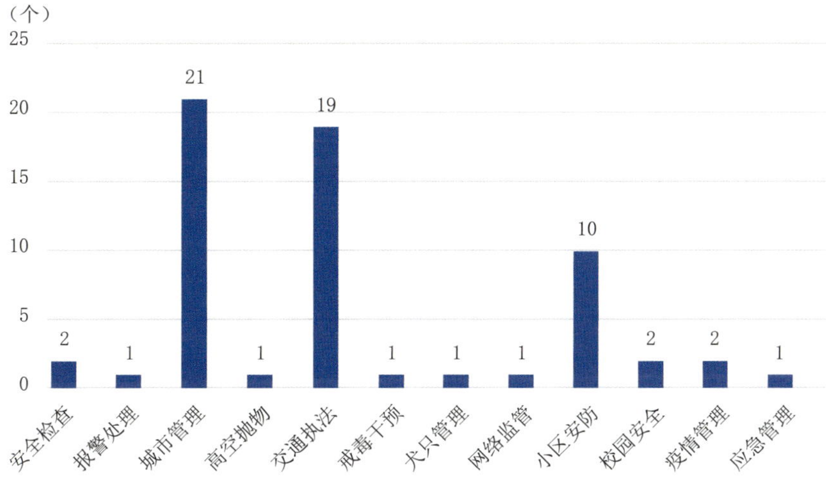

图 3-21　治安防控场域的具体应用场景

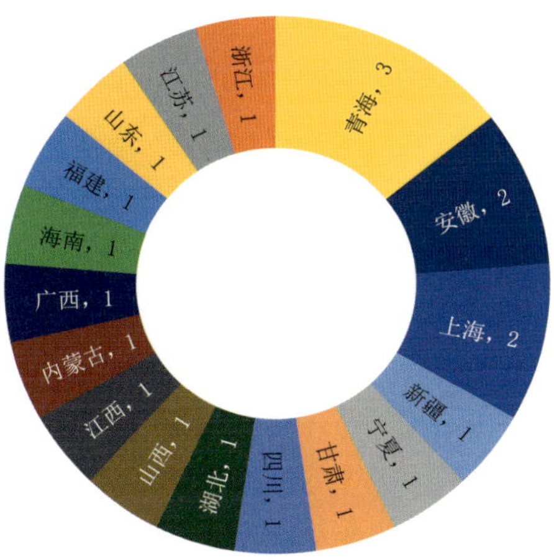

图 3-22　城市管理应用场景的数量分布

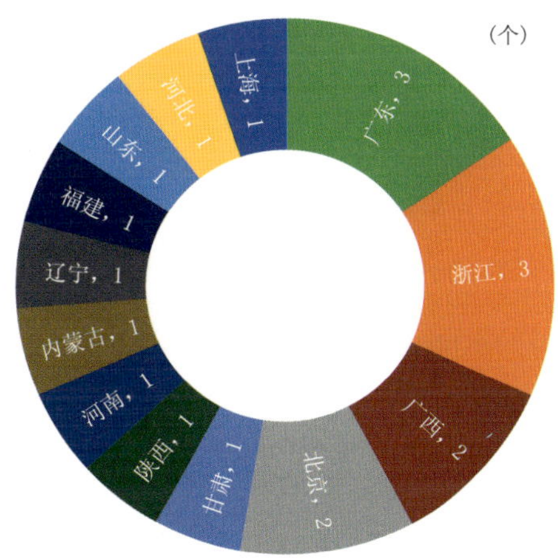

图 3-23　交通执法应用场景的数量分布

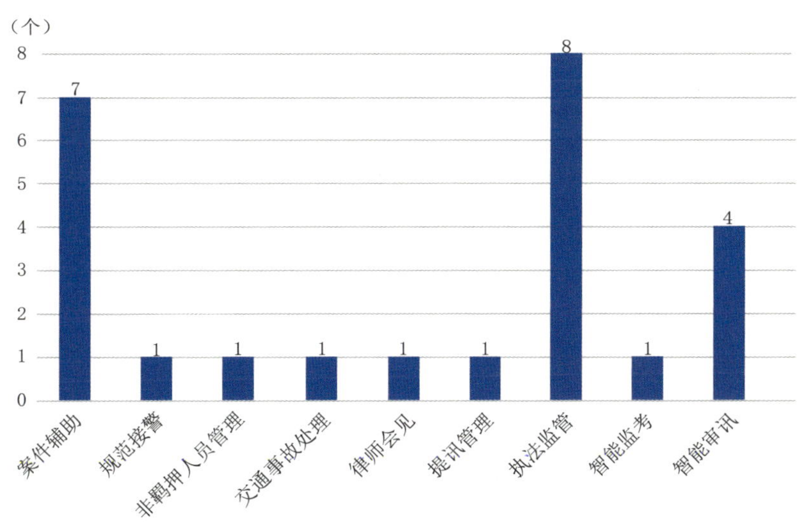

图 3-24　规范执法场域的具体应用场景

现了受害人无接触式询问、身份识别、自然语言识别、在线视频示证等功能，使得公安机关在审讯过程中能够快速地获取与案件相关的基本信息，提高审讯工作的效率。由此可见，人工智能执法技术的应用不仅仅体现在公安机关对交管治安等领域的主动管理，还体现在公安机关受到人工智能技术的监督。

（3）服务群众场域聚焦“一网通办”

人工智能技术在服务群众场域的应用主要表现在各省级行政区对“一网通办”服务事项的增加和对服务质量的提升。本统计年度全国31个省级行政区均已建立省级“一网通办”平台，不少省级行政区早在2年前就已建成“一网通办”平台，本统计年度只是对其进行升级，如扩大服务事项的覆盖面、增加服务事项的数量、扩大“一网通办”的平台应用渠道，从电脑端、APP客户端扩展至微信小程序、支付宝小程序等端口。通过对各省级行政区官方政务服务网站的服务事项进行统计，可以看出，目

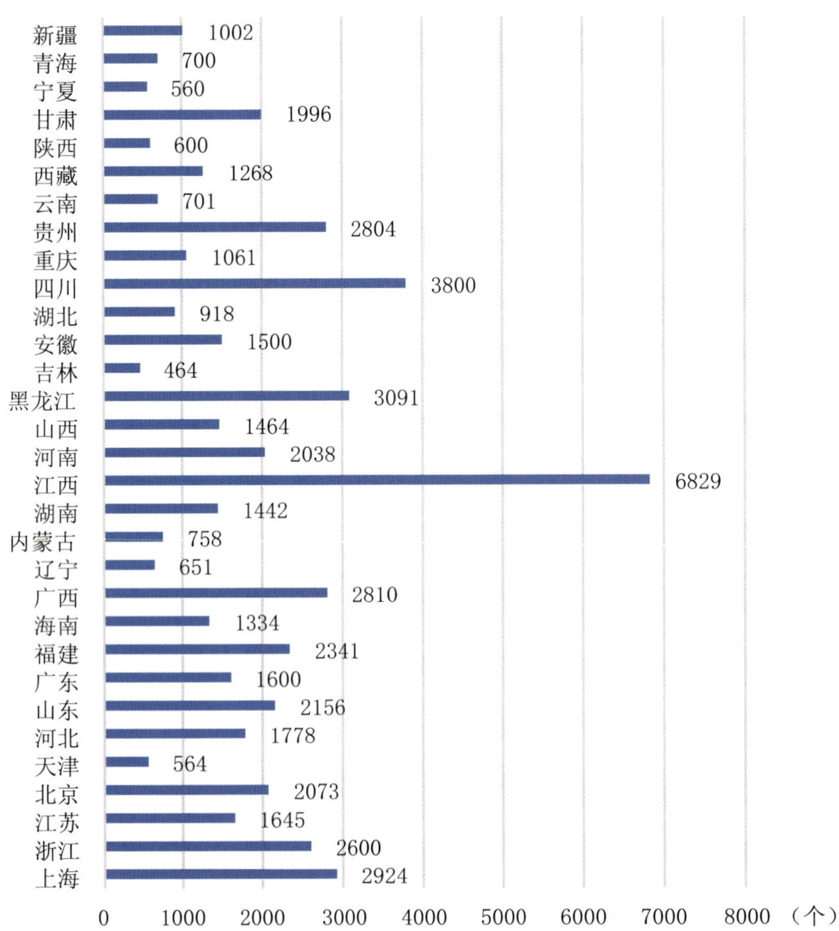

图3-25 31个省级行政区“一网通办”平台服务事项的数量统计

前“一网通办”平台服务事项的数量已较为庞大、初具规模（见图 3-25）。[①] 此外，“一网通办”跨省、跨地区的合作也在不断深化。上海、江苏、浙江、安徽长三角“一网通办”，“京津冀 + 雄安（3+1）”政务服务协同发展平台，泛珠三角区域“跨省通办”，四川、重庆、云南、贵州、西藏西南五省（自治区）市（直辖市）“跨省通办”目前正在逐步推开。长三角“一网通办”已实现 65 个服务事项跨省通办，覆盖长三角地区 41 个城市的政务服务中心；“京津冀 + 雄安（3+1）”政务服务协同发展平台已实现 178 项便民服务跨省办理；泛珠三角区域“跨省通办”可一站办理广东、广西、海南、湖南、江西、湖北、福建等地共 470 项政务服务事项。

3. 技术侧重分析

（1）执法应用技术从平面化向纵深化发展

本统计年度人工智能法治应用的技术种类并无较大变化，仍然集中于大数据、云计算、人脸识别、知识图谱分析等，但技术的纵深度与精细度大幅提升。在交通执法领域现已达到动态与静态相结合的管理，路网可计算、人车可测量的精细化发展模式已初步实现。情报研判则进一步推动人工智能执法技术的应用由被动处置到主动发现转变，例如公安部经侦局与上海艾匀科技研发的“追迹者”平台能够追溯资金来源、发现资金用途、找出资金规律、追踪资金流向，从而实现高质量数据清洗、精准资金穿透、高效率数据分析及导向式研判；江苏省政府、南京市政府与南京大学研发的长江“生态眼”能够通过精准的数据采集和智能分析模型计算，实时掌握长江水质状况，有力监管沿江排口管理、流域污染溯源、岸线清退整治、绿化进度等；重庆市公安局研发的“瞭望者”高空抛物智能预警监控系统集成了主动抓拍检测、自动现场取证、集中展示和实时预警的功能，当物品下落时，系统会自动生成一张抛物线的全景图和一段 10 秒左右的抛物视频，现场定位出抛物位置，追踪下落轨迹。

（2）执法应用从感知智能向认知智能转变

人工智能一般分为计算智能、感知智能和认知智能三个层次，计算智能是快速计

① 江苏省、北京市、山东省、广西壮族自治区、内蒙古自治区、黑龙江省、吉林省、西藏自治区、新疆维吾尔自治区的服务事项数量统计由于官方网站没有明确的报道，所以该数量由政务服务网站中的“个人事项”与“法人事项”的数量相加得出。除此之外，其他省级行政区的服务事项数量均为官方网站的明确报道。

算、记忆和储存的能力；感知智能是对自然界具象事物的识别与判断能力；认知智能则强调的是理解、分析能力。计算智能已基本实现，以视、听、觉等识别技术为目标的感知智能也取得突破，目前已进入认知智能的探索阶段。知识图谱作为认知智能的底层支撑技术，通过对海量结构化和非结构化的数据进行知识萃取并关联形成网状知识结构，帮助人工智能实现理解与解释，这为人工智能执法应用更好地挖掘关系、统计数据提供了可能（见图 3-26）。例如湖北省公安厅、武汉市农业农村局和市场监管局研发的打击非法捕捞犯罪信息化平台，通过该平台不仅能够了解武汉全市渔民、渔船、餐饮场所、涉渔警情等 20 多项信息，还能实时查看全市各水域视频监控画面并进行预警，并且能及时预警可能存在非法捕捞犯罪风险的高危人员和高危行为，实现大数据分析研判。

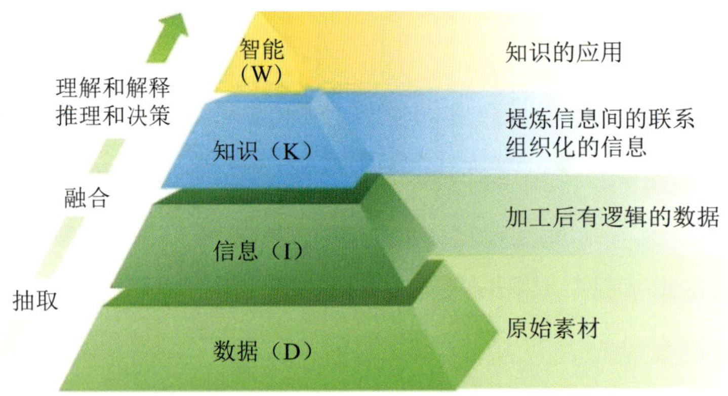

图 3-26　知识图谱技术将数据映射为智慧的过程[①]

（3）智能语音技术垂直领域应用加深

智能语音技术是实现人与机器以语言为纽带的通信，随着近场语音识别准确率提升、远场语音识别和唤醒发展、基于自然语言处理（NLP）的对话和回答能力逐渐成熟、知识图谱技术助力对话引擎以及针对实际应用中的算法优化，智能语音技术的应用场景和实现功能逐渐增多。例如，北京市公安局研发的“大数据智能审讯”系统，做笔录时无需打字或者只需输入少量文字，问话时会自动推送审讯策略，帮助公安干警与违法或犯罪嫌疑人员“斗智斗勇”，可自动检测错别字、问话不全、交

① 《2020 年面向人工智能新基建的知识图谱行业白皮书》，艾瑞咨询，https://www.iresearch.com.cn/Detail/report?id=3692&isfree=0。

叉签名等常见问题，保障笔录文书质量；陕西省安康市公安局研发的“执法办案管理中心智能化管理平台”，建立了智能笔录、智能语音转写模块，实现了语言自动识别、笔录自动生成、法律智能检索、处罚智能裁量，以智能辅助促进执法办案提质增效。

4. 发展特点分析

（1）平台搭建从省内数据共享到跨区域深度合作转变

本统计年度数据融合共享程度提高，从省内共享向跨区域共享转变。以“一网通办”平台为例，跨区域数据集约合作进一步加深。在东部地区，以长三角政务服务一体化、“京津冀 + 雄安（3+1）”政务服务协同发展平台和泛珠三角区域“跨省通办”为典型。在东北地区，以黑龙江与吉林政务服务事项“跨省通办”（哈长城市群区域通办服务专区）为典型。在西部地区，以“川渝通办”，四川、重庆、云南、贵州、西藏“跨省通办”和新疆、甘肃、青海、陕西“丝路通办”为典型。此外，东中西部和东北地区的合作也在不断加强，冀鲁豫三省五县“一网通办”，晋陕豫黄河金三角区域政务服务“跨省通办”，重庆、贵州、陕西、湖南、湖北环渝省份跨省市公安政务服务通办机制也在逐步推进中，“东北、华东、西北公安大数据技术应用创新中心”的建成更是打通了东西部合作的任督二脉。

（2）技术发展以业务实践和法律需求为导向

不同省级行政区的人工智能执法应用与当地的业务需求和重点工作紧密相连，例如云南省瑞丽市靠近边境，境外输入疫情防控压力大，瑞丽市政府、云南省人工智能重点实验室与小语智能信息科技（云南）有限公司研发的东南亚语言智能翻译机能够直接实现中文和缅文之间语音、文字的自动翻译，为当地公安机关开展疫情防控提高了效率；南京市、湖北省位于长江沿岸，长江“生态眼”、打击非法捕捞犯罪信息化平台为长江沿岸的生态保护提供了智能监管。此外，在法律与政策的双重影响下，图像识别、数据分析的能力以法律需求为导向进一步增强。例如《民法典》关于高空抛物的规定使得高空抛物监控系统得到发展；《长江保护法》的出台使非法捕捞监管系统的分析能力得到提升；“十四五”规划关于城市管理的内容使得城市数字化转型进一步加快；《上海市非机动车安全管理条例》的出台使得交通执法场景的人工智能技术应用由机动车扩展至非机动车。

5. 典型应用

（1）城市治理数字化平台

我国城市存在巨大的存量治理和精细化发展需求，随着城市公共管理的数据来源不断扩大，城市大数据平台也逐渐发展成为多方共建共用共享的大数据平台。在充分运用知识图谱技术的基础上，将分散的数据资源联通共享，从而对政务数据和社会数据进行深度挖掘，最大化发挥数据要素的效能（见图 3-27）。

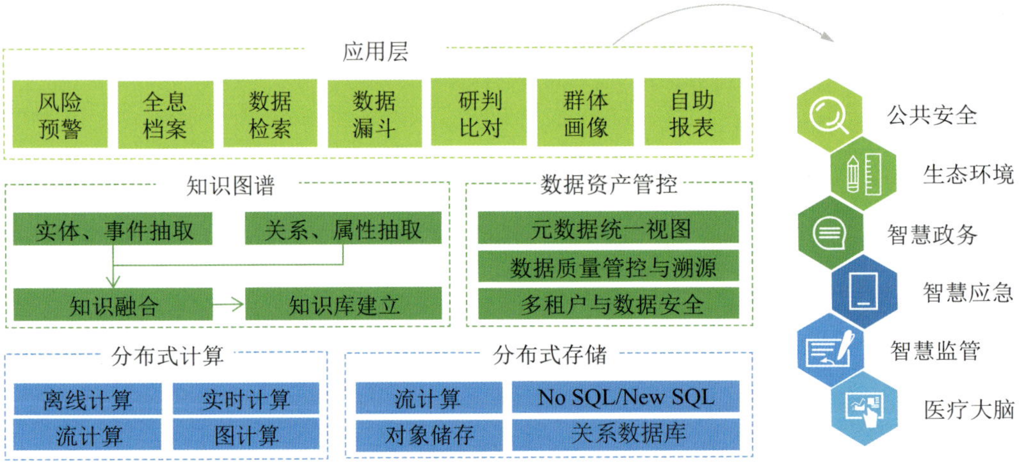

图 3-27 城市治理系统的技术运用

上海城市运行“一网统管”创造性推出一套较为完整的城市运行基本体征指标体系，将城市运行数据分成了三大类：第一类是“获得感”数据，主要包括菜篮子、米袋子、水电煤气等基本民生保障类，包括巡查价格是否平稳、供应是否充足、负荷是否超标、网速宽带使用是否正常等；第二类是“幸福感”数据，主要包括陆海空出入口的实时变化情况、市内交通畅通与否、景区密集程度等；第三类是“安全感”数据，主要包括各类突发性事件、热线情况。遍布上海的 560 多万个物联感知设备，无时无刻不在监测建筑物、道路、供水、电力、燃气、环境等基础设施动态情况，实时回传数据，一有异常立即告警，迅速调度力量处置。①

江苏省南通市基于京东数科“智能城市操作系统”建成了全国首个市域治理现代化指挥中心，该中心打破数据孤岛，汇聚南通市 64 个部门、10 个县市区数十亿量级

① 《2020 年面向人工智能新基建的知识图谱行业白皮书》，艾瑞咨询，https://www.iresearch.com.cn/Detail/report?id=3692&isfree=0。

的数据。该系统开发了1张总体态势图和16张专题图，助力城市管理者对城市运行的方方面面实现“一屏统揽”。目前，指挥中心在“数据融合强应用”方面建设了包括危化品全流程监管系统等一批全市域、跨部门的创新应用。

（2）智能安防小区

作为社会治理的“最小单元”和“末端细胞”，居民小区直观体现了社会治理的成效和人民群众对平安的感知程度，而“智能安防小区”则成为推动社会基层精细化治理的重要抓手。

上海市公安局研发的智能化小区防范和服务系统，能够全方位地保障小区安全。例如通过智能安防系统的“关键字查找”功能，能够迅速确定车位被占的车主信息；依托“关键字抓取”功能，民警能够很快通过公安网查询联系到老人家属并上门查看，帮助突发疾病的老人化险为夷；独居老人的情况可被录入智能安防系统终端“关注标识”，只要其持续一段时间未出门，系统会推送信息提醒社区工作人员和民警上门核查，而未录入信息的人员连续多日出现在小区，同样会主动提醒，有效预防小区内侵犯财产类违法犯罪案件。本统计年度上海市公安局已在1万余个居民住宅小区、3400余栋商务办公楼宇完成智能安防建设，90余万个安防感知“神经元”时刻关注着治安态势的风吹草动。

浙江省嘉兴市嘉善县公安局研发的“智安小区”平台，集人脸识别、车牌识别、电动车防盗识别、重点部位巡更、小区公共视频、家庭摄录一体机、APP信息传送等功能为一体。按照“分类整合、逐级汇聚”原则，嘉善县将全市“智安小区”采集的所有数据汇入市公安局的大数据池。同时研发了基于大数据生态框架的“物联网应用”“视频一体化”“人像慧视”三大主平台。在小区内部和社区警务室均设立小区智控二级平台，并连接市镇两级综合指挥室，对小区整体社情、警情进行实时智能预测预警。

6. 未来趋势分析

（1）“5G+AI”技术红利将满足执法应用中的超高清视频需求

5G的无线化、大宽带、低延时，将推动超高清视频在采、编、传、写各环节技术的创新，人工智能技术则可通过深度神经网络对视频画面内容进行感知，从而增强画质，提升视觉效果。超高清视频能在画面中呈现更多细节特征，弥补恶劣天气等环境缺陷，真实还原细节，为执法应用的纵深化发展提供有效手段。

（2）叶脊网络架构将促使执法大数据中心分析能力增强

执法大数据中心的建成使数据融合进一步加快，但如何提高其利用率、可用性是未来面临的问题。从数据处理来看，数据的标准化将成为数据优化的主要方面。从技术趋势来看，网络架构将从树形架构到胖树架构再到叶脊架构转变。在传统的树形架构中，带宽逐渐收敛，“根”部成为瓶颈；随着计算规模的扩大，胖树架构产生，数据中心演变成三层架构；但由于数据中心中东西向流量的增多，胖数结构仍容易导致阻塞，于是更加扁平化的叶脊架构应运而生，将成为未来数据处理网络架构的方向（见图 3-28）。叶脊架构更偏向于网状化，由 ECMP（Equal Cost Multi Path）动态选择多条路径，从而使带宽利用率更高、扩展性更好、安全性与可用性更强，执法大数据中心采用叶脊网络架构将使数据分析与情报研判的效率更高、能力更强。

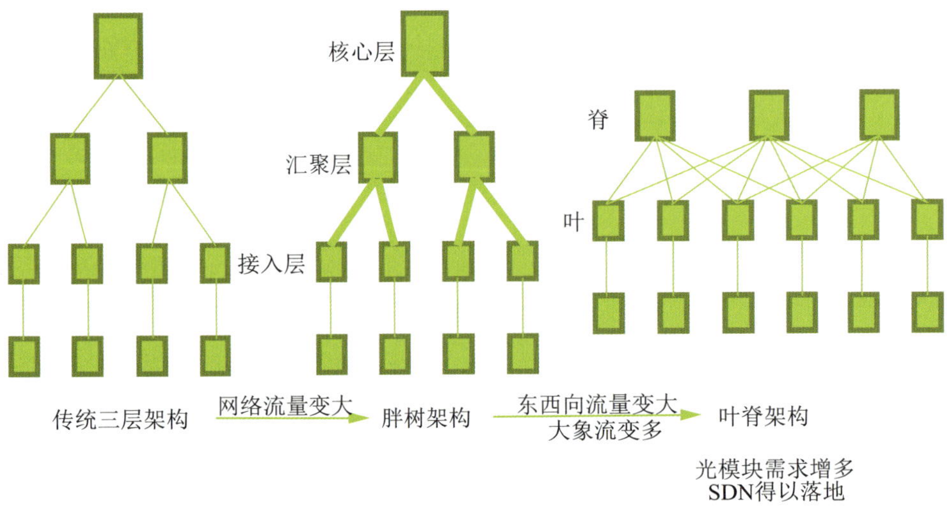

图 3-28　数据中心网络拓扑结构变化①

（3）联邦学习将助力执法数据融合与公民隐私保护

机器学习的核心价值是通过特定算法分析已知数据，识别隐藏在数据中的可能性，并基于此独立或辅助使用者进行预测与决策。但在目前的人工智能执法领域，数据孤岛现象还没有完全破除，且由于数据隐私与安全保护的要求不能随意收集。联邦学习架构的发展将解决这一问题，通过安全多方计算、差别隐私、同态加密技术为模

① 《2020 年中国数据中心行业研究报告》，艾瑞咨询，https://www.iresearch.com.cn/Detail/report?id=3699&isfree=0。

型提供隐私保证，不改变数据存储的基本实现方式，仅是改变不同人工智能模型之间的协作模式（见图 3-29）。这一架构将从技术层面上为破除数据孤岛现象提供路径，使执法数据能够在最大限度保护公民隐私的前提下实现执法大数据的融合。

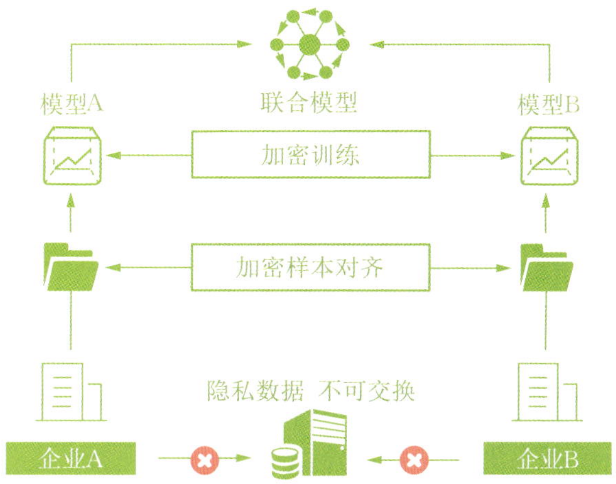

图 3-29 联邦学习建模架构[①]

（二）国外人工智能执法应用

1. 技术层面

本统计年度美国智慧警务技术的研发应用依然走在世界前列。2020 年 10 月，美国佛罗里达州启动了一个算法模式，用来预测其司法管辖区内谁可能犯罪，该算法根据个人犯罪记录进行分析，一旦该算法确定了被认为有犯罪风险的个人，就会访问这些人的住所，并以任何可能的理由进行逮捕。部分公众认为这一预测性警务涉嫌违宪，因为它可能会导致被算法挑出来的人被无缘无故地逮捕。[②]2020 年 10 月，美国实现了警用摄像机的优先级视频审核功能，其能够通过摄像头和人工智能算法捕捉警务人员的不当行为。[③]2020 年 11 月，美国斯特拉斯堡警察局开发出 VR 警员培训课

① 《2020 年中国人工智能产业研究报告（Ⅲ）公开版》，艾瑞咨询，https://www.iresearch.com.cn/Detail/report?id=3707&isfree=0。

② A sheriff launched an algorithm to predict who might commit a crime. Dozens of people said they were harassed by deputies for no reason，MSN News（Sep. 10，2020），https://www.msn.com/en-us/news/crime/a-sheriff-launched-an-algorithm-to-predict-who-might-commit-a-crime-dozens-of-people-said-they-were-harassed-by-deputies-for-no-reason/ar-BB18Upjj.

③ Police body cam maker unveils new features it hopes will curb officer misconduct，CNN Business（Oct. 28，2020），https://edition.cnn.com/2020/10/28/tech/axon-body-cam-new-features/index.html.

程，更好地帮助警察处理涉及民众安全的事件。[①]2021 年 5 月，美国芝加哥已经全面使用了由 ShotSpotter 提供的枪声探测系统，遍布芝加哥全市 22 个警区的射击探针传感器，可以在几秒钟内提醒警方潜在的枪声。该系统可以检测到枪声的实时警报，使巡逻人员能够快速到达射击事件的确切位置，从而更快地响应援助受害者、查明证人和收集法医证据。[②] 此外，美国持续推进人工智能的军事化，2020 年 12 月，美国空军首次公布了名为 Artoo 的人工智能系统，该系统可以被安装在侦察机上以执行控制雷达和传感器系统等相对简单的任务。[③]

其他地域的警务技术发展也在稳步前进，2020 年 9 月，日本警方开发出一套新系统，可以运用人工智能技术预测出长期潜逃的通缉犯现在的长相。[④]2021 年 3 月，英国开始采用综合移动生物指纹识别扫描仪，其能够准确快速地识别嫌疑人的身份；[⑤] 同年 4 月英国还试运行了智能交通信号灯[⑥]以及 Littlecam 垃圾识别系统[⑦]，以推进人工智能在治安防控领域的运用。2021 年 2 月，丹麦开发出"数字新冠疫苗护照"，用于证明用户的疫苗接种情况，便于商务旅行。[⑧]2021 年 3 月，巴基斯坦木尔坦市推出"电

① 《获 8 万美元奖励，美警局开发 VR 警员培训课程》，https://baijiahao.baidu.com/s?id=1683046999081323445&wfr=spider&for=pc。

② ShotSpotter Gunshot Detection Technology Has Become A Crucial Police Tool In Chicago, But Is It Worth The $33 Million The City Is Paying?, CBS Chicago (May 3, 2021), https://chicago.cbslocal.com/2021/05/03/shotspotter-chicago-police-contract-questions/.

③ 徐璐明：《美军将为其六代机配备人工智能副驾驶》，环球网，https://mp.weixin.qq.com/s/yplNvOkc3uSSYGYU7BpsCw。

④ 《日本警方开发新系统　运用AI技术预测长期逃犯现在长相》，中国新闻网，http://www.chinanews.com/gj/2020/09-30/9304340.shtml。

⑤ Chris Burt, Integrated Biometrics scanners now adopted by police in a dozen UK areas, serving 11 million people, Biometric (Mar. 24, 2021), https://www.biometricupdate.com/202103/integrated-biometrics-scanners-now-adopted-by-police-in-a-dozen-uk-areas-serving-11-million-people.

⑥ 袁原：《英国智能信号灯"因人而异"亮绿灯》，MSN News，https://www.msn.cn/zh-cn/news/national/%E8%8B%B1%E5%9B%BD%E6%99%BA%E8%83%BD%E4%BF%A1%E5%8F%B7%E7%81%AF-%E5%9B%A0%E4%BA%BA%E8%80%8C%E5%BC%82-%E4%BA%AE%E7%BB%BF%E7%81%AF/ar-BB1fj4nQ。

⑦ Kaique Lima, UK to use artificial intelligence to punish drivers who dump trash on the ground, Olhar Digital (Mar. 4, 2021), https://olhardigital.com.br/en/2021/04/03/safety/uk-uses-artificial-intelligence-to-fine-who-throws-trash-on-the-floor/.

⑧ 《人工智能资讯周报》，海国图智研究院，https://book.yunzhan365.com/njpo/lmfc/mobile/index.html。

子警察系统（E-Police Post）”，这是一款警察使用的手机应用程序，警察能够通过这一平台即时获取犯罪嫌疑人的数据，例如犯罪记录、相关信息等。①2021年5月，乌克兰警方通过运用Crystal Blockchain平台，来分析和跟踪加密货币的流动，从而锁定运用区块链平台进行非法匿名交易的犯罪分子。②

人脸识别技术则在争议中发展。2020年7月，IBM、微软以及亚马逊三大厂商宣布暂停向政府执法部门提供人脸识别服务。③但与美国执法机构合作的其他科技公司对面部识别技术进行了升级，可以识别出戴着面具的对象。2021年1月，美国国土安全部进行了对该项技术的测试。④2021年1月，国会山事件爆发后，美国联邦调查局使用人脸识别技术对该起事件的参与者进行了大搜捕。⑤2020年8月，英国法院判决英国南威尔士警方在公共场所测试人脸识别技术不合法。⑥2021年4月，加拿大首次暂停了警方面部识别应用。⑦

无人机仍旧是人工智能的发展重点之一。2020年7月15日，加拿大OVERSEE项目将无人机和人工智能技术相结合，使其可以更好地在偏远地区进行搜索和救援行动。⑧东南亚国家于2020年11月达成合作，在政府机密部门部署反无人机MESMER

① Multan Police Launches “E-Police Post” Application, MSN News (April 5, 2021), https://whenwherehow.pk/2021/03/17/multan-police-launches-e-police-post-application/.

② Ukrainian Cyber Police Department Now In Collaboration with Crystal Blockchain, Crystal (May 18, 2021), https://crystalblockchain.com/articles/ukranian-cyber-police-department-now-in-collaboration-with-crystal-blockchain.

③ 信通院互联网法律研究中心：《美国拟限制人脸识别技术的使用》，CAICT互联网法律研究中心，https://mp.weixin.qq.com/s/Qbsh8nJy6AAOLrM58HOoVg。

④ Kyle Wiggers, The U.S. Department of Homeland Security tested technology that can recognize masked faces, The Machine (Jan. 5 2021), https://venturebeat.com/2021/01/05/the-u-s-department-of-homeland-security-tested-technology-that-can-recognize-masked-faces/.

⑤ Kim Lyons, Use of Clearview AI facial recognition tech spiked as law enforcement seeks to identify Capitol mob, The Verge (January 10, 2021), https://www.theverge.com/platform/amp/2021/1/10/22223349/clearview-ai-facial-recognition-law-enforcement-capitol-rioters.

⑥ Katie Collins, Police use of facial recognition gets reined in by UK court, Cnet (August 11 2020), http://www.cnet.com/articles/tech/1014679.com.

⑦ Bryan Short, The First Police Moratorium on Facial Recognition in Canada, Open Media (April 28 2021), https://openmedia.org/article/item/the-first-police-moratorium-on-facial-recognition-in-canada.

⑧《加拿大OVERSEE项目将救援无人机和人工智能技术完美结合》，中警警用装备在线，https://mp.weixin.qq.com/s/LZR36RCXXCr758HJt6NrJw。

系统，帮助政府检测、识别和击落未经授权的无人机，更好地实现对无人机使用情况的监控和管理。①2020 年 9 月，以色列开发利用 EnforceAir 系统，其可以通过射频网络接管未经授权的无人机，从而使其安全着陆。②

2. 理论层面

面对人工智能在执法领域的发展和运用，各国积极探索并规划本国的人工智能发展路径。美国持续加大政策供给，强调将人工智能应用于国家安全领域。2020 年 8 月，美国白宫科技政策办公室、美国国家科学基金会和美国能源部宣布为人工智能和量子计算领域的新研究机构提供超过 10 亿美元资金，③其中甚至包括对该领域教育和职业培训的投资。2020 年 10 月，美国国家人工智能安全委员会批准了 80 项与人工智能相关的建议（草案），其中就强调政府必须在国家安全部门构建人工智能数字化生态系统，将人工智能应用于国家安全领域。④2020 年 12 月，美国国会通过了 2021 财年《国防授权法案》，开展“联合人工智能中心 2.0”计划，旨在重新调整技术研发结构，在明确需求的基础上定向开发新技术。⑤同时，美国积极参与人工智能应用国际合作，2020 年 9 月，美国和英国政府签署《人工智能研究与开发宣言》，促进两国在人工智能发展方面的合作。⑥

欧盟继续加强伦理立法实践，推动相关法规落地，以塑造其全球领导者地位。2021 年 4 月，欧盟委员会公布了最严人工智能法律框架《关于“欧洲议会和理事会条例：制定人工智能的统一规则（人工智能法）并修订某些联盟立法”的提案》，对人工智能的应用进行规范和限制。它将人工智能分为 4 个风险等级，禁止执法部门在公

---

① JOE：Department 13 contracted to provide counter-drone tech in SE Asia，Commercial Drone Professional（Nov. 11，2020），https://www.commercialdroneprofessional.com/department-13-contracted-to-provide-counter-drone-tech-in-se-asia/.

② 射声校尉：《以色列产的反无人机神器：不开火也不干扰，直接网络电磁接管》，https://mp.weixin.qq.com/s/UW7c-sxwkWxAbjciYA7CNg。

③ 张涛：《2020 年全球人工智能政策热点》，https://mp.weixin.qq.com/s/sLvS1qwnINfXTrYXEevrTQ。

④ 张涛：《美国国家人工智能安全委员会发布 80 项人工智能建议》，https://mp.weixin.qq.com/s/xBqKV6cSR1rbJwkaNVqv4w。

⑤ Andrew Eversden：《美国国会希望提升国防部人工智能中心的地位》，https://mp.weixin.qq.com/s/zc_iX84Nuv_ZKXGjnhRTsw。

⑥ 中国信通院：《全球人工智能战略与决策观察（2020）》，信息化协同创新专委会，https://mp.weixin.qq.com/s/x-8JUufij2YZyAs38vdMoA。

共场所使用所有高风险的远距离生物识别系统，例如人脸识别系统等。除非在确实需要且急迫的情况下，使用前需要获得司法机关或其他独立机构的授权，并受到时间、地理范围和所搜索数据库的适当限制。该项提案同时也为联盟中人工智能的开发、投放市场和使用制定了统一的规则。①

德国依托自身制造业优势，持续推动和布局人工智能发展。2020 年 12 月，德国政府发布新版《人工智能战略》，针对现实需求调整发展方向。沙特阿拉伯等后发性国家也在不断开展人工智能相关应用。2020 年 10 月，沙特阿拉伯发布《国家数据和人工智能战略》，提出符合本国特点的发展战略。②

五、人工智能法律服务应用

（一）中国人工智能法律服务应用

本统计年度人工智能法律服务应用已逐步由早期探索阶段走向全方位应用。中国法律服务领域的人工智能应用在公证服务、律师辅助、企业法务、普法宣传等各领域均有发展，服务形式包括区块链公证、在线数据库、企业合规智能化、普法机器人等。国外人工智能法律服务应用起步较早，其发展的早期阶段以网络服务和智能软件为主，当前亦在开展更为深入和广泛的探索，包括法律人工智能算法开发与升级、数据库优化等，并且通过简化操作、平台化等方式不断提升面向用户的服务质量，扩大服务普及范围。另外还应注意到，人工智能在用户个人信息与隐私安全、算法黑箱导致歧视的可能性以及人工智能对传统行业的冲击等方面服务方面应用的法律风险也逐渐显现。

1. 技术侧重分析

（1）区块链法律服务应用

本次统计工作以全国 31 个省级行政区作为数据采集地域，对上述各地区的政府官方网站、司法行政机关网站及对应微信公众号的内容开展数据采集和分析，以“人

① 《欧盟〈人工智能法〉提案》，数字经济与社会，https://mp.weixin.qq.com/s/7Twi98_h_7D-5Ajd3COkkw。

② 信通院互联网法律研究中心：《2020 年网络法治盘点与回顾（三）：人工智能篇》，CAICT 互联网法律研究中心，https://mp.weixin.qq.com/s/0bVqbhLoU9NPC-4LqhGhHQ。

工智能”“区块链”“法律服务”“公证”“互联网”“平台” 等为关键词进行检索，对 2020 年 6 月至 2021 年 6 月时间段内中国公共服务机构应用区块链技术的情况进行统计。

统计结果表明，本统计年度我国区块链法律服务应用总体上呈现广泛推进的趋势，全国多数地区均有一定成果（见图 3-30）。内陆多地正在开展区块链公证先行试点，建立地方性、区域性 “联盟链”，其他未正式上线区块链公证服务的地区也正在将相关工作纳入法律服务智能化发展计划。东部地区特别是江浙一带多领域、多部门的区块链法律服务已经在各主要城市广泛分布，取得了较好成效。

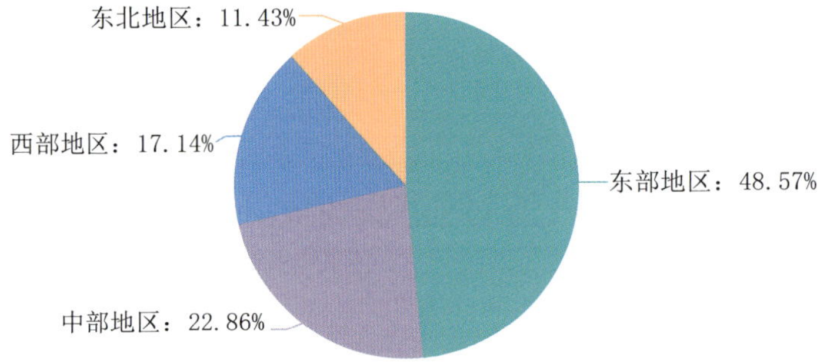

图 3-30　区块链法律服务新增应用地域

（2）大数据法律服务应用

根据对国内 25 家主要人工智能法律服务企业（机构）所运用底层技术的统计情况，大数据技术在其中占比达到 76%（见图 3-31）。

图 3-31　国内主要人工智能法律服务企业运用底层技术占总数比例

数据挖掘（data mining）属于大数据技术项下的子技术，是指从大量的数据中自动搜索隐藏于其中的有着特殊关系性的数据和信息，并将其转化为计算机可处理的结构化表示，是知识发现的一个关键步骤。通过数据挖掘积累庞大的数据集后，再通过特征提取和知识图谱等技术将数据类型化、结构化，可以高效准确地总结数据特征，掌控发展规律，预测未来形势。

法律服务领域应用大数据技术体现为对于法律法规、政策文件、司法案例、社会热点、学理研究等信息进行结构化分类，建立多元化、立体化和可视化的法律信息库，如北大法宝建立的案例库及其同时提供的可视化分析图表。建立类型化的法律数据库一方面能够为法律工作者提供便捷且明确的资料获取途径，同时也能为进一步开发利用人工智能技术（如依托深度学习开发法律机器人等）储备基础数据。

（3）语言处理技术法律服务应用

各类识别技术是人工智能技术研发的主要方向，对应于法律服务的需求，自然语言处理和图像识别等技术在本领域的应用最为常见。自然语言处理技术具体包括智能分词、文本理解、内容分类、词向量、关键词提取等内容。法律工作中需要对大量文本类内容进行理解和分析，借助自然语言识别技术，用户可以快速了解法律文件的主要内容。

图 3-32 “法信”平台同案智推检索结果演示①

① 《法信使用帮助》，法信网，http://www.faxin.cn/html/about/about.aspx?t=help。

根据对国内25家主要人工智能法律服务企业（机构）所运用底层技术的统计情况，自然语言处理技术在其中占比达到52%。自然语言处理技术帮助法律服务企业研发能够精确理解法律文件和用户需求的人工智能产品。例如法狗狗推出的合同分析功能，能够快速并精确地标注关键内容，该技术还被应用于法律咨询，目的是精准识别咨询者意图；案例分析领域有法信平台“同案智推”功能，能够快速定位判决书要点，并根据要点推送类似案件，实现语言识别与深度学习的融合运用（见图3-32）。

2. 应用场域分析

（1）公共法律服务

本统计年度，编者就全国范围内提供公共法律服务的司法行政机关开展统计工作，以各地方司法厅、局官方网站、报刊文章、微信公众号文章等为检索渠道，对本统计年度新增人工智能应用情况进行分析，检索到全国范围内共计93件新应用实例。结果显示全国各地均有人工智能法律服务新应用，东部地区占比最高，达37.63%，这既与华东地区面积较大有关，同时也应考虑到华东地区自身较为领先的经济发展水平。其他地区发展状况分别为：西部地区36.56%；中部地区19.35%；东北地区6.45%。全国法律服务领域人工智能新应用分布广泛，且除东部、北方相对发达地区外，西部、中部、东北等内陆地区，特别是其中处在人工智能发展阶段的省市均积极响应司法部“2020年底实现‘智慧法律服务’”的总目标号召，以智能化方式为当地群众提供便捷高效的公共法律服务（见图3-33）。

司法部于2018年印发的《关于深入推进公共法律服务平台建设的指导意见》要求全国公共法律服务机构在2020年年底前实现服务精准化，公共法律服务实体、热线、网络平台全面融合，全面建成公共法律服务平台，推进三大平台一体服务。[①] 本统计年度公共法律服务根据司法部指导意见，以三大平台融合建设为主要任务，积极利用信息化手段创新服务模式，在全国范围内完善了“人工智能+法律服务”的新型法律服务供给方式。就公共法律服务的应用场景，根据司法部印

---

① 司法部：《司法部关于深入推进公共法律服务平台建设的指导意见》，中国政府法制信息网，http://www.moj.gov.cn/government_public/content/2018-09/11/1682_3262366.html。

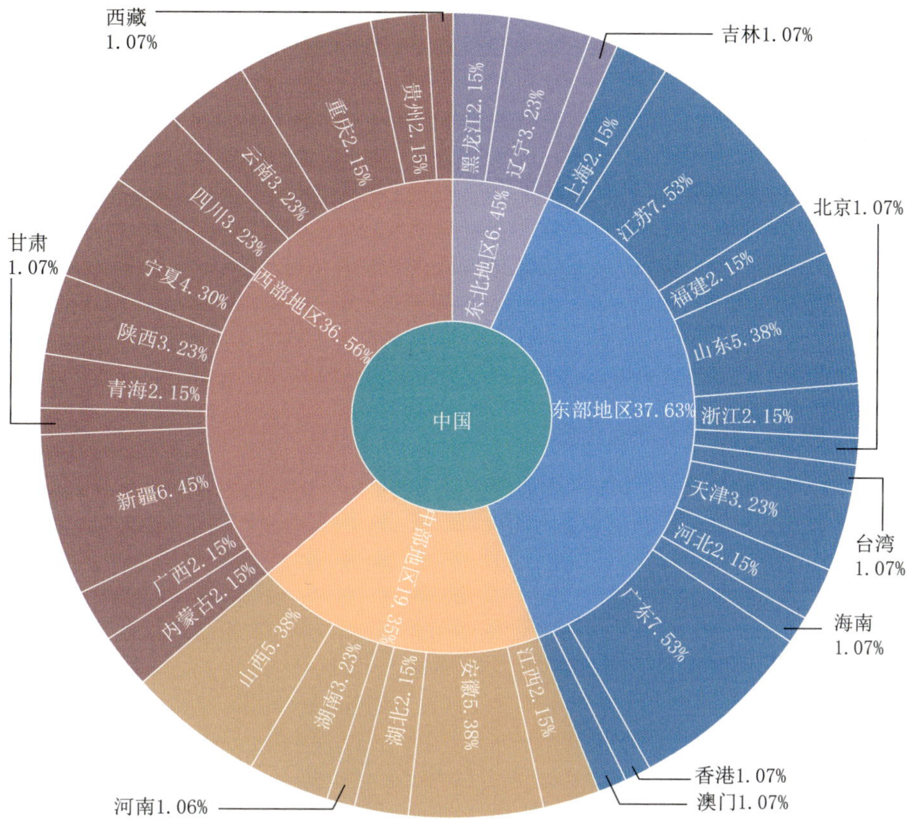

图 3-33　本统计年度新增人工智能公共法律服务地域分布

发的《公共法律服务事项清单》，可划分为 16 项具体事务。[①] 本次统计将应用场景限定为下述六项：法治宣传、法律咨询、法律检索、法律援助、公证与司法鉴定、其他司法行政业务（包括纠纷调解、监狱管理与社区矫正业务、机关综合业务管理等）。

统计结果显示，本统计年度我国公共法律服务领域人工智能新增应用在具体场景方面，法律咨询占比最大，有 66% 的新增应用提供法律咨询服务，之后分别为法律援助（占比 60%）；法治宣传（占比 38%）；法律检索（占比 32%）；公证鉴定（占比 26%）；其他司法行政业务（纠纷调解占比 22%；业务管理占比 20%；监狱管理、矫正业务占比 2%）。（见图 3-34、图 3-35）

① 司法部：《公共法律服务事项清单》，中国政府法制信息网，http://www.moj.gov.cn/government_public/content/2019-10/12/tzwj_3233869.html。

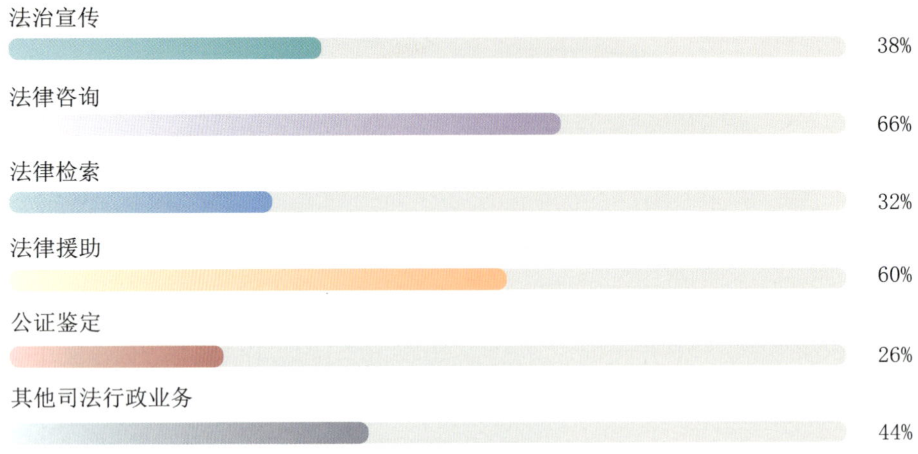

图 3-34　本统计年度国内公共法律服务新增人工智能应用各应用场景比例

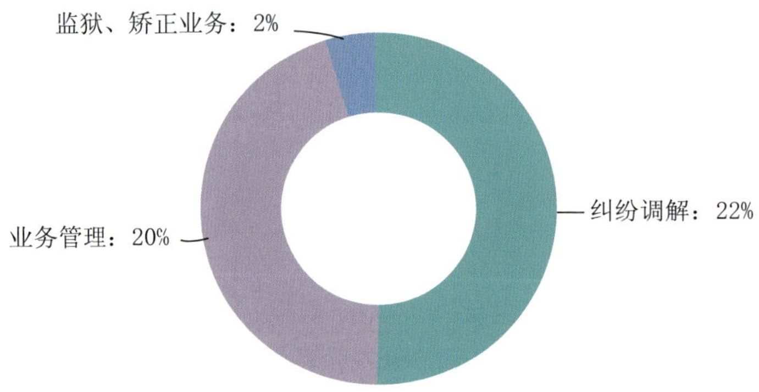

图 3-35　其他司法行政业务应用场景比例

① 法律咨询

在公共法律服务中，法律咨询场景人工智能应用最为突出。法律咨询是公共法律服务的主要业务，公共法律服务从群众向服务机构咨询法律问题开始。人工智能咨询服务产品在不断扩大应用场域的同时也在不断降低操作难度，推出更多对话式机器人/智能问答平台为有困难的当事人提供咨询服务，机器人/平台根据案情给出相关法律建议。目前机器人/平台在自然语言理解方面还有很大的提升空间。机器人/平台目前也主要针对婚姻、劳务、民间借贷、知识产权等工作生活中常见的简单纠纷类型，代替律师进行咨询回答。

例如，中国法律服务网提供智能法律咨询服务，可以为前来咨询的用户免费提供相应问题的法律意见书（见图 3-36），涵盖婚姻家事、交通事故、民间借贷、物业纠纷、食品安全等 29 个问题域，可为群众在日常生活中遇到的各类法律问题提供方便快捷的初步咨询服务，本统计年度已经出具法律咨询意见书 1850855 份，得到群众广泛好评。

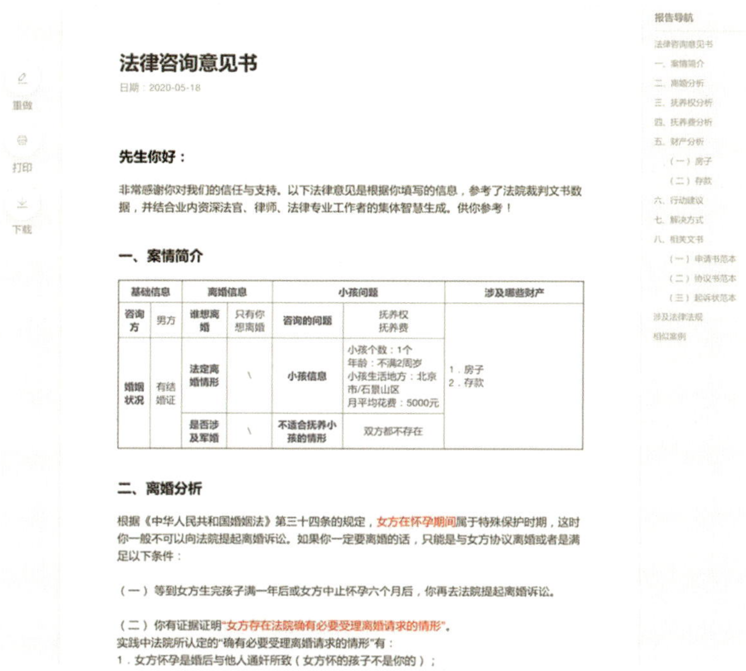

重做

打印

下载

法律咨询意见书

日期：2020-05-18

先生你好：

非常感谢你对我们的信任与支持。以下法律意见是根据你填写的信息，参考了法院裁判文书数据，并结合业内资深法官、律师、法律专业工作者的集体智慧生成。供你参考！

一、案情简介

基础信息		离婚信息		小孩问题		涉及哪些财产
咨询方	男方	谁想离婚	只有你想离婚	咨询的问题	抚养权 抚养费	
婚姻状况	有结婚证	法定离婚情形	\	小孩信息	小孩个数：1个 年龄：不满2周岁 小孩生活地方：北京市/石景山区 月平均花费：5000元	1．房子 2．存款
		是否涉及军婚	\	不适合抚养小孩的情形	双方都不存在	

二、离婚分析

根据《中华人民共和国婚姻法》第三十四条的规定，女方在怀孕期间属于特殊保护时期，这时你一般不可以向法院提起离婚诉讼。如果你一定要离婚的话，只能是与女方协议离婚或者是满足以下条件：

（一）等到女方生完孩子满一年后或女方中止怀孕六个月后，你再去法院提起离婚诉讼。

（二）你有证据证明“女方存在法院确有必要受理离婚请求的情形”。

实践中法院所认定的“确有必要受理离婚请求的情形”有：

1．女方怀孕是婚后与他人通奸所致（女方怀的孩子不是你的）；

报告导航

法律咨询意见书

一、案情简介

二、离婚分析

三、抚养权分析

四、抚养费分析

五、财产分析

（一）房子

（二）存款

六、行动建议

七、解决方式

八、相关文书

（一）申请书范本

（二）协议书范本

（三）起诉状范本

涉及法律法规

相似案例

图 3-36　中国法律服务网智能出具的法律咨询意见书①

② 法律援助

法律援助在本统计年度公共法律服务人工智能新增应用中亦占较大比例，主要包括律师推荐与联络、法律文书起草、诉讼程序对接等法律实务内容。国内公共法律机构响应司法部提出的实体、热线、网络三大平台融合倡议，将传统的线下法律援助业务整合到线上公共法律服务平台。例如，宁夏司法行政机关在本统计年度中将全区 28 个法律援助中心、21 家公证处、194 家律师事务所、26 家基层法律服务所、33 家司法鉴定机构、3868 个人民调解组织全部纳入“宁夏智慧法律服务调度管理平台”，实现公共法律服务“一网通办”。② 天津公共法律服务智能终端提供“全时空”智能咨询，实现与法律服务人员“面对面”交流，支持法律援助网上申办与自助语音法律服

① 《智能法律意见书介绍》，中国法律服务网，https://ai.12348.gov.cn/pc/article/204753D7831B4E6B86CE757D6B49AAC1。

② 宁夏法治：《宁夏公共法律服务实现“一网通办”》，澎湃新闻网，https://www.thepaper.cn/newsDetail_forward_12839798。

务等功能，打造群众身边的“无人律所”。[①]

③ 普法宣传

普法宣传是建设法治社会的关键环节，传统普法工作以社区宣讲、发放宣传册、观看宣传片等形式为主，而依托如智能普法机器人等人工智能技术，可以进一步增强普法工作成效，使其更易于为年轻一代所接受。北京人人律智能大数据科技有限公司依托其法律内容资源和行业经验积累，构建“智能硬件＋智能应用＋移动互联网”公共法律服务智能终端。人人律智能大数据公司充分融合人工智能、大数据、云计算、法律知识图谱等技术理念，自主研发了“小律”智慧普法与公共法律服务机器人、触摸一体机、自助柜员机、无人亭、可视化自助机、线上智能法律咨询机器人等系列智能终端，通过人工智能实现自然语言的识别，实现更为清晰的问题理解、分析和回答。[②] 人工智能机器人的应用，助推地方普法工作的顺利地开展。

（2）企业法律服务

人工智能在商业法律服务领域能够提供多种服务。传统工作模式下，法律从业者通过人工方式进行重复性大、内容密集的工作，效率低下，成本高昂。人工智能通过“人机互动”方式实现工作自动化，以机器取代人工，帮助完成基础性的法律服务工作，降低人工成本的同时大幅提升工作效率。对国内 25 家主要人工智能法律服务企业开展统计分析后，相应结果显示国内人工智能法律服务企业提供应用场景主要包括：法律咨询（占比 48%）；文件审阅（占比 48%）；法律检索（占比 40%）；预测评估（包括案件预测与风险评估等）(占比 28%)；存证鉴定（占比 16%）；业务管理（占比 12%）。（见图 3-37）

企业提供的法律咨询服务和公共机构提供的法律咨询重合度较高，不再赘述，以下就排名二、三、四位的应用场域进行介绍。

---

① 天津市河东区司法局:《公共法律服务智能终端设备落户天铁街道》，天津市河东区人民政府官方网站，http://www.tjhd.gov.cn/xxfb/hdyw/202012/t20201224_5160467.html。

② 《数说中国新智慧 | “小律”智能法律 AI 助力打造智慧公共法律服务》，微信公众号“法宣在线”，https://mp.weixin.qq.com/s/B1MPrwkJxQnwDDbn2gfHYQ。

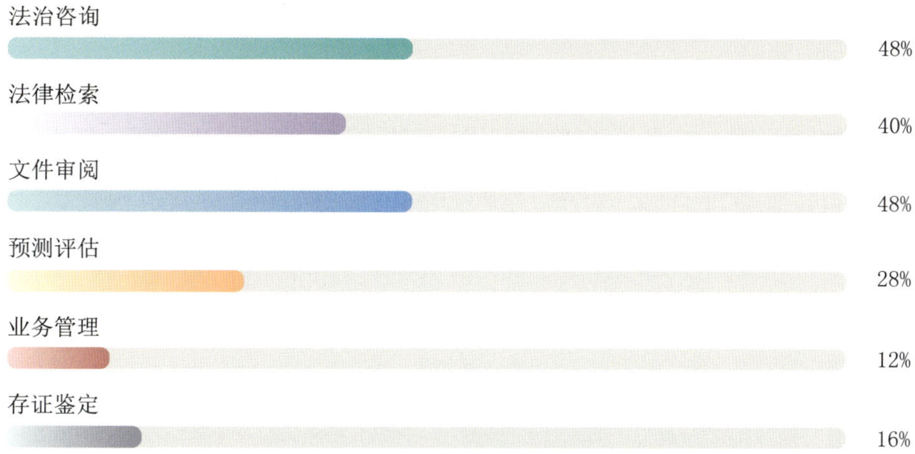

图 3-37　企业法律服务应用场景占比

① 法律检索

法律检索需要耗费检索人员大量时间精力。本统计年度国内已经有一批可以提供高效辅助功能的人工智能法律检索产品，如“法信”平台，作为中国首个法律知识和案例大数据融合服务平台，能够为法律从业人员提供一站式专业知识解决方案、类案剖析、同案智推等服务。其中的同案智推服务依托自然语言处理和深度学习技术，支持用户输入口语化的案情描述式或上传整篇法律文书，系统会自动识别案情特征等内容，并从海量裁判中匹配类似案件，为用户提供快捷准确的服务（见图 3-38）。

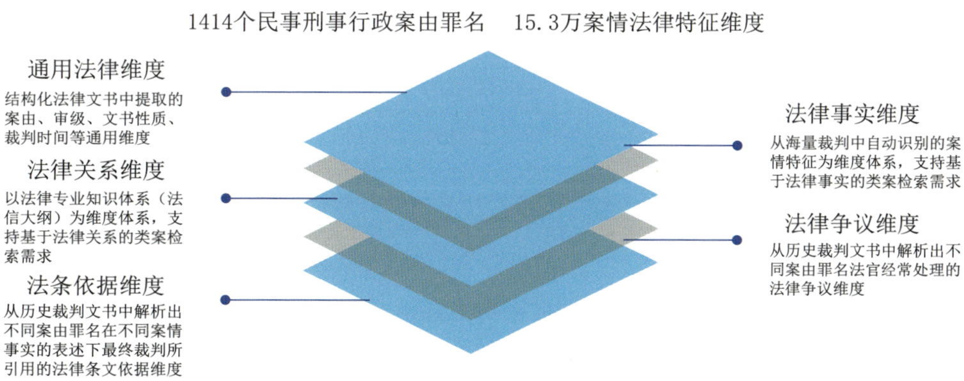

图 3-38　“法信”平台“同案智推”引擎介绍[①]

② 文件审阅

文件审阅工作内容体量大，但单项工作所蕴含的内在价值低，通过运用自然语言

① “关于我们”，法信网，http://www.faxin.cn/html/about/about.aspx?t=about。

识别技术并结合深度学习，人工智能逐渐能够理解基础法律文件的内涵并实际参与到文件审阅工作中，在文件整理、尽职调查、合规风控等法律事务中发挥了重要作用。此外，在合同审核方面，智能合同服务可以提供人工智能合同分析，帮助用户以更低的成本、更高的效率管理合同，防范法律风险。当前的智能技术已经可以实现不同版本的精细化比对，例如北大法宝依托其数据资源推出的智慧法务平台，能够准确发现合同文本与合同范本之间的差异（见图 3-39、图 3-40）。

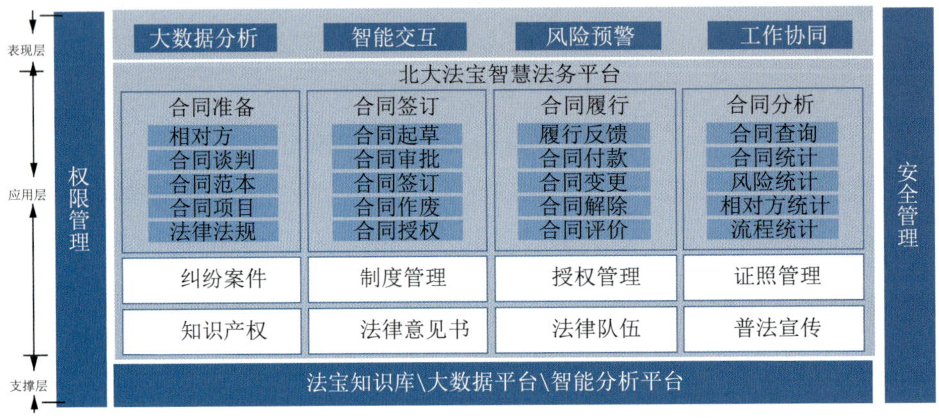

图 3-39　北大法宝智慧法务平台架构图①

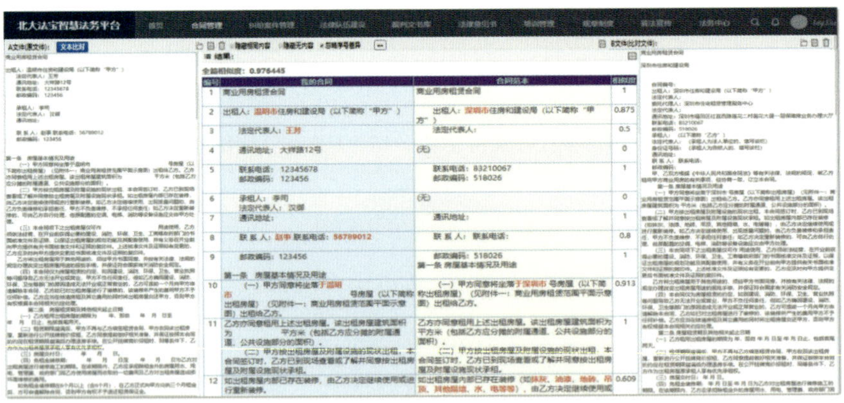

图 3-40　北大法宝合同文件比对分析功能②

③ 预测评估

日常业务中企业时常面临各类风险而遭遇诉讼。无论是对于风险自身的评估抑或遭遇诉讼后对可能结果的预判，传统的人力工作方式无论在数据采集还是对各类因素

① 《智慧法务产品介绍》，北大法宝，http://pkulaw.net/zhfw/index.html。

② 图片为北大法宝智慧法务平台实际应用展示。

的分析方面均有力所不逮之处。人工智能的应用带来了转机，结合自然语言识别与深度学习技术，人工智能能够根据用户输入的案情描述，分析案情的关键点，进而结合相似案件的判罚情况评估本案的结果。例如擎盾科技公司研发的诉讼风险评估产品，基于裁判文书中事实、诉求、证据、争议焦点等法律要素，提炼案件特征，形成法律知识图谱，进而通过生成法律意见书的方式帮助当事人知悉诉讼风险（图 3-41）。

图 3-41　擎盾科技智能风险评估系统①

3. 发展特点分析

（1）应用功能由个别类型向多元化发展

人工智能在法律服务领域的应用呈现出由初期探索迈向全面发展的趋势。早期的法律人工智能多集中于单一化、特定化的应用场景，各项技术仅支持独立使用。随科技进一步发展，如今的法律人工智能已在开展各项技术交融的探索，如“法信”平台将自然语言识别与深度学习相结合，不仅自身能够快速识别文档内容并整理相关法律文件，同时还能为使用平台功能的用户提供智能化的检索服务，根据用户的模糊检索条件自动推荐相关内容。人工智能技术在法律服务领域的应用呈现更为综合的趋势，各项单一功能可通过不断组合从而为使用者提供多元化、客制化的服务。

（2）应用形式由单一系统向平台化发展

早期与法律服务相关的人工智能应用多倾向于单一场景的应用软件，而此种服务模式已经难以适应当前信息时代的发展趋势，因此在法律服务领域涌现出越来越多的

① 擎盾数据：《7*24 小时风险智能评估系统，以信息化助力多元解纷深化改革》，搜狐网，https://www.sohu.com/a/415865703_120805080。

平台化服务提供商。国内北大法宝、“法信”等数据服务商不断整合合同审核、案件预测等法律服务内容，逐步建立大型法律服务平台。平台将技术、资源与业务整合起来，既能极大提升自身服务水平，也可为用户提供全流程、高质量的法律服务。

（3）应用受众由专业群体向大众化发展

人工智能法律产品在设计上进一步贴近群众，能够更有效地服务社会公众。行业涌现出一批具备情感交互功能的智能法律助理产品，旨在实现知识传递、情感交流和需求满足的良性循环。通过智能问答平台进行法律咨询，可实现对简单法律问题的精准识别、充分理解、高效分析和及时回答。我国法律机器人的发展和应用体现出此种趋势，并且不断改善内容和形式的可操作性，更加贴近群众日常生活。

4. 未来趋势分析

（1）实际应用地域发展将更加平衡

公共法律服务总体建设程度符合政策文件预期，但三方面仍有待提升。一是区域差异大显示出整体统筹力度不够。统计结果显示，相较于西部地区，东部沿海地区智慧法律服务发展与应用更为普遍且多元，主要与各地经济发展水平和网络基础设施建设水平不同有关。二是重建设轻应用现象仍有存在。部分新成果对于一般用户仍显复杂，用户难以获得有效帮助。三是平台整合与数据共享尚显不足，不同业务系统之间相对独立导致用户难以获得全流程人工智能辅助，或是因数据不足导致法律服务的内容有失准确。

鉴于上述问题的存在，法律服务领域人工智能技术开发与应用在未来应进一步拓宽应用地域，增加用户基数；简化操作流程，提升使用体验；加强数据流通，实现全程服务。事实上，从上文提及的法宣在线于全国范围推广法律服务一体机、法律宣传机器人，以及北大法宝、“法信”、无讼等平台整合多种数据构建服务平台等动态，可以看出人工智能服务实际应用地域发展将更加平衡。

（2）人工智能尚无法完全替代人力

人工智能应用能够带来极大的效率提升，但就目前人工智能技术发展程度而言，实现全流程的自动化处理尚存困难，法律服务工作者将被人工智能完全代替的可能性较小。

法律人工智能的几项核心技术，包括深度学习、自然语言识别和图像识别等，均需要人类提供信息以帮助其进一步开发和完善，在使用过程中也需要人类输入参数，给出指令。这意味着人工智能与人类活动必然相辅相成，特别是法律服务这类具有一定创造性和综合性的工作。当前的法律人工智能技术主要指向重复性、原理简单而体量庞大的工作内容，复杂的工作则将在机器辅助下继续由人类所主导，法律工作者将面对这一全新的工作形式。

根据当前应用实践情况，人工智能在法律服务领域主要工作是为使用者提供自动化辅助，将法律人从部分固定的、公式化的工作中解放出来。但同时也需要注意到，法律工作中有大量的非结构化信息和依赖人类沟通的操作，上述内容目前还无法交给人工智能来完成。上文分析的各类应用场景，尽管已经出现北大法宝法务平台、人人律开发的“小律”公共法律服务机器人等综合性较强的应用，但无论是公共服务抑或企业服务，无论单一应用还是聚合平台，均未出现能够独自完成整项法律事务而无需人工参与的实例。内容复杂，需要多方沟通、多角度研判的法律工作，仍需富有经验的法律专业人员亲身参与。

（二）国外人工智能法律服务应用

1. 区域应用统计

（1）美国

以美国266家人工智能法律服务商为样本的统计结果显示，美国人工智能技术已在法律服务各业务领域广泛分布，特别是在合同审核与诉讼服务领域，分别对应公司法务和律师业务的核心内容，占比达到总量的21.81%和19.17%。除上述业务外，法律服务市场（包括律师平台等）、智能顾问、业务管理、法律数据库和自动文件生成等应用场景亦多有智能技术的参与，形成了全流程、多方位的智能法律服务行业样态（见图3-42）。

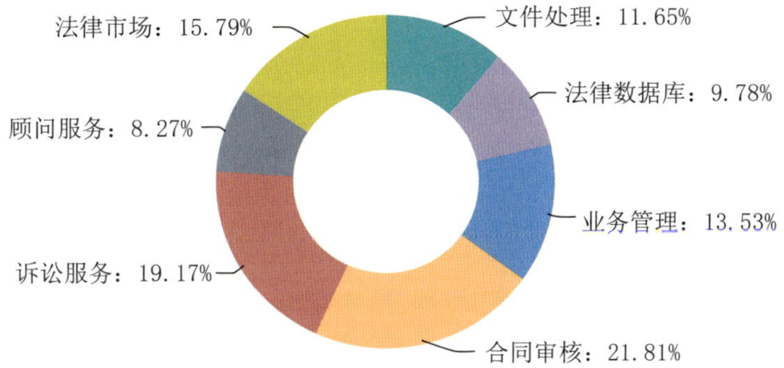

图3-42　美国人工智能法律服务企业分布情况（截至2021年5月）

（2）日本

本统计年度，日本法律服务行业新增应用23件。进一步分析人工智能技术涵盖的应用场景结果显示，合同服务（包括合同生成、缔结、审阅等）占比达到43.48%，其他如商事登记服务、尽职调查和电子取证、法律数据库和律师咨询、业务平台等也多有人工智能助力（见图3-43）。

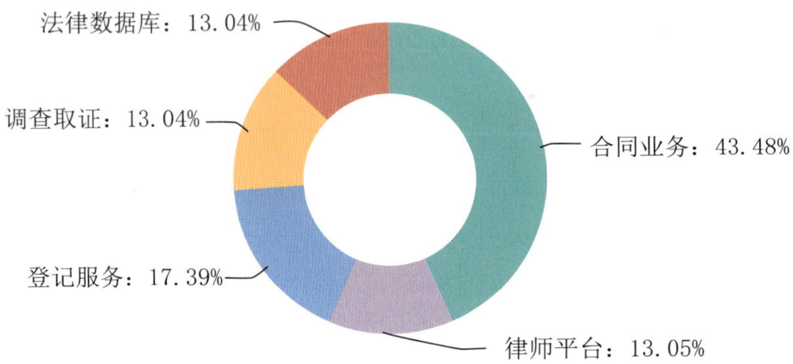

图3-43　本统计年度日本新增人工智能法律应用的场景分布情况

2. 应用发展动态

（1）人工智能应用

人工智能系统当前所能处理的法律任务可以被分为三大领域：文件分析、法律检索以及自动化事务处理。文件分析还可细分为合同分析、文件审核与电子档案查询等板块。例如摩根大通使用其自有的智能合同软件（昵称为“COIN”）每年能够减少360000小时的合同审核时间。一些法律科技初创公司如Kira Systems和eBrevia等也提供人工智能驱动的尽职调查与合同分析系统，可以减少其客户在法律事务方面的时间成本与经济成本（见图3-44）。

人工智能法律检索工具能够提供多样化的数据采集、分析与预测服务。深度学习技术平台Intraspexion开发法律预测软件，用于提醒客户潜在法律风险。预测分析公司CourtQuant与几家诉讼融资公司合作开展合作，为其提供诉讼资金相关机会的评估服务。

合同审查在风控、尽职调查、取证、诉讼等诸多场合具有重大意义，但其仍是一项耗时耗力的工作。人工智能为上述繁琐耗时的工作提供了快速高效的解决方案，例如德勤（Deloitte）借助机器学习合同分析系统Kira Systems，只要15分钟就可以读完

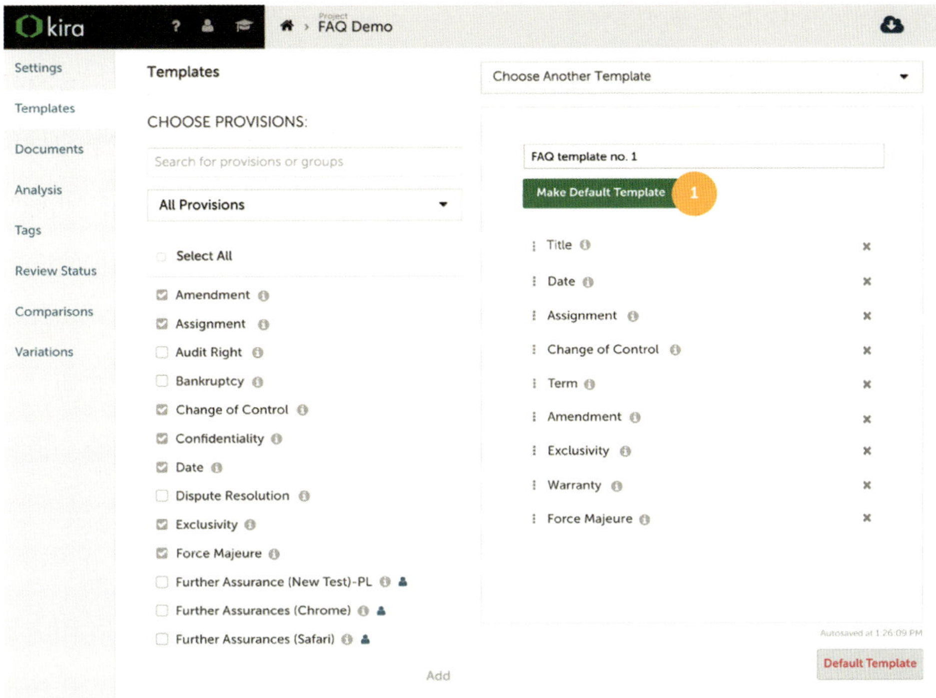

图 3-44　Kira Systems 文件模板生成系统 ①

原本需要人类律师花费 12 个小时才能审阅完的合同。② 在国外业界，人工智能合同分析服务已经蔚然成风，KMStandards、RAVN、Seal Software、Beagle、LawGeex 等提供智能合同服务的法律科技公司越来越多，在人工智能技术的驱动下，合同审查服务质量不断提升，人工智能法律服务应用市场蓬勃发展。

（2）综合平台服务

集成多种功能和丰富资源的法律服务平台已成为法律服务企业的首选运营模式，国外法律服务领域人工智能平台化趋势显著。例如，美国的智能律师服务平台 DoNotPay，其最初仅是帮助人们处理停车罚单的自动咨询服务，而如今已经提供反骚扰、霸王条款识别等多项服务，涵盖 100 多种服务需求，已经成为人工智能法律服务的大型平台。③

① Solution for Law firms，Kirasystem（May. 24，2021），https://kirasystems.com/.

② Miłosz Kaczorowski，Artificial Intelligence In Accounting—What Are Your Possibilities?，Ideamotive（Feb. 11，2021），https://www.ideamotive.co/blog/artificial-intelligence-in-accounting.

③ James Vincent，Legal chatbot firm DoNotPay adds anti-facial recognition filters to its suite of handy tools，Theverge（Apr. 27，2021），https://www.theverge.com/2021/4/27/22405570/donotpay-ninja-anti-reverse-image-search-facial-recognition-filter.

3. 发展特点与未来展望[①]

（1）应用场景广泛

国外人工智能法律服务应用的发展呈现出由阶段应用至全流程应用的趋势。此种全流程应用的实现又与平台化密切关联，通过平台化整合的各类技术功能与业务功能为用户带来优质服务。根据上文中美国与日本人工智能法律服务企业面向的不同应用场景开展的统计，不断拓宽应用场景范围已成为美日等发达国家人工智能法律服务行业主流发展趋势。各类应用场景既包含业务管理、咨询服务、文件审阅、案件预测等，也包括将技术与资源整合后形成的综合服务平台，如律师服务市场、诉讼业务平台等。

（2）仍受技术制约

人工智能应用的发展也受到数据与算法等技术的制约。数据是开发和应用法律人工智能的基础，但有效数据的获取并非易事。[②]私人数据自不待言，公共数据，如法院的司法意见等既难获取，即便得到，由于其形式多样、内容不定，应用于人工智能开发亦相当困难。[③]更为重要的是，低质量或存在纰漏的数据可能造成人工智能系统最终提供存有错误或偏见的法律意见，影响用户正常工作。[④]用于分析和开发的数据集也可能遭到恶意篡改或破坏最终导致上述偏见或错误的产生。[⑤]算法同样也存在局限性。当前的人工智能算法尚处于早期开发阶段，仅能够应对少部分特别情形，[⑥]而

---

① Alex Crowley，AI and Legal Services in 2020，International Legal Technology Association（Feb. 4，2020），https://iltanet.org/blogs/alex-crowley1/2020/02/04/ai-and-legal-services-in-2020?ssopc=1.

② Benjamin Alarie，et al.，How Artificial Intelligence Will Affect the Practice of Law，at 10（Nov. 9，2017），Available at SSRN：https://papers.ssrn.com/sol3/papers.cfm?abstract_id=3066816.

③ Victoria Hudgins，Uninformed or Underwhelming? Most Lawyers Aren't Seeing AI's Value，LAW.COM Legaltech news（Oct. 29，2019），https://www.law.com/legaltechnews/2019/10/29/uninformed-or-underwhelming-most-lawyers-arent-seeing-ais-value/.

④ Frederik Zuiderveen Borgesius，Discrimination，artificial intelligence，and algorithmic decision-making，Council of Europe，at 10（Feb. 7，2019），https://rm.coe.int/discrimination-artificial-intelligence-and-algorithmic-decision-making/1680925d73.

⑤ Ronald Yu & Gabriele S. Alì，What's Inside the Black Box? AI Challenges for Lawyers and Researchers，19 Legal Information Management 2，2（Apr. 24，2019），https://doi.org/10.1017/S1472669619000021.

⑥ Kathleen Walch，Rethinking Weak Vs. Strong AI，Forbes（Oct. 4，2019），https://www.forbes.com/sites/cognitiveworld/2019/10/04/rethinking-weak-vs-strong-ai/.

欲使人工智能发挥最大功能，则需要清洁的数据样式，与具有明确答案的用户需求。当处理抽象或开放性问题时，此种局限将更为明显，而实务中律师接触的问题往往涉及上述类型。① 由上述情形来看，在法律服务领域人工智能尚无法替代人力。②

（3）未来前景乐观

汤森路透于其 2020 年年底发布的法律人工智能调研报告中就 207 家法务部门对人工智能的态度进行了调研。③ 总体上，许多企业法律顾问目前还尚不熟悉人工智能，对于其能够强化法律部门的操作实践这一点更是知之甚少。对人工智能有所了解的人群则往往抱有怀疑，特别是对于保密性和道德伦理方面的担忧，以及成本花销方面的考量。尽管有种种疑问，许多法律顾问仍然将人工智能视为一种可帮助法律部门降低成本、研判商业策略、避免合同风险的有用工具。

统计结果显示，大型法律事务部门对于应用人工智能辅助工具的态度最为积极，仅 26% 的大中型法律部门对于运用人工智能技术兴趣不大。大型机构往往有大量工作需求，同时拥有更为先进的技术以及可用于驱动此类技术的丰富资源，因而对于人工智能的应用更易接受。与大型机构相比，规模较小的部门对人工智能的兴趣相对更小。67% 受访的小规模机构（内部律师人数小于 10 人）表示其对于人工智能技术不感兴趣，而 62% 律师人数少于 6 人的机构更是表示其尚未准备好迎接人工智能的到来。小规模法律事务机构一般没有大量重复性工作带来的自动化处理需求，另外其自身资源也较少，因而对人工智能技术的兴趣相对较小。

---

① See Harry Surden, Artificial Intelligence and Law: An Overview, 35 Ga. St. U. L. Rev. 1322, 1330 (2019) (quoting Artificial Intelligence, Eng. Oxford Living Dictionaries.

② Nicholas Gaffney, How Artificial Intelligence Is Changing Law Firms and the Law, Part II, ABA Law Practice Today (May 14, 2019), https://www.lawpracticetoday.org/article/artificial-intelligence-law-firms-part-2/.

③ Thomson Reuters Legal, Ready or not: artificial intelligence and corporate legal departments, Thomson Reuters (Dec. 14, 2020), https://legal.thomsonreuters.com/en/insights/articles/artificial-intelligence-ai-report.

第四部分　人工智能司法案件分析①

一、概　述

随着人工智能技术应用更加成熟，应用更加广泛，涉人工智能的诉讼纠纷也呈现爆发式增长的态势。

蓝皮书编辑部司法案件分析团队，以2020年6月至2021年6月为时间界限，以“人工智能、无人驾驶、自动驾驶、人脸识别”为关键词，对中国及国外部分国家人工智能司法案件进行了收集分析。案件分析团队基于上述关键词，检索到的案件主要涉及人工智能的两个方面：一是案件主体涉及人工智能，主要关系到人工智能的产业经济；二是案件事实涉及人工智能，主要关系到涉及人工智能的行为和事件。

共检索到本年度人工智能司法案件31685起，数据来源主要以中国裁判文书网、威科先行法律信息数据库为主。同时，搜集了33份国外涉人工智能司法案例，主要

① 本部分数据来源说明：1.“中国司法案件”数据主要源自中国裁判文书网、威科先行法律信息数据库，其他网络公开资料。2.“国外司法案例”数据主要源自LexisNexis、WestLaw、欧盟人权法院网站（HUDOC）、英国和爱尔兰的政府法律信息网站（Bailii）、澳大利亚联邦法院（Federal Court of Australia）、澳大利亚法律信息研究所（Australasian Legal Information Institute）、加拿大法律信息研究所（canlii.org）、加拿大法院档案搜索（decisions.fct-cf.gc.ca）、新加坡国际商事法庭（sicc.gov.sg）、印度法律信息平台（latestlaws.com）以及其他公开出版的研究报告，尽量确保资料的原始性、客观性和准确性。由于各个国家的司法制度以及司法公开程度各异，因此各国的数据来源根据实际检索结果有所差别。

涉及国家包括美国、英国、法国、加拿大、澳大利亚、新加坡、印度等，数据来源以LexisNexis、WestLaw、各国法院网站为主。

二、中国人工智能司法案件分析

本部分内容将通过研究人工智能司法案件的时点、地域、诉讼主体、案件类型等方面情况，辅以可视化数据统计，反映过去一年涉人工智能案件在我国司法实践中的总体情况和特征，并提供分析和建议，以期为国内人工智能法律研究工作提供依据。

（一）人工智能司法案件时点分析

1. 涉人工智能司法案件增长较快

由图 4-1 可见，从 2020 年 6 月至 2021 年 6 月涉人工智能司法案件共 31685 起，五年内共 46747 起。

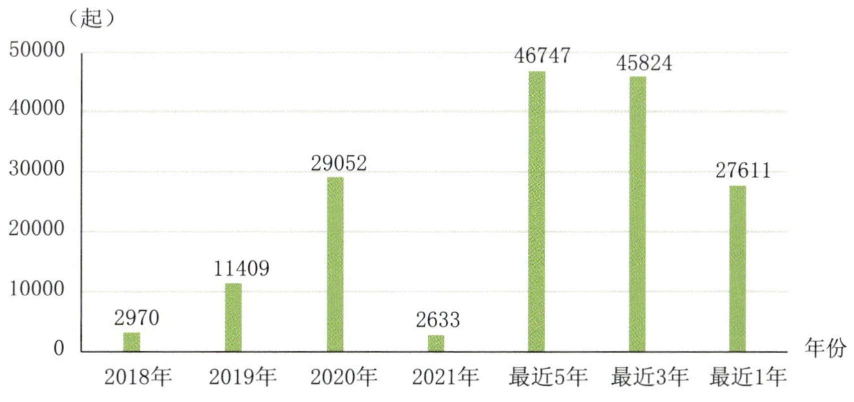

图 4-1　涉人工智能司法案件年份分布图（2018 年至 2021 年 6 月）

近几年涉人工智能司法案件数量逐年增加。2020 年 6 月至 2021 年 6 月的涉人工智能司法案件数量占比五年内总案件量的 67.78%。

2. 涉人工智能司法案件主要集中于近三年

由图 4-1 可见，最近三年涉人工智能案件数量占最近五年数量的比例高达 98%，而国内发布与人工智能相关的各类政策时间点也集中在这三年，人工智能的发展势头突飞猛进。

（二）人工智能司法案件地域分析

由于各地区的经济社会发展水平存在差异，人工智能技术发展速度也存在着较大区别。通过对 2020 年 31685 份裁判文书的法院所在地进行分析，可绘出我国涉人工智能案件的地域分布图（见图 4-2），据此也可以间接推测出各省份人工智能的应用程度。

地域	案件数（件）	占比
山东	10118	32.71%
广东	9181	29.68%
重庆	5414	17.5%
江苏	2038	6.59%
北京	810	2.62%
江西	511	1.65%
浙江	431	1.39%
四川	397	1.28%
上海	384	1.24%
广西	302	0.98%

图 4-2　涉人工智能司法案件地域分布图①

1. 涉人工智能案件的重点地域发生转移，但仍集中在中、东部地区

通过图 4-2 数据，可以看出涉人工智能案件集中发生在山东、广东两省，占比高达全国的 62.39%，重庆、江苏两个省市超 2000 件，占比为全国的 24.09%，北京、江西、浙江、四川、上海、广西这六个省（自治区、直辖市）均超 300 件，占比为全国的 13.52%。与 2019 年相比，涉人工智能案件集中地呈现出从北京、上海转移到山东与广东、重庆等地的趋势。

通过调查发现，山东与广东、重庆三省市在近两年均发布了较多涉人工智能文件（见表 4-1）。山东省人民政府发布了《关于加快鲁南经济圈一体化发展的指导意见》

① 图中数据为排名前十位的省（自治区、直辖市）。

表 4-1　山东、重庆、广东三省发布的涉人工智能文件

地　区	发布文件
山东省	《关于加快鲁南经济圈一体化发展的指导意见》
	《济南国家新一代人工智能创新发展实验区若干政策》
重庆市	《重庆市新型基础设施重大项目建设行动方案(2020—2022 年)》
	《重庆市建设国家新一代人工智能创新发展试验区实施方案》
广东省	《广州市关于推进新一代人工智能产业发展的行动计划（2020—2022 年）》

《济南国家新一代人工智能创新发展实验区若干政策》。重庆市人民政府印发了《重庆市新型基础设施重大项目建设行动方案（2020—2022 年）》《重庆市建设国家新一代人工智能创新发展试验区实施方案》等文件。广东省人民政府制定了《广州市关于推进新一代人工智能产业发展的行动计划（2020—2022 年）》，创建“新一代人工智能开放平台”。地方政府加大力度支持人工智能重点领域基础前沿研究和关键核心技术的研发，支持建设人工智能领域研发平台，支持创新应用和应用场景开放，这大大促进了人工智能产业发展。可以预见未来全国各省的人工智能发展将会百花齐放，逐渐发展出地方特色及优势。对涉人工智能案件数量突飞猛涨的地区进行研究，根据司法实践总结裁判经验，可为其他地区的类似案件裁判提供借鉴，也能够学习创新精神，促进本地人工智能发展。

2. 涉人工智能案件在西北部地区占比仍然较少

我国西部、东北地区的涉人工智能案件数量较少，但是较之上年，也有增长（考虑到部分案件涉及商业秘密等事项不予公开，实践中可能存在相关案件，本部分仅针对已公开案件进行讨论）。同时，国家为扶持西北部地区的人工智能发展，在 2021 年初重新修订发布了《西部地区鼓励类产业目录（2020 年本）》，其中重点体现了以下几个方向：进一步支撑科技自立自强，进一步促进产业有序向西转移，并在鼓励产业中新增人工智能技术开发及应用。

（三）人工智能司法案件诉讼主体分析

1. 涉人工智能司法案件诉讼主体多元

由图 4-3 可见诉讼主体主要分为自然人（占比 78.07%）、法人及其他组织（占比

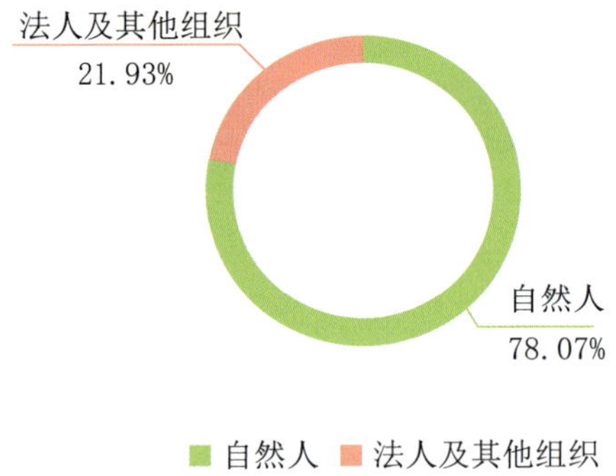

图 4-3　涉人工智能司法案件诉讼主体分布图

21.93%），尚未存在其他主体类型。其中，法人及其他组织中以营利法人为主，也有案件涉及特别法人、非营利法人和非法人组织。自然人作为诉讼主体的比例正在逐年增长，反映出公民保护自身权利的法律意识在逐渐增强。司法裁判在注重企业和自然人两大类别主体的不同诉求外，还需注重保障其他各类主体的合法权益。

人工智能主体性的讨论一方面是关于权利能力。目前人工智能技术尚处于“弱人工智能”阶段，即使智能机器具备一定的推理和解决问题能力，也并不真正拥有人类智能，不存在自主意识，在司法实践中，“人工智能”只是一项工具和手段，例如在知识产权领域，人工智能并不能做到完全脱离自然人的操作而实现自主生成发明。所谓的人工智能自主生成过程背后均存在操控该人工智能应用的自然人。换言之，由人工智能自主生成的发明是在自然人的操作下产生的。另外，人工智能应用也无法独立行使发明人的权利，如署名权、获得劳动报酬等权利。

人工智能主体性的讨论另一方面是关于行为能力。有的学者认为，人工智能主体具有智能性、直接作用于网络社会和物态社会“两个社会”的双重性；有的学者认为，人工智能主体行为分为在程序设计和编制范围内实施的行为、在程序设计和编制范围外实施的行为两种类型。

（四）人工智能司法案件诉讼类型分析

人工智能的发展在为社会带来便利的同时，也为司法审判带来了新的挑战。通过图 4-4 可知，目前涉人工智能案件在民事、刑事、行政、执行领域的占比分别为96.45%、2.29%、0.73%、0.52%。

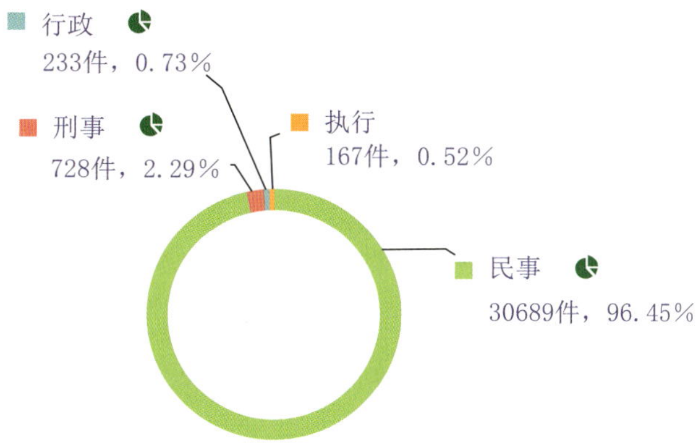

图 4-4　涉人工智能司法案件诉讼类型分布图

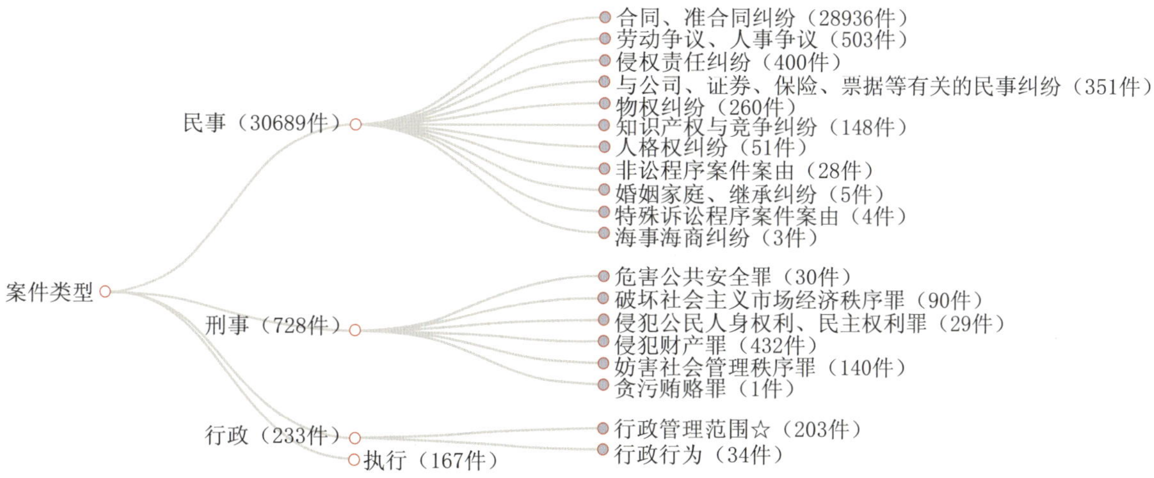

图 4-5　涉人工智能司法案件案由分布图（2020 年 6 月至 2021 年 6 月）

资料来源：威科先行法律信息库

1. 涉人工智能民事案件占比最大

由图 4-5 可知，涉人工智能案件为民事案件的占比为 96.45%，涉人工智能民事案件是数量最多的案件类型。

（1）主要类型

在经济发展日益迅猛、法治观念广泛普及的现代社会，订立合同的行为是经济活动的直观体现。涉人工智能民事领域的合同、准合同纠纷，占比全部案件的 94.29%，为第一。其次为劳动争议、侵权责任、物权纠纷、知识产权与竞争纠纷。涉及的合同类型、行业领域广泛多样，这说明人工智能已经渗透经济活动的方方面面。

（2）主要特征

合同纠纷数量占比 94%，位居第一，涉案合同主要为服务类产品合同。例如“靳某某与北京三迁教育咨询有限公司教育培训合同纠纷案”（北京市海淀区人民法院（2020）京0108民初8306号民事判决书），被告咨询公司承诺为原告提供“不过包退”的“PYTHON人工智能”培训课程，但最终含糊其辞推脱退款事项，该案反映出与人工智能相关职位的培训工作亟需重视。

劳动与人事争议数量占比1.6%，位居第二，主要为用人单位扣发承诺的劳动报酬，劳动者违反公司规定以及竞业限制相关纠纷。例如“杨某某与三一重机有限公司经济补偿金纠纷案”[江苏省苏州市中级人民法院（2020）苏05民终11252号民事判决书]中，劳动者违反公司规定，以照片欺骗公司人工智能打卡系统，进而虚假考勤，最终需接受公司处罚。

侵权责任纠纷数量占比1.3%，位居第三，主要是与机动车自动驾驶相关的纠纷。例如“刘某与上海蔚来汽车用户服务有限公司买卖合同纠纷上诉案”[上海市第二中级人民法院（2021）沪02民终984号民事判决书]中，蔚来公司已尽其告知义务，通过车辆《用户手册》、软件升级公告等多种方式对自动紧急制动功能作了如实和详尽的介绍，故不存在主观上的欺瞒和客观上的虚假宣传行为。另外自动紧急制动功能作为智能的辅助功能，囿于现有的技术，仅能在一定条件下发挥辅助作用，作为驾驶员理应对此有所认识。由此可看出涉人工智能的产品生产或者销售单位要及时尽到风险提示义务。

物权纠纷数量占比0.84%，位居第四，主要表现为技术影响公民生活边界的相关纠纷。物业擅自安装人脸识别系统的行为，成为各界关注的热点，也出现了较多民事纠纷。例如，“九龙仓（中国）物业管理有限公司与康晓钢物业服务合同纠纷案”[四川省成都市锦江区人民法院（2020）川0104民初10840号民事判决书]中被告作为小区居民，认为物业公司未和业主沟通、征得同意即安装小区人脸识别系统，存在泄漏（或窃取）业主信息，造成极大的数据安全隐患。《个人信息保护法（草案）》中提到人的脸部特征信息属于敏感信息，应当有充分的必要性才可以收集，而且要经过用户的同意。

知识产权和竞争纠纷占比0.48%，位居第五，关于人工智能创作物的知识产权保护（人工智能生成的内容是否受《著作权法》保护）的问题成为业界热议与争论的问题之一。例如“北京菲林律师事务所与北京百度网讯科技有限公司著作权权属、侵权纠纷案”[北京知识产权法院（2019）京73民终2030号民事判决书]，软件研发者（所有者）和使用者均不应成为该分析报告的作者。分析报告系威科先行库利用输入的关键词与算法、规则和模板结合形成的，某种意义上讲可认定威科先行库“创作”了该分析报告。由于分析报告不是自然人创作的，因此，即使威科先行库“创作”的分析报告具有独创性，该分析报告仍不是著作权法意义上的作品，依然不能认定威科先行库是作者并享有著作权法规定的相关权利。有关分析报告的署名问题，无论是软件研发者（所有者）还是使用者，非创作者都不能以作者身份署名，应从保护公众知情权、维护社会诚实信用和有利于文化传播的角度出发，在分析报告中添加生成软件的标识，标明系软件自动生成。

人格权保护的实效显著提升。人格权的保护和救济，关系到基本人权的保障。我国《民法典》人格权独立成编，成为中国特色社会主义法治体系的一大亮点。人工智能案件中的人格权纠纷虽数量有限（51件），但具有良好的社会效果，对以人为本的关怀以及对人格要素的保护理念有所启发。例如2021年4月，人脸识别第一案“郭某诉杭州野生动物世界有限公司服务合同纠纷案”迎来终审，一审法院认为被告“收集人脸识别信息，超出了必要原则要求，不具有正当性”，删除郭某办理指纹年卡时提交的包括照片在内的面部特征信息等；二审法院增判杭州野生动物世界有限公司删除郭某办理指纹年卡时提交的指纹识别信息。

2. 涉人工智能行政案件专业性较强

由图4-5可知，涉人工智能案件为行政案件的占比为0.73%。

（1）涉人工智能行政案件的主要类型

在行政案件中，大多数案件都是与专利审批相关，主要针对国家知识产权局申请专利注册、请求驳回商标的行政行为。目前，随着人工智能的快速发展，国家知识产权局与时俱进，明确审批标准，对《专利审查指南》作出修改，修改涉及区块链、人工智能和大数据等新技术的专利审查程序。根据新指南，在审查中，不应当简单割裂技术特征与算法特征或商业规则和方法特征等，而应将权利要求记载的所有内容作为一个整体，对其中涉及的技术手段、解决的技术问题和获得的技术效果进行分析。

（2）主要特征

涉人工智能行政案件对审判机关的专业要求较高。例如在“苹果电脑贸易（上海）有限公司与国家知识产权局、上海智臻智能网络科技股份有限公司发明专利权无效宣告请求行政纠纷案”（最高人民法院2020年发布的知识产权司法保护十大案例之一）中，智臻公司是名称为“一种聊天机器人系统”的发明专利的权利人。本专利是实现用户通过即时通信平台或短信平台与聊天机器人对话，使用格式化的命令语句与机器人进行互动游戏的专利。苹果公司请求宣告本专利无效。国家知识产权局及一审法院均认为本领域技术人员根据其普通技术知识能够实现本专利利用聊天机器人系统的游戏服务器进行互动的游戏功能，符合《专利法》对充分公开的要求，故维持本专利有效。最高人民法院维持一审判决。本案判决明确了涉及计算机程序的专利说明书充分公开的判断标准，充分保护了企业的自主创新成果，在确保公共利益和激励创新兼得的同时，助力关键领域自主知识产权的创造和储备。

3. 涉人工智能刑事案件的犯罪手法不断翻新，作案手段更加隐蔽

涉人工智能案件刑事案件占涉人工智能总案件的2.29%。

（1）涉人工智能刑事案件的主要类型

涉人工智能刑事案件主要分为两种类型：一类为利用人工智能技术作为工具手段实施犯罪，如侵犯公民个人信息罪；另一类为利用人工智能的名义进行虚假宣传，实施犯罪，较为常见的为非法吸收公众存款罪、组织、领导传销活动罪等。

（2）主要特征

涉人工智能刑事案件存在犯罪手法不断翻新，作案手段更加隐蔽的特征。涉人工智能犯罪从出现之日起，不断突破国家领域的界限，以网络的形式向外界进行隐性蔓延和辐射。

一是利用人工智能技术作为工具手段实施犯罪。例如吴某、张某、葛某某等侵犯公民个人信息罪［安徽省滁州市琅琊区人民法院（2020）皖1102刑初43号刑事判决书］，被告人吴某把“应借贷”APP放在多家贷超内，当客户进入贷超后，在点击吴某的“应借贷”APP申请注册的过程中，客户需提供身份证正反照片，刷脸进行人像比对，填写QQ号码、微信号码、住址，授权提取手机通讯录、短信记录、通话记录、淘宝信息、芝麻分信用、负债信息等公民个人信息。当客户下载“应借贷”APP并完成注册后，吴某在系统后台即可看到客户的所有个人详细信息。截至2019年6月13日，吴某共非法获取公民个人信息71301条，其中有38015条公民个人信息包

含手机短信详情信息。在客户下载“应借贷”APP的同时，吴某通过系统设置将部分客户注册的所有个人信息及授权提取的个人信息，随机推送给“牛牛钱包”“极速贷”APP，并为其代挂在其他贷超内帮助获取个人信息。被告人吴某、张某、葛某某、董某某等人侵犯公民个人信息的侵权行为致使众多公民个人信息被泄露传播，威胁到公民的人身财产安全，均被判处有期徒刑并处罚金。

二是以人工智能的名义进行虚假宣传，实施犯罪。例如汤某某非法吸收公众存款罪［杭州市富阳区人民法院（2019）浙0111刑初877号刑事判决书］，汤某某宣扬冠信公司做能量铜网络投资平台，是面向全球的人工智能区块链技术，投资效益很好，铜币每天发行，只涨不跌，持币生息，其铜账户下面人数越多，投资金额越大，其好处越多。法院判决汤某等人以投资虚拟货币为名，以高额回报为诱饵，向社会公众非法吸收资金，扰乱金融秩序，情节严重，其行为已构成非法吸收公众存款罪。

（五）对国内人工智能法治发展的建议

1. 重点保护消费者权益，重视相关风险提示和安全保障义务

我们在大力推进人工智能与实际生活接轨时，必须高度警惕人工智能在技术应用领域的潜在风险。人工智能产品或服务具有复杂性、专业性，涉人工智能的产品生产或者销售单位必须及时提示和说明风险，并尽到安全保障义务。

2. 强化对个人信息的司法保护，提升公民对个人信息的保护意识

当前，由于人工智能技术发展等方面的原因，公民个人信息泄露带来的侵权、网络诈骗等违法活动在一些地方和领域呈现多发态势，不仅严重影响公民的日常生活，而且影响社会的长治久安。应当加大依法保护个人信息的力度，提升公民关于个人信息的自我保护意识和维权意识，共同遏制侵害个人信息等违法犯罪行为蔓延的态势。

3. 加强专业审判能力建设，提高司法质效

涉人工智能案件对法院专业审判能力提出了更高要求，应当进一步完善技术调查官等制度，应对相关复杂案件。要强化调查研究、学习培训等方面的工作，针对涉人工智能前沿理论和实践问题，积极开展研讨以及相关业务知识课程，进一步推进涉人工智能案件的审判工作，提升干警的司法能力，提高案件审判工作质量和效率。

4. 推动跨界联合、开放共享的法治共同体建设

开展多种形式的交流合作机制，强化法院与监管部门、产业部门、高等院校、科研单位的联系，结合当前人工智能发展的时代特征，从全方位视角解读新类型案件发展趋势，共同探讨人工智能案件的热点问题。

5. 完善人工智能时代的立法

加强涉人工智能案件的特征分析，针对各级人民法院、司法机关的裁判先例，总结适用的倾向性意见。通过法律适用情况的总结，对于案件中发现的新问题、新趋势，要及时发现、及时应对，为立法工作提供借鉴和参考，共同致力于完善人工智能法治体系。

三、国外人工智能司法案例分析

人工智能从实验室走向产业化生产，重塑传统行业模式、引领未来的价值已经凸显，并为全球经济和社会活动作出了不容忽视的贡献。全球经济体都高度重视人工智能领域的科学技术研究和产业发展，但同时，人工智能作为新兴技术所引发的潜在风险，各国政府以及社会各界也都在积极关注。为了解世界上其他国家涉人工智能司法案件的现状，蓝皮书案例分析团队对国外司法案例进行了检索。鉴于国外各个国家的司法制度以及司法公开程度各不相同，语言文化差异较大，逐案分析的数量相对有限，分析团队采取抽样式方法，搜集了 33 份国外人工智能相关典型司法案例，进行逐份研读。涉及美国、英国、法国、澳大利亚、加拿大、新加坡、印度等。

为了有效进行分析研判，案例分析团队在个案研读基础上，对国外案例的裁判文书内容进行了逐个翻译以及要素式整理，形成国外人工智能司法案例要素标签体系，直观展现相关案例情况。

（一）要素标签体系

根据国外案例分析形成的涉人工智能案件的要素标签体系分为四个部分（见图 4-6）：

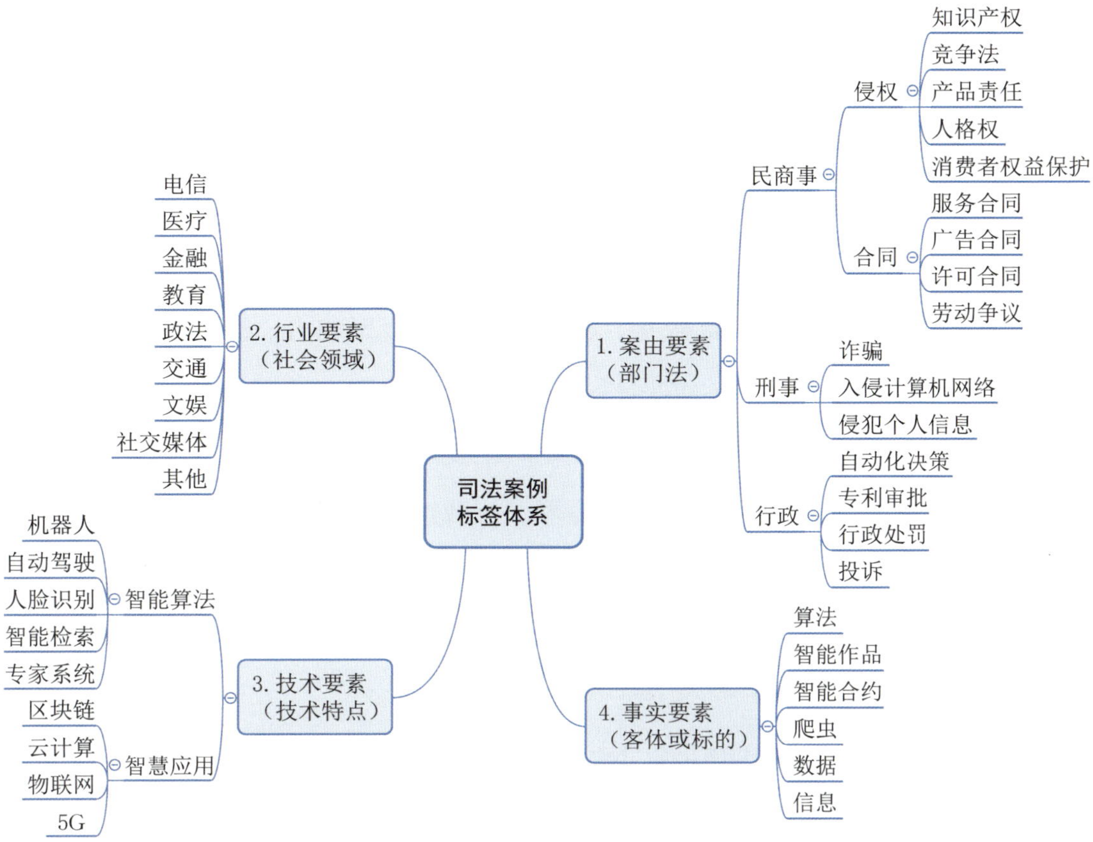

图 4-6　国外司法案例标签体系

一是案由要素，包括民商事、刑事以及行政三个分类，该三个分类根据人工智能法治相关部门类型再细化分类，如人格权、知识产权等。

二是行业要素，人工智能渗透社会的方方面面，根据司法案例情况可以观察到受人工智能影响较大的行业类型。

三是技术要素，这一部分的特征与全球的科技发展息息相关，主要包括智能算法和智慧应用两种类型。

四是事实要素，这是影响人工智能司法案件事实认定的重要因素。

（二）国外人工智能司法案例概况

1. 当事人情况

第一，法人作为原告和被告的占比均较多；第二，其他组织（包括政府）在被告中占比较多；第三，自然人起诉和应诉的情况较为平均。

2. 案由情况

根据收集的国外案例进行分析，国外涉人工智能案件案由可以总结为以下几点：

第一，民商事案由占比较大，主要集中在知识产权和人格权纠纷。在 33 件国外涉人工智能案例中，有 24 件案由与民商事标签相关，其中知识产权、人格权以及劳动合同纠纷数量较多。

第二，刑事、行政案由占比较小，但具有较大社会影响力。刑事案由中，以人工智能技术为辅助进行犯罪为主，如运用高端科技进行诈骗，窃取大量的公民个人信息进行售卖，利用人工智能技术进行刑事鉴定后出现问题的司法应对，以及全球首例自动驾驶交通事故致人死亡案件的责任认定等。行政案件主要以人工智能专利申请与驳回为主。

（三）国外人工智能司法案例判决的特点分析

与国内人工智能司法案例相比，国外司法案例的判决过程更侧重对风险与责任分配方式的审查和论证，根据对每一件案例的解析，可以总结出以下特点：

1. 人工智能作为法律关系的主体地位尚未明确

第一，人工智能无法成为专利权等权利主体。例如在“Stephen L.Thaler 诉英国知识产权局专利、设计、商标部门专利申请案”中，法院认为如果认定创造型人工智能机器人属于发明者的地位（具备主体性），那么就是在承认人类为机器工作效劳的合理性的同时削弱了专利存在的道德伦理依据。这对于没有或无法被认定的机器来说是不公平的；且对其他人类发明者来说，因为这样的做法改变并减少了发明创造的意义，减损、贬低了他们的社会评价，同样是不公平的。

第二，人工智能无法独立享有医师等资格。例如在“加拿大卫生专业上诉和审查委员会案”（案号 19-CRV-0475）中，法院在受理专业性较强的科技类案件时，不仅需要对人工智能医疗设备的资质进行审查，同时也要关注医师等操作人员对该设备的熟悉程度，需要兼顾人机因素。

第三，人工智能无法直接承担风险责任。例如在“纽约市布朗克斯县地方检察院诉 H.K. 性骚扰案的诉辩对抗权动议案”中，现阶段诸如 STRmix、TrueAllele 这样的软件大多是自然人的辅助软件，而非完全能进行自主决策的强人工智能，除软件的设计缺陷外，对于有人类参与的弱人工智能软件的风险责任分配，应认定为由自然人承担。

2. 穿透人工智能外观探求其本质属性

考虑新技术是否具有法律约束力的效力时，即使发生了合同是通过智能合约等创新方式而非传统方式签订的、法律行为是通过自动化处理批量作出的等情形，也不会“改变基本法律原则的适用范围”。例如在“Cahoo 诉 Fast Enters. LLC 案”中，原告认为被告与国家合作、设计、维护、操作和实施了机器人欺诈检测和裁决系统，其由于系统固有缺陷，在不提前通知原告的情况下评估和收取罚款和罚金。法院认为，当涉及侵权损害问题，当事人遵循恰当联邦法规或程序，提供证据的具体性、准确性尤为重要，举证责任的主要分配在原告方。

3. 全面衡量利益和社会影响

司法案件纠纷本质上是利益冲突，践行公平正义理念，要依法依情依理平衡好协调好各方利益。例如在 2020 年 12 月的“Affaire-Sellami 诉法国案”中，法院认为，原告作为公民有言论自由的权利，作为新闻记者，其有进行独立新闻报道自由的权利与职责，而不受刑事起诉与罚款的威胁。智能合成肖像作为司法信息的一部分，属于国家秘密，记者对于其言论自由、独立新闻报道自由的权利与职责，在新闻报道素材的选取上亦要考量社会影响与相关当事人权益，在秉持社会稳定与良好运行及国家秘密保护的重大原则下，对于相关信息的披露与相关人员惩治上应综合看待、合理处罚。再如在 2020 年 8 月“BRIDGES 代表索赔方诉南威尔士警察局案”中，法院认为对于自动抓取人脸识别系统的公共场合应用，涉及公共服务、个人隐私数据、数据保全等多方面因素，应当适用适当法律框架、依据法律、完善法律瑕疵、填补法律漏洞。

4. 公民个人信息遭受侵权的现象频发

人工智能技术的普及大大提升了人们生活的便利，但是，也带来了非常严重的隐私保护问题。人工智能技术本身算法的准确率高度依赖海量用户数据的训练分析，尤其需要获取大量用户个人信息，以便提供个性化、定制化服务，这些都会导致用户个人信息泄露。实际上，脸书已经因为类似的做法而饱受争议。有报道指出，该公司曾试图购买 NSO 集团创建的间谍软件来监控苹果手机用户。类似科技公司运用人工智能技术对公民的个人信息进行窃取的案例还有在“洛佩兹等人诉苹果公司案”中，原告认为被告苹果公司在其出售硬件设备（例如苹果手机、手表等）中预装的智能语音辅助软件 Siri，长期以来未经用户准许即截获并公开披露私人对话的报道。为最大程度降低人工智能带来的安全风险，应从管理和技术两方面采取一系列应对措施。在管理上展开立法研究、标准制定、监管体系建设，加强对人工智能技术和产品的监管。

5. 引入权益保护基金实现责任分配方式的创新

人工智能已广泛深入社会生活，常规的通知和索赔程序可能产生极高的索赔率，因此在大型科技公司智能化技术侵犯隐私权的诉讼中，和解应当是首选方式。例如在 2021 年 2 月的“脸书生物识别信息隐私诉讼案”中，原告反对脸书使用面部识别软件从照片中提取人的独特生物识别符来识别他们，指控脸书违反了《伊利诺伊州生物识别信息隐私法》（BIPA），因为脸书没有在保留其生物识别标识之前通知他们并征得他们的同意，也没有制定或公布数据保留时间表。在拒绝批准双方首次提出的诉讼和解方案后，法官于 2020 年 8 月初步批准了一项修订后的和解方案，根据该方案，脸书将设立 6.5 亿美元的非返还性和解基金。

6. 有关人工智能专利申请标准逐渐明晰

例如在 2021 年 1 月“Corey Kaizen Reaux-Savonte 诉英国知识产权局专利、设计、商标部门专利申请案”中，法院认为原告应当承担必要的举证责任，详细描述如何通过结构化和组织数据的方式使得其能够在计算机外部创建物理系统，并描述执行此操作的任何实际系统与设计方案。单以潜在的纯粹理论设想的影响无法满足授予专利的条件。如果人工智能发明针对于计算机外部的特定技术过程，或者构成计算机内部工作的一部分，则很可能属于专利授予范围内的发明；而如果人工智能发明仅是流程上的创新（例如业务方法），则并非为专利授予范围所涵盖。同样，如果人工智能发明是针对非特定目的的，那么关于它的专利申请大概率将被拒绝。除非是具有技术创新、贡献的人工智能发明物或算法，否则极有可能根据判例将其排除于专利授予范围。

（四）国外人工智能司法案例的经验启示

1. 深入理解人工智能的核心要素

算法、算力和算料是支撑人工智能发展的三大核心要素，三大要素协同创新是人工智能发展的本质需求。美国、英国的人工智能报告中多次强调三大要素对人工智能发展的重要性。首先，万物互联产生海量数据，人工智能算法训练需要大量数据提供底层支持；其次，云计算的出现，使传统计算模式向并行计算模式转变，其为机器学习等人工智能应用提供重要支撑；最后，底层算法趋向开放开源，先进的算法快速迭代优化并深耕具体行业领域，充分释放数据的价值。

2. 综合运用伦理引导、技术应对等治理方式

第一，人工智能治理应建立在对人工智能价值观思考以及伦理原则引导的基础上，例如国际网络联盟提出包括“确保系统透明、构建全球管理机制、禁止人工智能军备竞赛”等十项伦理原则。

第二，人工智能技术及行业标准体系建设工作对人工智能产业发展具有基础性、支撑性、引领性作用，需要综合技术标准、技术工具等手段，有效应对人工智能所带来的风险挑战。

3. 尽快完善人工智能法律规范体系

人工智能所带来的责任归属界定、隐私泄露等问题不断挑战现行法律法规底线，需要考虑采取包容审慎、灵活弹性的方式予以应对。目前，全球多国已陆续开展对人工智能相关应用场景进行规范立法工作。例如，欧盟议会在2020年2月发布的《人工智能白皮书》中明确指出，通过人工智能相关新立法的计划也基于促进该行业发展的考虑，其一方面为人工智能解决方案开发者和部署者提供确定性，从而提高商业可预测性并促进投资；另一方面在全球范围内创建公平的监管竞争环境，促进行业发展。此后，欧盟议会在2020年10月20日批准了三份有关人工智能立法项目的立法建议报告。欧盟议会成为“首批就人工智能规则涉及的伦理、民事责任和知识产权问题提出建议的机构”，在欧盟立法计划中，人工智能立法将成为重点任务。

第五部分　人工智能法治发展专题报告

一、世界数据权利保护发展报告[①]

近年来互联网、5G迅速发展，在数据为世界带来无限机遇的同时，数据泄露的形势也异常严峻。Verizon 公司发布的调查报告显示，2020 年数据泄露事件高达 3950 起，[②] 短短 12 个月内泄露的记录比过去 15 年的总和还多。[③] 数据泄露事件给企业造成的平均成本达到了 386 亿美元，其中特大型数据泄露事件的成本飙升至 3.92 亿美元。[④] 国内数据泄露问题也同样较为严重，大规模数据泄露案件引起了社会的高度关注。本报告主要整理 2020 年 7 月至 2021 年 5 月期间，世界主要国家和地区的数据权利保护立法进展和数据保护框架，并进行相关理论探讨，展望未来我国数字经济发展和数据保护发展趋势。

---

① 作者简介：彭诚信，上海交通大学凯原法学院特聘教授、副院长；陈吉栋，上海大学法学院大数据与人工智能法治研究中心执行主任；许端蓉，上海大学法学院大数据与人工智能法治研究中心研究员助理。

② Verizon，“2021 Data Breach Investigations Report”，Verizon Enterprise Solutions（May. 20 2020），https://enterprise.verizon.com/resources/reports/dbir/2020/introduction/?_ga=2.177875878.2047768306.1620828189-2121274095.1620828189.

③ Canalys，“Global cybersecurity 2021 forecast”，Canalys Newsroom（Jan. 19，2021），https://www.canalys.com/newsroom/canalys-cybersecurity-2021-forecast（lastreviewed May 12，2021）.

④ IBM：《2020 年 数 据 泄 露 成 本 报 告 》，https://www.ibm.com/downloads/cas/BK0BB0V1?mhsrc=ibmsearch_a&mhq=2020%E5%B9%B4%E6%95%B0%E6%8D%AE%E6%B3%84%E9%9C%B2%E6%88%90%E6%9C%AC%E6%8A%A5%E5%91%8A。

表 5-1　数据泄露典型事件汇总

数据泄露典型事件不完全汇总（2020.7—2021.5）		
时间	国家 / 地区	具体内容
2020.7	美国	奥巴马、拜登、布隆伯格、卡戴珊等美国名人推特账号被黑，苹果、微软等官方推特账号被盗，黑客赚取 12.1 万比特币，导致 2020 年 7 月 15 日推特股价下跌，市值蒸发 100 亿美元。
2020.7	中国香港	UFO VPN、FAST VPN、Free VPN 等七家 VPN 提供商数据泄露，涉及 1.2 TB 个人用户数据。
2020.10	中国	江苏泰州警方抓获侵犯公民个人信息犯罪团体，被售卖个人信息达到 800 多万条。
2020.11	美国	美国国家地理学会推出的在线游戏 Animal Jam 遭黑客攻击，泄露用户信息近 4600 万条。
2020.12	欧洲	黑客攻击欧洲药品管理局（EMA）并获得了 Moderna 新冠疫苗的文件，给政府和制药公司带来巨大损失。
2021.1	中国	国外安全研究团队 Cyble 进行暗网监控时，发现两亿多中国公民信息在暗网兜售。
2021.1	中国	镇江丹阳警方侦破侵犯公民个人信息案，该犯罪团伙贩卖 6 亿条个人信息获利 800 余万元。
2021.1	澳大利亚	Nitro PDF 用户数据库被黑客攻击，超过 7700 万条用户记录被泄露。
2020.1	巴西	巴西数据库发生重大数据泄露事件，泄露的数据可能影响到 2.2 亿人。
2021.2	印度	印度政府网站因低级漏洞，致使 800 万核酸检测结果报告泄露。
2021.2	印度	印度航空、新加坡航空、芬兰航空等全球航空公司遭黑客攻击，造成 450 万旅客数据泄露。
2021.3	中国	安防系统初创公司 Verkada 遭黑客入侵，特斯拉上海工厂和软件提供商 Cloudflare 等公司的监控录像被曝光。
2021.4	爱尔兰	爱尔兰数据保护委员会就 5.33 亿脸书用户数据泄露展开调查。
2021.4	美国	超 5 亿条领英（LinkedIn）用户个人数据包在黑客网站上出售，包括全名、电子邮件地址、电话号码、工作地点场所信息等。
2021.5	以色列	由于开发者没有正确配置第三方云服务，23 个 Android 应用程序泄露超过 1 亿用户的个人数据。

（一）2020 年度数据权利保护立法进展

1. 国内立法进展

2020 年度我国在数据保护的立法方面取得了较大的进展。随着《民法典》的正式生效，个人信息与数据的保护在基本法层面得到确认。2021 年 6 月《数据安全法》经全国人大常委会第三次审议通过，《个人信息保护法（草案）》也正在立法程序中，将与《网络安全法》一起，共同构建我国数据保护法律制度的基本框架。同时《网络安全审查办法》《网络交易监督管理办法》《常见类型移动互联网应用程序必要个人信息范围规定》《移动互联网应用程序个人信息保护管理暂行规定（征求意见稿）》等规范性文件的发布也进一步充实了数据治理的规则体系。

数据保护国家标准也在本年度得到了更新，如 GB/T 35273-2020《信息安全技术 个人信息安全规范》替代了 2017 年以来一直执行的旧版本。2021 年 3 月，国家网信办、工信部、公安部、市监局四部门联合公开发布《常见类型移动互联网应用程序必要个人信息范围规定》，划定了常见类型 APP 的基本功能服务和必要个人信息范围；《金融数据安全 数据生命周期安全规范》《生物特征识别信息的保护要求（征求意见稿）》《移动互联网应用程序（APP）个人信息安全测评规范（草案）》等近 40 个配套的国家标准也即将生效，为数据安全和个人信息保护提供了更加详细具体的指引。

2. 国外立法进展

（1）美国

2020 年度美国联邦政府与各州政府也在积极探索建立数据保护新制度。从联邦层面来看，2020 年 11 月，美国参议院提出了《国家生物识别信息隐私法》（National Biometric Information Privacy Act），第一次从联邦层面对生物识别信息进行保护。2021 年 1 月，参议院提交了新版《公共卫生应急隐私法》（the Public Health Emergency Privacy Act），旨在通过建立强大且可执行的隐私制度，保障公民敏感健康信息的安全[①]。众议院提交了《信息隐私和数据透明法案》（Information Privacy and Data Transparency Act），拟将华盛顿州的隐私法律和提案纳入数据隐私的国家标准。参议院提交了《保护美国人的数据免受外国监视法案》（Protecting Americans' Data From

① Mark R.Warner, "Warner, Blumenthal, Eshoo, Schakowsky & DelBene Introduce the Public Health Emergency Privacy Act", https://www.warner.senate.gov/public/index.cfm/2021/1/warner-blumenthal-eshoo-schakowsky-delbene-introduce-the-public-health-emergency-privacy-act (lastreviewed May 12, 2021).

Foreign Surveillance Act），以保护本国公民的数据安全。[①] 2020 年 8 月，为保护美国的电信运营商网络和基础设施，特朗普政府发布“清洁网络计划”[②] 的公告，随后签署了两份针对 TikTok 和微信的行政命令。拜登政府上台后更是发布了《国家安全战略中期指导方针》(Interim National Security Strategic Guidance)，把提升网络安全性作为整个政府的重点工作。

就州立法层面而言，一向走在数据安全保护领域前沿的加利福尼亚州，于 2020 年 11 月通过了《加利福尼亚州隐私权法案》(California Privacy Rights and Enforcement Act，CPRA)。[③] 该法案将于 2023 年生效。它不仅为消费者创设了新的数据隐私权，并赋予企业和服务提供商更多义务和责任，还设立了独立的监管机构——加利福尼亚州隐私保护机构（California Privacy Protection Agency，CPPA）。2021 年 1 月，纽约州提出《生物识别法案》(Biometric Privacy Act)，重点规制设计生物识别信息的个人和商业应用，但政府、司法机关、立法机关则不在规制范畴。2021 年 3 月，《弗吉尼亚州消费者数据保护法》(Virginia Consumer Data Protection Act，CDPA）正式通过，成为美国州层面颁布的第二部全面的消费者隐私法案。[④] 此外，为了应对数字经济时代数据安全的新挑战，其他各州也在积极探索数据保护的立法。

（2）欧盟

作为数据保护的前沿区域组织，本年度欧盟在数据保护立法方面动作颇多。2020 年 11 月，欧盟数据保护委员会（EDPB）发布了《关于补充传输机制以确保遵守欧

---

① “Ryan Lovelace, Ron Wyden pushing to block the export of Americans’ data to foreign adversaries”, The Washington Times (Apr. 16, 2021), https://www.washingtontimes.com/news/2021/apr/16/ron-wyden-pushing-to-block-the-export-of-americans/ (lastreviewed March 21, 2021).

② Michael R.Pompeo, “The Clean Network”, U.S. DEPARTMENT of STATE, https://2017-2021.state.gov/the-clean-network/index.html#:~:text=The%20Clean%20Network%20program%20is%20the%20Trump%20Administration’s, malign%20actors%2C%20such%20as%20the%20Chinese%20Communist%20Party. (lastreviewed May.30, 2021).

③ Lara O’Reilly, “Prop 24-the California Privacy Rights and Enforcement Act-passed by voters. Here’s what publishers need know”, Digiday (Nov.5, 2020), https://digiday.com/media/prop-24-the-california-privacy-rights-and-enforcement-act-passed-by-voters-heres-what-publishers-need-know/ (lastreviewed May.11, 2021).

④ Sarah Rippy, Virginia passes the Consumer Data Protection Act, iapp news (Mar.3, 2021), https://iapp.org/news/a/virginia-passes-the-consumer-data-protection-act/ (lastreviewed May 12, 2021).

盟个人数据保护标准的建议》（Recommendations 01/2020 on measures that supplement transfer tools to ensure compliance with the EU level of protection of personal data）和《针对监控措施的关于欧盟重要保障的建议》（Recommendations 02/2020 on the European Essential Guarantees for surveillance measures）两份草案和《数据保护：向非欧盟国家传输个人数据的标准合同条款》（Data protection—standard contractual clauses for transferring personal data to non-EU countries）草案，对数据跨境中的个人数据保护作出了更为明确的规定。为促进欧盟各国和各部门间的数据共享，《数据治理法》（Data Governance Act，DGA）提案也相应面世。同年 12 月，欧盟委员会发布了《数字服务法案》（Digital Services Act）和《数字市场法》（Digital Markets Act）两部草案，聚焦数字市场秩序规范，发展欧盟数字经济。

2021 年 1 月，欧盟理事会发布了《电子隐私条例（草案）》（e-Privacy Regulation）以替代《电子隐私指令》（e-Privacy Directive），回应信息技术快速发展带来的新问题。欧洲委员会关于自动处理个人数据的个人保护公约委员会发布《面部识别规则》（Guidelines on Facial Recognition），确立了数据处理、数据安全、数据责任、道德框架等流程。3 月，欧盟数据保护委员会通过了《车联网个人数据保护指南》（Guidelines on processing personal data in the context of connected vehicles and mobility related applications）。①4 月，欧盟委员会发布了名为“制定关于人工智能的统一规则（人工智能法）并修订部分联盟立法监管法案［Laying Down Harmonised Rules on Artificial Intelligence（Artificial Intelligence Act）And Amending Certain Union Legislative Acts］”，将人脸识别等涉及生物数据的远距离生物识别系统均列为人工智能的高风险应用场景，② 但该法案尚未经过欧洲议会和理事会审议批准，其正式生效可能还需要多年时间。

---

① Cynthia O'Donoghue & Sarah O'Brien，“Processing personal data in the context of connected vehicles”，Technology Law Dispatch（May.12，2021），https://www.technologylawdispatch.com/2021/05/privacy-data-protection/processing-personal-data-in-the-context-of-connected-vehicles（lastreviewed May 12，2021）.

② “Laying Down Harmonised Rules on Artificial Intelligence and Amending Certain Union Legislative Acts”，https://eur-lex.europa.eu/LexUriServ/LexUriServ.do?uri=SWD:2021:0085:FIN:EN:PDF（lastreviewed May 12，2021）.

（3）加拿大

2020 年 11 月，加拿大出台了《2020 年数字宪章实施法》（Digital Charter Implementation Act, 2020），重构了数据保护的法律框架。该法案一方面废除了《个人信息和电子文件法》（Personal Information and Electronic Documents Act, PIPEDA）的第二部分，将其变为独立的《电子文件法》（the Electronic Documents Act）并制定了《消费者隐私保护法》（Consumer Privacy Protection Act）；另一方面又新设立了《个人信息和数据保护法庭法》（Personal Information and Privacy Protection Tribunal Act），拟建立专门的隐私和数据保护法庭。①

（4）日本

自从 1973 年德岛县公布首部地方个人信息保护条例以来，日本陆续颁布了《个人信息保护法》《行政机关个人信息保护法》《独立行政法人等个人信息保护法》《信息公开、个人信息保护审查会设置法》《行政机关持有个人信息保护法等施行整备法》等国家级个人信息保护法律，形成了日本个人信息保护法制体系。在 2020 年度，日本参议院也在数据保护的进程上迈出了新的一步。2020 年 6 月日本通过了《个人信息保护法（修订版）》，这是继 2005 年《个人信息保护法》颁布以来，进行的第二次较大的修订，修订后的法律将于 2022 年春季生效。

（5）新加坡

2020 年新加坡对 2012 年通过的《个人数据保护法案》（Personal Data Protection Act, PDPA）进行了修订，该修正案创设了数据泄露时的强制报告义务，增加了“同意”的例外情形和数据可携权。2021 年 3 月，新加坡个人数据保护委员会（PDPC）发布了最新的应对数据泄露事件的最新指南——《数据泄露指南 2.0》（Guide to Managing Data Breaches 2.0）和《积极执法指南》（The Guide on Active Enforcement）。

（二）国外数据权利保护制度框架示例

1. 美国：立法主导 + 行业自律 + 政府辅助监管

美国联邦与州双重立法模式共同保护数据安全。联邦层面采取部门化立法模式，

① Bill summary, “Digital Charter Implementation Act”, 2020, Canada.ca（Nov.23, 2020）, https://www.ic.gc.ca/eic/site/062.nsf/eng/00120.html（lastreviewed May 12, 2021）.

分别管辖金融、电信、邮件营销等特定领域。[①] 在州立法层面，有 50 个州制定了数百个隐私和数据安全法规，涉及数据保护、数据处理、隐私政策、数据泄露通知等多个领域。[②] 其中，加利福尼亚州 2018 发布的《加利福尼亚消费者隐私法》(California Consumer Privacy Act，CCPA) 和弗吉尼亚州 2021 年新发布的 CPDA 更是在消费者个人数据全面保护上作出了卓越的贡献。

此外，个人信息与隐私保护的行业自律作用突出。TrustArc 等公司致力于隐私合规认证业务，谷歌公司、互联网协会、信息技术产业委员会等组织均提出了隐私准则，[③] 形成了以自由竞争为基础、政府引导下的行业自律规则。

联邦贸易委员会（FTC）与联邦通信委员会（FCC）负责数据保护和网络安全的监管。联邦贸易委员会作为数据和隐私保护的主要执法机构，采取多重手段来保护消费者隐私。联邦通信委员会则主要规范互联网接入服务商收集、使用用户信息的行为。此外，还存在如卫生与公众服务部民权办公室、联邦银行机构等联邦部门机构和州监管部门依据各自隐私保护法律进行监管。

2. 欧盟：以 GDPR 为基础的数据强监管模式

目前，欧盟已经形成了以《通用数据保护条例》(General Data Protection Regulation GDPR) 为核心的数据权利保护体系，欧盟数据保护委员会和各国的数据保护机构共同负责执法工作。一方面，欧盟数据保护委员会要保证欧盟整体适用数据保护规则的一致性，同时也要促进各成员国数据保护机构之间的合作。另一方面，GDPR 的实施赋予了各国数据保护机构更强的执法权力。DLA Piper 的一份报告显示，自 GDPR 生效以来，数据保护机构已经执行了共 2.725 亿欧元的罚款。[④] 由此可见，GDPR 是一把数据权利保护的“双刃剑”，在规范数据使用的同时也在一定程度上抑制了数字经济的发展。

---

① Shawn Marie Boyne, “Data Protection in the United States”, 66 Am. J.Comp. L.299, 299 (2018).

② “Data Protection Laws of the World”, https://www.dlapiperdataprotection.com/index.htmlt=lawc=US (lastreviewed March 21, 2021).

③ Alan McQuinn, Daniel Casro, “A Grand Bargain on Data Privacy Legislation for America”, Washington D.C.: Information Technology and Innovation Foundation, 2019.

④ DLA Piper, EUR272.5m in fines imposed by European regulators under GDPR-Survey by international law firm DLA Piper, DLA Piper Global Law Firm (Jan.19, 2021), https://www.dlapiper.com/zh-hans/china/news/2021/01/fines-imposed-by-european-regulators-under-gdpr-survey/ (lastreviewed March 21, 2021).

（三）数据权利保护的理论研究

1. 个人信息处理的知情同意规则

“知情—同意”是指个人信息持有者在信息收集过程中需告知个人信息主体，并获得个人信息主体的同意。该原则由艾伦·威斯汀于 1967 年首次提出，后被许多国家的个人信息安全保护立法所采纳。我国《网络安全法》《消费者权益保护法》等现行法律确立的个人信息收集和使用规则中，也明确需要“经被收集者同意”。然而现有法律没有规定“同意”的例外情形，导致知情同意规则成为个人信息处理的唯一合法性基础，传统的“知情—同意”架构逐渐无法完全回应时代的挑战。自我国“新浪诉脉脉案”之后，司法实践中普遍坚持“三重授权说”的观点，并将信息主体的“同意”理解为是“授权”，即第三方获取信息需要“用户 + 平台 + 用户”的三重授权。但将“同意”视为“授权”会变相地导致个人信息保护权利化，承认个人对个人信息具有支配性权利，这与个人信息社会性和公共性的定位相悖。①

为回应实践中在合理限度内处理公开个人信息却难以获得授权的难题，2020 年 10 月公布的《个人信息保护法（草案）》一审稿规定了处理个人信息的五项例外情形，在一定程度上突破了原有《网络安全法》的知情同意规则。2021 年 4 月《个人信息保护法（草案）》二审稿在此基础上又新增了一项例外情形，与《民法典》第 1036 条处理个人信息的免责事由条款相衔接，这将为诸多创新商业模式打开通道，有利于个人信息保护与合理使用之间的平衡。

2. 数据确权争议

我国《民法典》首次将“数据”与“网络虚拟财产”并列纳入保护范围，奠定了数据权利保护的私法基础，但第 127 条仅为引致规范，数据确权仍在争议之中。目前关于数据的权利性质形成了人格权说、财产权说、知识产权说等基本理论观点。人格权说认为，数据具有人格权属性，是一种新型人格权，包括数据知情权、同意权、修改权、被遗忘权②等人格权益都应当归属于个人。财产权说认为，数据具有经济价

① 高富平：《同意≠授权——个人信息处理的核心问题辨析》，《探索与争鸣》2021 年第 4 期。

② 肖冬梅、文禹衡：《数据权谱系论纲》，《湘潭大学学报（哲学社会科学版）》2015 年第 6 期。

值，在实践中被企业用于开发各种数据产品，并作为商品进行交易，[1]可运用财产权制度进行保护。对于数据财产权益的归属是争议的焦点。知识产权说认为，数据经过算法加工、计算、聚合后可以作为知识产权的客体，并可以此建立数据专有权。[2]但多数观点认为，知识产权在取得方式、权利内容、保护期限等方面与数据权利具有很大不同，知识产权保护不是数据侵权的合适救济路径。数据确权是发展数字经济绕不开的问题，需要明确数据的多种属性并在多方利益中权衡，数据权利在法律层面得到确认仍需结合理论与实践进行深度探讨。

3. 数据流通领域的机遇与挑战

第一，在宏观数据要素的战略背景之下，数据资产化是实现数据交易流通的可行路径。近年来，国内外颁布了一系列相关政策文件，推动数据要素发展，振兴数字经济。2013 年《英国数据能力发展战略规划》中提出了“数据资产”(data assets) 一词，此后美国出台了《美国大数据白皮书》，我国颁布了《促进大数据发展行动纲要》，欧盟、日本、德国等在相关政策表述中也将数据作为一项重要战略资产。在我国的实践中，贵阳大数据交易所在 2015 年已将“大数据资产”列入了交易范围，[3]2021 年成立的北京国际大数据交易所也在积极探索开展“数据资产金融服务”。[4]但目前法律上对于数据的定性仍不明确，传统法律架构显然已无法适应当前数据资产化趋势，因此，构建一种数据新型财产权正当其时。[5]

第二，数据信托助力数据资产变现。自 2016 年美国耶鲁大学教授杰克·巴金 (Jack M. Balkin) 在隐私数据保护领域首次提出采用信托工具解释数据主体与数据控制人之间关系，数据信托就作为一种新型信托制度而被关注。数据信托的实质是在数据主体与数据控制人之间创设出信托法律关系，数据控制人基于数据主体的信任对数

---

① 李爱君：《数据权利属性与法律特征》，《东方法学》2018 年第 3 期。

② 杨立新：《衍生数据的法律属性与权利性质》，https://mp.weixin.qq.com/s/scNcJS2rMa5bivs6bZHpXA。

③ 贵阳大数据交易所：《贵阳大数据交易所 702 公约》，https://files.acrobat.com/a/preview/737b39d6-a7db-4381-b9a6-fa4da5ac3776。

④ 上证报中国证券网：《北京国际大数据交易所的五大功能定位》，https://www.sohu.com/a/421684409_120057347。

⑤ 龙卫球：《数据新型财产权构建及其体系研究》，《政法论坛》2017 年第 4 期。

据享有更大的管理运用权限，同时也承担更严格的法律信义义务。[①] 英国在《2020 数据信托报告》中将数据信托作为一种“提供独立数据管理权的法律结构”。数据信托是实现数据资产价值变现的重要工具，我国数据信托业界的首创产品在 2016 年 11 月由中航信托发行，总规模为 3000 万元，这是我国在数据信托领域的一次有益的实践探索。而且，数据信托制度可以降低举证难度、提高数据泄露时公民获得救济的机率，也有助于实现我国公民隐私保护的最大化。[②] 我国早在 2001 年就颁布了《信托法》，学界和实务界从各个角度对信托法律制度本身及其存在的制度土壤等问题不断进行解释与质疑，[③] 但数据信托作为一种新兴制度，在我国法律体系中的定位仍有待进行释义学研究。

第三，数字经济带来税收征管新挑战。为平衡大型数字跨国企业转移到海外的利润，目前印度、泰国、英国、法国、智利等二十余个国家都宣布开始征收数字服务税（Digital Services Taxation，DST）。虽然征收数字税已经成为国际一大趋势，但美国基于苹果、微软等跨国科技巨头等利益坚决退出美欧数字税谈判，并不惜启动“301 调查”、加征关税等报复性行动，反对单边征收数字服务税。经合组织（OECD）发布的《制定应对经济数字化税收挑战共识性解决方案的工作计划》，针对国际税收规则提出了一种多边改革路径，但尚未成为共识。就我国而言，现阶段数字税所涉及的数据财产权、国家数据主权等问题缺乏法律支撑，数字税的归属难以界定，数据利益分配、跨区域税收征管规则等问题也亟待解决，距离中国的数字税落地还有很远。

4. 数据跨境流通规则的探索

大数据时代，大国之间的争夺焦点从自然资源、人才资源逐渐转向数据资源，数据跨境流通问题成为全球博弈的焦点。数据跨境规则首见于 OECD《隐私保护与个人数据跨境流通指南》（Guidelines on the Protection of Privacy and Transborder Flows of Personal Data）中的规定，但目前国际社会仍未就跨境数据流动规则达成共识。

① 席月民：《数据信托的功能与制度建构》，《民主与法制》2021 年第 3 期。

② 冯果、薛亦飒：《从“权利规范模式”走向“行为控制模式”的数据信托——数据主体权利保护机制构建的另一种思路》，《法学评论》2020 年第 3 期。

③ 赵廉慧：《作为民法特别法的信托法》，《环球法律评论》2021 年第 1 期。

现今我国正在从多个层次着手，探索合理的数据跨境流动机制。一是在《网络安全法》中规定了数据出境的限制性条件，但规定仍然比较笼统。二是先后发布《海南自由贸易港建设总体方案》和《中国（北京）自由贸易试验区总体方案》，在自由贸易试验区广泛实践数据跨境流通的方案。三是在国际上与其他国家积极展开合作，提出数据跨境流通的中国方案。在2020年度较为突出的成就包括在《数据安全法》提出的“数据跨境安全、自由流动”原则，以及《全球数据安全倡议》《区域全面经济伙伴关系协定》《中阿数据安全合作倡议》中数据跨境的相关内容。

5. 数据侵权归责原则的争论

根据我国《民法典》的规定，利用网络实施的信息侵权应遵循一般过错责任原则，然而在大数据时代，自然人与信息处理者在举证和诉讼能力上存在较大差距，信息主体对侵权行为的发生、侵权行为人的认定、信息处理者的过错、损害结果存在等举证困难，传统侵权责任归责体系已无法充分实现对受害者的救济。

理论界纷纷提出，个人信息侵权的归责原则应当采纳多元的归责体系。目前主流观点为二元归责体系，但在划分依据上存在不同观点。有学者认为，应当将责任主体分为两类，对国家机关、法律法规授权的组织侵权的，采取无过错归责原则；对自然人、法人或其他组织的侵权责任，采取过错推定归责原则。[①] 也有学者认为，应当以场域和技术为区分构建“二元归责原则”体系，即针对网络空间侵害个人信息的案件，未采用自动数据处理技术的，应采用一般过错的归责原则；采用此类处理技术的，以过错推定原则确定其所承担责任的范围。[②] 也有学者主张应当区分主体、技术和场域建立有梯度的“三元归责体系”，即针对使用自动数据处理系统的公务机关、非公务机关以及未使用该系统的传统信息侵害行为分别适用无过错、过错推定以及一般过错责任。[③] 但以上观点均为学理探讨，确立具体归责原则仍需在司法实践中进行总结。

① 齐爱民：《中华人民共和国个人信息保护法示范法草案学者建议稿》，《河北法学》2005年第6期。

② 陈吉栋：《个人信息对侵权救济》，《交大法学》2019年第4期。

③ 叶名怡：《个人信息的侵权法保护》，《法学研究》2018年第4期。

（四）数据权利保护趋势与展望

在“十四五”期间，我国关于数据权利保护的法律体系将趋于完善。结合产业发展的数据权利保护配套制度逐步跟进，《关键信息基础设施安全保护条例》和《网络安全等级保护条例》等重点领域立法加速落地。此外，以《深圳经济特区数据条例》为代表的数据权利保护规则的立法探索将逐渐在各地方展开，各行业规则和各类标准指南也将在实践探索中自成体系。

数字经济是拉动社会经济增长的重要引擎，需要在实践中探索数据流通利用的规则。目前各地方都在积极筹建数据登记、共享平台，培育数据交易市场，鼓励数据的流通利用，大力发展数字经济。在保护个人信息、隐私权与数据安全的基础上大力促进数据交易与利用，营造健康可持续的数据要素流通市场环境，是未来数据权利保护必然趋势。

数据权利保护有赖于法律与技术的深度融合，技术的秩序供给能力将进一步凸显。差分隐私、联邦学习、边缘计算等技术将被广泛采用，并与各类国家标准、行业标准融合发展，形成完善的数据安全保护框架。法律不仅要利用技术维护社会秩序，更要通过规范技术来实现正义，并引领技术构建数字法治未来新图景。因此，区分不同技术风险并对算法进行规制也将成为数据权利保护的重点。

数字经济发展和数据权利保护需要世界各国共同努力，探索形成互操作性标准，构建国际数据跨境流动多边协议。我国将在提出的《全球数据安全倡议》的基础上呼吁国际社会就此达成国际协议，在平等互利中实现安全和合理的数据跨境流动。在国内法层面，我国可借鉴“标准合同条款”等国外有益立法技术，加快构建本国数据跨境流动规则，并从权责两方面设计网络监管治理规范，落实数据跨境监管义务，让数据资源在全球有序流动，形成数据治理与数据权利保护的中国方案。

二、全球自动驾驶汽车法律问题研究报告[①]

（一）自动驾驶汽车发展概述

1. 自动驾驶汽车行业发展现状

（1）技术、政策支持，推进产业发展

互联网与人工智能技术在汽车领域的发展，拉开了汽车行业第四次重大变革的序幕。各互联网巨头、车企均利用其资金、技术、资源等优势，进行产业升级和产业融合。当前，世界主要国家或地区都在大力支持自动驾驶技术发展：欧盟于 2018 年 5 月发布了《通往自动化出行之路：欧盟未来出行战略》，基于其成员国本身在自动驾驶汽车方面的良好的产业基础，声称要在 2030 年实现全自动化出行的目标；我国政府在 2015 年将智能网联车纳入《中国制造 2025》中的国家智能制造重点发展领域，后又相继出台诸多政策，以促进产业的迅速发展，增强国家科技竞争实力。

近年来，随着机器学习、自然语言处理和人机交互等人工智能技术迅速发展，作为其应用载体之一的自动驾驶汽车也开始出现在人们的现实生活中。国内目前已有共 12 个市、1 个省制定了自动驾驶车辆道路测试管理的具体细则和办法，允许自动驾驶汽车在公开道路上进行测试。以上海为例，截至 2020 年底，上海累计向 22 家企业、152 辆车颁发道路测试或示范应用资质，涉及乘坐车、商用车、专项作业车等车型。[②]2020 年 4 月，百度在长沙市面向公众试点运行无人驾驶出租车，长沙因此成为国内首个向公众开放此类服务的城市。在 2021 年 1 月 11 日工信部发布的《智能网联汽车道路测试与示范应用管理规范（试行）》（征求意见稿）中，将道路测试的范围扩展至高速公路，这标志着我国自动驾驶汽车的应用与实践又达到了全新高度。

（2）事故仍然频发，呼唤法律制定

尽管已得到坚实支持，但由于技术尚未发展充分，自动驾驶汽车仍然存在诸多潜在的危险。根据虎扑论坛对特斯拉汽车在国内发生的失控事故汇总，[③]仅 2021 年 4 月，

① 作者简介：陈吉栋，上海大学法学院大数据与人工智能法治研究中心执行主任；蔡哲鹏，上海大学法学院大数据与人工智能法治研究中心研究员助理。

② 上海市交通委员会：《上海市智能网联汽车开放道路测试报告（2020 年）》。

③ 数据来源：https://bbs.hupu.com/42492999.html。

其产品在国内就发生 11 起事故，其中事故发生原因大多是刹车失灵或行驶时车辆失控，11 起事故中仅一例非发生在 Model 3 车型上。

网站 Tesla Deaths 对致人死亡的特斯拉撞车事故进行了专门收集和统计。自 2013 年第一例事故发生起，截至 2021 年 5 月 10 日，全球共发生 158 起致人死亡的特斯拉撞车事故，造成 182 人丧生。总体而言，事故数量呈逐年上升趋势，且增长率也逐渐攀升。2021 年 1 月至 5 月，在全球范围内已造成 26 人死亡。[①] 可见，即使发展态势总体向好，由于自动驾驶汽车技术尚不成熟，事故频发的严峻现实仍然呼唤着法律对其进行调整与规制。

2. 主要国家自动驾驶汽车法律政策

（1）中国

在规制自动驾驶汽车方面，我国现行的法律格局如下：法律层面，目前暂无专门针对自动驾驶汽车的立法；部门规范性文件层面，主要有工业和信息化部、公安部、交通运输部联合发布的《智能网联汽车道路测试管理规范（试行）》。2021 年，中央与地方均加紧政策、规划的制定步伐，国务院于 2 月 24 日印发《国家综合立体交通网规划纲要》，对推动智能网联汽车的发展作出规划；广州、上海也相应公布地方的意见、计划等，[②] 对自动驾驶产业的发展作出谋划布局。

就内容而言，我国自动驾驶相关立法仍停留在道路测试阶段，并未对自动驾驶汽车致害之责任分配问题作出直接回应。《智能网联汽车道路测试管理规范（试行）》第 25 条的准用性规范援引了《道路交通安全法》对路测事故责任作出规定。《道路交通安全法》并未明确规定自动驾驶汽车致害该如何处理，公安部于 2021 年 3 月 24 日公布的《道路交通安全法（修订建议稿）》试图解决这一问题，其规定了号牌制度、驾驶人的接管义务、交通事故中驾驶人与生产者的归责等事项，但同年 4 月 29 日修改通过的《道路交通安全法》均未接受上述修订而仅对机动车驾驶培训作出了修改。

---

① 参见 https://www.tesladeaths.com/。

② 1 月 8 日，广州公布《广州南沙新区（自贸片区）支持自动驾驶汽车行业创新发展的若干意见（试行）》；上海 2 月 25 日发布《上海市加快新能源汽车产业发展实施计划（2021—2025 年）》，对自动驾驶产业的发展作出布局规划。

（2）美国

美国目前没有联邦层面的法规框架来解决自动驾驶汽车的测试和部署问题。因此，测试和部署主要以州立法调整。美国国家立法机构委员会于2021年4月23日更新的数据显示，2013年至2020年间，共31个州以及哥伦比亚特区颁布了自动驾驶汽车相关立法，11个州的州政府发布行政命令对自动驾驶技术进行规制。目前已有5个州既通过立法，也发布行政命令进行规制。①

除法律法规之外，在软性政策层面，自2016年以来，美国交通部每年都会联合美国国家道路交通安全管理局或国家科技中心发布一版自动驾驶政策，并进行更新以应对不断变化的现实状况和科技水平。截至2021年5月，已更新到第四版，即2020年1月发布的《自动驾驶汽车4.0：确保美国在自动驾驶技术的领先地位》（Automated Vehicles 4.0: Ensuring American Leadership in Automated Vehicle Technologies）。该文件在原先三版的基础上，确立了在自动驾驶技术上政府应当遵循的三大原则：保护用户与社群、促进市场效率、协调一致整合，表现出美国意欲占领自动驾驶汽车技术与相关法规政策高地的决心。

2021年1月11日，美国交通部于华盛顿特区发布《自动驾驶汽车综合计划》（Automated Vehicles Comprehensive Plan）。在《自动驾驶汽车4.0：确保美国在自动驾驶技术的领先地位》中所阐明原则的基础上，《自动驾驶汽车综合计划》确定了三个目标，即促进协作和透明度、推进法规环境现代化、预备交通系统，以实现交通部关于自动驾驶系统的愿景。②

（3）德国

早在2015年9月，德国联邦交通和电子基础设施部门就发布了《自动网联驾驶战略》（Strategy for Automated and Connected Driving），该战略展示了德国对于自动驾驶的行动领域：基础设施、立法、创新、互联性、网络安全与数据保护，并提出了相应措施。③作为《维也纳道路交通公约》的签署国，德国在2016年联合国对《维也

① 数据来源于Congressional Research Service（CRS），https://crsreports.congress.gov/product/pdf/R/R45985。

② Automated Vehicles Comprehensive Plan，https://www.transportation.gov/sites/dot.gov/files/2021-01/USDOT_AVCP.pdf.

③ Strategy for Automated and Connected Driving，https://www.bmvi.de/SharedDocs/EN/publications/strategy-for-automated-and-connected-driving.pdf?_blob=publicationFile.

纳公约》第 8 条进行修正后，[①] 也相应地于 2017 年 6 月通过《道路交通法修正案》。

同样是 2017 年 6 月，德国联邦交通和电子基础设施部门下设的伦理委员会在其发布的关于自动和网联汽车的报告 [②] 中通过了第一部针对自动驾驶技术的伦理指南《自动化和网联汽车交通伦理准则》(Ethical Rules for Automated and Connected Vehicular Traffic)，其确定了包括人类安全至上、数据保护高要求等 20 项具体规则。

2021 年 5 月 28 日，德国联邦政府通过了《自动驾驶法案》。[③] 法案对技术监督员、自动驾驶功能、制造商义务、网络安全、数据处理与保护、事故预防、测试程序和准入标准等方面作出了规定。其最大的亮点在于对强人工智能、高度自动化的 L4 级自动驾驶汽车作出规定，允许其上路，德国因此成为世界上第一个允许无人驾驶汽车运行的国家。

（4）英国

2021 年 4 月 28 日，多家外媒报道称，英国道路交通管理部门将针对当前实施的道路交通法律法规进行修改，以支持无人驾驶汽车在公共道路行驶，但目前英国现行的道路交通法律法规仍然缺乏界定何为自动驾驶技术的条款。[④]

英国网联和自动驾驶中心于 2020 年 10 月 26 日发布《伟大创新：网联和自动驾驶汽车手册》(Innovation Is Great: Connected and Automated Vehicles Booklet)，阐述了截至 2020 年英国境内网联和自动驾驶汽车技术的概况、发展历程及发展趋势，同时也对英国自动驾驶汽车的未来发展作出了计划。在道路测试方面，英国交通部先后发布了《自动驾驶汽车发展之路：无人驾驶技术规制详述》(The Pathway to Driverless Cars: A Detailed Review of Regulations of Automated Vehicle Technologies) 以及《自动驾驶汽车发展之路：道路测试指南》(The Pathway to Driverless Cars: A Code of Practice for Testing)，允许自动驾驶汽车在公共道路上的路测活动，并对路测时所使用的车

---

① 联合国对第 8 条进行补充，允许自动驾驶系统在符合要求且驾驶人能随时接管车辆的情况下控制车辆行驶。

② Ethics Commision Automated and Connected Driving，https://www.bmvi.de/SharedDocs/EN/publications/report-ethics-commission.pdf?_blob=publicationFile.

③ https://www.bmvi.de/SharedDocs/DE/Anlage/Gesetze/Gesetze-19/gesetz-aenderung-strassenverkehrsgesetz-pflichtversicherungsgesetz-autonomes-fahren.pdf?_blob=publicationFile.

④ 搜狐网，https://www.sohu.com/a/463652809_162522。

辆、人员等因素作出了相关规定。在归责原则方面，英国通过《自动驾驶与电动汽车法案》（Automated and Electric Vehicles Act 2018），使其成为率先对自动驾驶汽车事故归责原则作出明确规定的国家。

（5）日本

日本在2020年至2021年针对自动驾驶汽车的发展对其法律规定作出适时修改并通过施行。其中涉及的法律两部、省府令两部，分别是《道路运输车辆法》《道路法》《警察法施行规则》《国土交通省组织规则》。

《道路运输车辆法》在原先的基础上，在安保标准对象装置中追加“自动驾驶装置”，包括记录车辆运行状态的装置；引入汽车电子检查；将车辆的检查和整修方面纳入自动运行装置等先进技术的相关整修。此外，汽车制造商有义务提供检查、整修所需的技术信息；创立许可制度，允许通过改变汽车自动运行装置的软件程序来改造车辆。《道路法》对相关的用语定义作出更新，主要针对作为道路附属物的自动驾驶辅助设施的装备。《警察法施行规则》仅在第37条对自动驾驶企划室的机构设置作出了新的规定。《国土交通省组织规则》规定在国土交通省下设专职的自动驾驶技术审查员，设置专职人员监管自动驾驶汽车相关事宜，显示了日本为保障自动驾驶汽车安全发展作出的努力。

（二）自动驾驶汽车相关问题研究概述

1. 自动驾驶汽车致害事故的责任归属

在自动驾驶技术正不断得到广泛应用的今天，自动驾驶致害责任承担尤其引人关注，学界在机动车道路交通事故责任路径之外，产生了产品责任说、分级比例说、自动驾驶人格说等。

（1）机动车道路交通事故责任

现行的道路交通事故责任围绕驾驶人展开，因为交通事故的发生往往是因为驾驶人的过错。[①] 从世界范围来看，大多数关于自动驾驶的交通事故责任都只规定到L3级，并要求驾驶人在危险情况下随时接管汽车。以德国《道路交通法（修订法案）》

① 郑志峰：《自动驾驶汽车的交通事故侵权责任》，《法学》2018年第4期。

为例，其第1b条第2款规定了司机的警觉义务与接管义务。据此规定，司机必须在使用自动驾驶功能期间保持警觉，一旦发现不具备自动驾驶的条件，应该立刻接管自动驾驶汽车。在此基础上也有观点认为，未来可以构建本土化的无过错保有人责任，以保有行为取代驾驶行为作为归责依据，并引入“理性车”标准来丰富“机动车一方”过错的判断。[①] 该观点没有考虑到自动驾驶系统取代驾驶人完全接管汽车的情况。在该情况下，驾驶人仅仅只是下达了一个到达目的地的指令，其余操作均由驾驶系统接管。据此，让驾驶人完全负责有所不当。

（2）产品责任说

在自动驾驶汽车致损可适用产品责任这一点上，学界基本达成共识。[②] 根据我国《产品质量法》第2条第2款之定义，自动驾驶汽车当然属于产品的范畴；将自动驾驶汽车视为物而非主体，也符合一般人的思维；此外，根据《民法典》与《产品质量法》，产品缺陷所导致之生产者责任属于严格责任，不需要证明生产者存在过错。这种归责方式有利于消费者维权。自动驾驶致害事故适用产品责任时需要解决产品缺陷的认定以及因果关系证明等问题。一方面，判断自动驾驶汽车的缺陷应当采用何种标准尚存疑问。消费者合理预期标准存在过于模糊很难直接适用的问题；[③] 而“风险-效用”标准要求受害者证明自动驾驶汽车存在缺陷，这对于受害者来说举证成本过高。另一方面，在因果关系的证明上，由于自动驾驶系统具有相当程度的自主性，人们在探知事故原因上十分困难。

（3）分级比例说

根据自动驾驶系统参与驾驶程度的不同，自动驾驶致害事故归责原则也应不同。[④] 传统的道路交通事故责任以人类驾驶行为作为核心，但在自动驾驶系统介入之后，这种做法就不再适宜。对于L0—L2级别的自动驾驶汽车，应当以传统的人类驾

---

① 郑志峰：《自动驾驶汽车交通事故责任的立法论与解释论——以民法典相关内容为视角》，《东方法学》2021年第3期。

② 参见韩旭至：《自动驾驶事故的侵权责任构造——兼论自动驾驶的三层保险结构》，《上海大学学报（社会科学版）》2019年第2期；郑志峰：《自动驾驶汽车的交通事故侵权责任》，《法学》2018年第4期；殷秋实：《智能汽车的侵权法问题与应对》，《法律科学》2018年第5期。

③ 冉克平：《论产品设计缺陷及其判定》，《东方法学》2016年第2期。

④ 季若望：《智能汽车侵权的类型化研究——以分级比例责任为路径》，《南京大学学报（社会科学版）》2020年第2期。

驶员的过错责任或过错推定责任为基础；对于完全自动驾驶，即L5级别的自动驾驶汽车，应当以自动驾驶汽车生产者的产品责任为基础；介于二者之间的L3—L4级别的自动驾驶汽车，应当以过错责任与产品责任相结合的比例责任形式确定自动驾驶汽车致害的责任分配问题。

（4）自动驾驶人格说

自动驾驶人格说认为，作为人工智能的自动驾驶系统，可以视为一独立的法律主体。当人工智能技术发展到一定程度时，人工智能可以产生自我意识，应赋予其法律主体地位，而在此之前，可以将之视为产品。[①] 赋予人工智能法律主体地位这一观点在学界还存在很大争议，就现阶段而言，当前的人工智能“没有自主目的、不会反思、不会提出问题、无法进行因果性思考、没有自己的符号系统，显然不具备人类心灵的能力”。[②] 这种观点的实践意义有限。

2. 自动驾驶汽车数据与个人信息保护

在自动驾驶事故中，消费者在维权时往往需要提供自动驾驶汽车数据进行维权，而相关行车数据均由车企掌控，由此便引发了自动驾驶汽车数据归属权之争。

《民法典》设专章对个人信息予以保护，在第1034条对个人信息作出定义；GB/T 35273-2020《信息安全技术　个人信息安全规范》中也对个人信息作出定义。综合而言，个人信息是指“能够单独或者与其他信息结合识别特定自然人的各种信息”或“反映特定自然人活动情况的各种信息”。而网信办在2021年5月12日发布的《汽车数据安全管理若干规定（征求意见稿）》中，扩大了敏感个人信息的范围，将驾驶人或乘车人音视频、判断违法违规驾驶的数据等均予以纳入。

根据《个人信息保护法（草案二次审议稿）》第44条，自动驾驶汽车车主享有对数据的知情权、决定权，其有权了解自动驾驶汽车个人信息的收集方式、目的、范围等，并有权限制或拒绝他人对其个人信息处理；根据《个人信息安全规范》第8

---

① 马治国、田小楚：《论人工智能体刑法适用之可能性》，《华中科技大学学报（社会科学版）》2018年第2期。

② 冯珏：《自动驾驶汽车致损的民事侵权责任》，《中国法学》2018年第6期。

节，车主享有对自身个人信息的查询、更正、删除、撤回授权、注销账户等权利；根据《个人信息保护法（草案）》第 45 条，车主还享有极为关键的复制权，其可以对车辆软件硬件状况、行驶情况、驾驶行为信息等关键数据进行查询、复制，从而厘定事故责任。

综上所述，自动驾驶汽车企业应当积极配合车主行使相应权利，保证自然人对其个人信息的合法权益的有效实现。车企应当对数据分级分类，在企业内部建立起数据合规体系框架。同时，有关机构可以依托区块链技术搭建汽车数据可信存证平台，利用区块链的数据防篡改、可溯源等特性，为企业提供相关服务，以助于车辆数据公信难题的解决。①

（三）现行法下事故救济方式之思考

1. 驾驶人基于机动车交通事故责任承担过错责任

《道路交通安全法》是我国处理道路交通事故的主要依据。一方面，根据《道路交通安全法》第 76 条规定，只要机动车交通事故造成损害，保险公司应当在强制保险范围内承担赔偿责任。另一方面，对于赔偿不足的部分，必须分别讨论。对于机动车之间发生的交通事故，《道路交通安全法》第 76 条第 1 款以过错原则来分配责任。L1—L2 级的自动驾驶汽车造成他人损害往往是因为驾驶人过错，就侵权行为、损害、因果关系而言，其与普通汽车致害并无区别；发生高级别自动驾驶汽车（L4—L5）致害事故，即该汽车造成损害时，因为该行为是汽车做出的，驾驶人不负有注意义务，过错责任无法追究至驾驶人身上。

L3 级自动驾驶汽车较为特殊，值得单独讨论。在 L3 等级下，驾驶人与驾驶系统共同掌管车辆，为有条件自动驾驶，当遇到设定运行条件以外的情形时，驾驶系统会要求驾驶人接管汽车，并在发出接管请求后的一段时间内继续控制车辆以便驾驶人有反应的时间。生产者也会通过各种手段告知驾驶人 L3 级的自动驾驶条件范围。在该情况下，自动驾驶汽车驾驶人仍掌控汽车运行，负有相当程度的注意义务，即便预警

① 载 https://www.sohu.com/a/465641048_121090738。

系统识别前方行人出现错误，也属于驾驶人控制范围内，其应对致害事件负责。而如果驾驶系统出现不可人为修正的错误如控制系统失灵，则与普通汽车存有产品缺陷致害救济无异，即受害者向驾驶人索赔，驾驶人可以向生产者追偿。

2. 生产者基于产品责任承担无过错责任

产品责任的认定主要涉及两个要件，要件一是产品缺陷的认定，要件二是该产品缺陷与造成的损害后果之间存在相当的因果关系。首先，《产品质量法》第 46 条对缺陷作出了规定。学界对于该法条的规定存在单一标准说和双重标准说两种解读。[①] 单一标准说较双重标准说更为合理。其原因在于，第一，符合国家标准、行业标准的产品不一定就是无缺陷产品。国家标准、行业标准存在滞后于现实的情况，以之为无缺陷标准不符常理。第二，从举证难度上看，这样更利于保护消费者。第三，在我国的司法实践中，产品缺陷的最终判断依据仍是消费者预期标准。其次，根据《民法典》与《产品质量法》，生产者对于其产品的缺陷所导致之责任属于严格责任，受害者只需证明有损害事实以及损害事实与产品缺陷之间存在因果关系即可，而无需证明生产者存在过错。最后，若能够确定自动驾驶汽车确实存在缺陷，生产者如果存在《产品责任法》第 41 条第 2 款规定的三种免责事由之一，则可以依据这三种法定免责事由脱责。但是在安全问题上，生产者将其售出之后，并非就完全没有责任。依《民法典》第 1206 条第 1 款之规定，生产者在适用发展风险抗辩之后，仍要履行后续观察义务。

3. 销售者基于质量瑕疵担保与《消费者权益保护法》承担无过错责任

在自动驾驶汽车致害事故中，车内人受到损害时可以基于合同法律关系请求出卖人承担质量瑕疵担保责任。除合同成立并生效外，其主要构成要件为“履行不符合约定”。自动驾驶技术本身复杂，且由于系统存在算法黑箱，其瑕疵也具有极强的技术性和隐蔽性，对于作为普通消费者的买受人来说难以证明。但即使成功证明也并不自

① 单一标准说认为，缺陷是指产品存在危及人身、财产安全的不合理的危险。至于国家标准、行业标准，只不过是参考因素。而双重标准说认为，该法确立了双重的缺陷认定标准，产品具有不合理的危险或者不符合国家标准、行业标准，都应当属于缺陷。反之，只要满足了国家标准、行业标准即可认定为产品无缺陷。参见王利明：《侵权责任法研究》，中国人民大学出版社 2016 年版，第 232 页。

然使买受人获得相应的请求权，《民法典》第620条与第621条规定了买受人的检验义务和通知义务，若在合理期限或自收到标的物之日起两年内未通知则视为符合约定，亦即无瑕疵，此时若出卖人基于此抗辩，买受人一方则失去该条请求权，难以获得救济。

另外，作为消费者的买受人或第三人因产品致损，还可基于《消费者权益保护法》要求销售商或生产商承担损害赔偿责任。根据《消费者权益保护法》第40条规定，消费者因产品缺陷造成的人身及财产损害，可以向销售者或者生产者要求赔偿，选择权在于受害者本人。但该条规范因缺乏法律效果，并不能独立作为请求权基础使用，其最终指向依旧是侵权责任中的产品责任。

4. 机动车交通事故责任强制保险与自动驾驶汽车商业险作为最后保障

保险具有管理风险与转移风险的功能。在前述责任主体均无法提供赔偿或不能对其进行归责时，就更凸显作为最后屏障的保险存在的价值。具有强制性质的机动车交通事故责任强制保险更是起到了首当其冲的作用。然而在现行的交强险体系之下，自动驾驶技术的发展对于交通事故归责原则和责任体系都产生了相当程度的影响，导致承担责任的主体逐渐由机动车一方转移至生产者一方，现有保险制度不能完全覆盖并调整自动驾驶汽车交通事故。交强险对于受害者的救济效果将微乎其微，无法发挥其应有的作用。

因此，这一重担就落在了商业保险的肩上。遗憾的是，在现有的法律框架和市场环境下，全球保险业均没有可以直接覆盖自动驾驶所有风险的险种。但这并不代表保险公司在此领域没有作出尝试。针对上汽5G重卡车队在港区特定场景下的L4级自动驾驶，上汽保险销售将风险按照场景分解，推出组合险种以排除风险点。① 因自动驾驶技术目前尚未成熟，相应的法律法规尚不健全，保险公司囿于风险收益与成本，以及责任划分尚不明确等因素尚未跨出大步伐。这一多险种的保险组合产品或许是化解当前难题的可行方式。

① 载 http://www.ouchuangkjzx.com/rdzx/c_3374.html。

三、金融领域人工智能算法治理研究报告
——以智能投顾的投资者保护为视角[①]

作为一种人工智能技术驱动下产生的金融服务新业态，智能投顾由于其技术以及业务模式的特殊性，给金融行业投资者权利保护带来了新的挑战。这些挑战体现在智能投顾业务模式与现行法律规范的冲突，智能投顾业务对投资者评估不准确、智能投顾平台算法引发的技术风险等方面。智能投顾是一种金融科技创新，但其本质上仍然是投资顾问服务，故应遵守投资者适当性中的信义义务。目前，我国智能投顾投资者适当性制度并不完善，结合我国实际与国际上的经验，智能投顾投资者制度的构建首先应当确定金融消费者保护为核心的理念，并利用监管科技手段来保障制度的有效运转。

（一）人工智能技术推动下的金融科技创新——智能投顾

随着移动互联网、人工智能、大数据、云计算、区块链、搜索引擎等金融科技的高速发展，资金的需求者与提供者被更便捷紧密地联系在一起，形成了新的金融业态。[②]一系列科技创新给金融领域带来了新的活力。在人工智能技术的驱动下，2010年左右，智能投顾（robo-advisor）逐渐在美国产生。2008年金融危机过后，美国大型金融机构通过资产抵押证券、担保债务凭证这样的证券化资产深深卷入美国房市。[③]这时的传统金融机构忙于应对社会公众的信任危机和监管机构严苛的监管政策，以Betterment和Wealthfront为代表的智能投顾创业公司通过互联网信息技术手段，降低投资门槛，为用户提供个性化、透明化、低费率、便捷化的投资管理服务，智能投顾时代随之到来。

在不同的国家，智能投顾概念界定有所不同。我国监管层认为“智能投顾”是互

---

① 作者简介：杨东，中国人民大学法学院区块链研究院执行院长、未来法治研究院金融科技研究中心主任；田骞，中国人民大学区块链研究院研究人员。

② 参见杨东：《防范金融科技带来的金融风险》，《红旗文稿》2017年第16期。

③ Andrea J.Boyack，“Laudable Goals and Unintended Consequences: The Role and Control of Fannie Mae and Freddie Mac，” American University Law Review，no.60（2010）. pp.1502—1509.

联网金融领域的名词，其实质是网络虚拟人工智能产品，它基于客户自身的理财需求、资产状况、风险偏好、风险承受能力等因素，基于现代投资组合理论，通过算法搭建数据模型，利用人工智能技术和网络平台提供理财顾问服务。简单而言，智能投顾就是通过人工智能，基于投资组合理论（如 CAPM 模型），来为用户制定投资组合。①

一直以来，我国学术界对证券投资顾问的研究进展相对比较缓慢。重要原因是证券投资顾问行业是因证券市场的运行而产生的行业，其发展与证券市场的发展密切相关。② 一般而言，一个成熟的证券市场具有与之配套的证券市场监管体系。而我国的证券市场并不完全成熟，证券投资顾问法律制度的发展也受制于证券市场不完善的法律框架。直至“智能投顾”这一创新型金融科技产品被引入我国并进入大众的视野，投资顾问这一证券交易活动中的重要主体才又重新引起学术界的关注。

智能投顾，就是智能化投资顾问的简称，源于传统证券法意义上的证券投资顾问，是新型科技手段在金融领域的重要实践。智能投顾的迅速发展标志着我国的金融发展模式正在逐渐转向利用金融科技、高效配置金融资源的集约型金融发展模式。2018 年 4 月 27 日，中国人民银行等监管机构发布的《关于规范金融机构资产管理业务的指导意见》③ 正式将利用人工智能技术开展的投资顾问业务和资产管理业务纳入监管的范围。

（二）智能投顾创新同时隐含算法规制法律风险

智能投顾是大资管背景下金融科技的一个缩影，其发展既存在着机遇，也面临着挑战，明晰其法律关系、法律风险并进行监管既具有理论上的正当性，也具备实践上的必要性。

从金融科技创新的角度来看，当前的金融科技创新是人类社会自工业革命以来最大规模的技术驱动型金融革命。2016 年，在金融科技领域的投资总额高达 240 亿美

① See Harry Markowitz, “Portfolio Selection,” Journal of Finance, no.7（1952）. pp.77—91.

② 参见高丝敏：《智能投资顾问模式中的主体识别和义务设定》,《法学研究》2018 年第 5 期。

③ 参见《关于规范金融机构资产管理业务的指导意见》(银发〔2018〕106 号）第 23 条对智能投顾的运营模式进行了定义和规范。

元，这场“金融科技革命”使得金融产业更加高效、透明、低成本，对传统金融中介机构产生颠覆性的影响。① 智能投顾在这场金融科技革命中成为新型互联网资产管理的典型代表，是人工智能技术创新在金融领域的新尝试。目前我国具备良好的政策、经济、社会和科技环境，人工智能驱动下的智能投顾发展和大资管的市场体系获得了党中央和国务院的大力支持，一个愈发包容的法治环境正逐渐形成。一方面，国务院出台的《新一代人工智能规划》明确了我国人工智能发展的先发优势和未来的发展战略；另一方面，《关于规范金融机构资产管理业务的指导意见》也象征着我国大资管时代的到来。基于上述宏观背景，应当关注智能投顾的健康发展，对其的监管也具备理论上的支持。

一直以来，我国金融市场上存在着刚性兑付这一不成文的规定，智能投顾通过技术手段进行分散投资，在一定程度上突破了刚性兑付。刚性兑付指的是只要在合同约定的期限内，无论金融投资项目是否成功，投资产品发行方都必须向投资者支付投资本息，其核心内涵是“保本保收益”。② 在互联网理财领域，投资资金安全保障的全部责任由中介平台承担，如果投资者遭受损失，那么其投资本金或者本息就由中介平台垫付。③ 从投资者角度，刚性兑付使得投资者获得了投资收益，并可以在一定程度上避免损失；从发起人的角度，刚性兑付的存在使得发起人保住声誉，留住客户。④ 但是从金融市场的大环境和长期发展来看，刚性兑付的存在是不可持续的，这一金融现象其实与“卖者尽责、买者自负”的投资者适当性的原则和理念并不相符。⑤ 虽然刚性兑付承诺投资者保底的收益，但是这在一定程度上促使投资者忽视风险的存在，降低了投资者对风险的抵抗能力。人工智能技术可以通过机器学习等新技术为投资者合理画像，能够从投资个体的风险偏好和理财目标出发，给每个投资者提供不同的自动化理财方案，从而使得投资变成一种个性化的标识，这有助于引导金融市场上资产

① See Manuela Geranio, “Fintech in the exchange industry: Potential for disruption,” Masaryk University Journal of Law and Technology, no.11 (2017). p.245.

② 参见杜晶：《论资管产品刚性兑付和增信措施在概念上的区分》，《上海金融》2019 年第 12 期。

③ 参见杨东：《互联网金融风险与安全治理》，机械工业出版社 2016 年版，第 77 页。

④ 参见王鹏：《浅析信托业“刚性兑付”现象成因、不良影响及化解方式》，《经济研究导刊》2019 年第 29 期。

⑤ 参见黄辉：《金融机构的投资者适当性义务：实证研究与完善建议》，《法学评论》2021 年第 39 期。

管理行业的健康发展。

一般来说，智能投顾的工作步骤包括在线问卷测评、基于算法制定投资组合、用户资金转入第三方存管、交易执行、实施跟踪实现资产再平衡。① 当投资者通过互联网选择使用智能投顾进行资产管理的时候，首先要完成智能投顾平台设计的调查问卷。智能投顾平台设计在线问卷调查的主要目的是了解投资者的年龄、财富保有量、个人投资目标等基本信息。在这一环节，尽管智能投顾可以较好地实现投资者画像，但仍然面临两方面问题：一是目前许多智能投顾平台设计的问卷内容都比较笼统，投资者的许多信息记录不够详尽，因此无法进行细化分析，反映客户的真实需求；② 二是在在线问卷评估的结果出现差错导致投资者的投资失败并且利益受损的情况下，智能投顾平台与投资者如何进行责任分担才能更好地实现对投资者的保护，则是此种语境下需要重新思考的问题。

其次，智能投顾的第二步是基于投资者的风险承受能力及投资目标，通过智能化算法的运用得出投资组合建议，将适格的投资者与投资标的进行匹配。③ 智能投顾平台通过跟踪分析市场上的货币基金、分拆债权、ETFs、分拆收益权等投资信息，利用数据挖掘和深度学习等技术，了解不同理财产品的风险系数与收益水平。④ 在对资金端与产品端的信息进行深度分析后，实现投资者与投资标的更准确的匹配。不过，智能投顾虽然通过人工智能等先进技术更好地体现了投资者适当性的原则和理念，但其本身的技术特性使其面临着网络安全、算法技术等新的风险，这些风险的存在对投资者保护提出了新的挑战。

完成上述步骤之后，投资者将拟投资的资金转入智能投顾平台的账户，为了保护投资者的利益，平台应当将资金转入银行或第三方支付机构进行托管。投资者将通过互联网授权智能投顾平台在资金范围内为投资者提供建议并进行组合投资。需要注意的是，智能投顾平台提供投资建议的行为是属于法律规定的投资咨询行为，但是根据

① 参见伍旭川：《迎接金融科技的新风口——智能投顾》，《清华金融评论》2017 年第 10 期。

② 参见姚波：《智能投顾走向成熟却失去魅力》，《中国基金报》2017 年 4 月 17 日。

③ 参见张付标：《投资者适当性的法律定位及其比较法分析》，《证券市场导报》2014 年第 5 期。

④ See Frank J.Cavaliere, "Finances on the Web: Robo-Advisors," Practical Lawyer, no.5 vol.62 (2016). pp.11—12.

指令自动执行交易的行为，该行为属于资产管理的行为。[①] 投资者授权平台提供资产管理服务与我国《证券法》第 171 条要求投资顾问仅提供咨询建议服务的规定不符，造成了现行法律制度框架下法律适用上的冲突。

最后，智能投顾平台还要根据市场上变化的数据，实时监测资产状况，根据投资者的需求对资产进行配置。这一特征是智能投顾优于人工投资顾问的重要体现。与传统自然人投资顾问服务相比，智能投顾能够提供科学化、标准化、动态化的投资建议。不再依靠专业知识和行业经验，而是对收集到的海量数据进行定量分析提出建议。这一技术上的突破可以更有效地结合现代投资组合理论为投资者提供种类丰富、风险分散的优质投资产品，从而实现优化资产组合的目的。与上述业务流程类似，这种基于算法的动态调整在为投资者提供更优质服务的同时，也对投资者保护带来新的风险。比如，智能投顾平台算法的确定性容易导致提供的建议呈现标准化趋势，即同一套算法产生的咨询建议趋同，那么如果投资者大量选择同一套运转良好的算法，则可能产生干扰整体证券市场的风险，从而有悖于投资者保护的基本理念。

（三）智能投顾算法规制需要投资者适当性制度

对智能投顾平台的性质与定位进行审视，不难发现智能投顾虽然是“人工智能 + 投资顾问”的服务形式，但其本质上仍然还是提供投资顾问服务，应受到《证券投资顾问业务暂行规定》《证券、期货投资咨询管理暂行办法》等规定的规制。根据《证券投资顾问业务暂行规定》的定义，证券投资顾问作为证券投资咨询业务的一种基本形式，指的是证券公司或者证券投资咨询机构接受投资客户的委托，根据约定向客户提供证券及其相关产品的投资建议服务，帮助客户作出投资决策，并直接或间接地通过提供这一服务获取经济利益的经营活动。该《暂行规定》要求：“从事证券投资顾问应当具有证券投资咨询机构的资质；向客户提供智能证券投资顾问服务的人员，应当具有证券投资咨询执业资格，并在中国证券业协会注册为证券投资顾问。”智能投顾用智能算法取代了自然人，为投资者提供咨询意见，而这为智能投顾带来了在市场准入、从业资质等方面的合规性风险，原先以金融从业人员为义务对象的法律体系实

① 参见于文菊：《我国智能投顾的发展现状及其法律监管》，《海南金融》2017 年第 6 期。

际上被架空，导致义务主体虚无化和义务体系失灵的问题。① 因此，在实践中有必要对智能投顾加强监管以及重新构建投资者适当性制度。从投资者适当性的角度理解，智能投顾就是根据调查问卷、大数据分析等一系列手段了解投资者的风险偏好与投资目标，并据此将投资者进行分类，根据投资者的风险特征制定相应的投资策略。针对收入不高、风险承受能力较弱的投资者，通过智能投顾技术，帮助机构识别出此类投资者并避免给这类用户推荐风险过高的产品。②

投资者适当性制度本质上并不是单纯的准入制度，更多的是一种在对投资者的资质进行分析的基础之上，将投资者与金融投资产品或服务的风险进行有效匹配的方法。③ 虽然人工智能技术在证券投资顾问领域的应用能在一定程度上满足上述要求，但是由于智能投顾是一种金融科技创新，其在发展过程中与传统的法律法规存在一定的不兼容之处，交易的各个环节存在着损害投资者利益的法律风险。基于此，技术驱动下的智能化投资顾问在为大量投资者提供理财服务的同时，应当进一步审视传统投资者适当性原则的内涵，并思考投资者适当性制度在智能投顾中的重构。投资者适当性理论的核心内涵之一是信义义务（fiduciary duty）。④ 一般认为，该项法律义务最早可追溯至罗马法的信托法律关系中，通常指受益人对受信人施加信任和信赖，使其怀有最真诚、公正和忠诚的态度，为了前者的最大利益行事。⑤ 信义义务的设定可以防范受托人的不当行为，督促受托人为委托人的利益忠诚且勤勉地提供服务。⑥ 在证券投资顾问领域，信义义务存在的基础是投资者与提供理财服务的金融机构之间的金融消费法律关系，一般地，这种法律关系的性质被认为是信义关系。⑦ 从金融机构的角度来看，投资者适当性制度是金融机构在向金融消费者销售高风险金融产品或提供高

---

① 参见高丝敏：《智能投资顾问模式中的主体识别和义务设定》，《法学研究》2018 年第 5 期。

② See Johnson Neil, etal. “Abrupt Rise of New Machine Ecology Beyond Human Response Time,” Scientific Reports no.3（2013）. pp.26—27.

③ 参见黄辉：《金融机构的投资者适当性义务：实证研究与完善建议》，《法学评论》2021 年第 39 期。

④ Barbara Black, “How to Improve Retail Investor Protection after the Dodd-Frank Wall Street Reform and Consumer Protection Act,” Social Science Electronical Publishing, no.1（2010）. p.59.

⑤ 参见李俪：《智能投顾中的信义义务》，载世界人工智能大会组委会、上海市法学会《上海法学研究》集 2020 年第 5 卷总第 29 卷。

⑥ See Tamar Frankel, “Fiduciary law,” California Law Review no.71（1983）. pp.829—830.

⑦ See SEC v. Capital Gains Research Bureau Inc., 375 U.S.180（1963）.

风险投资活动服务过程中应承担的法定义务。[①] 证券投资顾问在提供证券投资建议时应当客观、中立，应当持续、有效、透明、适度地为投资者服务，采用合理的谨慎态度避免误导客户。美国证券交易委员会（SEC）在《智能投顾监管指南》中指出，智能投顾与传统投顾同样受到《1940 年投资顾问法》中信义义务的约束。[②]

作为新生事物，尽管与传统的人工投顾有所区别，但智能投顾平台仍具有遵守投资者适当性中信义义务的必要性，[③] 具有以下三方面原因：第一，与传统的证券投资顾问相比，智能投顾虽然可以做到无需自然人的直接参与，而通过机器化的运算并基于数据与技术为客户提供投资建议，但投资者与智能投顾平台在法律上形成了委托—代理关系，其本质依然应当被认定为证券投资顾问，仍应当满足投资者适当性原则中信义义务的基本要求。第二，智能投顾为投资者提供账户管理的服务，能够控制投资者的资产，在证券投资管理方面取得了较高程度的决策权。在这一过程中，投资者处于相对的弱势地位，无法对智能投顾平台的行为进行监控。第三，在投资者与传统的证券投资顾问之间，投资者的劣势主要是缺乏有用的信息以及专业能力。在智能投顾的模式下，大部分的投资者都缺少渠道，也不具备相应的知识去了解具体的算法是如何设计的。因此，智能投顾平台仍应当遵守相应的投资者适当性的理念，同时应当关注其自身技术性、智能化的特性，以发挥其技术优势，在为投资者提供更好的投资建议的同时有效地保障投资者的合法权益。

在我国，证券投资领域投资者适当性制度的发展主要开始于 2012 年，该制度在我国《证券法》中不存在明确的定义，而是主要散落分布在各种行政法规、规范性文件或者行业规定中。《证券公司代销金融产品管理规定》着重强调了证券公司产品的适当性管理。[④] 其第 5 条明确指出："证券公司代销金融产品应当遵守法律、行政法规和证监会的规定，遵循平等、自愿、公平、诚实信用和适当性原则，避免利益冲突，不得损害客户合法权益。"在上述规定中，适当性原则与平等、自愿、公平、诚

① 参见金涛：《金融消费者保护中的适当性制度分析》，《扬州大学学报（人文社会科学版）》2020 年第 24 期。

② See Securities and Exchange Commission，https://www.sec.gov/investment/im-guidance-2017-02.pdf.

③ 参见李智、阚颖：《智能投顾模式下信义义务的冲击与重构》，《上海师范大学学报（哲学社会科学版）》2021 年第 3 期。

④ 参见杨东：《金融消费者保护统合法论》，法律出版社 2013 年版，第 238 页。

实信用等民法基本原则并列，这体现了规则设计者对投资者适当性原则的重视。对证券投资咨询机构的投资者适当性要求主要体现在我国《证券法》第171条中，该条明确规定了投资咨询机构及其从业人员的禁止性行为，从而有助于实现保护投资者利益、稳定证券市场的目的。2016年12月，中国证监会颁布了《证券期货投资者适当性管理办法》，旨在保障投资者进入金融市场初始环节的合法权利，这是我国首次以部门规章的形式对证券期货投资者适当性管理提出统一规范。

然而，从对智能投顾业务模式与现有证券投资领域投资者适当性制度的分析来看，可以发现人工智能技术催生出的新型的智能化投资顾问与现有的投资者适当性制度中的诸多规定存在着诸多不兼容之处，有待进一步深入理论研究和制度设计上的完善。

（四）监管科技手段助力智能投顾投资者适当性制度构建

在与金融机构的交易中，我国金融领域的投资者不但处于弱势地位，而且具有一定的异质性。一方面，投资者在信息获取和应用上处于弱势；另一方面，金融机构利用投资者的自身局限性作出了不理性甚至是错误的投资决策。在我国金融法的制度设计中引入适当性原则、说明义务等一系列用于保障金融消费者权益的制度，目的是矫正我国金融投资行业中的这种不平等的交易关系，增强金融消费者进行理性投资的能力。技术驱动下的金融创新，由于智能投顾本身具有的技术性和专业性导致其与投资者之间的信息不对称加剧，同时风险传递效应更为明显，因此应当更加强调对投资者也就是金融消费者的保护。

智能投顾的投资者适当性制度，要构建以投资者保护为核心的理念。首先，为贯彻金融消费者保护原则，智能投顾的投资者必须满足一定的在风险偏好、财务状况指标等方面的要求，对于不能承担相应风险、财务状况不达标的客户，应当主动引流，向其推荐传统稳健的投资渠道以保护处于弱势地位的投资者。① 其次，应当强制智能投顾平台履行信息披露义务。在智能投顾法律关系中，投资者和智能投顾平台双方在实力、经验、信息、专业水平等方面不对称，智能投顾平台可能会隐匿敏感消息、潜

① 参见李仁杰等：《投资者适当性管理实践》，《中国金融》2016年第18期。

在风险等重要信息，需要加强对金融消费者信息安全的保护。① 绝大多数投资者缺乏完全了解智能投顾平台底层算法运作的能力，智能投顾平台具有较大的自由裁量权，而在智能投顾违反义务时，投资者还面临难以举证的尴尬境地。因此，为了更好地保护投资者的知情权，应强化智能投顾平台的信息披露义务。最后，应通过监管机构定期发布公告的形式对投资者进行教育。投资者教育有利于扩大投资者的信息集，实现个体理性与集体理性的统一，也有利于加强对证券投资者的保护，进而实现买者自负。②

2018 年 4 月，我国颁布了《关于规范金融机构资产管理业务的指导意见》，首次对智能投顾这类新型金融科技进行规范。在大资管的背景下，监管层应当加强统合监管，以金融消费者为主导，采取技术驱动的监管方式，引入监管科技、穿透式监管等理念来加强对投资者的保护。③ 数字经济时代，基于传统工业经济时代的金融法律和金融监管工具无法实现新型金融产品的有效监管，面对科技驱动的金融创新，传统的金融监管和立法愈显落后，科技创新往往游离在监管体系之外，或变相地规避监管，实现监管套利或引发监管空白。④ 当前我国的金融监管体系仍然以“分业监管”模式为主，这种模式面对智能投顾这种金融服务和产品的迅猛发展遭遇了捉襟见肘的窘境，监管协调难度加大。⑤ 因此，使用技术驱动型的监管手段，用技术监管技术的理念，实现技术治理和法律治理相结合，是构建动态有弹性的智能投顾监管的重要方式。⑥ 在这种背景下，监管科技逐渐成为金融科技领域保护投资者的有力武器。⑦

---

① 参见杨东、顾雷：《数字经济时代金融消费者信息保护的核心要素》，《清华金融评论》2021 年第 2 期。

② 参见李建勇等：《证券投资者教育与国民教育体系》，《上海金融》2015 年第 2 期。

③ 参见杨东：《解读资管最新规定征求意见稿：防范金融风险，构建技术驱动型的统合监管路径》，载搜狐 https://www.sohu.com/a/205658551_481893。

④ 参见杨东：《监管科技：金融科技的监管挑战与维度建构》，《中国社会科学》2018 年第 5 期。

⑤ 参见杨东、武雨佳：《利用监管科技保障互联网金融安全》，《互联网经济》2017 年第 12 期。

⑥ 参见杨东：《互联网金融治理新思维》，《中国金融》2016 年第 23 期。

⑦ Douglas W. Arner, Jànos Barberis, and Ross P. Buckey, “FinTech, RegTech, and the Reconceptualization of Financial Regulation,” Northwestern Journal of International Law and Business, no.37 (2016). pp.373—415.

此外，还应注意到，我国智能投顾的发展与英美等国家有所不同。英美国家的投资标的多集中在ETF等标准化的基金产品中，而我国金融市场中有大量的资产投向场外非标资产。故除了可以借鉴美国对智能投顾的法定监管外，还可以吸收英国的监管思维和理念，来加强对互联网资产管理方式的监管。① 将金融安全与金融创新的理念相结合，借鉴英国推行的监管沙箱制度。在监管沙箱这个安全空间中可以尝试利用技术手段实现对投资者的有效保护，采用科技的手段推进投资者适当性制度的实现。具体而言，可以结合大数据分析、机器学习等技术同时实现KYC（Know Your Customer）原则和KYD（Know Your Data）原则，了解投资者并对投资者进行有效分类，满足投资者适当性的基本要求；可以利用风险模型和情境分析等方式，利用人工智能技术来监测智能投顾的算法运行动态。② 除此之外，在通过监管沙箱的手段实现投资者保护的过程中，要明确监管沙箱的手段不是仅仅为了追求金融稳定和满足行政需要，而是重在保护投资者的合法权益。③

我国智能投顾投资者适当性制度的构建及其良好运转很大程度上还要依托政府治理能力的提升。数字经济时代，政府可以借鉴数字平台的扁平化生态的特点，构建平台政府。平台政府超越了传统意义上的政府治理，它把数据开放共享中的政府与市场关系放在一个开放性的市场体系中来考察，政府与市场在恰当定位基础上相互配合、相互协调。④ 基于数据共享理念的平台政府，应通过区块链技术的“数字验证机制”，提升其对智能投顾的监管能力。应依据科技治理的理念构建科技驱动型监管模式，借助科技手段及时有效地获得相关数据信息，消除智能投顾投资者适当性制度监管中信息不对称的问题，增强监管的有效性。

① 参见柴瑞娟：《监管沙箱的域外经验及其启示》，《法学》2017年第8期。

② 参见伍旭川、刘学：《金融科技的监管方向》，《中国金融》2017年第5期。

③ 参见柴瑞娟：《监管沙箱的域外经验及其启示》，《法学》2017年第8期。

④ 参见徐信予、杨东：《平台政府：数据开放共享的“治理红利”》，《行政管理改革》2021年第2期。

四、人工智能在纪检监察治理领域应用研究报告[①]

推动科技与监察体制改革的深度融合已经成为实现国家治理体系现代化建设的重要领域和迫切要求。以算法应用为代表的现代科技可以促进纪检监察部门协同互动、创新机制、顺畅交流、资源配置，建立科学高效的组织实施体系，促进信息化时代治理腐败方式的变革，提高反腐能力，服务于推进纪检监察治理体系和治理能力现代化的基础性、系统性、长期性任务。

以习近平同志为核心的党中央连续多年在前沿科技领域布局，例如中共中央政治局集体学习的主题分别有实施国家大数据战略、人工智能发展现状和趋势、区块链技术发展现状和趋势、量子科技研究和应用前景等。中央纪委、国家监委高度重视监察工作的科学化、信息化与智能化，印发了《中央纪委国家监委信息化工作规划（2018—2022 年）》，对纪检监察信息化工作的总体目标和主要任务作出部署。党的第十九届中央纪律检查委员会第二次全体会议指出，要充分运用互联网技术和信息化手段，建设覆盖纪检监察系统的检举举报平台；各级纪检监察机关着力把信息化与深化纪检监察体制改革、深化“三转”工作有机结合起来，积极探索运用互联网、大数据和信息化手段，推动纪检监察业务与现代信息技术深入融合。

（一）纪检监察治理体系和治理能力现代化的背景

1. 党内法规、党内制度和党内规范性文件逐步完善

在推进法治国家、法治政府、法治社会一体建设中，应当借助科技伟力，充分用好党内法规、党内制度和党内规范性文件这样的重要法治资源。

2. 国家监察体制的改革背景

国家监察体制的改革，监察职能的重组对监察机关的工作提出了更高的要求。2020 年，全国纪检监察机关运用“四种形态”共处理 195.4 万人次，其中涉嫌职务犯

① 作者简介：孙紫轩，上海市闵行区监察委四级主任科员；吴涛，华东政法大学法律学院博士研究生，上海司法智库研究员。

罪、移送检察机关的 1.7 万人次。[①] 监察事业的工作强度增大，需要处理的事项也大幅度增加，亟待提升办案效率。当前工作管理的手段主要是依赖传统方式，“粗放型”管理导致业务效率不高、部门之间联系不紧密，从而造成了人力、物力的浪费。要实现纪检监察工作高质量发展，除了纪检监察工作人员思维方式的调整，还要运用人工智能等现代科技支持反腐败工作。

人工智能可以辅助构建办案质量控制机制，将传统的质量监控机制吸收、融合，智能算法可以将案例、基准等诸多手段集合于一身，提升类案办案的科学性。同时，智能算法有利于管理者掌握纪检监察人员的工作状态，便于考核和监督。例如通过开发“偏离预警”等实时动态的办案质量控制机制，填补质量监控体制缺漏。人工智能的应用还可以对现存先例、标准、规范进行大数据式的检验，频繁遭到人工校正的法律党纪、从未得到援引的规范条文，都将成为纪检监察相关立法修法关注的重点。在对相关办案信息进行收集、提炼之后，可以形成新的标准或规则，进而对规范体系的解释和完善大有裨益。

（二）人工智能等现代科技在纪检监察治理领域的应用情况

中央纪委六次全会明确提出，“建设覆盖全国纪检监察系统的信息平台，建设情况明、数字准、可监控的数据库，为监督插上科技的翅膀”。自 2016 年以来，各级监察机关纷纷积极响应，立足于“智能 +”时代，不断探索智能技术应用于监察业务工作的举措。通过在监察领域引入智能算法，将监察对象与监察区域全景式联结，并对监察信息进行收集、清洗、挖掘与分析，以期在监察信息化平台上对多种行政行为开展实时监测、风险预警、绩效统计与评估，实现全面覆盖、全程同步的监察。“科技 + 监察”也逐步成为提高监察工作科学化和精准化水平的新型手段。

1. 总体情况

智慧纪检监察在全国的实践探索已较为广泛，除西部地区开展的实践有限且呈散点分布外，东部、中部地区的探索活跃且呈集中趋势。目前，智慧纪检监察的地方实

① 《推动新时代纪检监察工作高质量发展，以优异成绩庆祝中国共产党成立 100 周年——在中国共产党第十九届中央纪律检查委员会第五次全体会议上的工作报告》，http://www.ccdi.gov.cn/special/sjj5cqh/sjj5cqh_yw/202101/t20210124_234640.html。

践大致可以分为三种基本模式。[①] 第一，以贵州省贵阳市、辽宁省沈阳市为代表的智慧化数据治理模式。该模式注重大数据背景下对纪检监察权力制约的数据化处理，旨在通过数据编织制约权力的“铁笼”，强化对风险领域的预警控制。第二，以海南省为代表的纪检监察流程优化模式。在这一模式中，业务流程被嵌入信息系统，智慧纪检监察通过人工智能等技术的应用，进一步规范业务操作各个环节，对业务流程进行再造优化，进而打破信息壁垒，提高纪检监察工作效率。第三，以湖南省宁乡市、山东省烟台市为代表的智慧纪检监察平台模式。这种模式致力于对各个业务系统进行集成整合，通过联通数据孤岛，实现信息共享和数据碰撞，为权力监督和重点领域治理提供精确指向，提升监督执纪问责的数字化效能。

这三种主要模式分别侧重于实现数据、流程以及平台的优化创新，然而在纪检监察数据的共建共享和再生产等方面，都还存在较大的瓶颈，因而在地方层面很难实现数据和技术相互融合的效用最大化。

结合上述数据、流程、平台的分类视角，可以从事务型、管理型、决策型三个维度将全国各地纪检监察人工智能的应用情况进行梳理（表 5-3 据公开渠道形成，统计不完全，排名不分先后）。

表 5-3　全国纪检监察智慧化建设的典型案例 [②]

<table>
<tr><th>类　型</th><th>特　征</th><th>典型案例</th><th>效果和成效</th></tr>
<tr><td rowspan="4">事务型智慧监察</td><td rowspan="4">注重纪检监察内设职能部门相关数据的处理，以各业务部门办公自动化为目标</td><td>案件审理系统：杭州市江干区的案审辅助系统；成都市武侯区的案件审理信息化系统；广东省肇庆市的案件审理辅助信息系统</td><td rowspan="4">纪检监察各业务条线按照自身业务特点，借助现代化信息技术实现办公事务（文字、图像、数据）的自动化、信息化来提升纪检监察工作的效率</td></tr>
<tr><td>党风廉政系统：宁波市海曙区的廉政干部“立体画像”；陕西省宝鸡市的电子廉政档案一体化管理平台；江西省全南县的廉政档案信息化；内蒙古自治区包头市的“两个责任”纪实考核系统</td></tr>
<tr><td>信访系统：安徽省淮北市的智慧化信息分析；江苏省的案件检举平台</td></tr>
<tr><td>案管系统：山东省烟台市数字化案件管理信息系统；天津市的谈话函询管理系统；江西省的纪律审查安全监管系统</td></tr>
</table>

① 中国社会科学网站，《大数据时代纪检监察机关的数字化转型》，http://www.cssn.cn/skjj/skjj_xmdt/202011/t20201104_5211276.shtml。

② 表格中部分数据参考了曾智洪等人：《智慧纪检监察：概念框架、实践图谱和优化策略》，《电子政务》，2020 年第 8 期。

（续表）

类　型	特　征	典型案例	效果和成效
管理型智慧监察	注重对纪检监察相关信息和知识的传递和运用，以管理规范化、公开化为目标	阳光纪检：浙江省桐乡市的监督码平台和清廉村居小程序；内蒙古自治区锡林郭勒盟乌拉盖管理区的“智慧纪检”手机 APP;安徽省亳州市的“智慧纪检”网上巡察平台	强化信息和政府权力的公开化、透明化，将反腐工作延伸至网络；积极调动公民参与反腐事业的积极性，保障公民的知情权
		流程再造：贵州省的“数据铁笼”项目	通过梳理权力清单、负面清单、风险清单和业务流程，利用数据编织制约权力的“笼子”
决策型智慧监察	注重纪检监察相关数据的结构化运算和辅助性决策，以决策智能化、科学化为目标	湖南省宁乡市的“3+1+5”平台；辽宁省沈阳市的“一库四系统”；湖北省恩施市的三网三平台；山东省烟台市的“一个中心、两个平台，N 个业务系统”；天津市综合业务、综合查询平台；内蒙古自治区鄂尔多斯市的民生领域监督平台；四川省的纪检监察业务综合信息系统；河北省邯郸市的“互联网 + 监督（评议）”工作模式	信息建设更加强调纪检监察业务的事务管理和对外监督功能，更加注重对数据的利用和分析研判，助力纪检监察机关的科学决策

总体而言，各地探索的智慧纪检通过运用人工智能算法实现大数据筛查问题线索、执纪作业电子化，不再单纯依靠信访举报等传统模式，而是运用科技手段，整合数据库资源，把人与人、人与事、事与事的异常状态找到，提示廉政风险点，精准定位监督，促进监察机关掌握政治生态全貌，构建全方位监督体系。

2. 典型案例：人工智能知识图谱的深度应用

在各地探索纪检监察人工智能的案例中，纪检监察智慧图谱的建设成为一大亮点。例如江西省南昌市的“监察图谱”理论体系构建和原型开发，湖南省隆回县的“智慧纪检平台”落地应用，等等。通过将所有党内法规和监察法规图谱化，结合人工智能进行学习，可有效解决系统架构和数据的深度应用问题，形成对监察工作进行辅助、监督、研判、预警的智能化系统。尤其是湖南省隆回县纪委监委深度应用人工智能知识图谱技术，实现“前台晒、后台比、关键环节实时预警”，并在央视一套节目推介了“隆回智慧纪检助力扶贫领域监督”的部分成效。

湖南省智慧纪检平台采用北京大学研发的图数据库 gStore 系统存储和管理数据，进行知识图谱构建、知识图谱管理和图谱服务应用，通过平台提供实体、属性、关系的知识抽取、知识导入、数据清洗和知识融合，实现社会关系分析、话单分析等知识服务。

运用知识图谱可以实现智能辅助办案，例如“社会关系分析”功能基于社会学“六度分离”理论，即在人际交往的脉络中，任意两个陌生人都可以通过“亲友的亲友”建立联系，这中间最多只要通过五个朋友就能达到目的。为了方便办案人员查询特定对象的社会关系，可以输入限定条件查询到监察对象的基本关系以及监察对象与其他人员（单位）的关系路径，挖掘隐含信息辅助办案。

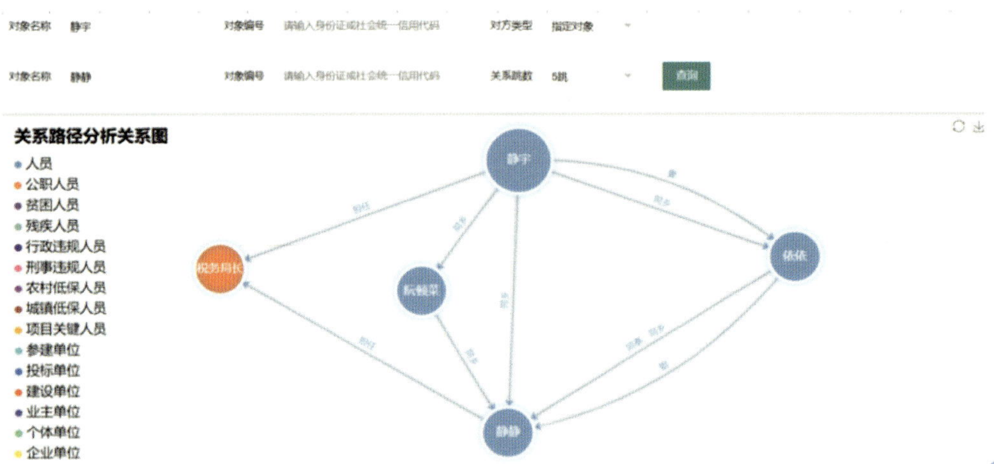

图 5-1　指定两对象路径分析

再如“话单分析”功能可以利用通话记录中的时间信息、通信基站信息，会同社会关系分析功能，迅速筛选出与目标对象联系密切的人员，以及在特殊时间段与特定对象经常联系的人员，从而挖掘线索、证据材料。

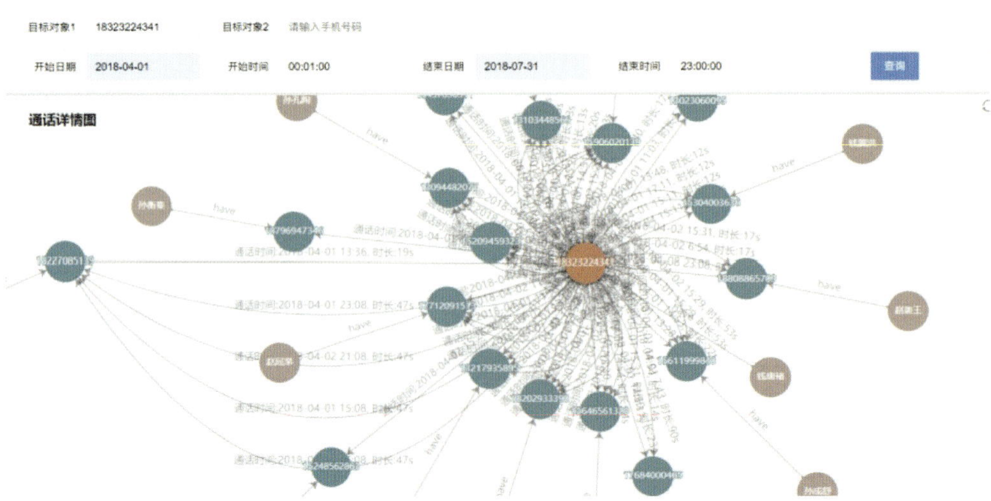

图 5-2　通话详情

此外，还可以通过知识图谱技术实现“领取民生资金分析”，挖掘目标对象及其亲属是否为贫困、残疾、低保人员，发现违规领取民生资金的情形，辅助判断廉洁情况，等等。

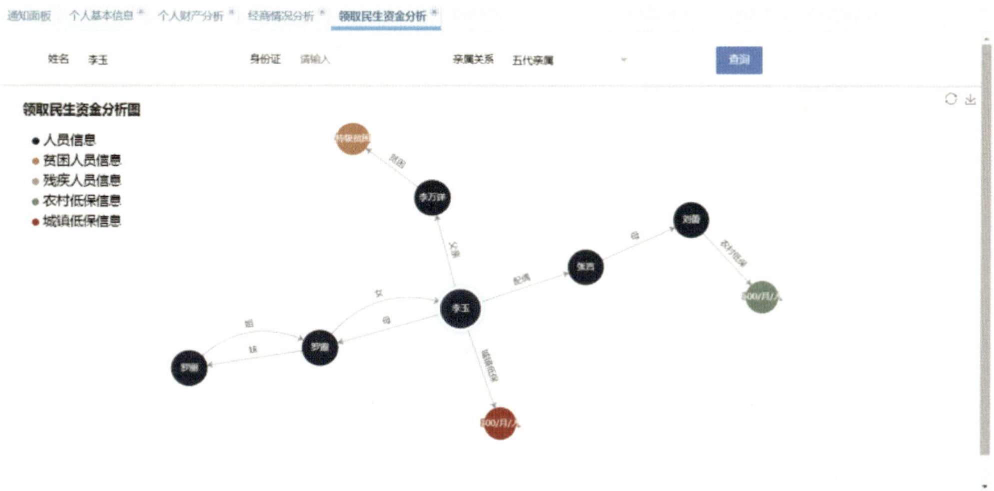

图 5-3　领取民生资金分析

（三）人工智能在纪检监察治理领域的应用方向

作为计算机处理数据活动的具体步骤，算法一般被用于计算机计算、数据处理、逻辑推理等方面，不需要人为干预其即可根据获取的一个或多个预设变量，自动推算可能的结果。政法领域的司法体制改革已经全面推行智能算法应用，以上海“206 系统”为代表，智能算法应用的实践效果证明，全面推进依法治国、全面深化改革，实现国家治理体系、治理能力现代化，必须要有科技为支撑。法治只有与科技结合，才能更好地发展进步，才能成为真正的科学，才能更好地彰显公平正义的本质。①

1. 借助智能算法提升办案质效

科技是推进改革，破解难题，实现国家治理体系和治理能力现代化的利器。人工智能等现代科技的应用，可以促进法律、党纪等规范的形式理性研究，实现办案过程的全流程质量监管，引导并限制纪检监察人员的自由裁量。人工智能等现代科技可以弥补人类的锚定效应、有限意志力等理性瑕疵，并促进缺省规则规范化、决策语境典

① 参见崔亚东:《人工智能与司法现代化》，上海人民出版社 2019 年版。

型化。[1]现代科技与办案人员的深度耦合，有利于整体提升办案人员的认知判断能力，可以提示和辅助纪检监察人员对事实的认定，并将纪法规则和原则的适用尽可能典型化、规范化。算法程序的形式主义色彩，使得纪检监察人员必须在限定的框架下推动办案进程，事实上产生了技术的指引、限制和监督效果。

同时，监察委通过借助算法技术，与政法系统和其他行政执法部门实现实时、同步数据交换和共享，建设数字化审查调查工作平台，促进信息获取网络化、工作方式科技化，使情报获取更加快速、利用更加高效，通过利用大数据的结构分析，从而有效缓解沟通成本高、查案效率低等难题，大幅度提高监察工作办案的效率和管理能力。

2. 促进监察工作管理方式转型

监察机关和纪委合署办公，意味着纪检监察机关在审理案件时区分违纪、违法、犯罪情形而作出不同的处置决定，这就要求监察工作更加精细化。为了保证案件能够得到公平的处理就要尽量做到面对类案时采取相同的处理方法。通过算法技术对监察数据的深度挖掘，可以将监察委的已有案件数据进行采集，形成案件大数据，通过对大量同类案件数据的分析，梳理出影响案件质量的要素，建立起案件与对应法律法规、党纪规范的关系网络，进行类案研判分析，解决适法不统一的问题，为监察委办案决策提供支持。

同时，通过算法实现数据共享，可以进行法律研究服务决策。采用算法进行大数据分析，是把监察业务、办公、队伍等各方面工作的数据全部打通进行融合综合分析，找出有价值的关联点，用客观的数据反映业务态势全貌，为科学管理决策提供支持，借助智能算法对监察数据的挖掘作用，可以发现一些监察工作中发现不了却又客观存在的事物关联并将其作为规范制定、决策参考的重要依据。

3. 提升监察公开和服务群众的水平

智能算法可以提升监察事务的处理效率、提升面向群众的服务水平，对纪检监察常规事务性工作形成替代，解放人力，优化人民群众的监督体验。通过标准化、自动化的监督服务，引导群众收集和提供线索更加全面、规范材料文书用语。智能算法可以辅助形成对监察结果的预期范围，通过数字化、清单式、统一规范的标准，强化与

---

① 参见吴涛：《论人工智能时代司法决策的情境主义》，《上海法学研究》2020 年第 5 期。

公检法司等政法单位和政府部门的有机联系，建立案件及线索的快速交流机制，将纪检监察业务范围外的事项快速分流至公检法司等其他单位，将公检法司等其他单位办案涉及的纪检监察事项快速接入，降低单位间、部门间的交流成本，让纪检监察人员的精力专注于案件实质的办理。

监察公开是对监察委工作的一个必然要求，其不仅有利于人民群众参与到反腐工作中来，也有利于发挥监察委的综合功能。伴随着新媒体平台的崛起，新媒体平台也成了“大数据”收集和发布的有效途径。新媒体公开平台是为满足现代人们获取数据信息而产生的，是一种新型的电子监察公开形式，可以有效地服务公众的一个便捷平台。在目前数据爆炸的时代，应有效利用监察“大数据”在创新社会管理、化解社会矛盾、倾听民众呼声、解决实际问题方面的功能。可以借助算法技术，进一步深化新媒体平台运用力度，与人民群众进行互动，指导社会公众通过正常途径反映问题和解决问题。例如，通过自动收集、调取群众的历史来访记录，进行数据挖掘，预测、分析出群众所需的服务。

智能算法的深度应用，为推进纪检监察制度改革、破解监督难题，提供了重大历史机遇和强大科技支撑。在智能社会的时代背景下，我们面临新风险、新挑战，应当把现代科技的伟力和纪检监察人员的创造力更好地结合起来，形成科技理性、法治理性、人类理性的融合效应，最大限度地克服纪检监察人员认识局限性和主观随意性的弊端，确保监察权依法独立行使，减少执法执纪的任意性，为持续完善纪检监察体制机制、强化国家监察职权的规范行使进行改革创新。

（四）人工智能在纪检监察领域深度应用的经验总结

“大数据时代干预生活世界的算法能够解决大量复杂的任务，包括执行搜索、安全加密、优先推荐、模式识别、预测、分析、仿真和优化等，算法已然成为社会新的权力中间人。”① 算法在解决各行业领域出现的问题时发挥着越来越大的作用。运用智能算法，实现治理工具上的现代化，可以逐步建设和完善纪检监察权力运行机制和管理监督制约体系，推进纪检监察工作高质量发展，全面赋能纪检监察工作。

① Kitchin R. Thinking critically about and researching algorithms. Information Communication & Society, 2017, 20 (1). pp.14—29.

1. 推动建设覆盖全国纪检监察系统的算法平台

习近平总书记在党的十九大报告中指出："构建党统一指挥、全面覆盖、权威高效的监督体系，把党内监督同国家机关监督、民主监督、司法监督、群众监督、舆论监督贯通起来，增强监督合力。"① 这为健全新时代党和国家监督体系提供了理念遵循和路径指引。如何进一步整合包括国家监察体系在内的国家监督体系模型，构建具有统一性接口、标准化结构的数据标准体系和算法平台，从而为未来国家监督总体模型的设立提供完善的子系统结构体系，是大数据时代监督原型模型设计的重要问题。② 运用现代科技反腐首先需要政府多个部门数据库为构建纪检监察监督体系而服务。在纵向方面，需要构建纪检监察机关省市县三级数据体系；在横向方面，需要工商、民政、公安、房产登记部门，银行以及检察机关和法院的相关数据。上述数据是否足够丰富以及足够对纪检监察机关开放程度直接决定数据的利用和监督效能的发挥。目前，上述数据的部门单位或者行业存在属于各自数据的变量编码和制定规则和研发标准，且各自为政难以共享的情况，这不仅导致纪检监察机关数据库成立碎片化，使反腐监督信息领域数据挖掘产生了"数字鸿沟"。这就需要在数据系统开发中对接口、变量和函数进行统一规范，制定相应的国家和行业标准。同时在进行研发时遵循面向对象的开发原则，为未来系统之间的数据衔接预留开放的接口。具体到监督系统而言，以深化监察体制改革为切入点，通过国家顶层设计和统一规划，统一数据接口和数据格式标准，形成全面、权威、统一的国家纪检监察系统的信息共享平台。破除"数据壁垒"和"信息孤岛"的状态，将涉及跨部门、跨领域、跨地区大数据信息进行统一录入，实现监察机关数据的互联互通，确保监察机关对办案对象监察信息全程跟踪、实时监控，从而确保监察全覆盖目标实现。

2. 探索监督图谱理论体系和原形模型

为进一步推动算法技术在监察领域的应用，实现更加智能的系统功能，可以采取"知识图谱"的技术模型手段。所谓知识图谱，是通过描述客观世界中的实体、概念、事件、属性以及这些因素之间的联系，以标准化的实体和概念的属性名称，实现信息

① 习近平：《决胜全面建成小康社会　夺取新时代中国特色社会主义伟大胜利——在中国共产党第十九次全国代表大会上的报告》，http://cpc.people.com.cn/n1/2017/1028/c64094-29613660.html。

② 褚尔康：《基于大数据视域的监察体制改革模型构建》，《科技与法律》2019 年第 4 期。

检索和抽取、机器学习、数据挖掘、自然语言处理等交叉领域的运用。从知识图谱技术的发展历史来看，通过对大数据挖掘技术获取的样本数据进行算法编制，获取其中的标识信息，进而设计系统模型，达到数据挖掘和系统构建的目的。目前，知识图谱的应用主要集中在对文献资料和语义信息的大数据分析之中，其在监察制度改革的领域应用还处于起步阶段，但具有极大的发展前景，可以实现纪检监察专业知识与人工智能技术的深度融合。

3. 运用智能算法构建监测预警系统

智能算法可以实现人力难以企及的 7 天 24 小时不间断的监测预警，通过构建智能监测预警系统，可以达到全景式展现、全息式还原、全天候运行的状态。第一，基于关联分析的隐含关系发现。通过融合公安、税务、金融、物流、出行、通信、消费等多源数据，可以建立人、钱、物、事之间完整、复杂的关系网络，从而帮助反腐侦办人员发现隐含关联关系，理清实践来龙去脉，辅助案件侦办。第二，基于异常检测的疑似腐败行为预警。通过智能算法可让反腐工作从“事后跟进”向“事前预测”转变。反腐领域涉及面广、相关信息非常庞杂，虽然腐败行为的蛛丝马迹被各种信息系统所记录，但这些信息“藏身于”海量的其他数据之间，往往很难发现。然而，腐败行为一般都具有一个共性的特征——异常性。例如，人员财产的异常变动、办事流程的异常变更、人际交往的异常行为，等等。通过对监察对象的银行存款、证券基金账户、车辆信息、房产信息等数据进行分析，可判断监察对象的财产状况是否存在异常，及时启动预防措施，对监察对象进行提醒谈话教育，将可能存在的腐败苗头性问题及时遏制。

（五）结　语

在纪检监察和反腐败工作中，要以习近平法治思想为指引，不断提高运用法治思维和法治方式的能力，充分发挥人工智能等现代科技伟力，实现新时代纪检监察工作的高质量发展。现代化社会的治理是一项复杂的系统工程，纪检监察机关必须站在纪检监察治理体系和治理能力现代化的理念高度，本着求真务实、积极探索的态度，重点实现治理工具的现代化改革，逐步完善决策科学、执行坚决、监督有力的权力运行体系。

五、长三角区域数字化转型发展报告[①]

2020年以来，以人工智能、大数据和物联网等为代表的新一代信息技术在疫情防控、生产生活物资保障、复工复产等各个环节发挥了广泛而有效的作用，其不仅助力科学防控、精准施策，更带动数字经济向医疗、教育等行业深度发展，成为推动我国数字经济增长的强劲引擎，为我国经济社会全面数字化转型带来新的机遇。作为我国最重要的经济区域之一，长三角区域强竞争力产业遍布、创新要素集聚，是我国最早探索数字化发展、拥抱技术创新应用的活跃区域之一。本报告聚焦长三角区域沪苏浙皖三省一市数字化转型，开展调研和分析，以期服务于“数字化转型激发区域创新潜能”的目标，助推长三角经济社会高质量发展。

（一）长三角区域数字化转型概况

2021年3月13日，《中华人民共和国国民经济和社会发展第十四个五年规划和2035年远景目标纲要》发布，以专门章节“加快数字化发展，建设数字中国”的形式，从打造数字经济新优势、加快数字社会建设步伐、提高数字政府建设水平和营造良好数字生态四个方面分别阐释了数字化转型的目标。[②]针对数字化转型的具体领域，沪苏浙皖三省一市分别出台了数字化转型政策规划，设定了具体的数字经济重点目标，促进数字经济健康快速发展。

2020年12月10日，上海发布《中共上海市委关于制定上海市国民经济和社会发展第十四个五年规划和二〇三五年远景目标的建议》（以下简称“上海建议”）提出“推动城市数字化转型”这一明确目标，提出要通过革命性重塑，倒逼城市管理手段、管理模式、管理理念深刻变革，引领生产生活方式和思维模式全面创新，创造未来更具智慧的数字城市。[③]

---

① 作者简介：林竹静，上海市人民检察院法律政策研究室检察官；詹可，浙江清华长三角研究院法治与社会治理研究中心助理研究员。

② 《中华人民共和国国民经济和社会发展第十四个五年规划和2035年远景目标纲要》，http://www.gov.cn/xinwen/2021-03/13/content_5592681.htm。

③ 《中共上海市委关于制定上海市国民经济和社会发展第十四个五年规划和二〇三五年远景目标的建议》，https://www.shanghai.gov.cn/nw12344/20201210/db7c931062214590851570 6f467fd45a.html。

2021年2月5日，浙江发布《浙江省国民经济和社会发展第十四个五年规划和二〇三五年远景目标纲要》(以下简称"浙江纲要")，提出要推动数字技术与实体经济深度融合，加快推进农业、工业、服务业数字化转型。①

2021年2月19日，江苏发布《江苏省国民经济和社会发展第十四个五年规划和二〇三五年远景目标纲要》(以下简称"江苏纲要")，侧重推动数据赋能全产业链协同转型，支持苏州国家级数字金融产业集聚区建设。②

2021年4月21日，安徽发布《安徽省国民经济和社会发展第十四个五年规划和2035年远景目标纲要》(以下简称"安徽纲要")，提出以数字化转型整体驱动生产方式、生活方式和治理方式变革，推动金融机构、制造业数字化转型，积极构建数字化产业链。③

（二）长三角区域数字化转型政策分析

1. 上海：推动城市整体迈向数字时代

"上海建议"提出的数字化转型以大数据深度运用为驱动，通过数字化的全方位赋能，实现让城市更聪明、更智慧，进一步提升城市巨系统的运行效率、配置效率和产出效率。"上海建议"涵盖生产、生活、生态等方方面面，包括经济数字化、生活数字化、治理数字化等各个领域，推动城市整体迈向数字时代。

在2020年5月国家提出数字化转型倡议之后，上海密集出台了多项关于数字化转型的针对性政策(见表5-4)。其主要涉及经济、生活和治理三大方面。在经济方面，强调数字产业化、产业数字化，着力推动生产制造、科技研发、金融服务、商贸流通、航运物流、专业服务、农业等领域的数字化转型；在生活方面，关注公共卫生、健康、教育、养老、就业、社保等基本民生保障领域和商业、文娱、体育、出行、旅游等民生服务领域的数字化转型；而治理方面，主要是提升治理科学化、精细化、智能化水平。

① 《浙江省国民经济和社会发展第十四个五年规划和二〇三五年远景目标纲要》，http://www.zj.gov.cn/art/2021/2/5/art_1229463129_59083059.html。

② 《关于印发江苏省国民经济和社会发展第十四个五年规划和二〇三五年远景目标纲要》，http://www.jiangsu.gov.cn/art/2021/3/2/art_46143_9684719.html。

③ 《关于印发安徽省国民经济和社会发展第十四个五年规划和2035年远景目标纲要的通知》，https://www.ah.gov.cn/public/1681/553978211.html#_Toc62311925。

表 5-4　上海市数字化转型相关政策统计

序号	发布日期	涉及关键词	规范名称
1	2021.06.08	交通运输数字化、道路设施数字化、应急管理数字化	《上海市综合交通发展“十四五”规划》
2	2021.04.30	实体商业数字化；教育、医疗、文旅、零售、餐饮	关于印发《关于加快建设上海国际消费中心城市持续促进消费扩容提质的若干措施》
3	2021.04.17	国际贸易、电商	上海市人民政府关于印发《“十四五”时期提升上海国际贸易中心能级规划》的通知
4	2021.04.16	建造工业化、信息化、数字化	《“十四五”新城环境品质和新基建专项方案》
5	2021.04.16	智能制造	《“十四五”新城产业发展专项方案》
6	2021.04.09	产城、职住、生态、交通、营商环境；城市大脑	《奉贤新城“十四五”规划建设行动方案》
7	2021.04.02	养老	上海市老龄工作委员会办公室关于印发《2021年上海市老龄工作要点》
8	2021.04.01	数字政务；开办企业“一窗通”；电子营业执照；涉企数据共享	上海市市场监管局、市经济信息化委、市公安局、市税务局、市人力资源社会保障局、市公积金管理中心、中国人民银行上海分行关于加快打造数字化开办企业服务体系的意见
9	2021.04.01	智能制造	上海市宝山区人民政府关于印发《宝山区加快建设上海科创中心主阵地促进产业高质量发展政策》的通知
10	2021.03.31	产业、生活、治理	《青浦新城“十四五”规划建设行动方案》
11	2021.03.25	经济、生活、治理；基本民生、品质民生	《2021 年上海市城市数字化转型重点工作安排》
12	2021.03.19	制造业、服务业融合	上海市人民政府印发《关于本市“十四五”加快推进新城规划建设工作的实施意见》
13	2021.03.16	智慧卫监、疫情防控、档案管理	《2021 年上海市卫生健康综合监督工作要点》
14	2021.03.16	医疗、文旅、环保、法律	《关于深化“一网通办”改革构建全方位服务体系工作方案》
15	2021.03.12	“一网通办”	《2021 年上海市全面深化“一网通办”改革工作要点》
16	2021.02.23	制造业、服务业融合；城市治理、生活服务、新经济新业态等领域；数字赋能、数字建造	《关于本市“十四五”加快推进新城规划建设工作的实施意见》
17	2021.02.01	经济数字化（数字产业化、产业数字化）、生活数字化（医疗、养老、文旅、社区基础设施）、治理数字化（“一网通办”）	《上海市第十五届人民代表大会第五次会议的政府工作报告（2021）》
18	2021.01.30	经济数字化、生活数字化、治理数字化；场景再造、业务再造、管理再造、服务再造	《上海市国民经济和社会发展第十四个五年规划和二〇三五年远景目标纲要》

（续表）

序号	发布日期	涉及关键词	规范名称
19	2021.01.04	经济（数字产业化、产业数字化；涵盖生产制造、科技研发、金融服务、商贸流通、航运物流、专业服务、农业等领域）、生活（公共卫生、健康、教育、养老、就业、社保等基本民生保障领域；商业、文娱、体育、出行、旅游等民生服务领域）、治理（科学化、精细化、智能化）	《关于全面推进上海城市数字化转型的意见》
20	2020.06.12	国资国企；生产服务 + 商业模式 + 金融服务	《推动工业互联网创新升级实施“工赋上海”三年行动计划（2020—2022 年）》
21	2020.02.10	城市大脑（数字化、精细化、可视化）；社区治理	关于进一步加快智慧城市建设的若干意见

2. 浙江：深入推进政府数字化转型

“浙江纲要”提出要深入推进政府数字化转型，力争重要领域和关键环节的改革取得重大突破。如加快“智慧医保”平台建设，实现全省“互联网 + 医保”数字化转型等。重点围绕智慧城市、数字乡村、数字教育、数字健康、数字交通、数字文旅、数字就业服务、数字养老服务、公共安全数字化九方面的应用场景，全面推进数字社会建设。

得益于坚实的数字经济基础优势和需求指引，浙江在国家数字化转型倡议出台前，就积极开展数字化工作（见表 5-5），探索数字基础设施建设和政务数字化，是全国最早践行数字化思想的省份。在国家倡议发出后，浙江针对中小微企业发展、具体细分行业领域的数字化困境等，科学精准施策，以数字政务为主线，引导跨境电商、社会治理、智能制造、新零售等领域的数字化向纵深发展，并适时给予一定的资金支持和奖励。

表 5-5 浙江省数字化转型相关法规规章与政策统计

序号	发布日期	涉及关键词	规范名称
1	2021.06.09	整体智治；智能制造；低碳经济	浙江省发展改革委关于印发《浙江省循环经济发展“十四五”规划》的通知
2	2021.06.09	生态保护	浙江省发展改革委、省生态环境厅关于印发《浙江省海洋生态环境保护“十四五”规划》的通知

（续表）

序号	发布日期	涉及关键词	规范名称
3	2021.06.09	应急管理；防灾减灾	浙江省发展改革委、省自然资源厅关于印发《浙江省地质灾害防治“十四五”规划》的通知
4	2021.06.08	跨境电商；数字技术贸易、数字内容贸易、数据及衍生品贸易	浙江省人民政府办公厅关于印发《浙江省商务高质量发展“十四五”规划的通知》
5	2021.06.08	数字政务；智能检测；生态保护	浙江省发展改革委、省生态环境厅关于印发《浙江省生态环境保护“十四五”规划》的通知
6	2021.06.08	生态保护；智能检测	浙江省发展改革委、省生态环境厅关于印发《浙江省水生态环境保护“十四五”规划》的通知
7	2021.05.31	数字农业；数字法治	浙江省发展改革委、省建设厅关于印发《浙江省新型城镇化发展“十四五”规划》的通知
8	2021.05.25	零售、消费	浙江省发展改革委关于印发《浙江省消费升级“十四五”规划》的通知
9	2021.05.19	数字政务	浙江省发展改革委、省经信厅、省委网信办关于印发《浙江省区块链技术和产业发展“十四五”规划》的通知
10	2021.05.19	数字政务；资源管理	浙江省发展改革委、省自然资源厅关于印发《浙江省自然资源发展“十四五”规划》的通知
11	2021.05.12	整体智治；资金激励	浙江省人民政府办公厅关于对2020年落实有关重大政策措施真抓实干成效明显地方予以督查激励的通报
12	2021.05.11	卫生健康；应急管理	浙江省发展改革委、省卫生健康委关于印发《浙江省突发公共卫生事件应急管理“十四五”规划》的通知
13	2021.05.11	教育	浙江省发展改革委、浙江省教育厅关于印发《浙江省高等学校基础能力建设“十四五”规划》的通知
14	2021.05.08	基础设施；生产制造；交通物流；民生服务；政府治理	浙江省发展改革委、省经信厅关于印发《浙江省数字基础设施发展“十四五”规划》的通知
15	2021.05.08	建工数字化	浙江省发展改革委、浙江省住房和城乡建设厅关于印发《浙江省住房和城乡建设“十四五”规划》的通知
16	2021.04.22	智慧医保；医疗	浙江省发展改革委、省医保局关于印发《浙江省医疗保障事业发展“十四五”规划》的通知
17	2021.04.22	交通	浙江省发展改革委关于印发《浙江省新能源汽车产业发展“十四五”规划》的通知
18	2021.04.22	食品安全；数字政务	浙江省发展改革委、省粮食和物资储备局关于印发《浙江省粮食和物资储备发展“十四五”规划》的通知
19	2021.04.22	体育	浙江省发展改革委关于印发《浙江省社会发展“十四五”规划》的通知
20	2021.04.20	中小微企业；智能制造	浙江省人民政府办公厅关于印发《浙江省小微企业三年成长计划（2021—2023年）》的通知

（续表）

序号	发布日期	涉及关键词	规范名称
21	2021.04.20	卫生健康	浙江省人民政府《关于高水平推进爱国卫生运动的实施意见》
22	2021.04.12	政务服务；民生服务	浙江省发展改革委、省民政厅关于印发《浙江省民政事业发展“十四五”规划》的通知
23	2021.04.01	智能制造、电商、供应链	浙江省发展和改革委员会等13个部门关于印发《浙江省推动先进制造业和现代服务业深度融合发展的实施意见》的通知
24	2020.12.31	数字政务；项目管理	《浙江省投资项目在线审批监管平台管理办法（试行）》
25	2020.12.31	建工数字化	浙江省人民政府办公厅《关于完善质量保障体系提升建筑工程品质的实施意见》
26	2020.12.24	数字化；法规规范；基础设施；数据资源；产业数字化；治理数字化	《浙江省数字经济促进条例》
27	2020.12.22	数字政务；智慧城市；城市大脑	浙江省人民政府办公厅关于印发《浙江省政务公开五年行动计划（2021—2025年）》的通知
28	2020.12.18	食品安全；数字监管	《关于打造粮食流通企业“主力军”确保粮食供应链安全的指导意见》
29	2020.12.07	体育；民生服务	浙江省人民政府《关于鼓励支持社会力量办体育加快推进体育改革与发展的若干意见》
30	2020.12.02	数字政务；中小微企业；智能制造；数字生活；创业就业；数据要素	《浙江省数字赋能促进新业态新模式发展行动计划（2020—2022年）》
31	2020.11.06	教育	《浙江省深化产教融合推进职业教育高质量发展实施方案》
32	2020.10.30	建工数字化	浙江省住房和城乡建设厅、浙江省发展和改革委员会、浙江省财政厅、浙江省人民防空办公室、浙江省气象局、浙江省大数据发展管理局、浙江省消防救援总队《关于深化房屋建筑和市政基础设施工程施工图管理改革的实施意见》
33	2020.09.30	资金激励	《浙江省人民政府办公厅关于对真抓实干成效明显地方进一步加大激励支持力度的通知》
34	2020.09.03	资金激励；数字政务	浙江省人民政府办公厅关于对2020年真抓实干成效明显地方进一步加大激励支持力度的通知
35	2020.08.14	消费	浙江省人民政府办公厅《关于促进消费扩容提质加快激发居民消费潜力的实施意见》
36	2020.07.10	数字政务；行政执法	《2020年浙江省法治政府建设工作要点》
37	2020.07.07	数据平台；公共卫生设施；应急管理和救援设施；城市大脑；数字乡村	《浙江省新型基础设施建设三年行动计划（2020—2022年）》

（续表）

序号	发布日期	涉及关键词	规范名称
38	2020.06.04	数字化检测	《浙江省节水行动实施方案》
39	2020.04.17	政务公开	《浙江省人民政府办公厅关于全面推进基层政务公开标准化规范化工作的实施意见》
40	2020.03.16	教育	《国务院办公厅关于进一步调整优化结构提高教育经费使用效益的意见》
41	2020.03.02	数字政务	《关于深化公共资源交易平台整合共享的实施方案》
42	2019.10.29	评价机制	《浙江省建立政务服务“好差评”制度工作方案》
43	2019.08.31	供应链；农产品；协同治理	《浙江省人民政府办公厅关于积极推动供应链创新与应用的实施意见》
44	2019.08.02	建工数字化	《浙江省深化工程建设项目审批制度改革工作实施方案》
45	2019.07.29	农机装备数字化；数字农业	《浙江省人民政府关于推进农业机械化和农机装备产业高质量发展的实施意见》
46	2019.07.24	政府采购	浙江省财政厅《关于加快实施“互联网＋政府采购”进一步贯彻落实政府采购政策的通知》
47	2019.05.27	政府信息公开	浙江省财政厅《关于印发浙江省财政厅工作规则的通知》
48	2019.05.21	数字产业化；产业数字化；公共服务；政府投资；	《浙江省“五个千亿”投资工程——2019年度实施计划》
49	2019.05.19	数字政务；跨境贸易	浙江省人民政府办公厅《关于深化“最多跑一次”改革进一步提升跨境贸易便利化水平的实施意见》
50	2018.12.28	数字政务	浙江省人民政府关于印发《浙江省深化“最多跑一次”改革推进政府数字化转型工作总体方案》的通知
51	2018.11.30	数字政务	《浙江省保障“最多跑一次”改革规定》
52	2018.11.29	数字政务	浙江省人民政府《关于全面加快科技创新推动高质量发展的若干意见》
53	2018.08.15	数字政务	《浙江省工程建设项目审批制度改革试点工作实施方案》
54	2018.06.12	中小微企业	浙江省人民政府办公厅《关于促进小微企业创新发展的若干意见》
55	2018.06.12	数字政务；城市治理；基础设施	浙江省人民政府《关于加快推进5G产业发展的实施意见》
56	2018.05.10	数字政务；大系统、大数据、大平台	浙江省人民政府关于印发《政府“两强三提高”建设行动计划（2018—2022年）》
57	2018.05.07	智能制造；数据经济；制造与服务融合；基础设施	《浙江省加快传统制造业改造提升行动计划（2018—2022年）》
58	2018.03.01	数字政务	《浙江省人民政府工作规则》

3. 江苏：制造业数字化转型升级

“江苏纲要”重点提出，要实施制造业数字化转型升级行动，创新数字化供应链管理模式，推进建筑业智能化协同发展，推动零售、物流、贸易、金融、文创、设计等行业数字化创新发展，大力支持智慧农业、数字乡村建设（见表 5-6）。

表 5-6　江苏省数字化转型相关政策统计

序号	发布日期	涉及关键词	规范名称
1	2021.05.15	政府信息公开	江苏省政府办公厅关于印发《江苏省 2021 年政务公开工作要点》的通知
2	2021.05.10	智慧文旅；智慧体育；智慧物流	江苏省政府办公厅关于印发《江苏省以新业态新模式引领新型消费加快发展实施方案》的通知
3	2021.04.13	数字教育；医疗健康	省政府办公厅印发《关于推动江苏医学教育创新发展实施方案的通知》
4	2021.03.04	跨境电商	省政府办公厅转发省商务厅等部门《关于促进全省跨境电子商务高质量发展工作意见的通知》
5	2021.01.30	跨境电商	省政府办公厅转发省商务厅等部门《关于促进全省跨境电子商务高质量发展工作意见的通知》
6	2020.10.08	数字设施升级；数字创新引领；数字产业融合；数字社会共享；数字监管治理；数字开放合作	省政府办公厅《关于深入推进数字经济发展的意见》
7	2020.04.30	产业数字化	省政府办公厅印发《关于加快新型信息基础设施建设扩大信息消费若干政策措施的通知》
8	2020.03.24	疫情应对；商业服务	省政府办公厅印发关于《支持商贸服务企业积极应对疫情影响保持平稳健康发展政策措施的通知》
9	2020.03.24	疫情应对；商业服务	省政府办公厅印发《关于支持商贸服务企业积极应对疫情影响保持平稳健康发展政策措施的通知》
10	2020.02.17	智能制造	《江苏省人民政府工作报告》
11	2019.04.11	数字政务	省政府办公厅关于印发《2019 年江苏省深化“放管服”改革工作要点的通知》
12	2019.01.21	产业数字化	《中国（无锡）跨境电子商务综合试验区实施方案》

4. 安徽：构建数字化产业链

“安徽纲要”着重提出，要积极构建数字化产业链，夯实数字化转型基础支撑能力。与江苏的数字化转型路径类似，由于跨境电商贸易试验区的建立，安徽很早就开始了数字化的实践，并逐步开始探索发展数字政务和基础设施建设。从产业政策上看，江苏更强调电商贸易等服务业的快速推进，而安徽更加注重在智能制造等工业产业的发展。在国家发出数字化转型倡议后，安徽更加集中各自的先发优势，出台政策深化优势、鼓励快速发展（见表 5-7）。

表 5-7　安徽省数字化转型相关法规与政策统计

序号	发布日期	涉及关键词	规范名称
1	2021.01.07	数字政务	《安徽省政务数据资源管理办法》
2	2020.10.24	数字政务；经济调节；市场监管；社会治理；公共服务；生态环保；区域协同	《安徽省“数字政府”建设规划（2020—2025 年）》
3	2020.10.22	智能制造	安徽省经济和信息化厅安徽省财政厅关于印发《2020 年支持制造强省建设若干政策实施细则》的通知
4	2020.10.08	产业链；供应链；电商；文旅	安徽省贯彻落实《淮河生态经济带发展规划实施方案》
5	2020.08.27	跨境电商；试验区	《中国（芜湖）跨境电子商务综合试验区建设实施方案》
6	2020.08.18	基础设施；数字政务；教育；医疗健康；养老；智慧社区；城市大脑；数字乡村；营商环境	《2020 年“数字江淮”建设工作要点》
7	2020.07.17	智能制造；电子信息、智能装备、节能和新能源汽车、智能家电等	安徽省教育厅、安徽省经济与信息化厅关于加快专业结构优化支撑服务制造强省建设的指导意见
8	2020.06.29	高端装备；家电；汽车；钢铁；化工；建材；医疗科技；文旅；交通；金融基础设施；城市大脑	安徽省人民政府办公厅《关于促进线上经济发展的意见》
9	2018.11.23	数字经济；基础设施	安徽省《支持数字经济发展若干政策》
10	2018.04.28	智能制造	《安徽省智能工厂和数字化车间认定管理暂行办法》
11	2018.04.28	基础设施；数字经济	安徽省人民政府《关于进一步推进大众创业万众创新深入发展的实施意见》
12	2017.07.10	跨境电商；试验区	《中国（安庆）跨境电子商务综合试验区建设实施方案》

（三）长三角区域数字化转型面临的现实问题

1. 企业数字化转型中的难题

企业数字化转型是对传统管理模式、业务模式、商业模式进行创新和重塑的过程，旨在帮助实现企业实现决策智能化、运行效率提升和成本缩减等目标。为了提升生产与管理过程中数字化的应用水平，企业需要统筹运行和维护流程，合理分配资源与服务，以实现快速响应、迅捷处理。据了解，目前长三角区域企业数字化转型主要面临以下问题。

第一，缺乏数字化转型的清晰思路。数字化转型是一项系统工程，需要企业制定清晰的战略目标，并明确实施路径，这就非常考验企业的战略规划和智慧。

第二，缺乏数字化转型的统一标准。由于上下游产业链、供应链企业的数字化转型参差不齐，各个企业为了抢占市场，纷纷建立自己的标准，很难协调统一。

第三，数字化转型中层变革难度大。数字化转型对中小企业来说成本很大，①其同时需要中层管理人员一部分权利让渡和必要的人才投入，这增加了企业的成本和管理门槛。

2. 政府数字化转型中的瓶颈

为提升治理体系与治理能力现代化水平，政府部门需要进行数字化转型。政务数据结构复杂化、数据集中化、服务对象多样化，导致传统的网络安全架构很难应对新兴技术带来的虚拟化、资源池化、平台可用性等安全风险。当前，长三角区域政府数字化转型中存在的一些瓶颈问题；

第一，政务管理的复杂结构导致了数据流通不畅。囿于政府“条块分割”的管理逻辑，各部门之间的数据流通并不顺畅，易形成“数据孤岛”，从而影响政务数据发挥效能。同理，跨区域的数字化协调联动则难度更大。同时，受各部门职权的影响，数字化建设分散实施、各自为政，数据多次重复采集、互通困难，是制约政府数字化转型的重要障碍。②

第二，政府数字化转型受到人才、资金和地域的制约，且风险防护水平不一。各地由于发展水平的差异，能够投入数字化建设的人才和资金等资源各不相同，但是数

① 以中小银行为例，数字化转型至少面临三方面的困境：（1）技术高度依赖外部厂商。由于自身缺乏掌控的技术标准，常常通过采购的形式，与厂商合作建设，虽然能够提升建设效率，但也会带来架构、标准、数据等层面的技术问题，为长期发展埋下隐患。（2）各业务部门的数字化意识不强，而且可能面临利益切分，因此数字化转型利用率低，推广难度大。（3）出于数据安全等因素，常常面临系统孤岛、数据孤岛，从而造成用户体验欠佳，难以到达预期满意效果。

② 文宏：《基层政府数字化转型的趋势与挑战》，《国家治理》，2020 年第 38 期。

据互联互通时，各个环节的安全风险具有一致性，如果不能保障所有节点的安全，也将会导致整个数据链路面临安全威胁。

3. 数据不足且基础设施利用不佳

数字技术和数据为改善个人生活品质提供了巨大的潜力。① 国家将数据视为重要的生产要素。2020 年 4 月 9 日，国家发布的《关于构建更加完善的要素市场化配置体制机制的意见》明确把数据列入新型生产要素，与土地、劳动力、资本、技术等传统要素并列，② 这也从根本上明确了数据的重要地位。但是现阶段，区域发展仍然受到数据不足的制约。

一是用于人工智能研发的基础数据仍然不足、不够全面。足够多的基础性原始数据，是机器学习等技术研发开发的重要资源。但是，局部且有倾向性的数据，则会隐含人类主观意图，而使机器学习和自动化决策结果等存在偏见。

二是缺乏足够的基于各类传感器的数据采集，5G 等传输网络利用不足。通过传感器等技术，收集数据的范围和规模不足。同时，尽管我国 5G 网络已初具规模，③ 移动数据通道顺畅，但是其数据传输量却远小于“信息高速公路”承载量。

（四）长三角区域数字化转型发展的建议

数字化转型意义重大，影响深远，甚至可以重塑各行业的发展模式。④ 从组织体系的角度看，无论是政府还是企业，都应有组织地进行数字化转型均需要从顶层设计出发，通过组织内部的权利和职责任务再分配、机制变革等，同步推动数字化转型的进行。从驱动因素角度考量，在长三角区域数字化转型发展中，数据、算法、算力的

---

① Pramanik, M.I., Lau, R.Y., Chowdhury, M.K.H., 2016. Automatic crime detector: a framework for criminal pattern detection in big data era. In: Pacific Asia Conference on Information Systems, Chiayi, Taiwan.

② 中共中央、国务院《关于构建更加完善的要素市场化配置体制机制的意见》，http://www.gov.cn/zhengce/2020-04/09/content_5500622.htm。

③ 根据工信部网站发布的《2020 年通信业统计公报》显示，2020 年，我国新建 5G 基站超 60 万个，全部已开通 5G 基站超过 71.8 万个，5G 网络已覆盖全国地级以上城市及重点县市。http://www.gov.cn/xinwen/2021-01/26/content_5582523.htm。

④ Matt, C., Hess, T. & Benlian, A.Digital Transformation Strategies. Bus Inf Syst Eng 57, 339—343 (2015). https://doi.org/10.1007/s12599-015-0401-5.

提升是其中最为关键的因素。

一是掌握数据是数字化发展的基础。在合法必要的范围内，借助传感器、物联网和区块链等技术，扩大数据的收集范围、规模和精细化程度，为数字化转型提供必要的资源条件。

二是聚焦和提升算法的安全可靠性。保护算法安全、禁止有害算法、提升机器决策的透明度。积极完善算法评估体系，促进政府和企业等积极组织跨部门讨论与多领域协作，突破价值冲突和应用困境。

三是构建与发展相适应的算力支撑。通过出台针对性政策，支持国产芯片研发、生产，提升人工智能技术发展的底层硬件能力。大力支持数据中心建设，通过提升算力，使超大规模的数据发挥价值。

第六部分　人工智能法治发展专家访谈

一、打造多元共治体系，发展负责任的人工智能
——专访国家新一代人工智能治理专业委员会主任薛澜

观点：

人工智能需要建立一个全球性的平台或机制。

在人工智能政策制定中应遵循“敏捷治理”。由于技术发展很快，不是非要等到所有的情况都了解、各方达成充分共识以后才去形成治理规则，而是一旦看到不好的苗头，就及时发出信号，提醒相关各方注意潜在的风险和负面影响。

虽然针对人工智能的治理措施的出台速度要快，但是政策的作用强度要适度，不要过度发力，影响技术和市场的健康发展。

企业需要发展负责任的人工智能。所谓“负责任”，是指从基础研究到应用研究到产品和服务的全方位的负责任。

薛澜：国家新一代人工智能治理专业委员会主任，清华大学苏世民书院院长，清华大学文科资深教授。2020 年 6 月，任清华大学人工智能国际治理研究院院长。

人工智能治理需要提前布局、探索治理原则

蓝皮书：国家新一代人工智能治理专业委员会提出了新一代人工智能治理八项原

则。作为国家新一代人工智能治理专业委员会主任，您是如何看待在人工智能法治中，政府、企业、社会三方责任的？

薛澜：2019 年 6 月 17 日，我国首次发布发展人工智能治理原则——《新一代人工智能治理原则——发展负责任的人工智能》(以下简称《治理原则》)，它作为首个国家层面发展人工智能的治理原则，对于中国人工智能未来的发展方向具有重要意义。中国在人工智能、基因编辑等新兴科技领域走在前沿，进入第一方阵。在新技术发展的第一方阵中，需要率先考虑新技术可能带来的负面影响，特别是新技术涉及的伦理道德等一系列对社会有深远影响的问题。因此，提前布局、探索治理就显得非常重要。

我们发布的《治理原则》重点基于两个方面的考虑。一方面，从发展的角度考虑，应对人工智能发展予以支持和鼓励；另一方面，从治理的角度考虑，人工智能的不确定性有可能带来潜在的负面影响和风险，必须同时纳入发展和治理计划，协调两者之间的关系，确保人工智能安全、可靠、可控。我们的初衷就是希望所有相关方要负责任地参与人工智能技术开发应用，以保证人工智能健康有序发展。

蓝皮书：在自动驾驶、人脸识别等人工智能法治问题中，如何理解您提出的“敏捷治理”政策？

薛澜：《治理原则》的第八条“敏捷治理”原则是中国首先明确采用的，得到了社会各界的普遍认同。大家一致认为，对于人工智能新兴技术治理需要改变传统的治理模式。

所谓敏捷治理，就是说不是非要等到所有的情况都了解、各方达成充分共识以后才去形成规则；而是一旦看到负面影响的苗头，就赶快发出信号，提醒所有相关方注意相关问题，调整发展方向，从而有效避免新兴科技朝着不利于人类的方向发展。

敏捷治理的另一个含义，就是把监管者和被监管者的关系从“猫和老鼠”的关系改变成为伙伴关系，同时也给社会公众或其他第三方提供发表意见的机会，鼓励各方参与多元决策过程，共同寻找最佳治理方式。可以说，人工智能这样的新技术正在催生社会治理体系和模式的变革，应倡导多元共治、多方参与的治理模式，并保持开放灵活的状态，及时根据技术发展需要进行动态调整。

如何发展负责任的人工智能

蓝皮书：随着人工智能技术的应用，您认为人工智能企业应遵循怎样的发展原则，才能实现趋利避害？

薛澜：我国制定人工智能治理原则，强调发展负责任的人工智能。所谓“负责任”，是指从基础研究到应用研究，再到产品和服务的全方面负责任。因此，在新兴技术领域，尤其是人工智能领域的前沿企业，自我约束和社会责任是非常关键的，这关系到企业的长远发展。

无论是从社会公众利益的角度出发，还是从企业自身利益的角度出发，企业的自我约束都是必不可少的。一旦企业做了有损伦理道德、有害社会的事情，就必须承担后果，而对企业而言，负面影响和损失有时候是不可挽回的。

另外，人工智能企业除了遵守《治理原则》，更要注重行业自律，建议探索有效的企业间自我监督机制。如果同行企业之间探索建立某种形式的联盟，形成共同遵守的规则，这会比政府监管更有效，也能让《治理原则》真正落实到位。

引导人工智能健康发展，最终为全人类造福

蓝皮书：您认为如何通过法治和规则制定，减小或避免人工智能对人类社会产生的潜在负面影响？

薛澜：法律是治理的利器，但也是必须慎重使用的治理工具。毕竟立法是非常慎重的事情，周期很长，很难轻易修改。所以对于基础性的问题，需要通过立法的方式来规范，但对于应用性强、动态发展的问题，就要通过更加灵活的软法或其他政策工具来调节行为，要让市场行为者感受到政策的方向，但又不至于对其合理的发展产生阻碍。在这种新型治理模式中，治理对象——技术开发者和应用者与政府相关部门不是对立面，不是“猫和老鼠”的关系，其实际上都是参与治理的主体，共同推动人工智能健康有序发展。

蓝皮书：清华大学新成立了人工智能国际治理研究院，您认为中美两国可以按怎样的方式制定人工智能国际治理规则，实现人工智能国际合作？

薛澜：清华大学成立人工智能技术、产业和治理三个研究院，体现了清华在人工

智能全面发展的长远考虑。清华人工智能研究院主要探究人工智能理论与技术，智能产业研究院重点关注人工智能产业化，而人工智能国际治理研究院则主要关注全球治理规则研究。从研究到应用，再到治理，三个研究院彼此呼应和促进，形成了清华大学人工智能研究的跨学科良性循环。当前国际上对“人工智能该如何治理”的讨论有很多。各国对人工智能治理之所以如此关注，是因为意识到了人工智能对经济、社会、政治、军事等多方面产生的巨大影响，尤其是意识到了人工智能如果发展不当，将会对人类社会产生的负面影响。正如当年原子弹发明和使用之后，国际社会意识到了原子弹对人类社会潜在巨大危害，于是积极推动了全球核技术不扩散的治理体系，这一体系显著地影响了国际政治经济格局。

当前，世界各国正处在新一轮技术革命中，一方面，我们及早关注，控制人工智能可能带来的风险；另一方面，也希望能够积极促进人工智能的应用，推进经济社会发展，加强国际竞争力，并在国际人工智能治理体系中积极参与，为人工智能技术的安全合理应用贡献中国智慧。人工智能对我们整个人类在未来的发展有长远的影响，其实，人工智能的发展就是一部国际合作的历史，我们对人工智能领域中中国与美国的学者合作的情况进行过分析，中美合作的研究成果占到较大的比重，大量的国际合作是今天人工智能繁荣发展的重要因素。同时，防止人工智能的风险也需要国际间的大力合作。人工智能如果应用到大规模的杀伤性武器中，其后果也是不可想象的。此类问题任何一个国家都无法单独解决，需要各个国家求同存异、积极合作，共同应对此类问题，找到解决办法。

蓝皮书：您提出我们需要在过去研究探讨的基础上探索建立一个全球性的平台或机制，协调人工智能未来发展面临的紧迫的问题。具体包括哪些内容？

薛澜：首先，我们应该加强人工智能研究领域的国际合作，不仅包括科学研究的技术开发领域的合作，也包括社会和伦理方面的合作。通过这种合作找到共同点，包括共同的价值观念、共同的治理原则。同时，也承认我们存在的差异，并在此基础上建立继续沟通的机制。其次，我们应该在合作研究的基础上探讨如何构建未来人工智能国际治理的合作平台和治理机制。在这一点上，过去一些全球科技重大治理的经验值得学习，如核技术的治理机制、气候变化治理机制等。

二、人工智能侵害法律责任的泛化与问题
——专访中国政法大学教授刘艳红

观点：

现在借助当下固有的法律思维去设想、套用未来的人工智能主体侵害责任，这一做法在学术探索的精神方面值得肯定，但就法学研究而言，似乎略显急切了一些。

地方性立法应当统揽全局、注重不同群体之间的利益均衡，不能退回到地方保护主义、垄断性企业保护主义。

在“共建、共治、共享”的社会治理语境中需要遵循“党委领导、政府负责、民主协商、社会协同、公众参与、法治保障、科技支撑”的社会治理方针，通过“多向性”的智能化网络技术强化多元主体协同参与立法，发掘社会主义民主的优势。

刘艳红：中国政法大学教授、最高人民法院司法大数据（东南大学）基地主任、《政法论坛》主编，教育部“长江学者奖励计划”特聘教授、全国十大杰出青年法学家、享受国务院政府特殊津贴专家。兼任国务院学位委员会学科评议组成员、教育部高校教指委委员等，在《中国社会科学》等期刊发表论文200余篇；《网络犯罪的法教义学研究》入选国家哲学社会科学成果文库，主持国家社科基金重大招标项目“大数据与审判体系和审判能力现代化研究”等课题。

界定侵害法律责任，需要对人工智能有正确的认识

蓝皮书：您认为应当如何界定人工智能侵害法律责任？

刘艳红：相对于传统侵权形态，人工智能造成的侵害或侵害风险更让人充满疑虑和恐惧，也正因如此，我国人工智能侵害法律责任研究自始便是在一片焦虑的社会氛围中启动和展开的，空前繁盛的人工智能法学研究也可能会催生法律规则设计的偏差。人工智能侵害法律责任大致可从两个可能的方向着手：一是将人工智能体作为法律责任的主体，这显然是整体法秩序内关于法律责任体系的全新架构；二是将人工智能体作为传统自然人侵权行为的新型手段，就此而言，人工智能侵害法律责任仍要回归传统法律责任归责路径。

蓝皮书：您曾在《人工智能法学研究的反智化批判》一文中对第一种进路提出过商榷，因为它越过了人工智能法学研究的元问题。那么，如何才能避免人工智能侵害法律责任概念的泛化和泡沫化？

刘艳红：比如，将人工智能的“自主性”与机械的“自动化”相混淆，将“源于人类”的传统技术化风险当作“源于失控AI”的人机对抗风险，从“机器人杀人”等被放大的机械故障到“索菲亚公民”等极具作秀色彩的特殊事件中导出人工智能独立承担法律责任的必要性。这导致在定义人工智能时偏向于降低AI的构成标准、夸大AI的智商层级、忽视AI的笨拙行动能力，从而产生人工智能的概念泛化。其实，承认人工智能机器人能够成为一个新物种的根本前提是，彻底颠覆人类社会的哲学理念、伦理观念，当这样的元问题被理清之后再来讨论AI的主体性责任也许并不迟。但或许那时，人类的法律已非如今我们所熟悉的法律，甚至法律的制定者也不一定只有人类自己。现在借助当下固有的法律思维去设想、套用未来的人工智能主体侵害责任，这一做法的学术探索精神值得肯定，但就法学研究而言，似乎略显急切了一些。因此，若要摆脱概念泛化和学术泡沫，需要对专业人工智能和通用人工智能的发展实际保持足够清晰的认识，需要对法学“致用之学”的根本属性具有足够深刻的理解，需要对人工智能侵权场景下法律责任的归属模式确定足够准确的突破点。

涉人工智能技术侵害法律责任呈现新特点

蓝皮书：您作为《网络数据爬取法律问题研究白皮书》负责人，能介绍一下相关情况吗？

刘艳红：当今社会是线下线上人机融合、虚实同构、算法主导、数据为王的双层社会，诸如人脸识别、语音合成、自动驾驶、服务机器人等应用场景的共同特点是智能性，这也是涉人工智能侵权的基本代际特征。《网络数据爬取法律问题白皮书》于2020年12月江苏省法学会大数据与人工智能法学研究会成立大会上正式发布，正是基于这一时代背景。《白皮书》对网络数据爬取的民事争议及私权基础、行政规制思路及体系、刑事法规制原则及边界等智能社会的数据侵害法律问题，在整体法秩序内进行梳理、研究与展望。

蓝皮书：基于您的研究，目前在人工智能应用较多的领域，侵害法律责任有哪些特征？

刘艳红：涉人工智能技术侵害法律责任呈现出了新的特点。第一，法益样态面临更新。伴随着智能化网络科技时代公众需求的多样化，新的权利、法益或者社会关系也不断形成，如信息权、数据权、被遗忘权、虚拟财产权等。第二，责任主体向外蔓延。人工智能可以进一步解放人力，但人类的主体责任不是更弱而是更强，比如自动驾驶汽车致损事故的责任主体不只有驾驶员，自动驾驶汽车的制造者、设计者、保有人等都应成为责任主体，责任保险制度也应在立法或解释上作出新的界定。第三，平台法律责任加重。网络平台已深化发展为集工作、生活和服务一体的综合平台，人脸识别、数据爬取等人工智能技术侵害法律责任的追责重点应该由个人责任转向平台责任，包括平台治理的过程性责任、不履行安全管理义务的违法犯罪责任等。第四，基于智能技术的可变性、匿名化、隐蔽化以及非接触性，因果关系、证据链条更为复杂，证明责任需要有针对性地做出改变。

多元主体协同参与立法，发掘社会主义民主优势

蓝皮书：在地方立法中如何处理人工智能侵害法律责任问题，应该遵循什么原则？

刘艳红：受我国央地立法事权划分的影响，地方性立法在新型科技前沿的诸多领域的调整范围受限。目前部分地方立法在大数据发展应用、区块链技术创新等方面已积累了不少经验，但还需注意以下问题：第一，注重法制统一。地方性立法对人工智能等技术的规制应当遵守国家整体法秩序的约束，尤其对于上位法规定不明的领域，应当准确理解上位法的原则与精神。第二，注重利益均衡。地方性立法应当统揽全局、注重不同群体之间的利益均衡，不能退回到地方保护主义、垄断性企业保护主义。第三，注重立法供给的比例性。国家法律只是诸多社会规范中的一种，地方性立法更只是调整社会运行的规范群之一，地方性立法在厉行法治的过程中仍然要避免法律万能主义，要注意法律法规的有限性，注重智能化共享社会中的平台规则、企业合规计划等机制的治理功能。

蓝皮书：您认为有关人工智能侵害法律责任立法是否会成为您所说的“象征性立法”？

刘艳红：智能化网络科技时代是充满风险的时代，法律作为调整社会矛盾的最重要手段之一，率先受到了智能化风险的冲击，风险法学由此产生，“象征性立法”频出。此类立法的规范目的只是期待在社会大众之间形成一定的合法与不法意识，只是宣示立法者在特定时空背景下的情绪或偏好，并不追求实质的规制效果。在涉及人工智能技术规制的立法上，如果只是在国家政策背景下单纯宣示对新型法益保护的姿态，只是在“法律责任条文”中形式化地规定“给予处分”“依法追究相应法律责任”，那么这样的立法既不能释放权利义务内容，也不能发挥定分止争的功能，难免陷入“象征性立法”。

蓝皮书：您认为在立法过程中应当如何发挥学者和企业的积极性?

刘艳红：在“共建、共治、共享”社会治理语境中追求立法的完备与科学，需要遵循“党委领导、政府负责、民主协商、社会协同、公众参与、法治保障、科技支撑”的社会治理方针，尤其要通过“多向性”的智能化网络技术强化多元主体协同参与立法，发掘社会主义民主的优势，如将前沿科技治理研究的专家学者、企业管理技术操控的实务人员纳入立法队伍，共同为立法的科学性、可执行性、可操作性、可持续性把关。而且，这种多元化的立法格局本身也需要借助有效的立法机制保障。

三、法治为人工智能产业发展创造健康环境
——专访字节跳动中国法务部负责人郃江丽

观点

作为互联网企业，非常期待相关立法、司法和执法机关针对反垄断适时出台相关指南、执法指引以及推出典型案例。

在新技术、新应用场景中，希望立法机关以鼓励创新为目标，审慎出台相关准入和监管政策，为中国人工智能产业的发展和国际竞争力的提升创造健康的法治环境。

郃江丽：字节跳动中国法务部负责人。

数据已经成为数字经济的新型生产要素

蓝皮书：人工智能时代的数据垄断，具有隐蔽性、覆盖性与服务排他性等特征，用户个人信息收集与使用的“透明度”以及用户对其个人信息的“控制力”是个人信息保护的核心。作为互联网头部企业，您认为应当如何防止垄断？

郜江丽：当前，数据已经成为数字经济的新型生产要素，直接或间接地参与到多重价值的创造过程中。数字经济规模不断扩张，在国民经济中的贡献不断增强，并在一定程度上重构了社会治理模式。与此同时，需要进一步厘清引发较高关注的个人信息数据保护、信息数据安全、数据权属与流动规则等内容。

2021 年 2 月，国务院反垄断委员会正式发布《关于平台经济领域的反垄断指南》，数据成为平台经济反垄断立法、执法和司法中的关键因素之一。然而，鉴于数据具有非排他性的特征，数据的规模并不必然等同于反垄断法意义上的市场支配力量，对于数据在垄断行为认定中的影响分析和具体评价，目前还无法给出一个统一的规则，仍需要在个案中，结合数据的类型、数据价值和有效性等多个维度进行综合考察。在认定平台数据是否具有市场支配地位时，我们可以参考国外立法和执法实践，其中数据开放性、数据可携带性、数据互操作性是三个重要的判断要素。作为互联网企业，我们非常期待相关立法、司法和执法机关在充分调研数字经济商业模式和市场竞争状况的情况下，不断加强互联网平台经济领域的反垄断法律研究，尤其是准确界定新型涉嫌垄断行为的判定标准及其对竞争的影响，适时出台相关指南、执法指引以及推出典型案例，进一步提高反垄断执法的科学性和权威性，有效规范、指导平台企业提升反垄断合规水平。

蓝皮书：在保护用户隐私等方面字节跳动有哪些做法？

郜江丽：首先，在保护用户隐私方面，我们认为提升个人信息收集和使用的透明度，是用户实现对其个人信息的控制权、参与权的前提，更是获得用户有效授权同意的基础。目前，字节跳动旗下各产品的用户隐私政策，致力于清晰明了地帮助用户直观了解 APP 收集、使用个人信息的基本情况，并在用户首次使用时进行增强式告知。

其次，将控制权交给用户，提升用户参与度。只有当用户能够实现对个人信息使用过程的参与，个人信息保护才更有意义。因此，我们结合不同场景，向用户提供各类与其个人信息相关的可控选项，将控制权交给用户，使其能够切实做出自己的选择。

最后，为更好保护儿童及青少年的个人信息，除落实隐私政策中的提示告知义务外，字节跳动还从产品设计入手，为监护人提供更为有效便捷的管理手段，推动大数据时代儿童及青少年个人信息和隐私保护的实质落地。

蓝皮书：目前越来越多的人工智能技术被应用到短视频中，您是如何看待人工智能技术所面临的知识产权保护问题的？

郃江丽：抖音中用到了非常多的人工智能技术，例如综合应用音频检测、语音识别、语义理解等技术，为视频自动配上字幕，在这些技术的帮助下，创作者为1分钟短视频添加字幕的时间可从10分钟减至1分钟以内。

与此同时，人工智能技术也提高了我们的版权维权效率。以抖音遭遇的大规模批量盗版侵权为例，我们利用人工智能技术，制定了短视频溯源、差异点比对、可疑搬运路径排查、搬运过程再现和区块链取证等一系列完整打击批量盗版行为的技术方案，在3天内完成超过10万条短视频的取证，并迅速发起维权诉讼。目前已经一审胜诉，一审法院判决侵权平台按照法定赔偿最高额500万元对抖音进行赔偿。人工智能技术方案在取证和固证领域的适用，对构建健康有序的竞争环境发挥了重要作用。

人工智能法治可遵循的众多原则

蓝皮书：互联网公司面临很多没有在先判例和明确法律规定的案件，您认为在人工智能法治中应该遵循哪些原则？

郃江丽：我们倡导相关各方共同践行如下原则：

尊重隐私、安全可控原则："数据、算法、算力"被称为人工智能发展的三大要素。近年来，媒体频繁报道的个人信息数据（含隐私数据）的收集、使用、存储、共享等环节发生的泄露事件，引发了公众的隐私和安全焦虑，也提出了隐私保护、数据安全等新的法治命题。我们认为，人工智能技术的发展和应用始终应服务于人类社会的长远发展和共同福祉，应当坚持尊重隐私、安全可控的原则，不断提升人工智能技术的安全评估和管控能力。

鼓励创新、包容审慎原则：人工智能技术和产业的发展离不开良法善治。尤其是在新技术、新应用场景中，我们希望立法机关以鼓励创新为目标，在广泛调研的基础上，充分听取行业的意见，审慎出台相关准入和监管政策，执法和司法机关在充分了解技术逻辑和商业模式的前提下进行包容监管和公正司法，为中国人工智能产业的发展和国际竞争力的提升创造健康的法治环境。

多方参与、系统治理原则：人工智能从技术到产品、再到服务的周期较长，每个阶段都会面临很多挑战。为了服务好、发展好人工智能，及时发现和解决可能引发的风险，需要将多方参与、系统治理的理念和原则贯穿于人工智能技术发展和应用的全生命周期。人工智能研发者、使用者及其他相关方应以高度的社会责任感和自律意识，凝聚共识，共担责任，严格遵守法律法规、伦理道德等底线，积极推动建立政府、行业、企业、消费者等社会多方参与共治的系统治理机制。

人工智能政策能“既做大蛋糕又分好蛋糕”

蓝皮书：在企业运行中，如何平衡运用人工智能技术中安全和效率、保护和利用之间的关系？

郜江丽：2019 年，国家新一代人工智能治理专业委员会发布了《新一代人工智能治理原则——发展负责任的人工智能》，提出人工智能发展相关各方应遵循的原则。实践中，我们切实贯彻安全与效率并重、保护与利用并举的理念。例如，在产品设计中，我们结合不同场景，向用户提供各类与其个人信息相关的可控选项，将控制权交给用户，使其能够切实作出自己的选择。对如抖音这样具有内容发布、好友关注等功能的移动应用，则通过类似“私密账号”的功能提升用户对个人信息和隐私的控制力。通过该功能，用户可以决定是否被他人关注、决定相关信息是否对他人可见、决定所发布的内容是否可以被对外推荐及进行广告兴趣的管理等，从而赋予用户更多的自主控制与选择。

蓝皮书：您觉得在当前我国各地人工智能促进政策中有哪些值得发力的重点方向？

郜江丽：人工智能与数据和信息的利用密切相关。我认为，中国的人工智能要取得大发展，要在强调加强个人数据保护的基础上，更多地去讨论合理利用、流通、共享数据的具体规则，从而促进人工智能等数据产业的发展。目前，这部分具体规则的讨论还是比较少。我们当然要强调保护个人对个人信息的控制权益，明确只能合理使用个人信息而不能滥用，切实履行平台对用户个人信息数据的安全保障义务。此外，我们也要考虑人工智能等数据产业的发展、兼顾社会公共利益，运用“既做大蛋糕又分好蛋糕”的思维来制定相关政策和法律，实施平衡考量，力争在个人信息保护与产业健康发展、社会公共利益的动态平衡中实现公平正义。希望政府和各界人士能加快研究数据的利用、流通、共享规则，让人工智能产业更快、风险和负担更少地发展起来。

四、人工智能是一种积极的力量
——专访英国国际与比较法研究院院长斯皮罗斯·马尼亚蒂斯（Spyros Maniatis）

观点

对人工智能技术进行跨部门监管的概念很吸引人，但为了更有效地进行这项工作，我们需要国际合作。

我们现在已经拥有了规制工具，但我们可能还没有学会如何正确和有效地使用这些工具。在当前世界，人工智能的发展正主导着我们的研究和对政策制定的讨论。

社会中的很多问题，例如受人工智能影响的工人的教育、补偿、再就业等问题其实是社会经济问题，而不仅是人工智能领域的问题。

没什么监管能阻挡人类的创造力，良性的监管会加速而不是阻碍人工智能。

斯皮罗斯·马尼亚蒂斯（Spyros Maniatis）：目前担任英国国际与比较法研究院院长，兼任上海财经大学高级外国专家，香港中文大学客座教授，洛桑大学国际商务法学硕士课程客座教授。

The blue book: Professor Maniatis, could you share a bit more details about your current role?

Maniatis: Certainly, but let me start by stating that I am delighted to have been approached for this interview. It is a great opportunity to contribute to such a current and challenging debate. I am the Director of the British Institute of International and Comparative Law (the Institute) ; the Institute is an independent organisation established in London in 1958; it is known for its applied legal research, publications, including *the International and Comparative Law Quarterly*, events, and consultancy and training services. Artificial Intelligence (AI) is one of the areas we are focusing on; we are looking at the core AI issues, but we are also looking at its real world applications, for example the role AI played in confronting the Covid pandemic or the use of AI tools in Alternative Dispute Resolution processes. It is an exciting time to lead the Institute!

I have worked closely with a number of academic and state actors across China and contributed to some very interesting initiatives including "International Trade and Intellectual Property (IP)" with the Shanghai Municipal Commission of Commerce (SCOFCOM), and "Due Diligence and IP in Mergers and Acquisitions" with the China Law Society (CLA).

Currently I am High-End Foreign Expert with Shanghai University of Finance and Economics, Visiting Professor with the Chinese University of Hong Kong and Visiting Professor with the International Business LLM Programme of the University of Lausanne.

蓝皮书：马尼亚蒂斯教授，可以请您聊聊您的工作吗？

马尼亚蒂斯：很高兴接受此次采访。这是一个讨论人工智能这个时下热门且具有挑战性的议题的绝佳机会。我目前担任英国国际与比较法研究院院长。我们研究院成立于 1958 年，是一个以应用法律研究、《国际法和比较法季刊》等出版物、各类活动及咨询和培训服务而闻名的独立组织。人工智能也是我们关注的领域之一。我们不仅研究人工智能的核心问题，更聚焦于人工智能的实际应用所产生的影响，例如人工智能在应对新冠肺炎疫情中的作用，或是在替代性争议解决中作为工具产生的效果。领导这所研究院使我感到兴奋！

我曾与中国许多学术机构和国家行为体有过密切合作，也参与过一些很有意义的项目。其中包括与上海商务委员会合作的“国际贸易与知识产权”以及与中国法学会合作的“并购中的尽职调查与知识产权”等。

目前，我还兼任上海财经大学高级外国专家，香港中文大学客座教授，洛桑大学国际商务法学硕士课程客座教授。

The blue book: And what about your current research interests?

Maniatis: Well, the applications and regulation of AI, against the context of competitive economic, political, and trade environments is one area that I find equally challenging and promising for the future, and certainly fascinating. In more general terms, I would say that my work is shifting towards the cross and multi-layered interactions between intellectual property, competition, and trade, including an artificial intelligence angle. I started as a trade mark lawyer, always following an international and comparative approach but now I am broadening my horizons. I would also add that I am trying to combine my original civil law education with my extensive experience of common law, and China is interesting as a jurisdiction with a civil law tradition that is experimenting with common law concepts in certain commercial and financial law areas.

蓝皮书：那么您目前的研究方向是什么?

马尼亚蒂斯：我认为，在经济、政治、贸易竞争激烈的大环境下，未来对人工智能的应用和规制的研究将很有前景，并非常具有挑战性。总体来说，接下来我的研究将逐步过渡到知识产权、竞争和贸易的交叉和多层次的互动，其中包括从人工智能的视角出发的研究。我以前是一名商标律师，推崇国际法和比较法方法，但现在我正在开拓视野。我正尝试将我曾受的大陆法教育与我在普通法领域的丰富经验相结合。中国作为一个具有大陆法系传统的司法管辖区，正在某些商法和金融法领域尝试普通法理念，这使我很感兴趣。

The blue book: Where do we start with AI?

Maniatis: Maybe the right starting point is to accept that there is too much, and not always accurate, use of the term. We have reached a point where everything that involves automated use of data and machines falls under the AI umbrella. I suggest we take a step back and reconsider the definition of AI. A vending machine for example, is automated, in a way it is a robot that agrees a sale with a prospective consumer, executes the sale, and functions as an intermediary between a number of commercial actors and the end consumer, but probably it is not AI. So I would go back to a classic definition of AI that focuses on intelligence as a qualitative characteristic of machines that can function autonomously, but also appropriately and with foresight, adapting according to shifting environments. And we must not forget that intelligence is a rather complex ability that combines the understanding and studying of a huge array of fields including psychology and linguistics.

蓝皮书：有关人工智能的研究应当从何开始？

马尼亚蒂斯：我觉得也许正确的出发点是承认我们正过度使用人工智能这一术语，且很多表达是不精准的。目前，几乎所有数据和机器的自动化使用都被纳入了人工智能的范畴。我建议应该往后退一步，重新考虑人工智能的定义。例如，虽然自动售货机是自动化的，它是一个可以与潜在消费者达成销售协议、执行销售、并充当许多商业参与者和最终消费者之间中介的机器，但它也许并不是人工智能。因此，我考虑回归人工智能最初的定义，将智能视为机器的定性特征。智能机器既能够自主运行、完成预设任务，也可以适当地、有远见地自我适应不断变化的环境。当然，也别忘了智能是一种相当复杂的能力，它结合了心理学、语言学等众多领域的理解和研究。

The blue book: So the focus must be on the "intelligence"?

Maniatis: Exactly! And I would also add a bit of common sense and emotional intelligence. For example, if your GPS insists you must turn right but your eyes see a wall, trust your eyes ... automated instructions can be faulty, computers can be wrong! And when all the available "clouds" push you to sell, maybe you should think, just consider it as an option, to buy.

蓝皮书：所以我们应该将重点放在"智能"上吗？

马尼亚蒂斯：正是！我想再补充一些常理和情况。比如，如果你的 GPS 导航坚持要你向右转，但你的眼睛看到右边有一堵墙，请相信你的眼睛……自动导航可能有误，机器也可能会出错！当各种"云服务"向你推销商品时，你最好仅仅视之为一个推荐选项。

The blue book: Any other obvious limitations?

Maniatis: Yes, the real, physical, finite world. Do not underestimate the relevance of the physical world. From an empirical perspective AI combines the imaginative use of software and data with powerful hardware. Chips matter, there is a physical production space, there are trade channels, competing businesses. During the pandemic supply chains shifted towards consumer electronics; when car production re-started car manufacturers realised that chips are finite and supply channels had to be rebuilt. Similarly, crunching data requires hardware that has a physical location; a quantum computer is located in a particular jurisdiction, its operator has to comply with the laws and regulations of the jurisdiction. And end consumers are real, members of local societies and economies.

蓝皮书：还有其他显而易见的局限性吗?

马尼亚蒂斯：有，我们生活在一个真实的、有限的物质世界，所以别忽略了物质世界的特性。从经验上来看，人工智能需要结合具有创造力的软件数据与强大的硬件。芯片至关重要，而它需要实体生产空间、贸易渠道、具备竞争力的企业，等等。在新冠肺炎疫情期间，供应链转向了消费类电子产品。而当汽车等产品生产复工时，芯片生产会受到很大的影响，货量短缺，厂商也必须重建供需渠道。同理，处理数据也需要实体硬件的支撑。量子计算机位于特定的司法管辖区，它的操作员必须遵守该司法管辖区的法律法规。最终消费者也是实际存在的人，是当地社会和经济体的成员。

The blue book: Turning to a positive perspective, are there achievements that we wouldn't be able to achieve without AI and deep learning?

Maniatis: Of course, take the development of a number of successful vaccines, across the world, against Covid-19, in record time. This was unimaginable at the beginning of the pandemic. But it required and combined the genius of scientists, with data provided by those running health systems and health providers, business leadership, international co-operation through the World Health Organisation, and, often, the collaboration of powerful technology platforms with smaller biotech innovators. It is a symbiotic relationship, technology platforms have the power to crunch data but not the ingenuity of the biotech businesses, and no biotech start-up can afford, at least at this stage of technological advancement, the magnitude of the collating and crunching data investment.

So, AI on its own is not enough, although it clearly is amost powerful, enabling tool.

The pandemic is teaching us another lesson about the power of data exchange: a Covid-

19 variant anywhere in the world is a global risk, the World Health Organisation, national governments, vaccine manufacturers rely on data in order to respond to the challenge. We need to have access to reliable data for the machine to crunch and come up with a suitably adapted vaccine.

蓝皮书：从积极的角度看，如果没有人工智能和深度学习，我们是否会有做不到的事？

马尼亚蒂斯：当然有。在前所未有的短时间内，全球各地成功研发了多款新冠肺炎疫苗，这在新冠肺炎疫情初期是难以想象的。这些成果应该归功于科学家的专业知识、卫生系统和卫生工作者所提供数据、商业领导、世界卫生组织开展的国际合作以及强大的技术平台与小规模生物技术创新者的协作等的有机结合。这是一种共生的关系，技术平台具有处理数据的能力，但缺乏生物技术企业的创造力。另外，至少在目前的技术发展阶段，也没有一家生物技术初创公司具有负担整理和处理大规模数据的能力。

人工智能仅靠自身不足以实现上述成果，即便它已经是最强大的使能工具。

新冠肺炎疫情也教会了我们数据交流的重要性：任何地方的新冠病毒变种都是全球性的风险，世界卫生组织、各国政府、疫苗制造商需要依赖数据来应对这些变种病毒的挑战。但我们需要得到可靠的数据，才能使机器正确处理并提出合适的疫苗方案。

The blue book: A power for good then?

Maniatis: In most cases. Remember that we have seen until now is applications of AI in specific areas. For example, we have been mesmerised by Alpha-Go, seen the driverless cars, we are witnessing, with relief, its targeted application in health, understand the promise of the increased use of AI robotics in production, distribution, and product delivery, and hope that it will contribute to our battle with climate change. We are trying to grasp its use in the world of finance, although one can argue that smart contracts and crypto currencies are technologically enabled iterations of existing mechanisms.

On the other hand, we worry about cybersecurity and the employment of AI in areas of conflict, its potential in the hands of criminals, the effect of robotics in the labour market, AI's potentially, discriminatory application in fields like insurance, or the increasing chasm between the "haves and have-nots" at the international level. All these are complex issues, but they are focused and AI is a facilitator, an enabler.

Until we reach a "paradigm shift" development in technology, and one never knows if, where, and when this will materialise, we have potential regulatory/legal tools to deal with AI's applications.

蓝皮书：这么说，人工智能是一种积极的力量？

马尼亚蒂斯：在大多数情况下是的。我们已经看到许多人工智能被应用于特定领域。例如，一方面，我们着迷于 Alpha-Go 的技术，看到了无人驾驶汽车，于是我们也会欣慰地目睹人工智能在健康方面的应用，在生产、分销、产品交付中更多地使用人工智能机器人的希望，以及利用人工智能应对气候变化的可能。而且，尽管可能有人会说智能合约和加密货币是现有机制的技术迭代，但我们正在尝试将人工智能应用于金融领域。

而在另一方面，我们也担心网络安全，担心人工智能被应用于冲突地区、成为犯罪分子手中的工具，担心机器人对劳动力市场的影响、人工智能在保险等领域的歧视性应用和其对国际贫富差距的扩张等。这些都是非常复杂的问题，但它们是有重点的，人工智能是这些问题的促进者和推动者。

所以，直到我们在技术上实现"范式转变"为止，我们都需要可能应对人工智能应用的监管 / 法律工具。而没人知道这种转变是否能够实现，抑或是会在何时、何地实现。

The blue book: So there is no need for regulating AI?

Maniatis: What I said above is that we know we have the tools to regulate; this does not mean that we are actually using them or using them effectively. We have to accept that the AI narrative dominates the intellectual and policy narratives of our times. And often, its presence leads to some sort of regulatory inertia. But educating, redeploying, or compensating workers that their jobs are at peril is a socio-economic rather than an AI issue. Similarly, we have to remember that we have managed to get some sort of global understanding against nuclear arms proliferation and we are now trying to tackle climate change in a cohesive, co-operative way. We cannot ignore global political and economic antagonistic relationships but again whether AI super powers will find a way to co-operate and manage differences in an AI powered global economy is not an AI issue as such.

So, from the applied AI perspective, looking at the effects that AI has on everyday lives, the regulatory challenge we face is whether ad hoc, focused, regulation in each area where AI is or will become relevant is enough. Or, whether we need to reconsider AI as a tool in itself; distil some broad, basic principles that we then have to introduce as regulation in all the areas where AI is present.

The concept of cross-sectoral regulation is appealing and could also prepare us to deal with future "paradigm shifting" AI breakthroughs. But in order to work effectively it requires some international co-operation. At least, we need to start sharing a common language around AI.

I have no answer to this dilemma; it is one of the fundamental, core issues we are exploring at the Institute.

蓝皮书：那么，您认为我们有没有必要规制人工智能？

马尼亚蒂斯：如前所述，我们现在已经拥有了规制工具，但我们可能还没有学会如何正确和有效地使用这些工具。我们必须意识到，在当今世界，人工智能发展正主导着我们的研究和对政策制定的讨论。通常来说，人工智能的存在本身就会导致某种形式的规则惯性。然而，社会中的很多问题，例如受人工智能影响的工人的教育、补偿、再就业等问题其实是社会经济问题，而不仅是人工智能领域的问题。同样，我们必须记住，各国家与地区已经成功对核武器扩散达成全球共识，而且我们正在尝试以一种全球团结、合作的方式应对气候变化。我们无法忽视全球政治和经济的对立关系，但“人工智能超级大国”能否找到一种方法开展合作并处理人工智能驱动下的全球经济的差异，也同样不仅是人工智能领域的问题。

因此，从人工智能的应用和其对日常生活的影响来看，我们所面临的规则挑战是：在每个与人工智能相关（或即将相关）的领域中进行专门的、有针对性的规制是否足够。或者说，我们是否需要重新考虑将人工智能本身作为一个工具，然后制定一些宽泛的基本原则，并将其作为法规引入到使用人工智能的所有领域中。

跨部门规制的概念很吸引人，也可能使我们为应对未来“范式转变”的人工智能技术突破做好准备。但为了更有效地进行这项工作，我们需要国际合作，至少我们需要开始围绕人工智能使用一些通用的术语。

不过，对于这个难题我还无法回答，这也是我们研究院正在探索的基本核心问题之一。

The blue book: What about the regulation of data?

Maniatis: I think here we have distinct regulatory systems adopted by China, Europe, and the US. A common approach is unlikely. But regulatory divergence should not become an obstacle to the exchange of reliable data, at least in critical areas. As mentioned above, dealing with the changing faces of a pandemic, natural disasters, and climate change relies on trusting data from every corner of the world. And if we want to move from crisis management to crisis prevention data will play an even more critical role. Maybe in the future global data management will become the climate change equivalent. Provided we survive climate change!

蓝皮书：您觉得应该如何规制数据？

马尼亚蒂斯：我认为中国、欧洲和美国各自采用了独特的规制体系。虽然通用的规制方法不太可能实现，但至少在一些重要的领域，规制差异不应成为交流可靠数据的障碍。如前所述，对疫情、自然灾害、气候变化等问题的处理都依赖于世界各地的可信数据。而且，如果我们想从危机管理转向危机预防，数据将发挥更为关键的作用。或许全球数据管理将成为应对气候变化的重要工具，帮助我们在气候变化中生存！

The blue book: Is there a risk that regulation can stifle AI?

Maniatis: Nothing will stop human ingenuity. To the contrary properly thought, consensual, regulation could strengthen innovation and foster exchange of ideas and trade in a safe and healthy market.It could accelerate rather than hinder AI.

蓝皮书：您认为规制是否可能会扼杀人工智能？

马尼亚蒂斯：没什么能阻挡人类的创造力。恰恰相反，协商一致的规制体系可以更有助于在安全、健康的市场中加强创新，并促进思想交流和贸易。所以，良性的规制会加速而不是阻碍人工智能的发展。

The blue book: What about AI and Intellectual Property?

Maniatis: Allow me to repeat here what I have recently stated in a short piece on IP, trade, and the role of the World Trade Organisation. I have to remind our readers that the WTO was established following the adoption of a trade agreement on IP rights.

Now, intellectual property rights, like AI, are complicated creatures, often controversial, even paradoxical. They are territorial, but their subject matters, like AI, defy borders, and to be effective they require international cooperation. They are monopolies and at the same time enable competition. Like AI, they must be seen as part of a broader market regulatory context, they protect against unfair competition, on the one hand, and defend competition, on the other. But, without a doubt, and to an extent like AI, they cover most aspects of our daily lives.

From an applied perspective AI will challenge some fundamental IP concepts. Here I will refer to two examples. In the area of copyright we will have to deal with the 'who is the author' question. Can an 'intelligent' machine become an author? This requires that we acknowledge that the machine has legal personality, and in the real world this is unlikely to happen in the near future. But what a machine can create has also the potential to challenge and raise authorship criteria. From a patent law perspective, determining what is obvious to a person skilled in the art will become a challenge when that person is aided by crunching data machines. Both challenges can be dealt with under an adapted IP regime.

However if we reach the 'paradigm shift' point where AI will change the way we think about human creativity then AI and the flow of data could become the new IP and the essential requirements for global trade. And then, following the IP paradigm, we would have to reach a global consensus and re-invent the WTO.

蓝皮书：那么，您如何看待人工智能和知识产权的问题呢？

马尼亚蒂斯：请允许我在这里重复我最近在关于知识产权、贸易和世界贸易组织的作用的短文中所说的内容。我必须提醒读者，世界贸易组织本身是在知识产权贸易协定通过之后成立的。

类似人工智能，知识产权也是非常复杂的事物，其经常引发争议，甚至会自相矛盾。尽管知识产权是地域性的，但其内容，就像人工智能一样，却无关疆界且亟需国际合作以使其有效运作。知识产权是垄断性的，但同时也会促进竞争。和人工智能一样，我们必须将它们视为广泛的市场规制环境的一部分。在合理的规制下，其一方面能防止不正当竞争，另一方面也能捍卫竞争。但是毫无疑问，知识产权涵盖了我们日常生活的方方面面，这点非常类似人工智能。

从应用的角度来看，人工智能将可能对一些基本的知识产权概念产生挑战。我举两个例子。在版权领域，我们经常会面临"谁是作者"的问题。但是，智能机器可以成为作者吗？如果可以，我们就要承认该机器具有法律人格，但在现实世界中，这不太可能在短时间内发生。然而，机器的创作物也可能挑战和提高成为作者的标准。从专利法的角度来看，当技术人员借助机器处理数据时，界定本领域技术人员没有创意的内容也将成为一项挑战。我认为以上两个问题都可以通过知识产权制度的调整来解决。

但在未来，如果我们面临人工智能的"范式转变"，人工智能将改变我们对人类创造力的思考方式，那么人工智能和数据流也将成为新的知识产权和全球贸易的基本要求。然后，遵循知识产权的范式，我们必须达成全球共识并重塑世界贸易组织。

The blue book: Thank you, this was a very interesting conversation!

Maniatis: Thank you, I am delighted and honoured that I was given the opportunity to communicate with your audience!

蓝皮书：谢谢，这是一次非常有意义的采访！

马尼亚蒂斯：谢谢您，我很高兴也很荣幸能有机会与您的读者交流！

五、谁来负责？人工智能与责任
——专访同济大学设计创意学院教授菲利波·法罗西尼（Filippo Fabrocini）

观点

从无人驾驶汽车到AI艺术创作，我们必须学会在任何领域规范AI及其对社会的影响，而中国似乎是唯一一个认真追求解决这类问题的国家。

菲利波·法罗西尼（Filippo Fabrocini）：现任同济大学设计创意学院教授，并担任“可持续人工智能实验室”主任。意大利经济发展部“Task Force China”（小组：人工智能）成员，人工智能促进协会（Association for the Advancement of Artificial Intelligence，AAAI）会员。

The blue book: As a member of ‘Task Force China’ Artificial Intelligence group of Italian Ministry of Economic Development, and a member of Association for the Advancement of Artificial Intelligence (AAAI), what do you think of the differences and similarities of Artificial Intelligence course between China and Italy when you are teaching in these two countries? And what are the differences and similarities of the problems between them in Artificial Intelligence course?

Fabrocini: At the moment there is no comparison between the development of AI in China contrasted to the rest of the world including USA. China is a leading country in experimenting AI technologies and moving them into the real world. An effort of this kind has been carefully planned since July 2017 when China's State Council released a country's strategy for developing AI entitled “New Generation Artificial Intelligence Development Plan”. This strategy does not simply sketch China's aims to become the world leader in AI by 2030. It emphasizes as well the intention of making China emerge as the driving force in defining ethical norms and standards for AI. In particular, the document previously mentioned has been later supported by a further document produced by the Ministry of Science and Technology (MOST) titled emblematically “Governance Principles for the New Generation Artificial Intelligence—Developing Responsible Artificial Intelligence”, that has the specific intention of promoting the relevance of achieving a trustable and fair AI. These documents show how the Chinese government intends to achieve a governance of the AI technologies without relying exclusively on private companies and, in this sense, they trace a fundamental distinction between China and USA. On the other side, the EU countries lie in the middle while appearing slow in implementing an “AI for the social good", as China is actively pursuing.

蓝皮书：您在意大利和中国授课，您觉得中国和意大利的人工智能与所面临的问题有何区别与共同点？

法罗西尼：目前，包括美国在内的世界其他地区的人工智能应用发展还无法同中国相比。中国在使用人工智能技术并将其付诸实际应用方面是世界领先的。自2017年7月中国国务院发布一项名为"新一代人工智能发展规划"的国家人工智能发展战略以来，中国就已经开始认真地计划并付诸实践。该战略不仅勾勒了中国在2030年成为人工智能世界领导者的目标，它还强调了中国有意成为首个定义人工智能道德规范和标准的国家。而且，该文件也得到了中国科技部（MOST）制定的另一份标题为《新一代人工智能治理原则——发展负责任的人工智能》的文件的支持，其旨在实现可信赖和公平的人工智能。这些文件显示了中国政府计划如何在不完全依赖私营公司的情况下实现对AI技术的治理。从这个意义上讲，它们揭示了中美之间对人工智能做法的根本区别。另外，与中国人工智能技术的积极推进相比，处于中间地带的欧盟国家在实施"为社会利益而进行的人工智能"上显得进展缓慢。

The blue book: In 1990, you wrote the first Italian college textbook about machine learning. So, what are the differences between the problems we face with Artificial Intelligence between that time (1990) and now?

Fabrocini: At that time, I was working for IBM Research in Europe and USA. The dominant approach to AI was the "logical" or "symbolic" approach. Machine Learning itself was at its own early stages and the processing power of neural networks was far from the present, with the consequence that Machine Learning technologies could deal just with "toy-problems" without any concrete application in the real world. As it is well known, a situation of this kind brought about the "AI Winter" during the early 1990s, with a severe cutback in funding and the consequent end of research till the first decade of the 21st century. Nowadays the situation is completely different and AI and its own applications are pervasive in our everyday lives. AI is finally a reality and not just the dream of few researchers.

蓝皮书：您在1990年编写了意大利第一本关于机器学习的大学教科书。与当时相比，目前人工智能所面临的问题有何不同？

法罗西尼：当时，我在 IBM 在欧洲和美国的研究所工作。当时的人工智能采用的主要方法是“逻辑”和“符号”法。机器学习还处于早期阶段，神经网络的处理能力远远落后于现在，所以当时的机器学习技术只可以处理“玩具问题”（译者注：指机器学习中没有实际意义的初级练习问题），在现实世界中没有任何实际应用。众所周知，这种情况导致了 20 世纪 90 年代初资金投入大量减少的“AI 寒冬”，也因此人工智能算法的研究工作一直不温不火地持续到 21 世纪初。如今情况已经完全不同了，人工智能及其应用已经渗透到了我们的日常生活中。人工智能终于成为现实，而不仅仅是少数研究者的梦想。

The blue book: You have said that ‘the new algorithms or the new computational tools can become innovation only by solving practical problems in the real world and, therefore, improving daily life’ . How do we understand this claim?

Fabrocini: Being creative and being innovative are different concepts. Innovation implies the use of the products of our creativity for improving the well-being of humans. The limits and the potentialities of AI technologies cannot be fully understood until they stay confined in a kind of “tower of ivory”, as it happens in the case of labs. In my view, a creative idea can become a true innovation only to the extent that it is finally useful in contributing positively to the social good.

蓝皮书：如何理解您所说的“新算法或新的计算工具只有通过解决现实世界中的问题才能成为创新，进而改善日常生活”？

法罗西尼：创造和创新是不一样的概念。创新意味着利用我们创造的产品来改善人类社会。人工智能技术的局限性和潜力只有在实验室这样的“象牙塔”内才能被完全研究。在我看来，只有在最终对社会福利作出积极贡献的情况下，创造力才能成为真正的创新。

The blue book: You are teaching the course ‘Principles of Artificial Intelligence Design’ at Tongji University. What do you think of the role of Artificial Intelligence in artistic creation? For example, could the Artificial Intelligence production be considered as art? Could the author of this production or work own copyright?

Fabrocini: I have just organized an international conference about AI Art（20—21

May) in the College of Design & Innovation at Tongji University and I am among the founders of the Art and AI Lab, together with Prof. Kostas Terzidis and Prof. Zhang Zhoujie. AI Art is a reality that cannot be ignored, as the works of Rekik Anadol, Memo Akten, or Sofia Crespo show.It is a powerful brush that can play the same role as the camera played when the art of cinematography started. However, it is a brush allowing forms of cooperation between the artist and the tool that nobody could imagine. A couple of relevant galleries such as the Barbican Centre (UK) or the UCCA (China) have already set up exhibitions dedicated to this topic and the number of galleries or museums hosting exhibitions of this kind has been constantly increasing after the first artwork generated by an AI machine was sold in a Christie's auction for 432, 500 USD (October 2018). However, any attempt to anthropomorphize AI does not understand that the intelligence of an AI system is completely different from the intelligence of human beings. The problem regarding the ownership of the copyright is a problem similar to the ownership of the responsibility in the case of accidents caused by self-driving cars. Ethic and legal systems do not manage to catch up with the speed according to which technology develops and, therefore, our societies appear to be unable to deal with issues of this kind. What we are still missing is a social governance of technological innovation and not only in the AI arena. We must learn to regulate AI and its social implications in any field, from self-driving cars to artistic creation. As I have said above, from this point of view China appears to be the only one seriously pursuing this approach.

蓝皮书：您在同济大学教授“人工智能设计原理”课程。您是如何看待人工智能在艺术创作上的作用的？比如，人工智能的作品能否算艺术？人工智能能否拥有著作权？

法罗西尼：我刚刚于 5 月 20 日至 21 日在同济大学设计创意学院组织了一次有关人工智能艺术的国际会议，我也与 Kostas Terzidis 教授和张周捷教授共同创立了艺术与人工智能实验室。正如 Rekik Anadol，Memo Akten 或 Sofia Crespo 的作品所展示的，人工智能艺术是不可忽视的现实。人工智能就像是一种功能强大的画笔，可以起到当电影摄影技术诞生之初摄影机的作用。然而，它也是一种能够主动与艺术家合作的工具，这是超乎我们想象的。由巴比肯中心（英国）或 UCCA（中国）等几个相关的画廊已经设立了专门针对这个主题的展览，在此类展览的首批艺术品之后，举办此类展览的画廊或博物馆的数量也在一直不断增加。2018 年 10 月，人工智能机器生成的首件艺术作品在佳士得拍卖会上以 432500 美元的价格售出。然而，人工智能系统的智能与人类的智能完全不同，所以任何将人工智能拟人化的解释都无法理解人工智能真正的运作方式。版权所有权的问题是与自动驾驶侵权责任类似的问题。道德和法律体系无法跟上技术发展的速度，因此，我们的社会似乎无法处理此类问题。我们缺少的依然是技术创新的社会治理，这一缺失不仅仅发生在人工智能领域。从无人驾驶汽车到艺术创作，我们必须学会在任何领域规范 AI 及其对社会的影响。从这个角度来看，正如我之前所说，中国似乎是唯一一个认真追求解决这类问题的国家。

The blue book: You mentioned that Artificial Intelligence contains huge business opportunities but also is facing some issues such as privacy protection and algorithm discrimination. So how do we handle the balance between development and security in Artificial Intelligence? From a legal perspective, what can we do for this problem?

Fabrocini: We need AI. Yet, we need a "sustainable" AI. A sustainable AI is a fair, accountable, and transparent AI. A problem of this kind is far from being just a technological problem. Looking into the technological box will not solve this problem, at least it will not fully solve this problem. As I have said above, we need a social governance of the issues imported by AI and the Chinese government appears to move clearly towards this direction. A process of this kind is a process of "social learning" in which the main actors cannot be just the technological companies insofar as those companies are interested by definition only in increasing their own profits. Moreover, technicians have a limited understanding of the ethical, social, and legal issues deriving from the introduction of AI technologies. We need a governance related to the introduction of AI technologies supported by experts coming from different disciplines such as ethicists, sociologists, lawyers, and designers for understanding "where" and "how" AI is leading us. We need experts that are able to find problems and not only to solve problems if we wish to anticipate the risks, the vulnerabilities, or the emergencies created by the AI technologies. Anticipation will be a keyword to the extent that we need to avoid a missing integration between human and artificial intelligence if we do not want to fail in delivering the opportunities generated by the AI technologies.

蓝皮书：您曾提到人工智能蕴含着巨大商机，但目前也面临着隐私保护，算法歧视等负面问题。您觉得如何处理人工智能发展与安全的平衡，我们能做些什么？

法罗西尼：虽然我们需要人工智能，但我们需要的是一种“可持续的”人工智能。这种可持续的人工智能是公平、负责、透明的。这个问题已经远非技术问题了，发展技术并不能解决这个问题，至少不能完全解决。如前面所说，我们需要对人工智能带来的问题进行社会治理，而中国政府已经在朝着这个方向前进。这个过程是“社会学习”的过程，其参与者不能仅仅是技术公司，因为他们可能只对提高利润感兴趣。

此外，技术人员对人工智能带来的道德、社会和法律问题了解有限。我们需要一种与引入人工智能技术相关的治理方法，该方法应得到来自不同学科的专家支持（如伦理学家，社会学家，律师和设计师），旨在了解人工智能在何处及如何影响我们。如果我们希望预测 AI 技术造成的风险、漏洞或紧急情况，我们也需要不仅能够发现问题还可以解决问题的专家。如果我们不想错误地利用人工智能技术红利的契机，在需要避免人类与人工智能合作缺失这个问题上，预期是很关键的。

第七部分　人工智能行业企业法治专题采访

人工智能行业企业关注哪些法治问题？人工智能行业企业希望政府如何实现有效管理？如何以法治平衡政府、公民、市场三方利益？……聚焦上述人工智能法治发展的重点热点问题，《世界人工智能法治蓝皮书》编辑部诚邀科大讯飞、重庆尚优、商汤科技、小马智行、仙塔集团、西井科技、乐言科技、雪湖科技等国内人工智能领域领军企业，圆桌畅谈，发表真知灼见。

一、大数据与隐私保护，人工智能企业所关注的法治问题

蓝皮书：您的企业遇到和关注过哪些人工智能法治问题？

乔玉平（科大讯飞知识产权与合规总监）：我们始终以解决社会刚需为出发点来发展人工智能，随着核心技术的持续突破，人工智能进入规模化应用阶段，人工智能的红利也在不断兑现。我们检验人工智能是否落地有三大标准：第一是必须要有看得见摸得着的真实应用案例；第二要有能够规模化生产、可推广的对应产品；第三要可以通过统计数据去说明应用成效，比如效率提升、成本降低等。我们在这个过程中，也非常关注人工智能的法治问题，比如人工智能技术产生的作品知识产权如何保护的问题；人工智能技术的使用在哪些场景下可以技术中立的问题。又如，目前的人工智能技术的大框架是大数据 + 深度神经网络 + 云计算，大数据是很重要的环节，大数

据的获取就涉及个人信息保护和隐私合规问题。

刘志毅（商汤科技智能产业研究院主任）：数据确权、风险控制、大数据下的隐私保护；大数据证据在刑事司法中的运用：价值、模式与限度；矛盾纠纷源头治理中的智慧司法重点应用领域研究；后新冠肺炎疫情时期城市技术治理的风险及防范措施研究；数据的法律属性及其权属研究；数字经济产业国际规则研究。

王彊（小马智行政府事务副总裁）：作为一家自动驾驶技术研发企业，我们发现国家各层级法律体系对无人驾驶的管理相对空白，还需要进一步制修订相关法律。从进展看，一是 2021 年 3 月，公安部就《道路交通安全法（修订建议稿）》征求意见，增加了涉及自动驾驶的第一百五十五条，对自动驾驶测试、带驾驶员模式的驾驶行为作出了规定；对生产和销售、认证认可等留出法律接口；对不带安全员的模式提出“由国务院有关部门另行规定”的解决措施。二是 2021 年 1 月 1 日起实施的《广州市优化营商环境条例》第五十八条规定：逐步分区域试行自动驾驶商业化出行服务，提升交通运输质量、效率、安全度、便捷度。三是 2021 年 3 月，《深圳智能网联汽车管理条例》公开征求意见。据悉，上海也在就自动驾驶立法进行调研，建议结合今年印发的《上海市加快新能源汽车产业发展实施计划（2021—2025 年）》中提出的“探索自动驾驶法规豁免申请机制”加快推动上海地方立法。

江汶（仙塔集团法务总监）：对车联网企业来说，个人信息保护是最受关注的法律问题之一。汽车的智能化、网络化和个性化发展，必然伴随着大数据的广泛应用，但同时也导致了数据黑产、数据滥用、数据泄露等一系列问题。如何平衡车联网的发展和用户的个人信息保护成为了重点关注的课题。我们希望通过《数据安全法》和《个人信息保护法》的立法，明确个人信息保护的具体规则，明确违规处理个人信息的法律后果，使企业在处理个人信息时能有法律依据，同时对违规处理的后果能有一定的预期。

周敏（西井科技政府事务总监）：我们认为，人工智能领域现存法治问题是数字安全鸿沟难以打破，数据价值无法放大。我们面临的实际情况是，以人工智能、大数据、物联网、区块链等新技术为代表的第四次工业革命，正催生出巨大生产力，网络将被彻底打开，传统边界属性改变，传统的 IT 安全架构已经跟不上时代发展，我们需要重新审视新时代、新形势下的安全产业。

互联网、人工智能等行业的企业也渴望得到更多的数据，来优化产品，提高产品性能，帮助技术更好地融入城市民生等应用场景，真正实现技术为人所用。

但往往在金融、医疗、民生等领域，公开的可训练数据获取陷入困境，一方面是应用场景急需引入人工智能技术进行智慧升级，另一方面这些数据不能对技术企业公开，技术企业无法优化算法模型。比如，在训练一个医疗模型时，不同医院的医疗影像数据很难汇聚到一起，形成大数据。由此，数据获取难成为了数字新经济发展的瓶颈。

而政府在履职过程中掌控了大量的数据，如果能让政府以外更多的企业、机构参与到对数据的挖掘和分析中，就能帮助实现数据价值最大化，带来巨大的社会效益和经济效益，提升国家竞争力。但是政府、企业作为数据所有者担忧数据的泄露和被盗用，不敢公开和分享产生的数据，导致数据孤岛的出现，无法实现数据价值的最大化。一些企业也因频频侵犯用户隐私，而被用户或政府点名（2020 年 54 款应用程序被工信部点名），这直接导致一些传统企业不敢随意进行企业数据交换，使数据的可用性大打折扣。除了少数超大型公司能依托自己的产品和服务优势获得数据授权，大多数企业难以通过合法手段获得，或者数据获取成本巨大。此外，数据被滥用、企业频频侵犯隐私又影响公众对企业获取数据的信任。企业和商家是否能正确使用数据，便成为了能否打通完整高质量数据链的关键，也直接影响全局数字化转型。

同时根据我们在业务落地过程中的实践，我们建议还是需要通过技术手段，确保数据的存储安全和信息传输上的安全，打通数据流通环节。通过构建一套数字化的安全路径，突破创新主体间的壁垒，引导企业合规使用数据，并正确掌握数据的边界和规范，充分释放数字产业的人才、资本、信息、技术等要素活力，实现深度合作的协同创新、融合创新。

蓝皮书：基于人工智能技术的基层政府治理应用场景，您最看好哪个领域？为什么？

王利（重庆尚优科技有限公司董事长）：人工智能在智慧城市的很多方面都已经有了很深入的应用，在交通疏导、公安办案等方面有了很成熟的应用经验。在基层政府治理场景下，我们更看好以下领域：一是交通方面，交通数据量大，变化瞬息万变，需要人工智能的分析和处理，反过来大量的交通信息数据给予人工智能更好的学习，帮助它变得越来越智能；二是基层党建，基层党建因为触角多，覆盖宣传困难，人工智能的应用可帮到基层更好、更有针对性地对老百姓进行宣传和服务。

乔玉平（科大讯飞知识产权与合规总监）：人工智能技术在政府服务方面有着广阔的应用场景，其中在政务服务、社会治理等方面是我们比较看重的。例如通过人工智能技术助力政府打造智慧政务模式，可以为企业和群众提供办事搜索即搜即办、办事问题智能问答等在线服务，提升政府服务效率。在社会治理方面，人工智能可以助力打造高效、联动、规范、私有化部署的矛盾纠纷多元化解业务平台，实现“信息统一录入、事项分类交办、过程实时监控、问题迅速处理，风险及时预警”的信息化闭环管理运行模式，参与社会治理和治安防控体系的打造，助力“平安中国”建设。

二、侵权责任与知识产权保护，人工智能企业的法治痛点

蓝皮书：您如何看待自动驾驶中的侵权责任及算法提供者、硬件制造者的责任？

王韵（雪湖科技首席运营官）：自动驾驶目前还处于“弱人工智能”时代，配套的法律尚不完善。首先，侵权责任的判定首先需要对自动驾驶操作的具体说明，如在哪些时段、哪些路段可以使用自动驾驶，自动驾驶过程中的操作者应行使怎样的义务等。应通过明确的法规条文明确操作者、算法提供者和硬件制造者的权责边界。

其次，需要建立有公信力的事故检测机构，明确事故发生原因，从而可以具体地定位责任。在中国，自动驾驶采取“车路协同”而不是“单车智能”的路径，其中还涉及路侧感知设备的算法、硬件提供商等多方，配套法律的完善对权责判定至关重要。

蓝皮书：目前人工智能技术在医疗领域有何发展，从法治角度看，有哪些发展建议？

刘志毅（商汤科技智能产业研究院主任）：目前，商汤科技主要以计算机视觉技术赋能医疗领域应用。例如，新冠肺炎疫情初期，疫情诊疗监测压力不断增大，很多一线医生始终保持持续性高强度的工作状态。据了解，1 个病例拍 1 次 CT 就会产生 300 ~ 400 张片子，而湖北当地单家医院每天的疑似患者 CT 检查量可达 150 例。而

在商汤科技人工智能技术的加持下，医生登录肺部智能分析平台发送人工智能辅助诊断请求后，可快速获得辅助诊断结果，系统同时自动提示 CT 中的疑似病灶位置、提供精准的三维量化分析、精确测算双肺肺炎的受累程度，帮助医生更精准地对病例进行影像学分型及分期的综合分析，以实现早发现、早隔离、早治疗，为患者争取宝贵时间、最大程度避免交叉感染。除此之外，商汤在疫情预防方面提出“AI 智慧防疫解决方案”，利用人工智能无感测温技术，极大地提升了大客流场所的通行效率，减少群体聚集时间，并能够保护工作人员的安全。

在人工智能医疗领域技术研发端，MICCAI 是国际公认的医学影像计算与计算机辅助相关领域知名学术会议。2018 年，商汤智慧健康团队在 MICCAI 2018 上包揽“左心室量化”“左心房分割”“脑卒中病灶分割”以及“椎间盘分割与定位”四项重要比赛的世界冠军；MICCAI 2019 上商汤科技有七篇论文入选主会，同时，由商汤科技联合多方举办的 MICCAI 2019 消化道病理图像检测与分割、MICCAI 2019 放疗规划自动结构勾画两项国际挑战赛亦完成激烈角逐，并面向研究领域开放了大量专家支持的高质量标注脱敏数据和专家知识，包括大量具有专家标注的放疗规划 CT 数据以及行业第一个公开的消化系统病理图像数据集。

在应用落地方面，商汤科技 SenseCare 肺部 CT 影像辅助诊断软件、SenseCare 胸部 X 线辅助诊断软件于 2020 年先后正式获得英国标准协会颁发的全球欧盟医疗器械新法规下的人工智能软件 CE 认证，可有效对肺部疾病（含新冠肺炎）、胸部疾病进行辅助诊断。CE 认证是欧盟对医疗器械产品上市的法律要求，是对医疗器械产品安全和性能的认证。

目前，SenseCare 智慧诊疗平台已在众多顶级三甲医院及行业领先的医疗机构落地，并且通过云服务形式，灵活覆盖到更多单体医院、区域医联体等不同医疗场景，以有效的资源整合和互联互通，推动分级诊疗模式建设，优化区域医疗资源配置。商汤的智慧诊疗平台目前重点关注中国高发病，比如老龄化相关疾病、呼吸道疾病和心脑血管疾病，包括 200 多项专利和 10 余项软件著作权。

智慧诊疗还可以为小医院赋能。到今年年中，商汤科技将在一些省市搭建医联体远程诊疗平台。除此之外，商汤科技推出的医院智慧运营系统可为医院提供全院就诊流程优化和有效的防疫保障，其中包括：商汤科技“AI 数字人”，可为患者进行分诊导诊，减轻医院导诊台压力，据了解，商汤科技“AI数字人”已在四川一家医院开始部署；商汤科技“就医一脸通”在行业中首次实现与医院叫号系统的联动，实现挂号、候诊、就诊和缴费流程无缝衔接，不仅保障患者实名就医，更帮助医院规范就诊秩序，提升患者就医效率和体验，有效缓解“挂号、候诊、缴费时间长，就诊时间短”的“三长一短”现象；商汤“火神”热成像测温一体机，在疫情防控常态化当下，凭借非接触远距离测温和佩戴口罩检测功能，可为医院构建高效、安全的防疫体系。

人工智能医疗领域的法治问题，实际上是需要结合整合人工智能的治理机制来解决的，采纳一种多层次的治理体系要比单一维度的立法和监管更适应目前人工智能快速发展迭代和越来越复杂的特质。立法上，我们建议划定相应领域的边界，避免过于具体的立法规范对相应产业进行一刀切的监管，而是建议采纳一种更加包容审慎、敏捷灵活的管理方式。同时，考虑不同应用场景的不同影响、监管对技术和产业的影响、技术和商业可行性、企业负担等因素，采取分类分级、分阶段的方式进行适度监管。

蓝皮书：您是如何看待人工智能技术所面临的知识产权保护问题的？

王韵（雪湖科技首席运营官）：相比传统行业来说，人工智能技术带来了算法和数据两个全新维度的知识产权保护问题。

从算法角度，目前版权保护的大多是算法的表现形式，而非核心思想。当侵权者采用其他代码编译相同算法时，便可以绕过侵权，因此需要更有效的算法保护方案。

从数据角度，数据不仅与企业的知识产权有关，还涉及隐私权、肖像权等多种权利。我国目前正在积极着手制定数据保护相关的法律法规，会为这方面的知识产权提供更好的保护手段。

此外，算法和数据在人工智能技术中是强耦合的。同一种算法基于不同的数据集，在不同场景下可以实现不同的效果。然而，目前对于算法和数据的知识产权归属是分离的，未来人工智能技术的知识产权保护应考虑到算法和数据的强耦合属性。

目前，专利仍然是保护人工智能技术知识产权最常用和有效的手段，就神经网络这种流行的人工智能技术而言，专利可用于保护网络中的节点架构、网络拓扑、特征提取和相关信号处理。雪湖科技积极通过专利、软件著作权等形式保护企业的知识产权，目前已拥有超过60项专利及软著。

乔玉平（科大讯飞知识产权与合规总监）：人工智能领域会产出大量跟核心算法相关的专利，此类专利的可检测性较差，因此，难以对疑似侵权进行较好的举证，所以维权较难，这导致这个行业竞争不规范。在该种情况下，希望政府主管部门、学术界、人工智能行业专家等，对此有更多的讨论和研究，从而给人工智能领域知识产权维权实践提供更多指导，同时建议加大人工智能领域知识产权专家的培养力度。此外，人工智能在落地的过程中不可避免地带来新技术、新产业、新业态、新模式的产生，对新生事物进行法律评价与监管需要政府与社会的理解与支持。新生事物可能会影响一些既存事物权利人的利益，甚至可能挑战或突破现在的法律体系。平衡人工智能技术的落地与既得权利人的利益保护、社会创新与当下法律体系之间的关系将越发成为不容忽视的重要课题。

刘志毅（商汤科技智能研究院主任）：科创企业尤其是民营科创企业在将技术、科研转化成商业成果的过程中，往往在软件服务上缺少足够的议价能力，这导致在各类采购中相应技术创新的定价也都偏低。这一方面取决于企业技术本身核心竞争力、商业逻辑与市场需求，另一方面更取决于知识产权保护、行业创新意识以及社会整体对于人工智能等高新技术的理解与接受程度。从政策、监管、立法的角度，强化行业对独立自主、创新驱动的价值认知和知识产权保护的尊重与践行；从标准建立、政策支持等方面，推动营造尊重创新、脚踏实地的行业发展氛围；同时通过积极的宣传与知识普及，消除公众舆论对人工智能技术的误解，推动核心技术研发与商业转化所需的良好社会环境建设，人工智能的技术创新也能得到更大层面的认同与落地。

江汶（仙塔集团法务总监）：人工智能领域相关技术的保护方式，不仅局限于专利的保护形式，还会涉及商业秘密、技术秘密、著作权、标准等多种保护方式。其中，企业需要结合自身情况合理划分业务的保护方式，比如适合以商业秘密及技术秘密的形式保护的业务；以专利形式保护的技术涉及AI算法、学习模型、训练模型的专利实务的申请策略和撰写方式；代码开源与计算机软件著作权登记的平衡；标准与专利的结合；SEP的适用范围和领域等。

蓝皮书：人工智能时代的数据垄断，具有隐蔽性、覆盖性与服务排他性等特征，您如何看待、如何防范对隐私权的侵犯？您认为应如何从严控市场头雁、完善市场机制、建立监督平台和加强立法工作等方面进行数据治理？

张哲（乐言科技法务总监）：乐言科技是一家专注于认知智能领域的产品、平台与解决方案的提供商，其致力于将自然语言处理、知识图谱、智能推荐、深度问答等领先的认知计算 AI 前沿技术落地到各个场景。乐言科技在通过提供软件服务帮助商家降低人力成本、提升盈收的同时，遵守各平台服务市场的入驻协议，遵守平台开发者的开发规则，时刻保持数据安全意识。

保障数据安全是每家企业应尽的社会责任，也是乐言科技在为客户提供软件服务的同时时刻谨记的要求。乐言科技通过设置数据分级、分层管理、数据脱敏处理等规则，将数据信息等级保护融入信息系统安全管理的规范中，并对相关人员进行定期考核。

接触数据的企业，若能建立适合企业自身发展的数据安全管理体系，通过设置数据分级分类管理、数据脱敏处理等规则，逐步建立健全针对数据处理环节的各项管理制度，则在目前这个大数据时代既能实现数据合规共享，也可让数据安全等行政措施及政策平稳落地。数据信息安全意识的树立是一个循序渐进的过程，也是一个需企业进行长期内部强化的过程，企业自身可先参照法律法规及各类规范性文件，在企业内部配套出台并建立健全内部安全等级管理体系、管理规范，以配合各地的行政监管和行业自律，保障数据安全从企业自身做起。

周敏（西井科技事务总监）：我们建议，首先适度开放保密级别不高的数据。数据作为一种资源，有着重要价值。随着数据的资源价值逐渐得到认可，不同实体对数据的需求不断增加，数据保护已在数据全产业链被提升到相当的高度。

在实现数据安全保障的过程中，并非所有数据都要绝对加密。实际上，部分保密级别不高的数据可以适当开放，保持一定的数据透明度，这有助于市场数据的公开和稳定，避免个别的数据安全隐患。

智慧城市的智慧来自大数据。没有大数据，就没有丰富的信息产品和服务，这直接导致智慧城市一直停留在基础设施建设的阶段上。从这个角度来讲，政府适度开放数据，将是智慧城市能否落地的关键。围绕这些数据，将吸引大批中小微企业在开放式平台上利用政府开放的信息和服务接口进行再开发、再创新，围绕平台开发相应的服务应用，逐步形成新型规模产业群。

新时代需要新基建，新基建将为数字经济发展带来更广阔的市场发展空间，从而推动全新市场格局构建，实现全新的产品体系、生产体系以及商业模式，对更好促进就业、满足百姓美好生活诉求有积极意义。

随着人工智能技术研发实力的不断提升，智能化产品的一步步发展，其在助力更多工作开展以及社会问题解决的同时，也能够真正在城市新基建以及数字城市、智慧城市建设方面发挥优势，助力安全数字港建设，并真正发挥实力。

引入专业的法律团队资源打磨数据开放标准。政府在开放数据上应该秉持一种开放的态度，需要明确政府数据开放范围与标准，建立数据开放保密审查和安全管理法律制度，规范数据开放平台建设与管理，明晰政府数据开放的法律责任，以不断优化数字经济营商法治环境，实现数据强国。

建议配合相应的政策与标准，可以引入专业的法律团队资源，一同打磨出一套标准，明确可公开的数据开放范围与标准，建立数据开放保密审查和安全管理法律制度，规范数据要素的流动，对数字经济新业态进行高效监管。在实操上更有目的性地引导企业合规使用数据，并规范掌握数据的边界和规范，护航数字产业升级。

利用人工智能技术与区块链，共同促进数据共享，引导平台开放资源，疏通各行各业的链条数据，拓展数字化的深度和广度，促进跨行业、跨要素、跨区域的融合。无论政府治理和企业治理，都可以从多维度达到双赢的目的，最终实现以“为数字化服务、用数字化服务”为原则，“用数字整合产业、做产业的产业，用数字融合生态、做生态的生态”的愿景。

王利（重庆尚优科技有限公司董事长）：人工智能的操作基础是机器具备一部分人的大脑的思考分析功能，实现此类功能需要机器进行大量的学习，其前提就是大量的数据。前端的感知设备采集的数据是重要的来源，数据是我们的个人信息，很多是隐私数据。如果没有监管和监督，很多数据会流入市场，对个人主体产生极大困扰。希望采集的数据经过政府部门的层层严管，由具备公信力的政府机关集中管理，以保护合法的隐私权。应用人工智能的企业和机构应具有社会责任感，对隐私数据不公开、不贩卖。希望立法机构在立法层面加快法律制定，起到震慑作用。

刘志毅（商汤科技智能研究院主任）：制定符合中国国情与社会主义现代化发展

规律，同时融合国际先进理念与成熟体系的数据治理规则。

一方面，我们应当坚持制度自信，结合我国国情和产业优势，深入探讨与我国经济社会发展相协调的数据治理规则逻辑；另一方面，我们要汲取国际成熟经验和深刻教训，避免生搬硬套，要引入灵活多元的治理机制，实现治理规则的优势互补。同时，治理规则应当考虑多方发展情况，避免失去效力或过于严苛，导致治理过程无法长期推进；应当以可持续发展的理念精准把控个人权利保护、企业创新、经济社会发展与国家战略安全等多方要素的平衡。

具体来说，应当追求数据要素经济与社会效益的共生增长。数字经济与实体经济不是对立关系，而是共生成长的关系，同时数据要素也不能脱离社会需求。以数据挖掘、数据分析为代表的数据生态价值链作为一个多元动态的复杂生态体系，其直接收益可被量化评估，其为社会带来的数据红利则是其核心价值的体现。科学合理的数据要素市场化配置必须超越将成本与利润作为目标追求的片面市场化认知，而是要将数据开发过程中所释放的社会效益、文化效益、行政效益、发展与治理效益等隐形效益作为评估其数据要素市场化配置的关键权重因子，基于此实现市场要素的公平合理分配，实现整体价值的充分显现与数字红利的普惠共享。

推动数据市场公平合理与技术创新的融合发展。数据市场的繁荣不能以牺牲国家安全、商业秘密和公民隐私为代价。应当积极探索技术应用边界，充分利用我国自身在技术、产业、应用布局等方面的优势，实现数字治理的效益最大化。我国在治理举措落地和技术应用推广等产业链中下游的优势显而易见，应当充分发挥该方面优势，从司法层面推动实现数据开发与数据权保护的齐头并进，从技术层面借助包括联邦学习（Federated Learning）、安全多方计算、机密计算、差分隐私、同态加密等在内的隐私增强计算（Privacy-Enhancing Computation）技术，打破产业链上下游既有的数据壁垒，有效解决数字市场的竞争与垄断问题，充分激发数据要素价值、共享数字红利，实现数字经济时代的“耕者有其田”。应当基于不同地区公共服务现状和数字基础设施情况施行具有针对性的隐私保护数字治理方案；发展数字治理技术与工具，优化不同区域之间的施策观念和治理水平；同时要关注特殊群体享受公共服务的权益，确保个人隐私等权益不被侵犯，避免数字治理方式背后的技术缺陷造成数字鸿沟的加剧与隐私透支的泛滥，利用好技术这把“双刃剑”。

三、政府的引导和参与，人工智能企业的法治期待

蓝皮书：从您的感受，谈谈当前我国法律、政策体系与营商环境对人工智能初创企业和中小企业有什么优惠政策，包容和友好程度如何？

王韵（雪湖科技首席运营官）：我们感到政府对人工智能初创企业和中小企业提供了一系列的扶持，包括搭建商业对接平台、办事绿色通道、人才福利倾斜、税收减免等。雪湖科技仅用半年时间就完成了“国家高新企业”的认定。作为上海市人工智能行业协会的一员，每周雪湖科技都会收到协会针对不同应用场景的组织的对接会，这为企业的发展提供了强有力的帮助。

王利（重庆尚优科技有限公司董事长）：人工智能的底层开发周期长、难度大，给初创企业和中小企业带来巨大挑战。虽然政府有优惠和扶持政策，但难以短时间产生效益。这些扶持政策更适用于国企或大型民企，相较而言民营企业活力更足，更富有创造性，希望支持更有针对性。现在大中型城市基本都布局或者落地了各类科技产业园区，吸引人工智能企业入驻和孵化，在各级政府的关怀和金融机构的融资支持下逐渐取得了很好的效果。

刘志毅（商汤科技智能研究院院长）：目前，人工智能企业在竞标时，往往会面对一道“玻璃门”，也就是一些软性的门槛，未来应当通过合理的监管与合规保障营造公平的营商环境。政府在使用能力平台或服务时，可以通过针对具体技术和领域制定合规性标准、政策，推动更加公平开放的服务选择。其一方面要强化对于市场行为的引导合理有效监管，营造公平、开放、稳健、透明的市场环境与秩序；另一方面要加大对产权保护、反垄断、技术合规等方面的标准体系建设，以公平标尺对民企国企一视同仁。此外，要营造公平开放的营商环境，从政府采购、招标、质量管理等环节强化制度与规范意识，推动公平市场体系建设。

蓝皮书：您如何看待运用法治的张力平衡好政府、公民、市场三方利益？您觉得人工智能地方立法中应当树立哪些基本原则？

王疆（小马智行政府事务副总裁）：从鼓励技术创新角度，立法首要准则是在保障安全前提下大力促进技术发展；其次是对发展速度快且尚未成型的行业及技术的管理要宜粗不宜细，应发挥企业自控能力，辅以政府监管手段；最后是要根据技术快速

发展的特点，加快修法的频次。

王利（重庆尚优科技有限公司董事长）：人工智能是科技进步，会产生诸多难以界定的法律纠纷，建议首要原则是以人为本，保护人工智能知识产权所有者的利益；其次是量刑适中，惩罚有度；最后是可量化，具备可操作性。

刘志毅（商汤科技智能研究院院长）：在数据资源方面坚持政府供给与社会供给的协同共进。数据要素的市场配置基于供求关系，但实际上，企业、政府、个人三方主体在数据供给的结构、质量与需求之间存在较大差异；如果单纯以市场化作为配置准则，无疑会使数据要素配置流动的适配性大打折扣，继而影响对数据附加值的潜力释放。一方面，我们需要通过政策、监管、货币与金融工具等引导实现数据要素的市场化配置，开展数字产品、服务、平台的市场化经营模式的创新；另一方面，我们也应当深刻意识到市场化供给的局限性，政府需要通过建立数据交易中心，立法明晰数据确权保护等，在维护基础数据供给、数据共享、数据公平等方面积极发挥主体作用，实现数字经济的可持续发展。

我们应当充分意识到数据要素市场化配置对数字经济治理的战略价值和社会意义，同时，政府应当秉持可持续发展理念和以人为本、普惠全民的核心价值理念，深度参与数据治理，在治理规则、基础技术发展等方面发力，秉持“规则先行、技术驱动”，扎实推进国内数字经济治理、扎实推进国内数据要素市场化配置。

蓝皮书：为了行业更好发展，您认为政府应如何引导并参与人工智能发展？

乔玉平（科大讯飞知识产权与合规总监）：对于人工智能，既要注意科技事物的发展性和特殊性，促进科技进步、转化和创新，又要在对未来合理预测的基础上，对于新发展中出现的新问题加以规范和约束。我们也希望可以根据具体的领域，出台一些具体的政策，保障一些新兴的、重要的人工智能技术的研究、落地。对于人工智能技术在不同领域的应用落地，希望能出台相关的指导意见，明确其验收门槛和标准。

王疆（小马智行政府事务副总裁）：在政策方面，放宽准入，加强事中事后监管；在资金方面，加大引导力度；在宣传层面，政府加大正面宣传报道，让全社会正确认知行业、技术、产品。对社会上不实宣传报道应加大监测力度。对无人驾驶技术，既不能当做神秘玄幻的“黑科技”过于吹捧，也不宜因未知的长尾技术问题而吹毛求疵。

刘志毅（商汤科技智能研究院院长）：一是在数据治理方面，针对数据建立“科学分类、风险分级”治理体系。从保护和共享的平衡出发，建立数据分级、分类管理的标准和制度，对不同类型、不同级别的数据构建不同的治理手段和安全责任。涉及国家秘密、国家安全的重点行业数据，交由相关主管部门进行统一监管；其他纳入统一治理体系的数据，建议可由企业（平台）承担安全主体责任，综合公众权益、个人隐私和企业合法利益等因素，结合数据共享需求，分别制定不同的管理规范和流动标准，对未来的全球数字经济治理做到心中有“数”。

二是在数字市场竞争层面，数据不同于其他资源，知识产权是可以具有完全排他性的，但数据从获取来说具有非排他性，而且不同的数据对不同的人来说价值并不一样，所以对市场的控制力效果也不一样。全球探索的很多新的方法，都是值得我国借鉴的。但当数据是别的企业生存必要的基础，对它进行定向封锁，就构成了不正当竞争或垄断。这样的反垄断市场竞争行为已经有明确判例。中国对数字平台反垄断监管应保持包容审慎的原则，不一定要把数字市场带来的竞争问题都纳入反垄断框架进行监管，也可以在反不正当竞争框架下高效解决竞争问题。

三是在网络生态方面，算法层面的监管思路是实施分级分类多元治理。分类即针对政府和公共部门使用的算法系统和商业领域的算法系统建立不同的监管；分级即对于一般的商业算法系统如定向推送、个性化广告等采取事后追究法律责任的方式，但对于具有与政府和公共部门的算法系统应用类似的重大影响的商业算法系统可考虑一定程度的事前监管。对网络深度伪造问题的治理，需要在防范技术滥用的同时留出发展空间。遏制深度伪造技术的滥用，需要多方主体共同努力，采取分类分场景监管、行业自律、技术对抗、数字素养提升等多元化的举措，在防范风险的同时促进深度伪造技术妥善利用。

蓝皮书：您认为在研发、利用人工智能的过程中，法治应该扮演什么角色？

刘志毅（商汤科技智能研究院院长）：制度与政策保障方面，科学划分场景，明确标准规范，采取特殊认证，鼓励发展。

行政与监管保障方面，发展监管科技，技术与制度双重巩固监管框架。

立法保障方面，分别从行业自律、专项立法、行政监管和司法救助四个角度，推动数据规则制度的变迁以体现司法履行受托责任。

监管技术与合规保障的目的是平衡人脸识别技术发展与公众、企业、国家等相关方的合法权益保障之间的关系，需要符合以社会为本位的价值取向，而并非单纯地将个人的独立自主自治作为发展人脸识别的终极价值取向。相关监管方、标准设计、制度建设方与立法机构应当承担责任，通过制度、监管、立法三方面的努力，在秉持以数据流转为抓手的治理重点，确保个人权益不受侵害的同时，为人工智能发展留出足够的发展空间，同时通过以机构为主体的权利设置，借助多种方式引导人脸识别积极作用于社会治理与公共秩序维护，令每一位公民都成为人脸识别的受益者。

王彊（小马智行政府事务副总裁）：我们认为需要有两个层面：一是只有国家和地方加快立法，完善法律和法规体系，企业和员工才能有法可依；二是加强全社会的法治宣传教育，这是一个长期工作，不仅是人工智能领域，其他各方面都需要。

蓝皮书：您的企业可采取哪些举措，来参与到人工智能法治建设中？

王利（重庆尚优科技有限公司董事长）：重庆尚优科技有限公司是一家提供各行业信息化整体解决方案的高科技公司，我公司利用大数据、人工智能、云计算等技术为客户提供智能化应用系统。我们认为法律必须对人工智能技术应用的范围和程度进行限制，人工智能在法律上的界限太模糊，容易产生纠纷甚至是法律问题，没有法律作指引也无法推动人工智能的更健康发展。我们企业也会积极融入到法律法规的建设建议中，以企业的理解和面临的实际问题提供案例。

乔玉平（科大讯飞知识产权合规总监）：当前人工智能的发展已进入一个关键时期，立法应坚持问题导向和实用原则，可以考虑通过政府部门发布人工智能的相关标准和具体行业指南对其加以引导，规范发展，为立法积累经验和依据。同时，人工智能带来的很多法律问题属于跨领域问题，涉及技术标准、国家安全、伦理道德等，需要召集行业专家、法律专家和社会学家共同研究论证，企业也非常乐意参加跨行业交流和协作，为人工智能的法治建设作出贡献。

刘志毅（商汤科技智能研究院院长）：要考虑当前激烈国际竞争环境下的立法视角，我们应该重点考虑在 AI 领域的立法是否会对相应领域的技术发展和创新产生阻碍，削弱我国在 AI 产业和科技竞争中的实力。在立法时，要充分考虑 AI 技术在该领域应用的社会价值和经济价值，避免针对偶发性的社会问题去“过度反应”。我国现在推动的人工智能试验区和社会实验等机制正好体现了一种 AI 的“安全港”（safe harbor）或者“监管沙盒”的机制，能让我们发展 AI 应用时推动先行先试，给予适度宽松的发展空间，给 AI 应用提供安全港，通过试验、测试、试点等方式加速 AI 从研发到商业落地的转变，同时设置审查、调整政策、监管框架和评估机制以鼓励创新和竞争。

建议发展跨学科的研究和国际合作来对法治相关命题进行研究，如商汤科技与上海交通大学共同推动成立的“上海交大计算法学与人工智能伦理研究中心”就是相关领域的尝试。另外，我们也应该与国外专家多交流，建立一种国际机制，科技行业需要从当前的技术中心主义模式转向技术人文协作模式。监管也需要采取多利益相关方共同参与的模式，广泛听取行业主体、专家和公众的意见，避免决策者与从业者脱节。此外，在当前的全球化背景下，一个可持续发展的地球也需要各国在 AI 技术、产业、伦理、治理等各方面加强合作，从而让人工智能实现以人为本、包容普惠、安全可持续的发展。商汤正在与清华大学人工智能国际研究中心共同推动的“AI 可持续发展研究”就是这个领域的尝试。我们希望通过与联合国等组织的合作来推动这个 AI 可持续发展命题的落实，这也体现了我们的社会责任。

参与企业简介

科大讯飞

科大讯飞股份有限公司成立于1999年，是亚太地区知名的智能语音和人工智能上市企业。科大讯飞多次在机器翻译、自然语言理解、图像识别、图像理解、知识图谱、知识发现、机器推理等各项国际评测中取得佳绩。两次荣获“国家科技进步奖”及中国信息产业自主创新荣誉“信息产业重大技术发明奖”，被任命为中文语音交互技术标准工作组组长单位，牵头制定中文语音技术标准。

重庆尚优

重庆尚优科技有限公司是一家面向全国的通信技术高新企业。公司主营业务包括：智慧城市、雪亮工程、智慧交通解决方案；政务、金融、教育、卫生等行业信息化解决方案；广电行业端到端系统解决方案；智能楼宇、智慧园区解决方案；新能源供电系统解决方案；煤矿调度系统解决方案；新媒体电商解决方案；专业服务、业务合作运营、系统总集成等。

商汤科技

作为全球领先的人工智能平台公司，商汤科技是中国科技部指定的“智能视觉”国家新一代人工智能开放创新平台。

商汤科技以“坚持原创，让AI引领人类进步”为使命和愿景。公司自主研发并建立了全球顶级的深度学习平台和超算中心，推出了一系列领先的人工智能技术，包括：人脸识别、图像识别、文本识别、医疗影像识别、视频分析、无人驾驶和遥感等。商汤科技已成为亚洲领先的人工智能算法提供商。

小马智行

小马智行成立于 2016 年年底，致力于提供安全、先进、可靠的全栈式自动驾驶技术，实现未来交通方式的彻底变革。公司已在硅谷、北京、上海、广州设立研发中心。凭借人工智能技术领域的最新突破，公司已与丰田、现代、一汽、广汽等品牌与车厂建立合作，并成为全球首家在中美均推出自动驾驶出行服务（Robotaxi）的公司。截至 2021 年 2 月，公司融资总额超 11 亿美元，估值超 53 亿美元，是全球最有价值的自动驾驶公司之一。

仙塔集团

仙塔集团包括仙塔智能科技有限公司和仙豆智能机器人有限公司。企业致力于打造全新的车联网产品和服务模式，构建全新的汽车智能出行方式，并对智能网联产生的海量大数据进行分布式存储、上传云端和边缘计算等数据开发和应用。

西井科技

西井科技，以类脑芯片业务为起点，通过市场导向，正积极打造“芯片＋算法”

的全栈人工智能解决方案，为智慧港口、智慧矿场、智慧城市、智慧医疗、物联网、工业 4.0 等行业赋能。公司已在视觉识别、无人驾驶等方面实现商业化突破，并结合这些应用深入“一带一路”先锋领域智慧港口和智慧矿场两大场景，公司客户遍及海内外二十多个码头和大型矿企。

乐言科技

乐言科技
LEYAN TECHNOLOGIES

乐言科技致力于将人工智能前沿技术赋能各垂直行业客户，在电商客服、金融咨询、政务问答、医疗问诊等领域进行广泛应用。乐言科技以引领人工智能技术，为客户创造价值为使命，致力于将先进的认知计算技术赋能各垂直领域，提升行业效率，创造更大商业价值。

雪湖科技

雪湖科技
Snowlake-tech.com

雪湖科技专注于智慧交通、车路协同、高性能计算等前沿场景，提供基于专用计算芯片的算力解决方案，在该领域达到了全球领先水平。团队来自美国高通、日本富士通、华为、中科大等知名企业和高校，获得美图公司和腾鼎资本在内的两轮风险投资和国家高新科技企业认证。公司依托自研 EDA 工具平台，为激光雷达 AI 感知、生命科学超大规模计算等领域提供芯片级加速解决方案。2021 年获得全球自适应计算挑战赛全球亚军与中国区冠军。

附　录

附录一　人工智能政策法规一览（2020.6—2021.6）

中　国

1. 五部门关于印发《国家新一代人工智能标准体系建设指南》的通知（2020.8）

2. 科技部关于支持长沙市建设国家新一代人工智能创新发展试验区的函（2021.3）

3. 科技部关于支持苏州市建设国家新一代人工智能创新发展试验区的函（2021.3）

4. 中共中央、国务院印发《国家综合立体交通网规划纲要》（2021.3）

美　国

1.《军队人工智能法案》（Military Artificial Intelligence Act）（2020.6）

2.《国家生物特征信息隐私法》（National Biometric Information Privacy Act）（2020.8）

3.《2020 年政府法令》（第 2575 号决议）（Government Decree 2020（Resolution 2575））（2020.9）

4. 美英《人工智能研究与开发合作宣言》(US-UK Declaration on Cooperation in Artificial Intelligence Research and Development)(2020.9)

5.《关键和新兴技术国家战略》(National Strategies for Key and Emerging Technologies)(2020.10)

6. 2021 财政年度《国防授权法案》(National Defense Authorization Act for Fiscal Year 2021)(2020.12)

英　国

1.《英国研究与开发路线图》(UK Research and Development Roadmap)(2020.7)

2.《国家数据战略》(National Data Strategy)(2020.9)

3. 美英《人工智能研究与开发合作宣言》(US-UK Declaration on Cooperation in Artificial Intelligence Research and Development)(2020.9)

欧　盟

1.《数字服务法案》(Draft Digital Services Bill)草案(2020.12)

2.《数字市场法案》(Digital Markets Act)草案(2020.12)

日　本

1.《统合创新战略 2020》(Integrated Innovation Strategy 2020)(2020.7)

2.《统合创新战略 2021》(Integrated Innovation Strategy 2021)(2021.6)

韩　国

《人工智能半导体产业发展战略》(Artificial Intelligence Semiconductor Industry Development Strategy)(2020.10)

俄罗斯

《至 2024 年人工智能和机器人技术监管构想》(Artificial Intelligence and Robotics Regulations by 2024)(2020.8)

沙特阿拉伯

《国家数据和人工智能战略》(National Data and Artificial Intelligence Strategy)(2020.10)

德　国

德国《人工智能战略》更新版 (German Artificial Intelligence Strategy，updated edition)(2020.12)

附录二　人工智能法制研究机构一览（2020.6—2021.6）

一、国内（新增）机构

1. 人工智能治理与法律研究中心。2020 世界人工智能大会法治论坛上，“人工智能治理与法律研究中心”正式在上海成立。其由上海交通大学人工智能研究院与中国法与社会研究院联合成立，以人工智能治理、法律人工智能、法律大数据应用、网络和数据安全、数据制度化治理为主要研究方向。中心旨在对人工智能治理以及相关的法律问题进行深入分析，从理论和实践两个方面提出中国方案。（2020.7）

2. 北京大学和清华大学联合建立通用人工智能实验班（简称“通班”）。北京大学通班开设在元培学院，清华大学通班开设在自动化系，两所大学通过建立通班，培养“通识、通知、通用”领军人才，打造出一支人工智能研究队伍，建设起全面掌握人工智能体系的人才平台，让中国在人工智能的国际竞争中胜出；同时能够培养学生的家国情怀与使命感，使之成为立足中国的“立大志、明大德、成大才、担大任”的国之栋梁。（2021.4）

二、国外（新增）机构

美国国家人工智能倡议办公室。该机构由美国国家科学基金会联合美国农业部、国土安全部以及交通部共同牵头推动。该办公室将协调和监督美国政府的国家人工智能政策计划，实施国家 AI 战略，并作为联邦政府在 AI 研究和决策过程中与政府、私营部门、学术界和其他利益相关者进行协调与合作的中心枢纽。办公室将统筹人工智能研发工作，对未来人工智能发展做出计划和指引，同时完善对人工智能法治发展的建设，促进人工智能创新。（2021.1）

附录三　人工智能法治重要著作一览（2020.6—2021.6）

一、国内专著

1.《人工智能法治蓝皮书（2020）》

本书由崔亚东主编，上海人民出版社于 2020 年 8 月出版。

2.《人工智能知识产权法律问题研究》

本书由刘强著，法律出版社于 2020 年 8 月出版。

3.《数字法律与司法人工智能概论》

本书由高举成著，华龄出版社于 2020 年 7 月出版。

4.《人工智能时代的法律变革 1》

本书由陈亮、张光君主编，孙莹、冯子轩副主编，法律出版社于 2020 年 9 月出版。

5.《人工智能与法律》

本书由冯子轩主编，法律出版社于 2020 年 11 月出版。

6.《人工智能、区块链与法治国别区域科技与法律动态》

本书由张海斌主编，沈志韬副主编，法律出版社于 2020 年 11 月出版。

7.《促进人工智能发展的法律与伦理规范》

本书由蒋佳妮、堵文瑜著，科学技术文献出版社于 2020 年 12 月出版。

8.《迈向数字社会的法律》

本书由马长山著，法律出版社于 2021 年 3 月出版。

二、国外译著

1.《人工智能与法律的对话 2》

本书由德国的托马斯·威施迈耶和蒂莫·拉德马赫编，上海人民出版社于 2020 年 8 月出版。

2.《AI 联结的社会：人工智能网络化时代的伦理与法律》

本书由日本学者福田雅树、林秀弥、成原慧著，宋爱译，社会科学文献出版社于2020 年 8 月出版。

3.《人工智能与法律解析》

本书由美国学者凯文 · D. 阿什利著，邱昭继译，商务印书馆于 2020 年 11 月出版。

4.《自动驾驶——技术、法规与社会》

本书由德国学者玛库斯 · 毛雷尔和美国学者 J. 克里斯琴著，机械工业出版社于2020 年 12 月出版。

附录四　人工智能法治重要会议（论坛）一览（2020.6—2021.6）

一、国内会议（论坛）

1. 2020 世界人工智能大会法治论坛

2020 年 7 月

上海

2. 2020 世界人工智能大会法治青年论坛

2020 年 7 月

上海

3. 四川省法学会人工智能与大数据法治研究会 2020 年年会

2020 年 8 月

四川

4. 2020 全球人工智能产品应用博览会法律与人工智能分论坛

2020 年 8 月

江苏

5. 网络与人工智能法治论坛

2020 年 9 月

陕西

6. 第四届中国自动驾驶与人工智能法律峰会

2020 年 11 月

深圳

7. 同济大学第二届“人工智能与法律”学术研讨会

2020 年 11 月

线上

8. 中国政法大学第一届“人工智能与法律”学术研讨会

2020 年 11 月

北京

9. 法治与改革高端论坛暨数字时代法学教育论坛（2020）

2020 年 11 月

浙江

10. 第四届“人工智慧与未来法治”学术研讨会

2020 年 11 月

贵州

11. 首届中国人工智能知识产权峰会 2020

2020 年 12 月

上海

12. 2020 年度“大数据与人工智能法学年会”

2020 年 12 月

江苏

13. “智慧司法与数据安全论坛”暨陕西省法学会人工智能与大数据法学研究会 2020 年会

2020 年 12 月

线上

14. 人工智能与知识产权大数据应用高峰论坛

2021 年 4 月

广东

15. 2021 人工智能与司法大数据国际网络研讨会

2021 年 5 月

湖北

二、国际会议（论坛）

The Fourteenth International Workshop on Jurisinformatics（JURISIN 2020）

2020 年 11 月

日本及线上

International Workshop on Mining and Learning in the Legal Domain（MLLD 2020）

2020 年 11 月

意大利苏莲托

附录五　人工智能法治应用典型事例一览（2020.6—2021.6）

依照人工智能法治应用领域的不同，对过去一年间发生的应用事例可以从立法、执法、司法领域进行简要回顾。

一、立法应用

河北省引入“智慧人大”项目，建设立法工作业务系统，实现地方立法电子化，提高立法效率。

国际刑事法院（ICC）推出判例法数据库，该数据库提供了免费、便捷和不断更新的判例法查询服务，包括国际犯罪和国际刑事诉讼程序、被告权利和受害者权利的判例。

欧盟于 2021 年 4 月通过法案，开始对可能侵犯隐私的人工智能技术进行限制，要求成员国在维护行业健康发展的同时保障个人数据，用以指导成员国相关立法。

二、司法应用

浙江省高级人民法院确定镇海区人民法院为人工智能辅助审判试点法院后，2020 年 9 月 16 日下午，法官利用人工智能程序“凤凰智审”，实现了当庭智能生成判决、当庭宣判、当庭送达、当天一键归档。

2020 年 8 月，山西省高级人民法院开始推广建设面向全山西所有法院的“智慧案管平台”，囊括全省审判管理、审判监督、司法公开等重要功能。

吉林省高级人民法院利用区块链技术，在智能审执衔接流程中通过规划“智能审执衔接行为链”，串联起审判系统、电子法院、“12368”短信平台、执行系统以及司法区块链平台共五大系统，保证了可信司法公开、可信流程公开。

2021 年 4 月 21 日，深圳市龙华区人民法院首次使用区块链证据核验平台，对案件证据进行当庭核验，实现知识产权民事案件的快速审理。

总部位于爱沙尼亚共和国首都塔林的律师事务所 Eesti Oigusbüroo 通过智能化法律咨询聊天机器人，为当事人提供免费法律咨询，并能够生成简单的法律文件。

美国加利福尼亚州洛杉矶县高等法院引入专门处理交通传票的人工智能“Gina”，可以使用五种语言，每月为 5000 多名当事人服务。

三、执法应用

深圳市经过多年发展，全市统一的政务信息资源共享平台得到逐步完善。目前已接入 76 个市级单位，10 个区，超 7100 多类资源目录，信息指标项达 16 万个。深圳在全国首创了“秒办秒批”业务和“一站创业创新”业务，囊括了 95% 以上个人事项和 60% 以上法人事项的移动办理。

内蒙古自治区鄂尔多斯市公安局东胜区分局结合无人机与三维建模等技术，开发出无人机三维警力部署系统，应用于大型安保、应急救援等公安执法活动。

湖南省智慧矫正一体化平台涵盖了从社区矫正对象入矫到解矫的一系列工作流程，对社区矫正对象的考核监管完成情况进行动态智能排名，实现社区工作科学化、客观化。

鹤壁市淇滨区采用“互联网 + 社会扶贫”方案，依托大数据大力改善适合网商发展的贫困地区交通及基础网络设施，大力推动电商安家贫困地区，培养本地运营商，助力精准脱贫。

IBM 公司协助英国警察部门，将重复程度较高的执法工作自动化。

新加坡增加预算建设更多城市传感器，利用视频分析、人工智能和无人机等技术，来缓解执法人员短缺的问题并提高服务效率。

附录六 人工智能司法典型案例一览（2020.6—2021.6）

1. 孙某某诉北京百度网讯科技有限公司、北京搜狐互联网信息服务有限公司侵害其隐私权、个人信息权益案

本案划定了企业在利用数据赋能、公开用户个人信息时的流通边界：（1）源头处理者的公开披露要合规合法；（2）后续处理者不应超范围使用已经公开的个人信息；（3）数据爬取方等特殊的后续处理者对难以预见的超范围使用行为不存在过错。

2. 杭州市余杭区检察院对某知名短视频公司侵犯儿童个人信息提起民事公益诉讼

该案被称为“全国首例未成年人网络保护民事公益诉讼案”。在最高检的指导下，各部门以此案为突破口，推动网络运营商、互联网企业完善关于利用用户个人信息方面的行业规则，切实加强对儿童个人信息的网络保护。

3. 黄某诉深圳市腾讯计算机系统有限公司侵害其隐私权、个人信息权益案

本案入选 2019—2020 年“全国消费维权十大典型司法案例”。该案明确指出，相关企业在收集用户个人信息时不得收集服务所必需以外的用户个人信息，不得将信息用于提供服务以外的目的，更不得非法向他人或其他企业出售或提供个人信息。

4. 上海轻享互联网科技有限公司诉宋某某等买卖合同纠纷案

该案例获得全国法院系统 2020 年度优秀案例二等奖，并入选上海市高级人民法院 2020 年第三批参考性案例（总第十三批，第 99 号）。该案件在非互联网法院对区块链证据的审查认定上具有显著的指导意义。

附录七　人工智能法治大事记（2020.6—2021.6）

2020年以来，随着人工智能技术的飞速发展，司法改革和法律信息化的持续推动，“人工智能＋法治”成为创新创业的重要方向，人工智能在法治领域的各种应用和解决方案已逐步进入公众视野，并悄然改变着现行法律体系的运作机制。以下为简要摘列：

• 中国发布《人工智能产业人才发展报告（2019—2020年版）》(2020.6)

• 2020世界人工智能大会法治论坛在上海举行（2020.7）

• 中国湖南省岳阳市警方破获全省首例利用AI人工智能犯罪大案（2020.7）

• 国家标准委等五部门印发《国家新一代人工智能标准体系建设指南》(2020.8)

• 中国科技部发函支持武汉市建设国家新一代人工智能创新发展试验区（2020.9）

• 韩国制定人工智能伦理标准（2020.11）

• “中国人脸识别第一案”落判（2020.11）

• 英国和澳大利亚联合调查Clearview人工智能大规模数据抓取（2020.11）

• 第四届中国自动驾驶与人工智能法律峰会在深圳成功举办（2020.11）

• 美国首次使用人工智能控制军用系统（2020.12）

• 欧盟人权机构发布伦理报告（2020.12）

• 中共中央印发《法治社会建设实施纲要（2020—2025年）》，完善“互联网＋诉讼”模式（2020.12）

• 第二届百度Apollo生态大会在广州举行，ACE智能交通引擎落地黄埔区（2020.12）

• 英国人工智能机构GCHQ发布人工智能伦理报告（2021.2）

• 中国推出全球首个人工智能地震监测系统（2021.3）

• 2021第二届大数据、人工智能与物联网工程国际会议在南昌成功举行（2021.3）

• 中国首个人工智能环卫智能化产业联盟成立（2021.3）

• 美国人工智能国家安全委员会发布最终报告（2021.3）

• 中国北京市丰台区法院打造诉源治理新路径，创新智慧化新方向（2021.4）

• 巴西发布国家人工智能战略（2021.4）

• 中国发布《人工智能发展报告2020》(2021.4)

图书在版编目(CIP)数据

世界人工智能法治蓝皮书. 2021/崔亚东主编. —
上海:上海人民出版社,2021
ISBN 978-7-208-17258-6

Ⅰ. ①世… Ⅱ. ①崔… Ⅲ. ①人工智能-科学技术管
理法规-研究报告-2021 Ⅳ. ①D912.174

中国版本图书馆 CIP 数据核字(2021)第 149639 号

责任编辑 张晓玲 周文臻
美术编辑 夏 芳
封面设计 北京高高国际文化传媒有限责任公司

世界人工智能法治蓝皮书(2021)
崔亚东 主编
叶 青 刘晓红 王 涛 施伟东 副主编
上海市法学会
浙江清华长三角研究院
华东政法大学
上海政法学院
编

出 版 上海人民出版社
(200001 上海福建中路 193 号)
发 行 上海人民出版社发行中心
印 刷 上海商务联西印刷有限公司
开 本 889×1194 1/16
印 张 23.75
字 数 367,000
版 次 2021 年 8 月第 1 版
印 次 2021 年 8 月第 1 次印刷
ISBN 978-7-208-17258-6/D·3809
定 价 265.00 元